문정공유고

이 책은 2019 · 2020년도 정부(교육부)의 재원으로 한국고전번역원의 지원을 받아 수행된 '권역별거점연구소협동번역사업'의 결과물임.

This work was supported by Institute for the Translation of Korean Classics - Grant funded by the Korean Government.

한국고전번역원 한국문집번역총서/단국대학교 동양학연구원

문정공유고 1

文貞公遺稿

민유중 지음
閔維重

장유승 옮김

일러두기

1. 이 책의 번역은 한국고전번역원에서 간행한 한국문집총간 137집 소재《문정공유고(文貞公遺稿)》를 대본으로 하였다. 번역 대본의 원문 텍스트와 원문 이미지는 한국고전종합DB(http://db.itkc.or.kr)에서 확인할 수 있다.
2. 내용이 간단한 역주는 간주(間註)로, 긴 역주는 각주(脚註)로 처리하였다.
3. 대본의 본문과 원주의 구분이 명확하지 않은 경우는 역자가 임의로 조정하였다.
4. 한자는 필요한 경우 이해를 돕기 위하여 넣었으며, 운문(韻文)은 원문을 병기하였다.
5. 맞춤법과 띄어쓰기는 한글 맞춤법과 표준어 규정을 따랐다.
6. 이 책에서 사용한 부호는 다음과 같다.

   ( ) : 번역문과 음이 같은 한자를 묶는다.

   〔 〕: 번역문과 뜻은 같으나 음이 다른 한자를 묶는다.

   " " : 대화 등의 인용문을 묶는다.

   ' ' : " " 안의 재인용 또는 강조 문구를 묶는다.

   「 」: ' ' 안의 재인용을 묶는다.

   『 』: 「 」 안의 재인용을 묶는다.

   《 》: 책명 및 각주의 전거(典據)를 묶는다.

   〈 〉: 책의 편명 및 운문·산문의 제목을 묶는다.

차례

일러두기 • 4

해제 《문정공유고》 해제 | 장유승 • 31

문정공유고 제1권

사詞

형거실의 〈추풍삼첩〉에 화운하다 和邢居實秋風三疊 • 49

나지묘에서 신령을 맞이하고 전송하는 사 羅池廟迎送神詞 • 52

시詩

정자 김익진에 대한 만사 金正字益振輓 • 54

부친을 대신하여 지은 부제학 김경여에 대한 만사 代家君 挽金副提學慶餘 • 58

봉제역에서 엄공을 전송하며 奉濟驛 送嚴公 • 60

배 사군을 모시고 석아계를 유람하다 陪裵使君 遊石娥谿 • 61

연약원에서 가을날 백발을 뽑다 鍊藥院秋日 鑷白髮 • 62

대랑의 검무를 보고 觀大娘舞劍 • 63

계상으로 돌아와 원내의 여러 공에게 부치다 歸溪上簡院內諸公 • 64
돛대 위 제비가 사람을 붙잡으며 말하다 檣燕語留人 • 65
기린이 다치니 공자가 울다 麟傷泣象尼 • 66
조하의 〈장안의 가을 경치〉에 차운하다 次趙瑕長安秋望 • 67
두목의 〈새벽 기러기〉에 차운하다 次杜牧早雁 • 68
황금대가 黃金臺歌 • 69
황공주로를 지나며 느낌이 있어 過黃公酒壚有感 • 71
토원에서 눈을 읊다 兎園賦雪 • 72
달에서 신선의 곡조가 들리다 月聞仙曲調 • 74
중궁전 단오첩 中宮殿端午帖 • 76
대전 단오첩 大殿端午帖 • 78
중궁전 춘첩자 中宮殿春帖字 • 80
대전 영상시 大殿迎祥詩 • 82
대전 춘첩자 大殿春帖字 • 83
중원을 생각하니 느낌이 있어 憶中原有感 • 84
가을 이슬 秋露 • 88
석채례를 마치고 삼가 율시 한 수를 지어 유생들에게 보이다
釋菜訖 敬題一律 以示諸生 • 89
제승당 벽 위에 쓰다 題制勝堂壁上 • 90
딸을 위해 짓다 爲女兒作 • 92
떠나는 단천 군수 홍국보에게 삼가 드리다
奉贈端川洪使君國寶之行 • 93
학사 홍정보가 봉양을 청하여 예천 군수가 되어 장차 떠나려고 고별하기에

시를 주었다
洪學士鼎甫乞養得醴泉郡 將行告別 詩以贐之 • 95
참판 민응협에 대한 만사 閔參判應協挽 • 97
통제사 김적에 대한 만사 金統制使逷挽 • 98
참판 이시매에 대한 만사 李參判時楳挽 • 99
참의 오정원에 대한 만사 吳參議挺垣挽 • 100
인평위 정제현에 대한 만사 寅平尉鄭齊賢挽 • 101
병사 남두병에 대한 만사 南兵使斗柄挽 • 102
정승 심지원에 대한 만사 沈相之源挽 • 103
별좌 이옹에 대한 만사 李別坐顒挽 • 105
상주 목사 장우한에 대한 만사 張尙州遇漢挽 • 106
은산 현감 유시번의 모친에 대한 만사 柳殷山時蕃母挽 • 107
좌랑 정재해에 대한 만사 鄭佐郎載海挽 • 108
교관 박내창의 아내에 대한 만사 朴教官乃昌室內挽 • 109
한원부원군의 천장에 대한 만사 漢原府院君遷葬挽 • 110
감사 유창의 부인에 대한 만사 兪監司瑒夫人挽 • 112
시직 송기태 사친의 천장에 대한 만사 宋侍直基泰私親遷葬挽 • 113
벗 조지형의 천장에 대한 만사 趙友持衡遷葬挽 • 114
정승 정유성에 대한 만사 鄭相維城挽 • 116
권여강이 준 시에 사례하다 謝權汝綱贈韻 • 117
큰형님의 시에 차운하다 次伯氏韻 • 118
원운 原韻 • 118
구언하는 하교가 있었다는 소식을 듣고 감동하여 읊다

聞有教求言感而賦之 • 119

사산의 은거지에 쓰다 題沙山幽居 • 120

아무렇게나 10운을 읊어 술을 가지고 찾아온 수, 후 두 상인에게 사례하다
漫吟十韻 謝修後兩上人携酒來訪 • 121

양촌의 온공 격옹도 시에 차운하다 次溫公擊甕圖楊村韻 • 123

창녕 현감 정도응에 대한 만사 鄭昌寧道應挽 • 124

판서 이경휘에 대한 만사 李判書慶徽挽 • 126

입암 선조의 영변 동헌 시에 삼가 차운하다
敬次立巖先生寧邊東軒韻 • 128

입암 선조의 개평관 사절당 시에 삼가 차운하다
敬次立巖先祖開平館四絶堂韻 • 129

입암 선조의 희천 동헌 시에 삼가 차운하다
敬次立巖先祖熙川東軒韻 • 130

입암 선조의 강계 동헌 시에 삼가 차운하다
敬次立巖先祖江界東軒韻 • 131

입암 선조가 위원에 묵으며 느낌이 있어 지은 시에 삼가 차운하다
敬次立巖先祖宿渭原郡有感韻 • 132

입암 선조의 이산 동헌 시에 삼가 차운하다
敬次立巖先祖理山東軒韻 • 133

입암 선조의 벽동 동헌 시에 삼가 차운하다
敬次立巖先祖碧潼東軒韻 • 134

입암 선조의 삭주 동헌 시에 삼가 차운하다
敬次立巖先祖朔州東軒韻 • 135

입암 선조의 대삭주 객사 시에 삼가 차운하다
敬次立巖先祖大朔州客舍韻 • 136

입암 선조의 박천 시에 삼가 차운하다 敬次立巖先祖博川韻 • 137

입암 선조의 은산 담담정 시에 삼가 차운하다
敬次立巖先祖殷山澹澹亭韻 • 138

입암 선조의 성천 강가 시에 삼가 차운하다
敬次立巖先祖成川江上韻 • 139

입암 선조가 평관대에 올라 지은 시에 삼가 차운하다
敬次立巖先祖登平寬臺韻 • 140

입암 선조가 서헌에서 일찍 일어나 경치를 보고 쓴 시에 삼가 차운하다
敬次立巖先祖西軒早起卽景韻 • 141

입암 선조의 강선루 시에 삼가 차운하다 敬次立巖先祖降仙樓韻 • 142

입암 선조가 배 위에서 취해 쓴 시에 삼가 차운하다
敬次立巖先祖船上醉題韻 • 144

입암 선조의 운산 동헌 시에 삼가 차운하다
敬次立巖先祖雲山東軒韻 • 145

입암 선조의 구성 동헌 시에 삼가 차운하다
敬次立巖先祖龜城東軒韻 • 146

입암 선조의 태천 동헌 시에 삼가 차운하다
敬次立巖先祖泰川東軒韻 • 147

입암 선조의 개천 동헌 시에 삼가 차운하다
敬次立巖先祖价川東軒韻 • 148

입암 선조의 자산 시에 삼가 차운하다 敬次立巖先祖慈山韻 • 149

입암 선조의 강계 인풍루 시에 삼가 차운하다
敬次立巖先祖江界仁風樓韻 • 150

입암 선조의 은산 동헌 시에 삼가 차운하다
敬次立巖先祖殷山東軒韻 • 151

입암 선조의 순천 동헌 시에 삼가 차운하다

敬次立巖先祖順天東軒韻 • 152

추위를 만나 아무렇게나 읊어 강선루에 쓰다 遇寒謾吟題降仙樓 • 153

신중임의 시에 차운하다 次愼仲任韻 • 154

판관 이성에 대한 만사 李判官渻挽 • 155

진산 송시묵에 대한 만사 宋珍山時默挽 • 156

감사 이만영에 대한 만사 李監司晩榮挽 • 157

영안위에 대한 만사 永安尉挽 • 158

토산 현감 이경항에 대한 만사 李兎山景沆挽 • 160

민시건의 모친에 대한 만사 閔時騫母挽 • 161

영릉의 천장에 대한 만장 寧陵遷奉挽章 • 162

인선왕후에 대한 만장 仁宣王后挽章 • 164

현궁을 차마 다시 보며 玄宮忍再窺 • 166

현종대왕 숭릉 만장 顯宗大王崇陵挽章 • 167

동명 정 참판에 대한 만사 東溟鄭參判挽 • 171

현종의 대상날 능 아래로 가는 도중에 감회를 기록하다
顯考祥日詣陵下道中志感 • 172

정사년 10월, 벗 이동보가 산에 사는 나를 찾아와 이틀 동안 머물고 시를 주며 이별하였기에 뒤늦게 화답하여 사례하다
丁巳初冬李友同甫訪余於山居 留二日 贈詩爲別 追和以謝 • 173

지사재 시에 차운하다 次志事齋韻 齋卽同甫所居 • 174

주부 이자명의 시에 차운하다 次李主簿子明韻 • 175

둘째 형님께 上仲氏 • 176

판서 홍처량에 대한 만사 洪判書處亮挽 • 177

인경왕후에 대한 만장 仁敬王后挽章 • 178
감사 홍주삼에 대한 만사 洪監司柱三挽 • 181
청평위 심익현에 대한 만사 靑平尉沈益顯挽 • 183
참의 조가석에 대한 만사 趙參議嘉錫挽 • 185
유생 윤식의 아내에 대한 만사 尹生寔內挽 • 186
영안위의 천장에 대한 만사 永安尉遷葬挽 • 187
정명공주에 대한 만사 貞明公主挽 • 188
좌윤 김석익에 대한 만사 金左尹錫翼挽 • 189
감사 윤가적의 대부인에 대한 만사 尹監司嘉績大夫人挽 • 190
지사 심지명에 대한 만사 沈知事之溟挽 • 191
화창군 이연에 대한 만사 花昌君沇挽 • 192
판서 김좌명의 천장에 대한 만사 金判書佐明遷葬挽 • 193
동지 서홍리에 대한 만사 徐同知弘履挽 • 194
명성왕후에 대한 만장 明聖王后挽章 • 195
판서 남이성에 대한 만사 南判書二星挽 • 199
홍주 목사 이동로에 대한 만사 李洪州東老挽 • 201
참판 유창 부인에 대한 만사 兪參判瑒夫人挽 • 202
과천 현감 한기유의 대부인에 대한 만사 韓果川起愈大夫人挽 • 203
종성 부사 김수오에 대한 만사 金鍾城粹五挽 • 204
첨지 황후헌에 대한 만사 黃僉知後憲挽 • 205
낭원군 이간 부인의 천장에 대한 만사 朗原君偘夫人遷葬挽 • 206
처사 이화에 대한 만사 李處士和挽 • 207

감사 어진익에 대한 만사 魚監司震翼挽 • 208

청성부원군 김 상국에 대한 만사 淸城府院君金相國挽 • 209

판서 이숙의 부인에 대한 만사 李判書翻夫人挽 • 212

참판 안진에 대한 만사 安參判縝挽 • 214

첨정 이진에 대한 만사 李僉正晉挽 • 215

동지 이복일에 대한 만사 李同知復一挽 • 216

완남 이 상국의 천장에 대한 만사 完南李相國遷葬挽 • 217

청성 김 상국의 천장에 대한 만사 淸城金相國遷葬挽 • 218

은진 현감 최세경의 대부인에 대한 만사 崔恩津世慶大夫人挽 • 219

배천 군수 이준에게 뒤늦게 부치다 追寄白川李知縣儁 • 221

연경에 가는 이부 윤중린을 삼가 전송하며
奉送尹吏部仲麟赴燕之行 • 223

정승 남구만이 연경에서 돌아오기에 시를 부쳐 행차를 맞이하다
南相國九萬回自燕京 寄詩迎行 • 224

판서 신인백의 시에 차운하다 次申尙書寅伯韻 • 225

제목 없음 失題 • 226

원운 原韻 • 226

청풍 김수증의 아내에 대한 만사 金淸風壽增內挽 • 227

참의 정면에 대한 만사 鄭參議勔挽 • 229

옥천 군수 송규연에 대한 만사 宋沃川奎淵挽 • 230

도정 이핵에 대한 만사 李都正翮挽 • 231

광성부원군에 대한 만사 光城府院君挽 • 232

잡저雜著

부로에게 알리는 글 諭父老文 • 234

추고 함사 推考緘辭 • 238

추고 함사 推考緘辭 • 240

족보를 수정할 때 종인들에게 보낸 통문 族譜修正時諸宗人處通文 • 241

족보 범례 族譜凡例 • 242

점치는 글 筮辭 • 244

교서敎書

경상 감사 이상진에게 내리는 교서 教慶尙監司李尙眞書 • 245

삼도 통제사 김시성에게 내리는 교서 教三道統制使金始聲書 • 249

불윤비답不允批答

영의정 심지원의 첫 번째 정사를 윤허하지 않는다는 비답
領議政沈之源初度呈辭不允批答 • 252

우의정 정유성의 두 번째 사직을 윤허하지 않는다는 비답
右議政鄭維城再度不允批答 • 255

별유別諭

행 부호군 이유태, 윤선거에게 내리는 별유
行副護軍李惟泰尹宣擧處別諭 • 258

제문祭文

기우제문 응제이다 祈雨祭文 應製 • 260

기우제문 응제이다 祈雨祭文 應製 • 265

기우제문 응제이다 祈雨祭文 應製 • 271

여제문 응제이다 癘祭文 應製 • 278

평안도 여제문 응제이다 平安道癘祭文 應製 • 281

죽은 좌의정 심지원에 대한 치제문 응제이다
卒左議政沈之源致祭文 應製 • 285

죽은 동지중추부사 곽희태에 대한 치제문 응제이다
卒同知中樞府事郭希泰致祭文 應製 • 290

문정공유고 제2권

서書

우암 선생에게 올리다 갑진년 윤6월 2일 上尤菴先生 甲辰閏六月二日 • 295

우암 선생에게 올리다 갑진년 윤6월 6일 上尤菴先生 甲辰閏六月六日 • 296

우암 선생에게 올리다 갑진년 윤6월 일 上尤菴先生 甲辰閏六月日 • 297

우암 선생에게 올리다 갑진년 윤6월 일 上尤菴先生 甲辰閏六月日 • 298

우암 선생에게 올리다 갑진년 7월 일 上尤菴先生 甲辰七月日 • 299

우암 선생에게 올리다 당일 上尤菴先生 卽日 • 301

우암 선생에게 올리다 당일 上尤菴先生 卽日 • 302

우암에게 답하다 병오년 1월 일 答尤庵 丙午正月日 • 303

우암에게 답하다 병오년 2월 일 答尤庵 丙午二月日 • 304

우암에게 답하다 병오년 2월 일 答尤庵 丙午二月日 • 305

우암에게 답하다 병오년 2월 일 答尤庵 丙午二月日 • 306
우암에게 답하다 병오년 2월 일 答尤庵 丙午二月日 • 307
우암에게 답하다 병오년 4월 일 答尤庵 丙午四月日 • 308
우암에게 답하다 병오년 5월 일 答尤庵 丙午五月日 • 309
우암에게 답하다 병오년 5월 일 答尤庵 丙午五月日 • 311
우암에게 답하다 병오년 10월 일 答尤庵 丙午陽月日 • 312
우암에게 답하다 병오년 10월 일 答尤庵 丙午陽月日 • 313
우암에게 답하다 기유년 4월 일 答尤庵 己酉四月日 • 314
우암에게 답하다 기유년 5월 일 答尤庵 己酉五月日 • 315
우암에게 답하다 기유년 6월 일 答尤庵 己酉六月日 • 317
우암에게 답하다 기유년 6월 일 答尤庵 己酉六月日 • 318
우암에게 답하다 임자년 11월 일 答尤庵 壬子十一月日 • 319
우암에게 답하다 계축년 1월 일 答尤庵 癸丑元月日 • 320
우암에게 올리다 계축년 上尤庵 癸丑 • 321
우암에게 올리다 계축년 1월 일 上尤庵 癸丑正月日 • 322
우암에게 올리다 계축년 2월 일 上尤庵 癸丑二月日 • 323
우암에게 올리다 계축년 4월 일 上尤庵 癸丑四月日 • 325
우암에게 올리다 계축년 5월 일 上尤庵 癸丑五月日 • 326
우암에게 올리다 계축년 9월 일 上尤庵 癸丑九月日 • 327
우암에게 올리다 계축년 10월 일 上尤庵 癸丑十月日 • 328
우암에게 올리다 계축년 11월 일 上尤庵 癸丑十一月日 • 329
우암에게 올리다 계축년 11월 일 上尤庵 癸丑十一月日 • 330

우암에게 올리다 계축년 11월 일 上尤庵 癸丑十一月日 • 331
우암에게 올리다 계축년 12월 일 上尤庵 癸丑十二月日 • 332
우암에게 올리다 上尤庵 • 333
우암에게 올리다 上尤庵 • 334
우암에게 올리다 갑인년 上尤庵 甲寅 • 335
우암에게 올리다 갑인년 4월 16일 上尤庵 甲寅四月十六日 • 336
우암에게 올리다 갑인년 5월 18일 上尤庵 甲寅五月十八日 • 337
우암에게 올리다 갑인년 5월 28일 上尤庵 甲寅五月二十八日 • 338
우암에게 올리다 갑인년 6월 4일 上尤庵 甲寅六月初四日 • 339
우암에게 올리다 갑인년 7월 19일 上尤庵 甲寅七月十九日 • 340
우암에게 올리다 갑인년 9월 7일 上尤庵 甲寅九月初七日 • 341
우암에게 올리다 갑인년 9월 17일 上尤庵 甲寅九月十七日 • 343
우암에게 올리다 갑인년 9월 19일 上尤庵 甲寅九月十九日 • 344
우암에게 올리다 갑인년 9월 28일 上尤庵 甲寅九月二十八日 • 345
우암에게 올리다 갑인년 10월 16일 上尤庵 甲寅陽月旣望 • 346
우암에게 답하다 答尤庵 • 348
우암에게 올리다 上尤庵 • 349
우암에게 올리다 上尤庵 • 350
우암에게 올리다 上尤庵 • 351
우암에게 올리다 을묘년 上尤庵 乙卯 • 352
우암에게 올리다 을묘년 1월 8일 上尤庵 乙卯正月八日 • 353
우암에게 올리다 上尤庵 • 354

우암에게 올리다 을묘년 2월 10일 上尤庵 乙卯二月初十日 • 356

우암에게 올리다 上尤奄 • 357

우암에게 올리다 上尤奄 • 358

우암에게 올리다 上尤奄 • 359

우암에게 올리다 上尤奄 • 362

우암에게 올리다 上尤奄 • 363

우암에게 답하다 병진년 答尤奄 丙辰 • 364

우암에게 답하다 병진년 答尤奄 丙辰 • 365

우암에게 답하다 병진년 7월 14일 答尤庵 丙辰七月十四日 • 366

우암에게 답하다 병진년 12월 15일 答尤庵 丙辰十二月十五日 • 368

우암에게 답하다 정사년 6월 12일 答尤庵 丁巳六月十二日 • 369

우암에게 답하다 答尤庵 • 370

우암에게 답하다 答尤庵 • 371

우암에게 올리다 上尤庵 • 372

우암에게 올리다 上尤庵 • 373

송서구에게 답하다 기미년 11월 13일 答宋敍九 己未復月十三日 • 374

송서구에게 답하다 기미년 11월 16일 答宋敍九 己未復月旣望 • 375

우암에게 답하다 경신년 答尤庵 庚申 • 376

우암에게 답하다 경신년 答尤庵 庚申 • 377

우암에게 답하다 答尤庵 • 378

우암에게 답하다 答尤庵 • 379

우암에게 답하다 신유년 6월 일 答尤庵 辛酉六月日 • 381

우암에게 답하다 계해년 4월 13일 答尤庵 癸亥四月十三日 • 382

우암에게 답하다 계해년 5월 2일 答尤庵 癸亥五月二日 • 383

우암에게 올리다 上尤庵 • 384

우암에게 올리다 계해년 7월 13일 上尤庵 癸亥七月十三日 • 386

우암에게 올리다 갑자년 8월 26일 上尤庵 甲子八月二十六日 • 387

우암에게 올리다 병인년 11월 11일 上尤庵 丙寅復月十一日 • 389

진산 군수 송시묵에게 주다 임진년 12월 28일
與宋珍山時默 壬辰十二月二十八日 • 393

송 진산에게 주다 임인년 섣달 그믐 與宋珍山 壬寅除日 • 394

송 진산에게 주다 을사년 5월 1일 與宋珍山 乙巳五月初一日 • 395

송 진산에게 주다 與宋珍山 • 396

정봉휘 도응에게 주다 정유년 3월 10일 與鄭鳳輝道應 丁酉三月十日 • 397

정봉휘에게 주다 정유년 11월 26일 與鄭鳳輝 丁酉十一月二十六日 • 398

정봉휘에게 주다 계묘년 4월 13일 與鄭鳳輝 癸卯四月十三日 • 399

정봉휘에게 주다 갑진년 12월 28일 與鄭鳳輝 甲辰十二月二十八日 • 400

황주경 세정 에게 주다 을묘년 3월 3일 與黃周卿 世楨○乙卯三月三日 • 401

황주경에게 주다 을묘년 7월 24일 與黃周卿 乙卯七月卄四日 • 403

황주경에게 주다 병진년 1월 21일 與黃周卿 丙辰元月二十一日 • 404

황주경에게 주다 병진년 12월 21일 與黃周卿 丙辰十二月卄一日 • 406

황주경에게 주다 경신년 2월 2일 與黃周卿 庚申二月二日 • 408

황주경에게 주다 경신년 5월 25일 與黃周卿 庚申五月二十五日 • 409

황주경에게 주다 을축년 8월 8일 與黃周卿 乙丑八月初八日 • 411

황주경에게 주다 을축년 8월 29일 與黃周卿 乙丑八月二十九日 • 412

황주경 세정 에게 답하다 병진년 答黃周卿 世禎○丙辰 • 413

황주경에게 주다 與黃周卿 • 414

이양이 지렴에게 주다 임술년 12월 14일 與李養以之濂 壬戌臘月十四日 • 415

이양이에게 주다 임술년 12월 28일 與李養以 壬戌十二月二十八日 • 416

이양이에게 주다 을축년 1월 26일 與李養以 乙丑正月二十六日 • 417

이양이 지렴 에게 주다 을축년 與李養以 之濂○乙丑 • 418

황 괴산 세구에게 답하다 答黃槐山世耉 • 419

황 괴산 세구에게 답하다 答黃槐山世耉 • 420

황 괴산에게 답하다 答黃槐山 • 421

황 괴산에게 답하다 答黃槐山 • 422

황 괴산에게 답하다 答黃槐山 • 423

황 괴산에게 답하다 答黃槐山 • 424

이계주 단하에게 답하다 계묘년 答李季周端夏 癸卯 • 426

이계주에게 답하다 병오년 4월 17일 答李季周 丙午四月十七日 • 427

이계주에게 답하다 병오년 4월 25일 答李季周 丙午四月二十五日 • 428

이계주에게 답하다 정미년 11월 16일 答李季周 丁未十一月十六日 • 429

이계주에게 답하다 答李季周 • 430

이계주에게 답하다 무오년 11월 13일 答李季周 戊午復月十三日 • 431

이계주에게 답하다 무오년 答李季周 戊午 • 433

이계주에게 답하다 무오년 11월 21일 答李季周 戊午復月二十一日 • 435

이계주에게 답하다 기미년 3월 6일 答李季周 己未三月六日 • 436

이계주에게 답하다 答李季周 • 437

이계주에게 보내다 계해년 與李季周 癸亥 • 438

이계주에게 답하다 갑자년 答李季周 甲子 • 439

남중휘에게 보내다 與南仲輝 • 440

남중휘에게 보내다 與南仲輝 • 441

남중휘에게 보내다 경술년 윤2월 14일 與南仲輝 庚戌閏二月十四日 • 442

남중휘에게 보내다 임자년 11월 18일 與南仲輝 壬子十一月十八日 • 444

남중휘 이성 에게 보내다 무오년 與南仲輝 二星○戊午 • 445

문정공유고 제3권

서書

정관재에게 보낸 편지 與靜觀齋書 • 449

정관재에게 보낸 편지 與靜觀齋書 • 450

정관재에게 보낸 편지 與靜觀齋書 • 451

정관재에게 보낸 편지 與靜觀齋書 • 452

정관재에게 보낸 편지 與靜觀齋書 • 454

정관재에게 보낸 편지 與靜觀齋書 • 456

정관재에게 보낸 편지 與靜觀齋書 • 458

정관재에게 보낸 편지 與靜觀齋書 • 459

정관재에게 보낸 편지 與靜觀齋書 • 460

정관재에게 보낸 편지 갑진년 7월 29일 與靜觀齋書 甲辰七月二十九日 • 461

정관재에게 보낸 편지 與靜觀齋書 • 463

이유능에게 답함 을사년 10월 5일 答李幼能 乙巳十月初五日 • 464
이유능에게 답함 을사년 10월 6일 答李幼能 乙巳十月初六日 • 466
이유능에게 답함 을사년 11월 29일 答李幼能 乙巳十一月二十九日 • 467
이유능에게 답함 병오년 7월 25일 答李幼能 丙午七月二十五日 • 468
이유능에게 보낸 편지 정미년 1월 3일 與李幼能 丁未正月三日 • 469
이유능에게 보낸 편지 與李幼能 • 471
이유능에게 보낸 편지 정미년 7월 16일 與李幼能 丁未七月十六日 • 472
이유능에게 보낸 편지 與李幼能 • 473
이유능에게 보낸 편지 정미년 8월 2일 與李幼能 丁未八月初二日 • 474
이유능에게 보낸 편지 무신년 2월 3일 與李幼能 戊申二月三日 • 475
이유능에게 보낸 편지 무신년 6월 7일 與李幼能 戊申六月七日 • 477
이유능에게 보낸 편지 정미년 10월 그믐 與李幼能 丁未十月晦日 • 478
이유능에게 보낸 편지 무신년 11월 12일 與李幼能 戊申十一月十二日 • 479
이유능에게 보낸 편지 무신년 12월 11일 與李幼能 戊申十二月十一日 • 480
이유능에게 보낸 편지 기유년 6월 2일 與李幼能 己酉六月二日 • 481
이유능에게 보낸 편지 기유년 8월 그믐 與李幼能 己酉八月晦 • 483
이동보에게 보낸 편지 기유년 10월 3일 與李同甫書 己酉十月初三日 • 485
이동보에게 보낸 편지 기유년 12월 26일
與李同甫書 己酉十二月二十六日 • 486
이동보에게 보낸 편지 경술년 12월 14일 與李同甫書 庚戌十二月十四日 • 488
이동보에게 보낸 편지 신해년 1월 1일 與李同甫書 辛亥正月一日 • 489
이동보에게 보낸 편지 신해년 5월 13일 與李同甫書 辛亥五月十三日 • 491
이동보에게 보낸 편지 신해년 9월 2일 與李同甫書 辛亥九月初二日 • 492

이동보에게 보낸 편지 임자년 1월 19일 與李同甫書 壬子正月十九日 • 493
이동보에게 보낸 편지 임자년 5월 22일 與李同甫書 壬子五月二十二日 • 494
이동보에게 보낸 편지 임자년 9월 6일 與李同甫書 壬子九月初六日 • 495
이동보에게 보낸 편지 임자년 9월 15일 與李同甫書 壬子九月十五日 • 496
이동보에게 보낸 편지 임자년 9월 27일 與李同甫書 壬子九月二十七日 • 497
이동보에게 보낸 편지 與李同甫書 • 498
이동보에게 보낸 편지 임자년 11월 與李同甫書 壬子十一月 • 499
이동보에게 보낸 편지 임자년 11월 與李同甫書 壬子十一月 • 500
이동보에게 보낸 편지 계축년 12월 27일
與李同甫書 癸丑十二月二十七日 • 501
이동보에게 보낸 편지 갑인년 11월 13일 與李同甫書 甲寅十一月十三日 • 502
이동보에게 보낸 편지 갑인년 12월 16일 與李同甫書 甲寅十二月十六日 • 503
이동보에게 보낸 편지 갑인년 섣달 그믐 與李同甫書 甲寅除日 • 504
이동보에게 보낸 편지 을묘년 1월 與李同甫書 乙卯正月 • 505
이동보에게 보낸 편지 을묘년 1월 16일 與李同甫書 乙卯正月十六日 • 506
이동보에게 보낸 편지 與李同甫書 • 507
이동보에게 보낸 편지 을묘년 3월 18일 與李同甫書 乙卯三月十八日 • 508
이동보에게 보낸 편지 을묘년 4월 21일 與李同甫書 乙卯四月廿一日 • 509
이동보에게 보낸 편지 을묘년 5월 26일 與李同甫書 乙卯五月廿六日 • 511
이동보에게 보낸 편지 與李同甫書 • 512
이동보에게 보낸 편지 을묘년 6월 2일 與李同甫書 乙卯六月初二日 • 513
이동보에게 보낸 편지 을묘년 7월 2일 與李同甫書 乙卯七月二日 • 514
이동보에게 보낸 편지 을묘년 10월 11일 與李同甫書 乙卯十月十一日 • 515

이동보에게 보낸 편지 을묘년 11월 26일 與李同甫書 乙卯十一月廿六日 • 516
이동보에게 보낸 편지 병진년 3월 3일 與李同甫書 丙辰三月三日 • 517
이동보에게 보낸 편지 병진년 3월 26일 與李同甫書 丙辰三月廿六日 • 518
이동보에게 보낸 편지 병진년 3월 29일 與李同甫書 丙辰三月廿九日 • 519
이동보에게 보낸 편지 병진년 4월 1일 與李同甫書 丙辰孟夏初吉 • 520
이동보에게 보낸 편지 병진년 4월 16일 與李同甫書 丙辰四月旣望 • 521
이동보에게 보낸 편지 與李同甫書 • 522
이동보에게 보낸 편지 병진년 5월 8일 與李同甫書 丙辰五月初八日 • 523
이동보에게 보낸 편지 병진년 6월 1일 與李同甫書 丙辰六月初一日 • 524
이동보에게 보낸 편지 병진년 6월 26일 與李同甫書 丙辰六月廿六日 • 526
이동보에게 보낸 편지 병진년 9월 15일 與李同甫書 丙辰九月十五日 • 527
이동보에게 보낸 편지 병진년 12월 4일 與李同甫書 丙辰十二月四日 • 528
이동보에게 보낸 편지 정사년 5월 18일 與李同甫書 丁巳五月十八日 • 529
이동보에게 보낸 편지 정사년 7월 7일 與李同甫書 丁巳七月七日 • 530
이동보에게 보낸 편지 정사년 8월 6일 與李同甫書 丁巳八月六日 • 532
이동보에게 보낸 편지 정사년 9월 20일 與李同甫書 丁巳九月二十日 • 534
이동보에게 보낸 편지 정사년 12월 20일 與李同甫書 丁巳十二月二十日 • 535
이동보에게 보낸 편지 무오년 2월 13일 與李同甫書 戊午二月十三日 • 536
이동보에게 보낸 편지 與李同甫書 • 537
이동보에게 보낸 편지 무오년 3월 23일 與李同甫書 戊午三月廿三日 • 538
이동보에게 보낸 편지 무오년 윤3월 그믐 與李同甫書 戊午閏三月晦日 • 539
이동보에게 보낸 편지 무오년 4월 22일 與李同甫書 戊午四月二十二日 • 540

이동보에게 보낸 편지 무오년 5월 2일 與李同甫書 戊午五月初二日 • 541
이동보에게 보낸 편지 무오년 5월 14일 與李同甫書 戊午五月十四日 • 542
이동보에게 보낸 편지 무오년 5월 28일 與李同甫書 戊午五月二十八日 • 543
이동보에게 보낸 편지 무오년 7월 19일 與李同甫書 戊午七月十九日 • 544
이동보에게 보낸 편지 기미년 1월 11일 與李同甫書 己未正月十一日 • 547
이동보에게 보낸 편지 기미년 8월 13일 與李同甫書 己未八月十三日 • 548
이동보에게 보낸 편지 기미년 9월 24일 與李同甫書 己未九月二十四日 • 550
이동보에게 보낸 편지 경신년 3월 20일 與李同甫書 庚申三月二十日 • 551
이동보에게 보낸 편지 경신년 6월 28일 與李同甫書 庚申六月卄八日 • 553
이동보에게 보낸 편지 경신년 7월 2일 與李同甫書 庚申七月初二日 • 555
이동보에게 보낸 편지 경신년 7월 6일 與李同甫書 庚申七月初六日 • 556
이동보에게 보낸 편지 경신년 10월 25일 與李同甫書 庚申十月卄五日 • 557
이동보에게 보낸 편지 경신년 11월 22일 與李同甫書 庚申十一月二十二日 • 558
이동보에게 보낸 편지 신유년 5월 29일 與李同甫書 辛酉五月卄九日 • 559
이동보에게 보낸 편지 신유년 10월 14일 與李同甫書 辛酉十月十四日 • 560
이동보에게 보낸 편지 임술년 與李同甫書 壬戌 • 561
이동보에게 보낸 편지 임술년 與李同甫書 壬戌 • 562
이동보에게 보낸 편지 임술년 與李同甫書 壬戌 • 563
이동보에게 보낸 편지 계해년 與李同甫書 癸亥 • 564
이동보에게 보낸 편지 병인년 1월 16일 與李同甫書 丙寅元月旣望 • 565
이동보에게 보낸 편지 정묘년 1월 29일 與李同甫書 丁卯正月二十九日 • 566
이동보에게 보낸 편지 병진년 4월 25일 與李同甫書 丙辰四月卄五日 • 567

큰형님께 上伯氏 • 568
큰형님께 上伯氏 • 570
큰형님께 기유년 8월 1일 上伯氏 己酉八月初吉 • 571
큰형님께 기유년 9월 16일 上伯氏 己酉九月十六日 • 572
큰형님께 기유년 9월 29일 上伯氏 己酉九月廿九日 • 573
큰형님께 기유년 10월 1일 上伯氏 己酉十月初一日 • 574
큰형님께 기유년 10월 9일 上伯氏 己酉十月九日 • 575
큰형님께 기유년 11월 1일 上伯氏 己酉十一月初一日 • 576
큰형님께 기유년 11월 21일 上伯氏 己酉十一月廿一日 • 577
큰형님께 기유년 12월 2일 上伯氏 己酉十二月二日 • 578
큰형님께 上伯氏 • 579
큰형님께 上伯氏 • 580
큰형님께 경술년 윤2월 14일 上伯氏 庚戌閏二月十四日 • 581
큰형님께 경술년 3월 24일 上伯氏 庚戌三月廿四日 • 582
큰형님께 경술년 5월 4일 上伯氏 庚戌五月四日 • 583
큰형님께 경술년 5월 5일 上伯氏 庚戌五月五日 • 584
큰형님께 上伯氏 • 585
큰형님께 경술년 8월 2일 上伯氏 庚戌八月二日 • 586
큰형님께 경술년 9월 23일 上伯氏 庚戌九月廿三日 • 588
큰형님께 경술년 10월 16일 上伯氏 庚戌十月十六日 • 589
큰형님께 上伯氏 • 590
큰형님께 上伯氏 • 591

큰형님께 신해년 설날 上伯氏 辛亥元朝 • 592
큰형님께 신해년 5월 19일 上伯氏 辛亥五月十九日 • 593
큰형님께 신해년 7월 21일 上伯氏 辛亥七月廿一日 • 594
큰형님께 신해년 8월 6일 上伯氏 辛亥八月六日 • 595
큰형님께 신해년 12월 11일 上伯氏 辛亥十二月十一日 • 596
큰형님께 임자년 3월 19일 上伯氏 壬子三月十九日 • 597
큰형님께 임자년 4월 28일 上伯氏 壬子四月廿八日 • 598
큰형님께 임자년 11월 上伯氏 壬子至月 • 599
큰형님께 임자년 12월 3일 上伯氏 壬子十二月三日 • 600
큰형님께 계축년 1월 17일 上伯氏 癸丑正月十七日 • 601
둘째 형님께 임술년 上仲氏 壬戌 • 602
둘째 형님께 경술년 7월 3일 上仲氏 庚戌七月三日 • 603

문정공유고 제4권

소차疏箚

두 번째 소 再疏 • 607
세 번째 소 三疏 • 611
더한 품계를 사양하는 소 辭增秩疏 • 613
더한 품계를 사양하는 소 두 번째 소 辭增秩疏 再疏 • 616
더한 품계를 사양하는 소 세 번째 소 辭增秩疏 三疏 • 618
더한 품계를 사양하는 소 네 번째 소 辭增秩疏 四疏 • 620

빈객을 사직하는 소 辭賓客疏 • 623

대사헌을 사직하는 소 辭大司憲疏 • 625

해직되어 선영에 가서 성묘하기를 청하는 소 乞解職往省先墓疏 • 627

본직과 겸대한 직임에서 해직을 청하는 소 乞解本職及兼帶疏 • 629

호조 판서를 사직하는 소 辭戶曹判書疏 • 632

병을 이유로 해직을 청하는 소 引疾乞解疏 • 634

천릉으로 받은 상을 사양하는 소 辭遷陵賞加疏 • 636

도감으로 받은 상을 사양하는 소 辭都監賞加疏 • 638

예를 논의한 뒤 엄한 하교를 받고 당상들과 연명으로 견책을 청한 소
議禮後承嚴敎與諸堂聯名請譴疏 • 640

예를 논의한 뒤 엄한 하교를 받고 견책을 청한 두 번째 소
議禮後承嚴敎請譴第二疏 • 641

예를 논의한 뒤 엄한 하교를 받고 견책을 청한 세 번째 소
議禮後承嚴敎請譴三疏 • 643

빈접사로 서쪽으로 내려갈 때 본직과 겸대한 직임들에서 해직을 청한 소
以儐使西下時乞解本兼諸職疏 • 645

곽세건과 조감이 상소하여 비난한 일로 인하여 인혐하고 해직을 청한 소
因郭世楗趙瑊疏詆引嫌乞解疏 • 646

병을 이유로 해직을 청한 차자 引病乞解箚 • 649

병을 이유로 해직을 청한 차자 두 번째 차자 引病乞解箚 再箚 • 651

병을 이유로 해직을 청한 차자 세 번째 차자 引病乞解箚 三箚 • 653

국장도감 제조 및 총융사에서 해직을 청한 소
乞解國葬都監提調及摠戎使疏 • 655

대계가 정지된 뒤 부절을 바치고 지레 돌아가며 올린 소
臺啓停後納符徑歸疏 • 657

본직과 겸대한 직임들에서 해직하고 내린 상을 거두어달라고 청한 소
乞解本兼諸職仍收賞加疏 • 659

본직과 겸대한 직임들의 해직을 청한 소 乞解本兼諸職疏 • 661

소명을 중지할 것과 본직과 겸대한 직임들의 해직을 청한 소
乞寢召命仍解本兼諸職疏 • 664

사정을 아뢰고 해직을 청한 소 陳情乞解職疏 • 669

호조 판서를 사직하는 소 辭戶曹判書疏 • 671

인혐하고 사직하는 소 引嫌辭職疏 • 674

병조 판서를 사직하는 소 辭兵曹判書疏 • 676

세 차례 추가로 휴가를 받은 뒤 해직을 청하는 소
三告加由後乞解疏 • 678

도감의 상으로 내린 가자를 사양하는 소 辭都監賞加疏 • 680

대계가 정지된 뒤 상으로 내린 가자를 거듭 사양하는 소
臺啓停後申辭賞加疏 • 682

봉작을 받은 뒤 겸대한 직임들의 해직을 청하는 소
封爵後乞解兼帶諸任疏 • 683

소명을 어긴 뒤 죄를 자인하는 소 違召後引罪疏 • 685

겸대한 직임들을 거듭 사직하는 소 申辭兼帶疏 • 686

겸대한 직임들을 거듭 사직하는 소 두 번째 상소 申辭兼帶疏 再疏 • 689

사정을 아뢰고 은혜를 청하는 소 陳情乞恩疏 • 691

소명을 어긴 뒤 겸대한 직임들을 거듭 사직하는 소
違召後申辭兼帶疏 • 693

겸대한 직임들을 거듭 사직하는 차자 申辭兼帶箚 • 695

겸대한 직임들을 거듭 사직하는 차자 두 번째 차자 申辭兼帶箚 再箚 • 698

진휼청 당상을 사직하며 올린 두 번째 차자 辭賑恤堂上再箚 • 699

진휼청 당상을 사직하며 올린 차자 세 번째 차자
辭賑恤堂上箚 三箚 • 701

금위영 제조 및 기타 겸대한 직임들을 사직하는 차자
辭禁衛提調及他兼帶箚 • 703

겸대한 직임들을 거듭 사직하는 소 申辭兼帶疏 • 705

소명을 어긴 뒤 견책을 청하는 소 違召後請譴疏 • 707

박태유가 상소로 배척한 일로 인하여 인혐하는 소
因朴泰維疏斥引嫌疏 • 708

박태유가 상소로 배척한 일로 인하여 인혐하는 소 두 번째 소
因朴泰維疏斥引嫌疏 再疏 • 709

박태유가 상소로 배척한 일로 인하여 인혐하는 소 세 번째 소
因朴泰維疏斥引嫌疏 三疏 • 711

박태유가 상소로 배척한 일로 인하여 인혐하는 소 네 번째 소
因朴泰維疏斥引嫌疏 四疏 • 713

박태유가 상소로 배척한 일로 인하여 인혐하는 소 다섯 번째 소
因朴泰維疏斥引嫌疏 五疏 • 715

선혜청 제조에서 해직을 청하는 소 乞解宣惠提調疏 • 717

선혜청 제조에서 해직을 청하는 소 두 번째 소
乞解宣惠提調疏 再疏 • 719

소명을 어긴 뒤 죄를 자인하며 선혜청 제조를 거듭 사직하는 소
違召後引罪申辭惠廳疏 • 722

소명을 어긴 뒤 죄를 자인하며 선혜청 제조를 거듭 사직하는 소 두 번째 소

違召後引罪申辭惠廳疏 再疏 • 723

소명을 어긴 뒤 죄를 자인하며 선혜청 제조를 거듭 사직하는 소 세 번째 소
違召後引罪申辭惠廳疏 三疏 • 725

휴가를 얻어 분황하기를 청하는 소 乞暇焚黃疏 • 726

휴가를 청하는 소 乞暇疏 • 727

이징명이 상소로 배척한 일로 인하여 죄를 자인하는 소
因李徵明疏斥引罪疏 • 728

이징명이 상소로 배척한 일로 인하여 죄를 자인하는 소 두 번째 소
因李徵明疏斥引罪疏 再疏 • 730

《문정공유고》 해제

장유승 | 단국대학교

1. 머리말

여흥민씨는 숙종비 인현왕후를 배출한 외척이자 서인 노론의 중추로서 17~18세기 조선 정치사를 주도하였다고 알려져 있다.[1] 이른바 삼방파(三房派)의 파조(派祖) 민광훈(閔光勳)의 세 아들 민시중(閔蓍重), 민정중(閔鼎重), 민유중(閔維重)이 그 중심에 있다. 여흥민씨가 19세기 세도가문으로 부상할 수 있었던 것은 이들의 존재 덕택이었다 해도 과언이 아니다. 따라서 이들의 생애와 저술에 대한 연구는 조선후기 정치사 연구에 기여할 수 있을 것이다.

그런데 민시중 3형제와 그 후손이 남긴 저술은 이들의 정치적 위상에 비해 소략한 편이다. 민광훈과 민시중은 아예 문집이 없고, 민정중의 문집은 간행되기는 하였으나 불완전한 부분이 있으며, 민유중의 문집은 간행에 이르지 못한 채 필사본으로 전하고 있다. 민시중의 아들 민진주(閔鎭周), 민정중의 아들 민진장(閔鎭長), 민유중의 아들 민진후(閔鎭厚), 민진원(閔鎭遠) 역시 정치적 위상이 높았으나 문집은 전하지 않는다. 고작해야 민진원의 소차(疏箚)를 엮은 《민문충공주의(閔

1 김명숙, 〈『여흥민씨가승기략(驪興閔氏家乘記略)』을 통해 본 17-18세기 여흥 민문의 형성과 가문 정비〉, 《한국사상과 문화》 46집, 한국사상문화학회, 2009, 281면.

文忠公奏議)》 정도가 전할 뿐이다. 손자대에 와서도 이러한 현상은 여전하다. 민시중 3형제의 손자 14인 중 문집을 남긴 인물은 민우수(閔遇洙) 한 사람뿐이고, 그나마 문집 간행의 중간 단계로 추정되는 활자본이다.

문집 간행은 묘역 정비, 족보 편찬, 가문사 정리와 더불어 가문 위상 확립을 위한 주요 수단이다.[2] 그럼에도 이들의 문집 간행이 원활하게 이루어지지 않았던 데는 나름의 이유가 있었을 것으로 보인다. 이 점에서 본고는 민유중의 《문정공유고》에 주목하고자 한다. 《문정공유고》는 그나마 문집의 체재를 온전히 갖추고 간행된 민정중의 《노봉집》, 민우수의 《정암집》과 달리, 정고본(定稿本)의 단계조차 도달하지 못한 상태로 전하고 있다. 이 가문의 문집 편찬이 원활하게 이루어지지 않은 이유에 대해 단서를 제공할 것으로 기대된다.

2. 민유중의 생애

《문정공유고》에는 서문, 발문 및 부록이 없다. 주지하다시피 문집 편찬은 저자 사후 그 자손 및 문인이 시문을 수습한 뒤, 저자와 친분이 깊거나 명망 높은 인물에게 서발을 받는 방식으로 진행된다. 묘도문자의 제작은 문집 편찬과 별도로 이루어지지만, 문집에 부록으로 싣기 위해 문집 편찬에 앞서 제작을 마치는 것이 일반적이다. 따라서

2 민시중 3형제의 가문 위상 확립을 위한 묘역 정비, 족보 편찬, 가문사 정리의 실상은 김명숙, 앞의 논문 참조.

서발 및 묘도문자가 없는 문집은 미완성본이며, 정식 간행으로 나아가는 일종의 과정으로 보는 것이 타당하다.[3]

민유중 사후에도 그의 자손들이 관례에 따라 묘도문자를 청탁하고 문집 편찬을 시도했을 것이다. 그러나 민유중 사후 불과 2년만인 1689년 기사환국으로 인현왕후가 폐위된다. 이 사건은 가문에 큰 타격을 주었으므로 한동안 문집 편찬은 엄두를 내기 어려웠을 것이다. 묘도문자 제작과 문집 편찬은 인현왕후가 복위한 1694년 이후에 다시 시작되었을 것이다. 현전하는 민유중의 묘도문자가 이 추정을 뒷받침한다.

현전하는 민유중의 묘도문자는 이여(李畬)가 지은 시장(諡狀)과 권상하(權尙夏)가 지은 신도비명(神道碑銘)이다.[4] 두 편 모두 창작 시기를 밝히지 않았으나 시장에는 저자 사후 1694년 인현왕후가 복위하면서 숙종이 사제(賜祭)와 사시(賜諡)를 명한 사실이 언급되어 있다. 민정중이 시호를 받은 것이 바로 1694년의 일이니, 시장은 1694년의 작으로 보는 것이 온당하다. 한편 신도비명에는 저자 사후 인현왕후 폐위와 복위에 이르는 과정은 물론, 시호 추증 이후 1704년 영의정에 추증된 사실까지 실려 있으니, 시장보다 뒤에 지은 것이 분명하다.[5]

3 조선시대 문집 편찬과 간행 과정에 대해서는 김영진, 〈朝鮮朝 文集 刊行의 諸樣相〉, 《민족문화》 43집, 한국고전번역원, 2014; 장유승, 〈조선후기 문집 간행 및 유통 양상 재고〉, 《국문학연구》 43집, 국문학회, 2021.

4 李畬, 《睡谷集》 卷15, 〈驪陽府院君閔公諡狀〉; 權尙夏, 《寒水齋集》 卷24, 〈驪陽府院君文貞閔公神道碑銘〉.

5 숙종은 1704년 민유중에게 영의정을 추증했다. 다소 뜬금없어 보이는 이 조처는 당시 인원왕후(仁元王后)의 부친으로 국구의 자리에 있던 김주신(金柱臣)의 권위를 높이기 위한 것으로 추정된다.

민유중 생애의 구체적인 사실에 관해서는 이 두 편의 글이 자세하므로 여기서는 굳이 반복하지 않는다. 그의 생애와 정체성을 한 마디로 요약하면, 사림과 외척이라는 대립적 면모를 구유(俱有)한 인물이라 하겠다. 민유중은 인현왕후의 부친으로 이 시기를 대표하는 외척이지만, 송준길(宋浚吉)의 사위로서 송시열(宋時烈)과도 교분이 두터웠다. 민시중 3형제는 송시열, 송준길과 정치적 입장을 함께하였으며, 그 후손들도 노론 준론의 입장을 견지하였다. 민유중은 산림과 외척의 교차점에 자리한 인물이다.

민유중의 환력을 살펴보면, 크게 세 시기로 나눌 수 있다. 첫째는 1650년(효종1) 문과에 급제하여 관직에 진출한 이래 1665년(현종6) 전라도 관찰사로 부임하기 직전까지이다. 이 시기 그는 예문관과 홍문관의 요직을 역임하면서 언관(言官)으로서 국정에 적극 관여하였다. 그의 주된 탄핵대상은 정승과 외척, 그리고 종친이었다. 대간과 이들의 대립은 늘 있는 일이었으나, 1657년 낭선군(朗善君) 이우(李俁)의 노비를 장살(杖殺)한 사건은 지나친 처사가 분명하다.[6] 이로 인해 효종은 민유중을 경성 판관(鏡城判官)으로 좌천시켰지만, 그는 이 사건을 통해 강직한 대간(臺諫)이라는 이미지를 굳혔던 것으로 보인다. 2년 뒤 부모의 묘소를 조성하면서 수도(隧道)를 만들었다는 이유로 김좌명(金佐明)을 탄핵한 사건도 외척의 전횡에 맞서는 대간의 모습을 보여주었다. 간간이 수행한 어사의 직무도 대간 역할의 일환이었으며, 무엇

6 민유중의 묘도문자에는 낭선군의 노비가 민유중과 함께 있던 오두인(吳斗寅)에게 위해를 가하려 했기 때문이라고 주장하였으나 이는 일방적인 주장이다. 당시 사료를 종합적으로 검토하면 대간과 종친의 자존심 대결에서 비롯된 사고에 가깝다.

보다 민유중은 이 시기 조정에 진출한 송시열과 송준길을 적극 지원하며 산림(山林) 세력의 확대에 앞장섰다.

두 번째 시기는 1665년부터 1672년까지 충청, 전라, 평안 삼도의 관찰사를 역임한 시기이다. 1665년 전라도 관찰사 부임은 민유중에게 관력 전환의 계기였다. 이듬해 조정으로 돌아와 한동안 승지를 지내다가 1668년 충청도 관찰사로 부임하였다. 이때 그가 시행한 양전(量田)으로 인해 여론의 비난이 들끓었다. 서로 다른 당파가 편찬한 《현종실록》과 《현종개수실록》이 모두 민유중의 과오를 지적했다. 이듬해 평안도 관찰사로 부임하자 비난이 더욱 들끓었다. 양전의 실패에도 불구하고 사실상 승진이나 다름없는 인사가 이루어졌기 때문이다. 이에 대한 서술도 《현종실록》과 《현종개수실록》이 일치한다.[7] 다만 평안도 관찰사 재직시 효과적인 재정 운영으로 국가 경비 조달에 크게 기여하고, 흉년을 예상하고 미리 종자 5천 섬을 사서 각 도에 보낸 업적 역시 두 실록이 모두 인정한 바이다.[8] 임기가 만료되었음에도 1년 추가로 유임한 것도 그 업적에 힘입은 결과다. 1672년 조정으로 돌아와 숙종 즉위 초까지 제법 오랫동안 호조 판서를 지낸 것도 실무 관료로서의 능력을 인정받은 결과로 보인다.

세 번째 시기는 국구(國舅)의 자리에 오른 이후이다. 숙종 초기 남인이 득세하자 민유중은 송시열과 진퇴를 함께하여 한동안 충주에 우거하였다. 정치적 입지가 위태로워지면서 1679년에는 약 4개월간 홍해에 유배되기도 하였다. 그러나 1680년 경신환국으로 남인이 실각하자 민

7 《현종실록》 10년 4월 21일; 《현종개수실록》 10년 4월 21일.

8 《현종실록》 12년 7월 13일; 《현종개수실록》 12년 7월 13일.

유중은 다시 호조 판서로 복귀하고, 이듬해 병조 판서 재직 중 국구가 되었다. 숙종은 민정중을 그대로 병조 판서로 유임하고자 하였으나 국구가 관직을 맡을 수 없는 것은 국조 이래의 관례라는 반대를 피하지 못했다. 결국 병조 판서에서는 체직하되, 겸임한 비변사와 선혜청 당상은 그대로 수행하게 하는 선에서 합의를 보았다. 민유중은 이후 진휼청 당상 등으로 재정 업무를 계속하였다. 《숙종실록보궐정오》에서는 이 점을 심각하게 비판하였다.[9]

조선의 정치적 풍토는 외척의 정치 관여에 비판적이었고, 민유중 역시 언관으로 재직시 이를 적극 비판하였으니 썩 바람직한 처신이었다고 보기는 어렵다. 다만 현종조와 숙종조는 환국이 거듭되어 국왕이 외척에 의지하곤 하였다. 청풍김씨(淸風金氏) 김석주(金錫胄) 가문, 광산김씨(光山金氏) 김만기(金萬基) 가문 등이 이에 힘입어 정치적 위상을 다진 것처럼, 여흥민씨 민유중 가문의 정치 관여는 불가피한 면도 있었던 것으로 보인다. 게다가 산림과의 관계가 긴밀하였기에, 이 시기 산림이 득세하면서 여흥민씨의 정치적 위상도 자연히 높아졌다. 그러나 이것이 독이 되어 민유중 사후 기사환국으로 인현왕후가 폐위되고 송시열이 사사당하자 이 가문도 따라서 타격을 입게 된다.

3. 《문정공유고》의 구성

《문정공유고》 각 권의 구성은 다음과 같다.

9 《숙종실록보궐정오》 7년 8월 1일.

권1 詞, 詩, 雜著, 敎書, 不允批答, 別諭, 祭文

권2 書

권3 書

권4 疏箚

권5 祭文, 表, 箋, 詔, 誥, 奏, 箴, 說

권6 書啓

권7 書啓, 狀啓, 啓辭

권8 疏箚

권9 書

권10 書

체재상의 가장 큰 특징은 일관성 부족이다. 같은 문체는 연속 배열하는 것이 일반적인 문집의 체재인데, 본서는 서(書)가 권2, 3과 권9, 10으로 나뉘어 있고, 소차(疏箚) 역시 권4와 권8로 나뉘어 있다. 제문(祭文)도 권1과 권5로 나뉘어 실려 있다. 권5의 표(表) 이하 7종의 문체도 권1의 잡저(雜著)에 수록하는 것이 바람직해 보인다. 묘도문자도 적지 않게 지었을 것으로 생각되나, 한 편도 보이지 않는다. 누락된 것으로 추정된다.

먼저 소차(疏箚)를 정리하면, 권4의 소차는 1670년부터 1686년, 권8의 소차는 1652년부터 1669년까지의 작이다. 순서상 권8이 권4의 앞에 와야 하는 것이다. 이 점은 권8 마지막에 수록된 〈以湖西量田事引罪辭職疏〉와 권4 첫머리에 수록된 〈再疏〉에서도 확인할 수 있다. 권8의 〈以湖西量田事引罪辭職疏〉는 1669년 저자가 평안도 관찰사로 재직하면서 과거 균전사(均田使)로 충청도 지역에 양전(量田)을 실시한 일이 물의를 빚자 사직을 청한 상소이며, 권4의 〈再疏〉는 같은 사안으로 두 번째 올린 상소이다. 따라서 권8이 먼저고, 권4가 그 뒤에 이어지는 것이 분명하다.

서(書)는 다소 복잡하다. 권2에 수록된 편지는 송시열에게 보낸 것이 80편으로 가장 많다. 중간에 1679년 송시열의 손자 송주석(宋疇錫)에게 보낸 편지 2편이 삽입되어 있는데, 송시열이 거제도에 유배되었을 때이다. 이밖에는 송시묵(宋時默) 4편, 정도응(鄭道應) 4편, 황세정(黃世楨) 10편, 이지렴(李之濂) 4편, 황세구(黃世耉) 6편, 이단하(李端夏) 12편, 남이성(南二星) 5편이다. 송시묵은 송시열의 아우이니 민정중과도 친분이 있었던 것으로 보인다. 정도응은 정경세의 손자이며, 정경세는 송준길의 장인이므로 민유중과 인척 관계라고 볼 수 있다. 황세정은 송준길의 오랜 제자이며, 이지렴도 송준길, 송시열과 교분이 있고, 조카 민진로(閔鎭魯)의 장인이기도 하다. 황세구는 송시열을 매개로 이어지는 듯하며, 이단하와는 혈연 관계가 확인되지 않으나 정치적 동지임에 분명하며, 남이성은 조카 민진장(閔鎭長)의 장인이다.

권3에 수록된 편지는 이단상(李端相) 27편, 이희조(李喜朝) 72편, 민시중 31편, 민정중 2편이다. 이단상은 아들 민진후(閔鎭厚)의 장인이며, 이희조는 이단상의 아들로, 민유중은 이단상이 죽은 뒤로는 이희조와 편지를 교환했다. 민시중에게 보낸 편지는 대부분 가사를 의논하는 짧은 글이다. 다만 민정중에게 보낸 편지가 단 2편뿐이라는 것은 납득하기 어렵다. 권9에 수록된 편지는 모두 민진후, 민진원 두 아들에게 보낸 것이다.

권10에 수록된 편지는 송준길 5편, 송시열 19편, 홍명하(洪命夏) 1편, 유계(兪棨) 2편, 송시묵(宋時默) 2편, 다시 송준길 38편, 송광식

(宋光栻) 1편, 송병하(宋炳夏) 1편, 이숙(李翻) 8편, 이만창(李晩昌) 6편, 민진주(閔鎭周) 16편, 다시 송준길 13편, 송병문(宋炳文) 5편, 송병익(宋炳翼) 2편이다. 이중 이숙은 사돈, 이만창은 사위이다. 송광식은 송준길의 아들, 송병하, 송병문, 송병익은 송준길의 손자이다.

일반적으로 편지의 수록 순서는 스승이 우선이고, 저자와 교분이 깊은 사람이 다음이며, 가족은 가장 뒤에 놓인다. 민유중과 교유범위가 겹치는 민정중의 문집을 참조하면, 권2, 권3, 권9는 대체로 일반적인 순서에 따라 배치된 듯하다.[10] 그러나 권10은 여러모로 문제가 있다. 宋浚吉의 편지가 권내에 분산되어 있다는 점, 그리고 권2에 수록된 송시열, 송시묵의 편지가 또 수록되었다는 점이다. 날짜를 보면 시기별로 구분한 것도 아니다. 수신자별로 대략 분류는 했지만, 사이사이에 엉뚱한 편지가 끼어 있어 분류가 정연하지 않다. 한 차례 편지를 정리한 뒤 추가로 입수한 것을 끼워넣은 듯하다.

《문정공유고》 수록 시문은 대부분 연도가 표기되어 있지 않으나, 편지만큼은 예외이다. 대부분의 편지가 연, 월, 일까지 밝혀져 있고, 시각까지 표기한 것도 더러 있다. 원본 편지를 그대로 등서(謄書)했기 때문으로 짐작된다.

10 민정중의 《노봉집》에서 편지의 수록 순서는 권6이 송준길, 송시열, 이지렴, 황세정, 남이성, 김수항, 김징, 이숙, 이경억, 이단상, 박세채, 이단하 순이며, 권7이 서필원, 이희조, 이징명, 민태중, 정필동, 성만상, 정덕형, 민시중(형), 민유중(아우), 민진장(아들), 민진하(조카), 민진주(조카), 민진후(조카), 이인식(사위), 홍중모(외손), 홍중해(외손) 순이다.

4. 《문정공유고》의 내용

《문정공유고》의 첫머리에는 사(詞) 2편이 실려 있다. 〈和邢居實秋風三疊〉과 〈羅池廟迎送神詞〉이다. 이 2편은 월과(月課)로 추정된다. 〈和邢居實秋風三疊〉은 저자와 비슷한 시기에 관직 생활을 했던 김만기(金晩基)의 문집에도 같은 제목으로 실려 있으며, '과제(課製)'라는 주석이 부기되어 있다. 〈羅池廟迎送神詞〉 역시 저자와 동시기에 활동한 이은상(李殷相), 김석주(金錫胄)의 문집에 실려 있다. 특히 이은상의 문집에는 '과제'로 명기되어 있다.

이어서 시(詩) 135제가 실려 있다. 창작연도를 추정 가능한 시들을 살펴보면 연도순으로 편차되었다는 것을 알 수 있다. 가장 앞에 실려 있는 〈金正字益振輓〉은 1653년에 지은 것이다. 민유중이 24세로 막 환로에 오른 시기이다. 가장 뒤에 실려 있는 〈光城府院君挽〉은 1687년 3월 15일 세상을 떠난 김만기를 애도한 시이다. 민유중이 이해 6월 29일 세상을 떠났으니, 시에 한해서는 초년작부터 만년작까지 두루 실려 있다고 하겠다.

총 135제 중 65제는 만사이다. 전체의 절반에 가깝다. 세 번째로 수록된 〈奉濟驛送嚴公〉 이하 〈陪裵使君遊石娥谿〉, 〈鍊藥院秋日鑷白髮〉, 〈觀大娘舞劍〉, 〈歸溪上簡院內諸公〉, 〈檣燕語留人〉, 〈麟傷泣象尼〉, 〈次趙嘏長安秋望〉, 〈次杜牧早雁〉, 〈黃金臺歌〉, 〈過黃公酒壚有感〉, 〈菟園賦雪〉, 〈月聞仙曲調〉까지 13제는 당시(唐詩) 등에 차운한 것으로, 같은 제목의 시가 동시기 문인들의 문집에 확인되며, 모두 월과라는 사실을 확인할 수 있다. 춘첩자(春帖子) 5수 역시 관직 생활 중 의례적으로 지은 것이며, 이밖에도 월과로 지은 시가 곳곳에 삽입된 것으로 보인다. 따라서 만사를 제외한 시의 절반 정도 역시 의례적인 작으로 추정된다.

독특한 것은 5대조 민제인(閔齊仁) 시에 차운한 시가 24편이나 있다는 점이다. 순서상 1669년 평안도 관찰사 재직시 지은 것으로, 민제인이 1542년 평안도 관찰사로 부임하여 남긴 제영시에 차운한 것이다. 영변, 희천, 강계, 위원, 이산, 벽동, 삭주, 박천, 은산, 성천, 운산, 귀성, 태천, 개천, 자산, 강계, 은산, 순천 등 여러 고을에서 두루 차운하였다. 결국 만사와 의례적인 시, 민제인 차운시가 《문정공유고》 수록 시의 대부분이며, 서정성이 뚜렷한 시는 좀처럼 보이지 않는다.

다음은 잡저(雜著)이다. 첫머리에 실린 〈諭父老文〉은 아무런 주석이 없고, 내용상에서도 어느 곳 부로에게 유시한 것인지 알 수 없다. 다만 민유중의 묘도문자에 그가 경성 판관으로 부임하여 가장 먼저 글을 지어 효제의 도리를 타일렀다고 기록된 점[11]으로 보건대 1657년 경성 판관 재직시 지은 것으로 보인다. 이어서 수록된 〈推考緘辭〉 2편은 작성 시기를 특정하기는 어려우나 관직 생활 초기에 지은 것으로 보인다. 추고를 받는 것은 관원으로서 피하기 어려운 일이며, 그때마다 함사를 작성하는 것이 규례이지만, 이를 문집에 수록한 경우는 극히 드물다. 다음으로 1671년 족보 간행시의 통문과 범례가 있고, 이어서 부모 묘소를 이장할 때의 점사〔筮辭〕가 있다. 이 역시 일반적으로 문집에 실리지 않는 글이다.

11 權尙夏, 〈驪陽府院君文貞閔公神道碑銘〉, 《寒水齋集》 卷24. "公至首以孝悌之道, 爲文以告之."; 李畬, 〈驪陽府院君閔公諡狀〉, 《睡谷集》 卷15. "遂作文布諭, 曉以孝親事長之道."

다음은 교서(敎書) 2편, 불윤비답(不允批答) 2편, 별유(別諭) 1편, 제문(祭文) 7편이며, 모두 응제(應製)에 속한다. 역시 연도는 표기되지 않았으나 확인가능한 것은 1658년부터 1662년 사이로, 민유중이 관각에 근무하며 지제교(知製敎)를 맡았을 때이다. 요컨대 잡저 수록 글은 시와 마찬가지로 공적인 성격이 뚜렷하다.

권1 수록 제문은 응제로서 공적인 성격이 뚜렷하지만, 권5 수록 제문 72편은 친지를 위한 것이 많다. 다만 완전히 사적인 성격의 제문으로 보기 어려운 것이, 그가 지방관으로 재직 시 공적인 목적으로 지은 것도 많기 때문이다.[12] 지방관 업무와 관계없는 제문 중에도 과거 합격, 관직 변경, 묘소 수리 및 이장 등을 알리는 고유제문(告由祭文)에 해당하는 것이 많다. 요컨대 사적인 성격의 제문이라도 친지의 죽음을 애도한 것은 많지 않은 편이다.

제문에 이어 실려 있는 표(表), 전(箋), 조(詔), 고(誥), 주(奏), 잠(箴), 설(說)은 모두 월과로 추정된다. 저자와 비슷한 시기에 활동한 문인들의 문집에 같은 제목의 글이 자주 보인다.[13] 따라서 표 이하 7종의 글은 모두 월과로 추정된다.

권6은 1664년 강화 어사, 1659년 경상우도 어사, 1664년 평안도 청

12 예컨대 기우제문 13편과 임란 유공자 및 저자와 직접적 관계가 없는 유명 인사의 묘소에 바친 제문이 10여 편은 저자가 지방관으로 부임했을 때 일종의 업무로서 지은 것이다.

13 〈擬漢賢良董仲舒請正心以正朝廷表〉는 홍위(洪葳)의 《청계집(淸溪集)》에 같은 제목으로 실려 있고, '과제'라는 주석이 부기되어 있으며, 〈鬼神者二氣之良能說〉은 이원정(李元禎)의 《귀암집(歸巖集)》에 역시 같은 제목으로 실려 있고 '월과'라는 주석이 부기되어 있다.

북 어사로 나갔을 때의 서계(書啓) 및 별단(別單)이다. 강화 어사로 올린 서계와 별단을 모두 합하면 1만 2천자, 경상우도 어사로 올린 것이 5천 자, 청북 어사로 올린 것이 6천 자이다. 적지 않은 분량이다. 애당초 어사의 서계를 수록한 문집은 손에 꼽을 정도이며, 서계의 별단까지 수록한 문집은 극히 드물다. 민정중의 《노봉집》에 〈湖南暗行御史別單書啓〉(3천 자), 〈嶺南暗行御史別單書啓〉(9천 자)가 실려 있고, 이 밖에는 이광덕(李匡德)의 《관양집(冠陽集)》에 수록된 〈湖南御史書啓別單〉(8천 자)이 고작이다. 《관양집》은 제대로 편차가 되지 않은 필사본 문집으로 유문(遺文)을 수습한 수준에 불과하다. 그렇다면 《문정공유고》와 《노봉집》에 어사의 서계와 별단이 원형에 가까운 상태로 남아 있다는 점은 이 두 문집 역시 제대로 산삭을 거치지 않았을 가능성을 시사한다.

《문정공유고》가 제대로 산삭을 거치지 않았다는 점은 권6과 권7의 일부 내용이 중복된다는 점에서 확인할 수 있다. 권7의 〈江都反庫別單〉은 권6의 〈書啓別單〉의 일부를 초록한 것이며, 권7의 〈慶尙右道御史時別單〉 역시 권6의 〈慶尙右道御史時別單〉의 일부를 초록한 것이다. 결국 권7의 서계는 없어도 그만이지만, 편찬자의 의도를 추측컨대 오히려 권6의 서계를 제외하려던 것이 아니었나 한다. 권6에 수록된 서계는 세세한 조목까지 모두 수록하여 원형에 가까운 반면, 권7의 서계는 문집에 수록하기 적절한 수준으로 산삭되어 있다. 문집 편찬 과정에서 원본과 산삭본을 구분하지 못하고 함께 수록한 것으로 보인다.

이밖에 장계(狀啓) 4편은 모두 전라도 관찰사 재직시의 것으로, 충청도와 평안도 관찰사 시절의 것은 보이지 않는다. 계사(啓辭)는 대체로 관직 생활 전 시기에 걸쳐 지은 것이 고루 실려 있는 것으로 보인다. 요컨대 《문정공유고》 수록 글은 특정 시기의 것은 일반적으로 문집에 수록하지 않는 글까지 포함하여 여러 편이 남아 있고, 반면 어떤 시기의 것은 아예 보이지 않는다.

5. 맺음말

결론적으로 《문정공유고》는 온전한 문집이 아니다. 같은 문체의 글이 권을 달리하여 편차되어 있으며, 더러 중복되는 글도 있다. 대부분은 관직 재직시 지은 공적인 성격의 글이다. 공적인 글을 문집에 수록하는 것이 특이한 사례는 아니지만, 《문정공유고》의 경우 그 비중이 지나칠 정도로 높고, 관례적으로 산삭하는 부분을 전혀 산삭하지 않았다. 유문을 수습하는 단계에 머무른 문집이라 하겠다.

머리말에서 언급한대로 이 가문 인물들은 정치적 위상에 비해 문집이 드물다. 간행에 도달한 민정중의 《노봉집》, 민우수의 《정암집》은 《문정공유고》보다는 진전된 단계로 나아갔으나 완정한 체재를 갖추었다고 보기는 어렵다.

우선 민정중의 문집 《노봉집》은 그의 사후 40년이 되는 1734년 증손 민백남(閔百男)이 태인 현감으로 부임하여 목판본 12권 6책으로 간행했다. 《노봉집》은 이재(李縡)의 서문이 있고 부록도 갖추었으나, 부록의 묘도문자는 제문, 묘표음기, 유사뿐이고, 정작 주요한 행장, 신도비명, 묘지명 등은 보이지 않는다. 특히 부록 상에 연설(筵說), 서계, 장계 따위가 실려 있는데, 일반적으로 부록에 수록되지 않는 성격의 글이다. 4장에서 언급한대로 어사 서계와 별단이 지나치게 비대한 것도 비정상적이다. 본집의 편차를 마친 뒤 추가로 입수한 자료였기 때문으로 보인다.

민우수의 《정암집》은 1799년 교서관인서체자 16권 8책으로 간행되었다. 일반적으로 교서관인서체자본 문집은 목판본 문집 간행을 위한 중간 단계에 속한다. 《정암집》에 서발이 없고, 부록은 행장과 묘지명뿐이라는 점에서도 이것이 중간 단계의 문집이라는 사실을 알 수 있다. 결국 어렵사리 간행에 성공한 《노봉집》과 《정암집》 역시 체재상의 문제를 안고 있는 것이다. 그 원인은 아무래도 이 가문의 정치적 역정이 순탄치 않았기 때문으로 보아야 할 것이다.

- 光勳
  - 蓍重(1625～1677)
    - 鎭夏(1643～1673)
      - 承洙(繼, 1670～1716)
    - 鎭周(1646～1700)
      - 承洙(出)
      - 應洙(1684～1750)
    - 鎭魯(1662～1684)
      - 興洙(1684～?)
  - 鼎重(1628～1692)
    - 鎭長(1649～1700)
      - 在洙(1666～1718)
      - 啓洙(1671～1720)
      - 安洙
      - 學洙
      - 德洙
  - 維重(1630～1687)
    - 鎭厚(1659～1720)
      - 翼洙(1690～1742)
      - 遇洙(1694～1756)

문정공유고

제1권

사詞
시詩
잡저雜著

교서敎書
불윤비답不允批答
별유別諭

제문祭文

사 詞

형거실의 〈추풍삼첩〉[1]에 화운하다

和邢居實秋風三疊

가을바람 산들산들 불고	秋風嫋嫋兮
이슬은 둥글둥글하네	零露團團
난초 떨기가 시드니	崇蘭委質兮
온갖 풀이 그 때문에 꺾이네	百草爲之摧殘
휘장은 빈집에 펄럭이고	空帷掩映兮
달빛은 맑고 싸늘하네	月色澄寒
하늘은 드높은데	玉宇崢嶸兮
북두성은 기울어가네	星斗闌干
어여쁜 미인이여	美人娟娟兮
구름 너머 떨어져 있네	隔雲端
한밤에도 잠 이루지 못하고	中宵不寐兮

1 형거실의 추풍삼첩 : 형거실은 송(宋)나라 사람으로 자는 돈부(惇父)이다. 그가 지은 〈추풍삼첩기진소유(秋風三疊寄秦少游)〉는 주자의 《초사집주(楚辭集注)》에 수록되어 널리 알려졌다. 《宋史 卷471 邢居實列傳》

일어나 방황하네	起盤桓
칼자루 두드리며 슬피 노래하니	彈鋏悲歌兮
가는 길 험난하구나	行路難
그리워도 만나지 못하니	相思不見兮
눈물이 줄줄 흐르네	涕淚汍瀾
가을바람 매섭게 부니	秋風憭慄兮
나뭇잎 날리네	木葉飛
외로운 기러기 괴로이 울고	孤鴻聲酸兮
떠나는 학은 슬피 우네	別鶴鳴悲
시간은 더욱 더디 가니	更長漏遲兮
밤은 어찌 그리 긴가	夜如何其
어느덧 세월은 흘러가	光陰荏苒兮
꽃이 쉽게 시들어 서글프네	悵芳華之易衰
백아의 거문고 한 번 연주하는데	牙絃一彈兮
누가 화답하리오	和者其誰
오나라 산은 겹겹이 쌓이고	吳山矗矗兮
초나라 강은 넘실넘실 흐르네	楚水瀰瀰
함께 어울리고 싶지만	願言相從兮
멀어서 따라가기 어렵네	邈矣難追
그리워도 만나지 못하니	相思不見兮
눈물이 줄줄 흐르네	涕淚漣洏
가을바람 쓸쓸하고	秋風蕭瑟兮

은하수 기울어가네	河漢斜
뜰의 오동나무는 잎을 떨구고	庭梧隕葉兮
섬돌의 국화는 활짝 피었네	階菊吐華
사물을 보고 사람을 생각하며	覽物懷人兮
그저 길게 탄식할 뿐이네	但長嗟
무리를 떠나 홀로 사니	離群索居兮
이 긴 밤을 어찌하리오	奈此長夜如何
흰머리 성글어지고	霜鬢蕭颯兮
씩씩한 마음 꺾였네	壯心蹉跎
아름다운 기운 아득하여	佳氣杳茫兮
하늘 저 멀리 있네	在天一涯
홀로 서서 서글피 바라보니	獨立悵望兮
시름이 삼실처럼 얽히네	愁緖如麻
그리워도 만나지 못하니	相思不見兮
눈물이 줄줄 흐르네	涕淚滂沱

나지묘에서 신령을 맞이하고 전송하는 사[2]

羅池廟迎送神詞

좋은 날을 골라	選良辰兮
정성껏 재계하네	齋誠
엄숙히 위로하니	穆將愉兮
사또의 신령이라네	侯之靈
신령이 와서	靈之來兮
사또의 사당으로 내려오네	降侯堂
여주와 바나나 바치니	薦荔蕉兮
고운 향기 섞였네	雜芳馨
사또의 백성은 엄숙히 섬기며	侯之民兮肅事
다투어 절하며 뜰에 가득하네	紛拜扣兮滿庭
제기를 진열하니 자리가 질서정연하고	籩豆陳兮筵秩
맛난 술 올리고 희생은 신선하네	旨酒登兮牲腥
사또는 흔적없이 오가니	惟侯之往來無迹兮
음양은 변화하여 멈추지 않네	陰陽舒慘而不停
밤에는 학이 울고 아침에는 원숭이 울며	夜鶴唳兮朝猿號

2 나지묘에서……사 : 나지묘는 중국 유주(柳州)에 있는 유종원(柳宗元)의 사당이다. 유종원이 유주 자사로 부임하여 선정을 베풀었으므로 백성이 사당을 세워 제사를 지냈다. 한유(韓愈)가 〈유주 나지묘비(柳州羅池廟碑)〉를 지어 그 일을 기록하고 신령을 맞이하고 전송하는 사(辭)를 덧붙였다. 이 글은 한유의 사를 본떠 지은 것이다. 《古文眞寶 後集 柳州羅池廟碑》

가을에는 계수나무 붉고 봄에는 난초 푸르네	秋桂丹兮春蘭靑
사또의 신령이 훌쩍 떠나니	侯之靈兮倏爾逝
구름 수레에 올라 바람 타고 갔네	載雲車兮御泠泠
사또가 오기를 바라지만 우리를 돌아보지 않고	望侯歸兮不我顧
사또의 신령을 부르지만 우리 이야기 듣지 않네	招侯靈兮不我聽
신령이 오니 유수가 맑아지고	靈之來兮柳水澄淸
신령이 떠나니 아산이 어두워지네	靈之去兮鵝山晦瞑
이승에는 잠시도 머물 수 없으니	下土不可以少留兮
신령의 기운이 솟구쳐 하늘로 올라갔네	神氣騰兮上空冥
우리 백성이 우리 사또를 그리워하나	我民之思我侯兮
어찌 그 모습 볼 수 있으랴	曷彷彿其儀形
우리 사또는 우리 백성을 위로하여	我侯之慰我民兮
불길한 일 물리치고 편안하게 보호하네	呵不祥兮保安寧
온갖 곡식 일년 농사 잘못되지 않으면	黍稷稻粱歲功罔愆兮
천년토록 백성이 보답으로 섬기리	民報事兮到千齡

시 詩

정자 김익진에 대한 만사

金正字益振輓

선한 사람 복 받는 이치가 뒤집혀	福善理顚倒
이 사람 홀연 세상을 떠났네	斯人忽已去
이승과 저승으로 영원히 이별하니	幽明便永訣
슬픈 마음에 또 무슨 말을 하리오	惻愴復何語
옛적 함께 어울리던 날	伊昔從游日
덕 있는 말 실로 배불리 들었네	聞德實飽飫
타고난 깨끗한 기운 서려 있고	淑氣鍾扶輿
맑은 모습은 혼탁한 속세를 벗어났네	淸姿超濁游
담담한 정신은 고요하고	澹澹神宇靜
온화한 효성과 우애 드러났네	溫溫孝友著
바르고 굳세며 성품도 민첩하여	貞剛性又敏
겸손하고 자기를 미루어 행동했네	巽謙行以恕
성현의 말씀 명심하였으니	服膺聖賢說
평생 근거삼은 바 있었네	平生有所據
가난하게 살아도 뜻이 바뀌지 않고	居貧志不移

남을 만나면 오만한 기색 없었네　接物色無倨
유림에서 높은 명망 받았고　儒林負雅望
동년배의 칭찬이 퍼졌네　流輩延淸譽
요행히 관녕의 탑상에 동석하고[3]　管搨幸同席
백아의 거문고 함께 타서 기뻤네[4]　牙絃喜共御
고운 향기 맡으니 난초 향기 배고　襲蘭嗅馨香
칼과 톱에 의지하여 옥을 다듬었네　攻玉資刀鋸
나는 그대 도울 인이 없지만　我無仁可輔
그대는 실로 의로 도왔네　君實義相助
훈도의 도움 받은 뒤로는　自荷薰陶益
제법 비루함과 인색함 없어졌네　頗覺鄙吝除
문단을 일찍 배회하니　詞苑早翺翔
재주 없는 나도 외람되게 참여하였네　薄才亦濫與
촛불 아래 함께 책을 검토하고　夜燭偕檢書
아침상 받고 함께 수저 들었지　朝盤幷擧筯
일찍이 과거시험에 급제하였으나　禮闈曾擢桂
평지에 풍파가 일어났네[5]　平地起灩澦

3 요행히……동석하고 : 삼국시대(三國時代) 위(魏)나라 관녕(管寧)이 50여 년 동안 탑상에 단정히 꿇어앉아 공부하니, 무릎이 닿은 곳이 움푹 패였다. 《小學 善行》 여기서는 김익진과 함께 공부하였다는 뜻이다.

4 백아의……기뻤네 : 백아(伯牙)가 거문고를 연주하면 종자기(鍾子期)가 그의 마음을 알았다는 지음(知音)의 고사를 인용한 것으로, 저자와 김익진이 서로 마음을 알아주는 벗이었다는 뜻이다. 《列子 湯問》

5 평지에 풍파가 일어났네 : 김익진이 1651년(효종2) 문과에 급제하였으나 부정의

말발굽 잠시 넘어졌으나 霜蹄暫蹇跌
얼마 후 바람 타고 날아올랐네[6] 風翮俄騰翥
집안에 즐거운 기운 넘치고 門闌溢喜氣
마루 위 어머님 기쁜 낯빛이었네 堂上慈顔豫
탄탄대로 처음 출발하여 亨衢初發軔
나라에서 크게 쓰이기를 기대하였네 王國期得輿
영달과 불우는 세도에 달려 있고 升沈在世道
장수와 요절은 내 걱정 아니라네 脩短非吾慮
명성은 조물주가 시기하고 聲名造物猜
지극한 보배는 귀신이 노리네 至寶神鬼覰
하늘의 도는 본디 알 수 없고 天道固茫茫
사람의 일은 참으로 예측하기 어렵네 人事信難預
덧없는 인생 삼십 년 浮生三十年
한바탕 꿈 어찌 그리 빠른가 一夢何太遽
통곡하는 마음 끝이 없고 痛哭情無極
죽고 삶에 그저 한만 품었네 存沒恨徒茹
필적은 춘추관에 남아 있고 筆蹟留史院
옛 관서에 홰나무 그늘만 쓸쓸하네 槐陰愴舊署
고아와 과부는 영전에서 울고 孤寡泣床筵
벗들은 제수를 올리네 親朋奠鷄絮

혐의를 받고 삭과(削科)당한 일을 말한다. 《孝宗實錄 2年 4月 9日》

6 얼마……날아올랐네 : 김익진이 과거 부정에 연루되어 삭과당한 뒤 다시 응시하여 급제한 일을 말한다.

붉은 명정이 홀연 길을 여니 丹旌忽啓途
상여는 이미 수레에 정돈했네 素車已整馭
무덤은 먼 곳에 우뚝 솟았는데 丘壟遠崔嵬
저승 가는 길은 어디인지 모르겠네 泉路杳何處
바람 맞으며 슬피 눈물 흘리니 臨風灑哀涕
가을 하늘 희미하게 밝아오네 慘惔秋天曙

부친을 대신하여 지은 부제학 김경여에 대한 만사[7]

代家君 挽金副提學慶餘

일찍 풍운의 기회[8] 만나고	早際風雲會
중간에 어지러운 난리 만났네	中逢喪亂塵
벼슬길에서 영예로운 이름 짧았지만	世路榮名薄
맑은 시절 총애하는 명령 새로웠네	淸時寵命新
《춘추》의 의리를 격렬히 주장하고	激烈春秋義
불우하게 재야에 머무르는 신세였네	蹉跎畎畝身
지금 동해의 물을 보며	卽看東海水
부질없이 노중련 그리워하네[9]	空憶魯連人

원래 타고난 아름다운 자질에	自是天資美
청렴한 지조를 겸하였네	兼之節操淸
세상이 예전과 달라지자	風塵非夙昔
재야에서 평생을 보냈네	林壑送平生

7 부친을……만사 : 이 시는 1653년(효종4) 5월 12일 세상을 떠난 김경여(金慶餘, 1596~1653)를 애도하는 만시이다.

8 풍운의 기회 : 《주역》 〈건괘(乾卦) 문언(文言)〉의 "구름은 용을 따르고 바람은 범을 따른다.〔雲從龍, 風從虎.〕"에서 유래한 말로, 임금과 신하의 만남을 뜻한다.

9 지금……그리워하네 : 노중련은 전국시대 제(齊)나라 사람으로, "진(秦)나라를 황제로 섬긴다면 동해에 빠져 죽겠다."라고 말했는데, 여기서는 병자호란 이후 관직을 그만두고 은둔한 김경서를 비유한 것이다. 《史記 卷83 魯仲連列傳》

지극한 행실은 충과 효를 겸하고 至行忠仍孝
남긴 문장은 의리가 더욱 곧았네 遺章義愈貞
북당에 가을 해 저무는데 北堂秋日暮
자식 그리는 마음 누가 위로하랴 誰慰倚閭情

봉제역에서 엄공을 전송하며[10]

奉濟驛 送嚴公

말세에 지기가 없는데	末路無知己
공과 같은 우정 드무네	交情少似公
홀몸으로 삼협 밖에서	一身三峽外
십년 동안 거듭 이별하였네	重別十年中
장수가 되니 군막이 고요하고	杖節青油靜
조정에 돌아가면 요직에 오르리라	歸朝紫禁通
강산에 서글피 날이 저무는데	江山愁日暮
노쇠한 몸으로 쑥풀처럼 떠도네	衰老任飄蓬

10 봉제역에서 엄공을 전송하며 : 이 시는 두보(杜甫)의 〈봉제역에서 거듭 엄공을 전송하다. 4운〔奉濟驛重送嚴公四韻〕〉을 본떠 지은 것이다.

배 사군을 모시고 석아계를 유람하다[11]

陪裵使君 遊石娥谿

봄 경치 따라 거닐며　步屧隨春景
한가로이 함께 지팡이 짚으니 기쁘네　閑笻喜共携
붉은 절벽 따라 난 길은 미끄럽고　路從丹壁滑
푸른 구름 속에 든 산은 나지막하네　山入翠雲低
태수의 풍류는 사안과 같고[12]　太守風流謝
나그네 방종은 혜강과 같네[13]　游人放浪嵇
내일 아침 이별한 뒤　明朝相別後
청계로 돌아가는 꿈을 꾸리라　歸夢到淸谿

11 배……유람하다 : 이 시는 두보의 〈봄에 상주 배 사군을 모시고 석아계를 유람하다〔春陪商州裵使君遊石娥溪〕〉를 본떠 지은 것이다.

12 태수의……같고 : 사안은 동진(東晉) 사람으로 마흔 살까지 회계(會稽)의 동산(東山)에 은둔하며 산수를 즐기다가 환온(桓溫)의 부름을 받고 세상에 나가 재상을 지냈다. 《晉書 卷79 謝安列傳》

13 나그네……같네 : 혜강 역시 동진 사람으로 죽림칠현(竹林七賢)이라 불리며 예법을 무시하고 술을 즐겼다. 《晉書 卷49 嵇康列傳》

연약원에서 가을날 백발을 뽑다[14]

鍊藥院秋日 鑷白髮

저무는 세월 빠르니 晼晩流光促
가을이라 양쪽 귀밑머리 쓸쓸하네 蕭條兩鬢秋
단약의 참된 비결은 글렀고 還丹眞訣誤
술 마시던 씩씩한 마음 사라졌네 將白壯心休
부질없이 관을 찌르는 기운 있으니 謾有衝冠氣
거울 마주한 부끄러움 어찌 견디랴 那堪對鏡羞
신선 세계에서 학 타고 온 나그네 淸都乘鶴客
눈이 머리에 가득 쌓였다고 웃으리라 應笑雪盈頭

14 연약원에서……뽑다 : 이 시는 이백(李白)의 〈가을날에 연약원에서 백발을 뽑고 육형 원임종에게 주다〔秋日鍊藥院鑷白髮贈元六兄林宗〕〉라는 시를 본떠 지은 것이다.

대랑의 검무를 보고[15]

觀大娘舞劍

푸른 소매 낮게 돌리며 춤사위 한창인데　玉袖低回舞態闌
잔치자리에 차가운 칼빛이 번득이네　珠筵閃動劍花寒
갑자기 놀랍게 칼집에서 파도가 솟구치는 듯하고　翻驚蛟匣虛濤迸
참으로 우성의 자리를 찌르는 기이한 빛 같네[16]　正覺牛墟異采干
소나기와 가는 구름처럼 변화가 많고　驟雨游雲多變化
바다의 붕새와 곤륜의 봉황처럼 번갈아 솟구치네　海鵬崑鳳迭騰摶
악부에 새로운 곡조 보태어 자랑스러우니　堪誇樂府添新曲
장전[17]에게 한번 보게 하고 싶네　要使張顚試一觀

15 대랑의 검무를 보고 : 이 시는 두보의 〈공손대랑 제자의 검무기를 보고〔觀公孫大娘弟子舞劍器行〕〉라는 시를 본떠 지은 것이다.

16 참으로……같네 : 왕발(王勃)의 〈등왕각서(滕王閣序)〉에 나오는 "용천검(龍泉劍)의 빛이 우성(牛星)과 두성(斗星)의 자리를 쏘았다.〔龍光射斗牛之墟〕"라는 말을 인용한 것이다. 《古文眞寶 後集》

17 장전(張顚) : 당(唐)나라 장욱(張旭)을 말한다. 그는 초서(草書)를 잘 썼는데, 그 성취는 공손대랑의 춤을 보고서 이룬 것이었다. 《新唐書 卷202 張旭列傳》

계상으로 돌아와 원내의 여러 공에게 부치다[18]

歸溪上簡院內諸公

완화계[19] 서쪽에 있는 초당을 찾아가니	草堂歸訪浣花西
꽃은 숲과 못에 가득하고 버들은 둑에 가득하네	花滿林塘柳滿堤
어지러운 시대의 생애는 개부의 집[20]과 같고	亂代生涯開府宅
타향의 풍경은 무릉의 개울[21]과 같네	他鄕物色武陵溪
물에 뜬 붉은 연꽃처럼 더부살이 신세	紅蓮泛水身如寄
백발로 봄에 상심하니 마음 더욱 어지럽네	白首傷春意轉迷
우습구나 썩은 선비는 쓸 데가 없는데	自笑腐儒無所用
그대들은 무슨 일로 그리 바쁜가	諸君何事亦悽悽

18 계상으로……부치다 : 이 시는 두보의 〈1월 3일 계상으로 돌아와 시를 지어 원내의 여러 공에게 부치다〔正月三日歸溪上有作簡院內諸公〕〉라는 시를 본떠 지은 것이다.

19 완화계 : 원문은 '院花'인데 일반적인 용례에 근거하여 '浣花'로 바로잡아 번역하였다.

20 개부의 집 : 개부는 남조(南朝) 양(梁)나라의 유신(庾信)이다. 나라가 망한 뒤 유랑하며 〈애강남부(哀江南賦)〉를 지었다. 《周書 卷41 庾信列傳》

21 무릉의 개울 : 동진(東晉)의 어부가 복사꽃 떠내려오는 시내를 거슬러 올라가자 진(秦)나라 때 피난 온 사람들이 살고 있었다는 무릉도원(武陵桃源)의 고사를 인용한 것이다. 《陶淵明集 卷6 桃花源記》

돛대 위 제비가 사람을 붙잡으며 말하다[22]

檣燕語留人

배는 풍오[23]를 따라 출발하고	帆逐風烏發
꽃은 봄날 물가 고을에 날리네	花飛水國春
다정하여 말할 줄 아는 새는	多情解語鳥
멀리 가는 사람 아쉬워하는 듯하네	似惜遠行人
묵묵히 시름겹게 마주 대하니	脈脈愁相對
지저귀는 뜻 가까이 할 만하네	喃喃意可親
내년 사일[24]이 오거든	明年社日至
어디서 다시 이웃이 될까	何處更爲隣

22 돛대……말하다 : 두보의 〈담주를 출발하며〔發潭州〕〉 제4구에 보인다.

23 풍오(風烏) : 바람을 측량하는 기구이다.

24 사일(社日) : 입춘 이후 다섯 번째의 무일(戊日)을 말한다. 제비가 강남에서 돌아오는 때이다.

기린이 다치니 공자가 울다[25]

麟傷泣象尼

초나라 나그네가 봉황을 노래하자마자[26] 楚客初歌鳳
사냥꾼이 그물로 갑자기 기린을 잡았네[27] 虞羅遽獲麟
하늘은 상서를 내리려던 마음이 아니었고 天心非降瑞
사물의 본성도 사람과 마찬가지네 物性亦猶人
봉황이 글을 물고 오던 날[28]을 차마 생각하랴 忍憶銜書日
소매 뒤집어[29] 눈물 닦던 때 더욱 상심하네 偏傷反袂辰
남은 경전에서 절필을 보니 遺經看絶筆
천년 뒤에도 수건을 적시네 千載尚沾巾

25 기린이……울다 : 두보의 〈기주에서 회포를 쓰다, 40운〔夔府書懷四十韻〕〉에 나오는 구절이다. 공자가 《춘추》를 집필하다가 기린이 잡혔다는 소식을 듣고 눈물을 흘리며 절필한 고사를 인용한 것이다. 《春秋公羊傳 哀公14年》

26 초나라……노래하자마자 : 초(楚)나라 광인(狂人) 접여(接輿)가 공자 앞을 지나가며 "봉황이여, 봉황이여. 어찌 그리 덕이 쇠하였는가.〔鳳兮鳳兮, 何德之衰.〕"라고 노래한 고사를 인용한 것이다. 《論語 微子》

27 사냥꾼이……잡았네 : 노(魯)나라 애공(哀公) 14년, 애공이 사냥을 나갔다가 기린을 잡은 일을 말한다. 《春秋公羊傳 哀公14年》

28 봉황이……날 : 주 문왕(周文王) 때 봉황이 물고 날아온 천서(天書)를 무왕(武王)이 받았다는 고사를 인용한 것이다. 《藝文類聚 卷99 祥瑞 鳳皇》

29 소매 뒤집어 : 기린이 잡히자 공자가 소매를 뒤집어 눈물을 닦았다〔反袂拭面〕는 고사를 인용한 것이다. 원문은 '反袂'인데 《춘추공양전》에 근거하여 '袂'을 '袂'로 바로잡아 번역하였다.

조하의 〈장안의 가을 경치〉에 차운하다
次趙嘏長安秋望

승로반에 이슬 떨어지고 대화심성 지나니[30]　露瀉金盤大火流
대궐의 풍경은 초가을이 되었네　禁城雲物接新秋
바다처럼 넓은 하늘에 은하수 일렁이고　銀河影動天如海
달빛 가득한 누각에 물시계 소리 높네　玉漏聲高月滿樓
온 산에 지는 낙엽은 저무는 해를 재촉하고　落木千山催暮景
밤새 들리는 다듬이 소리는 변방의 시름을 돋우네　寒砧一夜搗邊愁
나그네 마음 강호가 멀다는 것 더욱 알겠으니　羈心更覺江湖遠
새장에서 벗어나지 못하는 신세가 되레 부끄럽네　却媿樊籠未脫囚

30 승로반에……지나니 : 승로반은 한 무제(漢武帝)가 감로(甘露)를 받기 위해 구리로 만들어 대궐에 세운 것이다. 여기서는 대궐을 의미한다.《漢書 卷25上 郊祀志上》 대화심성이 지난다는 말은 가을이 왔다는 뜻이다.《시경》〈빈풍(豳風) 칠월(七月)〉에 "칠월에 대화심성(大火心星)이 서쪽으로 내려가면 구월에는 옷을 만들어 준다.〔七月流火, 九月授衣.〕"라고 하였다.

두목의 〈새벽 기러기〉에 차운하다

次杜牧早雁

날개짓하며 일찍 일어나 갈대꽃 헤치니	翩翩早起荻花開
가을바람에 흩어져 떨어지니 조각조각 슬프네	散落秋風片片哀
외로운 그림자가 막 장신궁을 지나자마자	獨影初從長信過
싸늘한 울음 소리 곧장 동정호를 넘어 왔네	寒聲直度洞庭來
서리 맑은 변방 멀리 편지를 전하고	霜淸紫塞傳書遠
달빛 싸늘한 누각에서 꿈꾸는 사람 깨우네	月冷紅樓喚夢廻
사냥꾼의 그물 피해 어디로 가는가	解避虞羅何處去
이끼 같은 물이 땅에 가득한 강호라네	江湖滿地水如苔

황금대가[31]

黄金臺歌

옛적 연나라가 불행하여	燕家昔不造
태보[32]의 터전이 중간에 무너졌네	太保基中頽
패업을 누가 능히 부지하랴	霸業誰能扶
임금의 마음 이미 활짝 열렸네	天心固已開
빗자루질 할 곳 어찌 없으랴[33]	擁帚寧無地
현인을 초빙하려 마침내 대를 지었네	招賢遂有臺
천금을 내걸고 융숭히 예우하니	禮隆千金懸
사람들이 사방에서 찾아왔네	人從四方來
비단 소왕이 현명했을 뿐 아니라	不但昭王賢
먼저 곽외가 매개가 되었네[34]	先有郭隗媒
깊은 수치 단번에 씻으니	深羞灑一擧

31 황금대가(黃金臺歌) : 황금대는 전국 시대 연 소왕(燕昭王)이 지은 대(臺)로, 천금을 쌓아 천하의 현인을 초빙한 곳이다. 《戰國策 燕策》

32 태보(太保) : 연나라에 처음 봉해진 소공(召公)을 말한다.

33 빗자루질……없으랴 : 빗자루질을 한다는 것은 귀한 손님을 모시기 위해 정성을 다한다는 뜻이다. 맹자가 연(燕)나라를 방문하자 소왕(昭王)이 빗자루를 들고 앞에서 달리며 제자의 자리에 앉아서 수업 받기를 청하였다. 《史記 卷74 孟子列傳》

34 먼저……되었네 : 소왕이 현인을 초빙하여 제나라에 복수하려 하였는데, 곽외가 자신을 먼저 중용하면 인재가 모일 것이라 하였다. 소왕이 곽외를 중용하자 과연 인재가 모였다. 《戰國策 燕策》

여러 인재 힘입어 회복하였네	恢復賴群材
제나라 일흔 두 개의 성을	齊城七十二
바람에 꺾이듯 신속히 소탕하였네[35]	迅掃如風摧
사직은 거듭 제사를 받고	社稷能再血
악기가 다시 돌아와 기쁘네[36]	鍾簴喜重廻
이름을 천지에 남겼으니	名留宇宙間
공렬이 어찌 그리 높은가	功烈何崔嵬
중흥의 업적 이룩하는데	經綸中興業
어느 시대라고 훌륭한 인재 없으랴	何代無良才
천추토록 옛터 남아 있어	千秋餘舊址
길이 후세 사람 슬프게 하네	長使後人哀

35 제나라……소탕하였네 : 연나라 장군 악의(樂毅)가 제나라로 쳐들어가 72개 성을 함락한 일을 말한다. 《史記 卷80 樂毅列傳》

36 사직은……기쁘네 : 악의가 제나라 임치(臨菑)까지 쳐들어가 제나라의 제기(祭器)를 연나라로 옮겨온 일을 말한다. 《史記 卷80 樂毅列傳》

황공주로[37]를 지나며 느낌이 있어

過黃公酒壚有感

옛적 좋은 벗과 이 주로에서 술을 마시며	曾與良朋飮此壚
취중에 호기롭게 천하를 좁다 여겼네	醉中豪氣隘寰區
어찌 알았으랴 어느새 지난 자취 되었으니	那知俛仰成陳迹
벼슬에 얽매인 늙은 내가 도리어 부끄럽네	還媿簪纓縛老夫
자줏빛 봉황[38]은 이미 떠나 찾을 곳 없고	紫鳳已歸無處問
금거북 있은들 누굴 위해 술을 사리오[39]	金龜雖在爲誰沽
푸른 술집 깃발 풍경 아직도 예전 그대로인데	靑帘物色猶依舊
나도 모르게 어두운 길에 서서 슬피 읊조리네	不覺悲吟立暝途

37 황공주로(黃公酒壚) : 원문은 '黃金酒壚'인데 《세설신어(世說新語)》에 근거하여 '金'을 '公'으로 바로잡았다. 죽림칠현(竹林七賢)의 한 사람인 왕융(王戎)이 상서령(尙書令)이 되어서 황공주로 앞을 지나다가 혜강, 완적과 이 주점에서 술을 마신 일을 회상하였다. 《世說新語 傷逝》

38 자줏빛 봉황 : 황제의 조서(詔書)를 자고(紫誥)라고 하므로, 조사(詔使)를 비유한 말이다.

39 금거북……사리오 : 이백(李白)의 〈술을 마주하고 하지장을 추억하다〔對酒憶賀監〕〉에 나오는 "금거북으로 술 바꿔 마시던 일, 추억하면 눈물이 수건을 적시네〔金龜換酒處, 却憶淚沾巾〕"라는 구절을 인용한 것이다.

토원[40]에서 눈을 읊다

兎園賦雪

서한은 4대에 걸쳐 종친이 번성하였는데	西京四葉盛宗藩
양나라 어진 왕의 지위와 명망 높았네	梁國賢王位望尊
번성한 큰 도읍에 식읍을 여니	鬱鬱雄都開食邑
수많은 훌륭한 선비들이 문하에 있었네	彬彬多士在高門
때는 세모인데 좋은 흥취 없어	時當暮節無佳興
복잡한 마음 달래려 넓은 정원에 모였네	爲寫煩襟集爽園
처음에는 짙은 구름이 산과 바다 감추더니	始見頑雲韜海嶽
얼마 후 놀랍게도 눈이 날려 천지에 가득하네	俄驚飛雪滿乾坤
백옥이 질펀하게 거리에 쌓이고	瓊瑤漫汗堆阡陌
흰꽃이 섬돌과 마루에 온통 날렸네	花絮飄揚統砌軒
수놓은 주렴으로 흩어져 들어가 비단 자리 적시고	散入繡簾霑綺席
고운 소매에 어지러이 붙고 금 술동이에 떨어졌네	亂粘珠袖落金樽
하늘이 승경을 주었으니 어찌 헛되이 보내랴	天供勝景寧虛遣
내게 좋은 손님 있으니 노래 지을 만하네	我有嘉賓可永言
사마상여가 짓는 글은 조물주의 솜씨 훔치고	司馬騁辭偸造化
추양과 매승이 이어서 화답하니 훈지[41]와 같았네	鄒枚繼和類箎塤

40 토원(兎園) : 한(漢)나라 양효왕(梁孝王)의 정원이다. 그는 이곳에 사마상여(司馬相如), 매승(枚乘), 추양(鄒陽) 등을 불러 주연을 베풀다가 눈이 오자 이를 노래하게 하였다. 《文選 雪賦》

재주 많은 몇 사람 아니었다면 不緣數子才華富
당시 즐거운 일 많았던 줄 누가 알았으랴 誰識當年樂事繁
지난 자취는 이미 강물 따라 동쪽으로 흘러가고 陳迹已隨東逝水
천 년 동안 전해오는 보물같은 글이 있네 流傳千載有璵璠

41 훈지(篪塤) : 훈과 지는 악기의 이름이다. 《시경》〈소아(小雅) 하인사(何人斯)〉에 "형은 질나팔 불고 동생은 피리 부네〔伯氏吹塤, 仲氏吹篪〕"라고 하였는데, 서로 화답한다는 뜻이다.

달에서 신선의 곡조가 들리다[42]

月聞仙曲調

요지[43]의 자취 누가 이었나	瑤池迹誰繼
천년 뒤에 당 현종 있었네	千載有唐玄
달 밝은 한가을 밤에	明月中秋夜
하계의 신선 호공[44] 있었네	壺公下界仙
월궁이 멀다고 하지 마라	蟾宮莫謂遠
지팡이 짚고 하늘에 오를 수 있으니	筇杖可梯天
발로 삼청[45]의 길을 밟고	足踐三淸路
몸은 아홉 점 연기[46]를 뛰어넘었네	身超九點煙
은으로 지은 영롱한 대궐이 우뚝하고	玲瓏銀闕聳
옥으로 쌓은 빛나는 성이 이어졌네	照輝玉城連
뜰에 가득한 선녀가 춤을 추니	素女盈庭舞

42 달에서……들리다 : 두목(杜牧)의 〈화청궁 삼십운(華淸宮三十韻)〉에 나오는 구절이다.

43 요지(瑤池) : 곤륜산(崑崙山)에 있다는 전설의 못으로 한 무제(漢武帝)가 서왕모(西王母)의 초청을 받고 가서 연회를 열었던 곳이다. 《漢武故事》

44 호공(壺公) : 후한(後漢) 때 시장에서 약을 팔던 신선이다. 《神仙傳 壺公》

45 삼청(三淸) : 옥청경(玉淸境), 상청경(上淸境), 태청경(太淸境)으로 신선의 세계이다.

46 아홉 점 연기 : 중국의 구주(九州)를 말한다. 당(唐)나라 이하(李賀)가 지은 〈몽천시(夢天詩)〉의 "멀리 중국을 바라보니 아홉 점의 연기라네.〔遙望齊州九點烟〕"라는 구절을 인용한 것이다.

알록달록 무지개 옷이 눈에 선명하네　　霓裳纈眼鮮
빙빙 도니 패옥이 울리고　　回翔鳴寶玦
화려한 자리를 가볍게 스치네　　輕矯拂瓊筵
구름 사이 곡조 기억하였다가　　記得雲間曲
돌아와 세상에 전하였네[47]　　歸來世上傳
이원의 노래와 연주 그치고　　梨園歌吹罷
북방의 오랑캐 먼지 감돌았네　　何朔虜氛纏
쓸쓸한 아미산의 저녁에　　惆悵峨嵋夕
한 조각 달만 부질없이 남았네　　空留一片懸

47 구름……전하였네 : 당 현종이 꿈에 월궁에 가서 음악을 듣고 깨어난 뒤 그 곡조로 〈예상우의곡(霓裳羽衣曲)〉을 지은 일을 말한다.

중궁전 단오첩
中宮殿端午帖

상서로운 명협초[48]가 명절이 돌아옴을 처음 알리니　瑞蓂初報令辰回
대궐의 치미선[49]이 열리는 모습 또렷이 보이네　宮扇晴看雉尾開
나라를 적신 교화는 내치에서 말미암았고　化洽家邦由內治
전각에 부는 훈풍 남쪽에서 왔네　風薰殿閣自南來
주렴 그림자 속으로 얼음병 같은 달빛 들어오고　氷壺色徹瓊簾影
선녀가 지은 옷에 수놓는 공을 더하였네　繡黼功添玉女裁
이날 백관이 나란히 헌수하니　此日千官齊獻壽
창포주 향기가 만수 비는 술잔에 진동하네　新蒲香動萬年杯

깊은 인에 바탕하여 오래 길러주고　深仁資長養
후한 덕으로 뭇 생명 실어주네　厚德載群生
좋은 날 아름다운 상서가 모이고　令日嘉祥集
단비 내리니 더운 날씨 시원하네　甘霖暑氣淸
축하하는 제비는 주렴 뚫고 오고　穿簾來賀燕
꾀꼬리는 나무를 맴돌며 우네　繞樹語流鶯
함께 〈관저〉[50]의 미덕 우러르니　共仰關雎美

48 명협초(蓂莢草) : 요(堯)임금의 뜰에 자랐다고 하는 상상의 풀이다. 매달 1일부터 한 잎씩 나고, 16일부터 한 잎씩 떨어지며 세월의 흐름을 알린다.

49 치미선(雉尾扇) : 꿩의 꼬리털로 만든 부채로, 제왕의 의장이다.

끝내 만물이 형통한 모습 보리라[51] 終看品物亨

상서로운 구름이 대궐을 자욱히 둘러싸고 祥雲藹藹繞彤庭
섬돌에는 다섯 잎 명협초 처음 돋았네 玉砌初生五葉蓂
새 비단실 꼬아 장명루 만드니[52] 親繭紉成長命縷
그저 성상의 장수를 기원할 뿐이네 只應宸極祝遐齡

중궁의 부적이 새로 바뀌니[53] 椒掖符新換
창포주 마시는 명절 더욱 아름답네 蒲尊節又佳
여자 관원이 아뢰는 일 드무니 女冠稀奏事
해가 섬돌을 더디 지나가네 遲日轉瑤階

50 관저(關雎) : 《시경》 〈주남〉의 편명으로 후비(后妃)의 덕을 노래한 시다.

51 끝내……보리라 : 《주역》 〈곤괘(坤卦) 단전(彖傳)〉의 "넓게 포함하고 크게 빛나 모든 사물이 형통하다. 〔含弘光大, 品物咸亨.〕"라는 말을 인용한 것이다.

52 새……만드니 : 장명루는 오색 비단실을 꼬아 만든 실로, 장수를 기원하는 단오의 풍습이다.

53 중궁의……바꾸니 : 단오에 악귀를 쫓는 적령부(赤靈符)를 만드는 풍습을 말한다.

대전 단오첩
大殿端午帖

섬돌에 명협초 피는 명절은 무더운 날인데　蓂階令節屬朱炎
홰나무 잎과 석류꽃은 상서로운 이슬에 젖었네　槐葉榴花瑞露霑
낮 물시계 소리 강연하는 전각에 드문드문 들리고　晝漏稀聞來講殿
시원한 저녁바람이 때때로 주렴을 넘어오네　晩涼時送度晴簾
대궐에서 전해온 술잔에 고운 향기 가득하고　杯傳北闕香滿艶
남산처럼 장수하길 기원하며 오색실[54] 보태네　壽祝南山彩縷添
백번 단련한 강심경[55]은 누가 바친 거울인가　百鍊江心誰獻鏡
맑은 빛이 사물을 티끌 없이 두루 비추네　淸輝普照物無纖

새벽에 해 뜨자 궐문이 열리고　九鑰開晨旭
백관이 오색구름 송축하네　千官頌慶雲
계절은 5월이 돌아오고　天時回仲夏
성상의 덕은 남훈곡[56]에 걸맞네　聖德協南薰
낮이 길어 홰나무 그늘 움직이고　日永槐陰轉

54 오색실 : 단옷날 장수를 기원하며 팔에 묶는 장명루(長命縷)를 말한다.

55 강심경(江心鏡) : 당나라 때 단옷날 양주(楊州)에서 바친 거울이다. 《古今事文類聚 卷9 端午賜衣·帖子用鏡事》

56 남훈곡(南薰曲) : 순임금이 지은 노래로 따뜻한 남풍(南風)처럼 백성을 안락하게 하겠다는 내용이다. 《孔子家語 辯樂解》

바람 맑아 패옥 소리 들리네　風清佩響聞
시원한 바람 전각에 부니　微涼在殿閣
주 문왕처럼 더위 먹은 사람 부채질 해주기를[57]　扇暍望周文

전각 위에 향 연기 가늘게 피어오르고　殿上香煙細細飛
얼음 쟁반 같은 달은 주렴 사이로 들어와 빛나네　氷盤影徹玉簾輝
천 가닥 장명루[58]를 새로 만들었으니　新成長命千絲縷
좋은 날 때맞추어 곤룡포 깁고 싶네　願及佳辰補袞衣

요임금은 섬돌에서 교화를 펴고　堯階舒化日
순임금은 궁전에 어진 기풍 퍼뜨렸네　舜殿扇仁風
성상께서 한창 가뭄을 걱정하시니　聖主方憂旱
거울 같은 물 속에 웅크린 용이 일어나리라　盤龍起鏡中

57 주……해주기를 : 주 무왕(周武王)이 더위 먹은 사람에게 부채질해 주었다는 고사를 인용한 것이다. 《淮南子 人間訓》 문왕이라고 말한 것은 착각인 듯하다.

58 장명루(長命縷) : 77쪽 주52 참조.

중궁전 춘첩자
中宮殿春帖字

정월이 가까우니 옥관에 재가 날려[59]	玉琯灰飛逼歲元
봄을 맞이하는 채색 조화가 궐문에 어리비치네	迎春綵勝映千門
음의 공[60]을 운용함은 자애로운 국모의 일이요	陰功運處歸慈母
두터운 곤에 힘입어 건의 도를 이루었네[61]	乾道成來賴厚坤
절기는 삼양[62]에 맞아 대궐 물시계 소리 길고	節協三陽宮漏永
은혜는 구어[63]에 미쳐 부인의 위의 높네	恩覃九御壼儀尊
주나라 태사와 같은 지극한 덕 이로부터 알겠으니	從知至德同周姒
〈종사〉[64]를 공경히 읊으며 자손을 기원하네	敬誦螽斯祝子孫

고운 햇살은 대궐의 실을 늘이고[65]	麗景添宮線

59 옥관에 재가 날려 : 율려(律呂)에 해당하는 여섯 개의 옥관(玉琯)에 재를 넣고, 그것이 날리는 모습을 보고 절기를 알았다는 고사를 인용한 것으로, 절기가 바뀌었다는 뜻이다. 《漢書 卷21 律曆志》

60 음의 공 : 왕비의 내조를 말한다.

61 두터운……이루었네 : 두터운 곤은 《주역》 〈곤괘(坤卦) 단전(彖傳)〉의 "곤의 두터움이 물건을 실어주니 그 덕이 무궁한 하늘과 합한다.〔坤厚載物, 德合无疆.〕"라는 말을 인용한 것으로, 왕비의 덕을 말한다. 건의 도는 군주의 도를 말한다.

62 삼양(三陽) : 양효가 세 개 있는 태괘(泰卦)를 말하는데, 절기로는 입춘을 뜻한다.

63 구어(九御) : 대궐의 후궁 및 여관(女官)들을 말한다.

64 종사(螽斯) : 《시경》 〈주남(周南)〉의 편명으로, 주 문왕의 비 태사의 자손이 번창함을 노래한 시다.

65 고운……늘이고 : 봄이 왔다는 말이다. 진(晉)나라, 위(魏)나라 때 대궐에서 붉은

봄바람은 섣달 추위 깨뜨리네　條風破臘寒
대궐 술을 막 술잔에 띄우고　法醪初泛斝
새 채소는 이미 쟁반에 올랐네　新菜已登盤
부인의 법도로 음의 교화 펼치고　內壺宣陰教
장추전[66]을 지극히 기쁘게 받드네　長秋奉至歡
닭 울음 듣고 부지런히 경계하니[67]　聞鷄勤儆戒
나라가 저절로 평안하네　家國自平安

봄빛은 채연[68] 따라 막 돌아왔는데　春色初隨綵燕還
화려한 창과 문이 상서로운 구름 사이에 있네　瑣窓珠戶瑞雲間
백관의 패옥 소리가 새벽부터 들리니　千官佩響侵晨動
명절의 진하하는 반열에 다투어 나아가네　爭趁佳辰獻賀班

곤의 덕은 뭇 생명 실어주고　坤德群生載
봄철은 사계절의 먼저라네　陽春四序先
물시계에 새벽빛 또렷하여　銅壺曙色色
태평성대 새로이 알리네　新報太平年

실로 해 그림자를 측정했는데, 동지 이후로 그림자가 길어졌다는 고사를 인용한 것이다. 《荊楚歲時記》

66 장추전(長秋殿) : 한나라 궁전인데 여기서는 모후를 말한다.

67 닭……경계하니 : 아내가 닭 우는 소리를 듣고 늦잠 자는 남편을 경계한 《시경》 〈정풍(鄭風) 여왈계명(女曰鷄鳴)〉을 인용한 것으로, 아내가 남편을 경계함을 말한다.

68 채연(綵燕) : 색종이를 오려 만든 제비로, 입춘에 비녀를 장식하는 물건이다. 《古今事文類聚 卷6 立春》

대전 영상시

大殿迎祥詩

봄이 오고 추위 물러나 기운이 처음 교차하니	春生寒盡氣初交
태극과 음양이 서로 포함하는 모습을 보네	大極陰陽看互包
동군[69]의 새로운 뜻을 알고자 한다면	要識東君新意思
하룻밤새 매화 가지에 핀 꽃을 보라	韶華一夜上梅梢

69 동군(東君) : 봄을 맡은 신이다.

대전 춘첩자
大殿春帖字

북두성이 하늘 동쪽으로 돌아 정월이 오니[70]	斗轉天東月建陽
율관에 재가 날리고[71] 낮이 처음 길어지네	灰飛管籥日初長
금쟁반 올리며 송축하니 산초가 가득하고[72]	金盤薦頌椒花滿
전각에서 올리는 술잔에 백엽주 향기롭네	玉殿稱觴柏葉香
엷은 눈 덮인 대궐 샘에 가는 물줄기 불어나고	雪薄宮泉添細脈
산들바람 부는 대궐 버들은 봄빛에 물들었네	風輕御柳染韶光
관원들이 절하고 조아리며 천수를 기원하니	衣冠拜稽祈千歲
온화한 기운 무성하고 온갖 상서 내리네	和氣氤氳降百祥

70 북두성이……오니 : 북두성 자루가 동쪽을 가리키면 정월이다.

71 율관에 재가 날리고 : 80쪽 주59 참조.

72 금쟁반……가득하고 : 정월 초하루에 산초를 담은 쟁반을 올려 술에 띄워 마시는 풍습이 있었는데, 진(晉)나라 유진(劉臻)의 아내 진씨(陳氏)가 〈초화송(椒花頌)〉을 지어 대궐에 올린 고사를 인용한 것이다. 《晉書 卷96 列女傳 劉臻妻陳氏》

중원을 생각하니 느낌이 있어

憶中原有感

북쪽 오랑캐는 한창 가득하고	北羯方充斥
남경은 참으로 까마득하네	南京正渺綿
황제의 도가 풀숲에 버려지고	帝道淪草莽
황제의 길은 오랑캐 속에 빠졌네	皇路沒腥膻
숭정[73]의 시대 차마 말하랴	忍說崇禎日
그저 영력[74]의 연호만 들을 뿐이네	徒聞永曆年
신령은 철마가 땀을 흘리게 하고[75]	陰靈汗鐵馬
옛 도성에서는 두견새 우네[76]	故國泣春鵑
용릉의 기상을 알고 싶지만[77]	欲識舂陵氣

73 숭정(崇禎) : 명나라 마지막 황제 의종(毅宗)의 연호이다.

74 영력(永曆) : 남명(南明)의 연호이다.

75 신령은……하고 : 두보(杜甫)의 〈행차소릉시(行次昭陵詩)〉에 "옥의가 새벽에 저절로 펄럭이고 철마는 땀을 흘리며 항상 달린다.〔玉衣晨自擧, 鐵馬汗常趨.〕"라고 하였는데, 안녹산(安祿山)이 반란을 일으키자 당 태종(唐太宗)의 소릉(昭陵)에 있는 석인(石人)과 석마(石馬)가 땀을 흘렸다는 고사를 인용한 것이다.

76 옛……우네 : 촉제(蜀帝) 두우(杜宇)가 죽어서 두견새가 되어 피를 토하며 운다는 전설을 인용한 것이다.

77 용릉의……싶지만 : 용릉은 후한(後漢) 광무제(光武帝)의 고향이다. 왕망(王莽)이 전한(前漢)의 제위를 찬탈하였을 때 술사 소백아(蘇伯阿)가 용릉을 바라보며 아름다운 기운이 서려 있다고 하였다.《後漢書 卷1 光武帝本紀》 여기서는 청나라를 무너뜨릴 중원의 새 왕자가 나오기를 기대한다는 말이다.

누가 화정[78]의 연기를 엿보겠는가	誰窺火井煙
하늘은 응당 이치를 따르는 자를 돕고	天心應助順
세상의 운수는 쓰러지는 것을 부축하네	世運在扶顚
넓은 사막에서 제갈량을 생각하고	大漠思諸葛
미친 진나라는 노중련을 두려워하네	狂秦畏魯連
산하에 조공할 길 막히고	山河阻玉帛
끝없는 욕심에 돈이 다하였네[79]	溪壑竭金錢
갈나라 섬기는 계획 애초에 글렀고[80]	事葛謀初屈
요동 지나갈 계책 펼치지 못했네	徑遼計未宣
연나라 임금처럼 부지런히 누대를 쌓고[81]	臺勤燕主築
월왕처럼 쓸개 매달고 쓴맛 보았네[82]	膽苦越王懸
부로는 삼호를 노래하고[83]	父老謠三戶

78 화정(火井) : 촉(蜀) 땅에 있는 불타는 우물이다.

79 산하에……다하였네 : 명나라에 조공할 길이 막히고 청나라의 요구를 들어주느라 재물이 고갈되었다는 말이다.

80 갈나라……글렀고 : 탕왕(湯王)이 일시적으로 오랑캐인 갈나라를 섬긴 것처럼 조선이 청나라를 섬겼다는 말이다. 《孟子 梁惠王下》

81 연나라……쌓고 : 69쪽 주31 참조.

82 월왕처럼……보았네 : 월왕(越王) 구천(句踐)이 오왕(吳王) 부차(夫差)에게 복수하기 위해 장작 위에 누워 자고 쓸개를 맛보았다는 와신상담(臥薪嘗膽)의 고사를 인용한 것이다. 《史記 卷41 越王句踐世家》

83 부로는 삼호를 노래하고 : 전국시대 초 회왕(楚懷王)이 진(秦)나라에 억류되어 죽자, 초나라 사람들이 원한을 품고 "초나라가 세 집만 남아도 진나라를 멸망시키는 것은 반드시 초나라일 것이다.〔楚雖三戶, 亡秦必楚也.〕"라고 말한 고사를 인용한 것이다. 《史記 卷7 項羽本紀》

군신은 하나 뿐인 하늘에 부끄럽네 君臣耻一天
큰 근심은 장차 지혜를 열고[84] 殷憂將啓聖
다스림은 반드시 현인이 필요하네 經濟必須賢
오래된 원수 끝내 갚기 어렵고 九世讎終復
중흥의 책임 더욱 도맡았네 重恢責益專
등우의 지팡이[85] 부질없이 들고서 空携鄧禹策
조적의 채찍[86] 잡지 못했네 未着祖生鞭
강개하여 머리는 백발이 되고 慷慨頭堪雪
슬피 읊조리니 눈물이 샘처럼 흐르네 悲吟涕自泉
창 비껴들고 밤에 놀라 일어나고 橫戈驚夜枕
검을 울리며 가을 연꽃 감상하네[87] 鳴劍賞秋蓮
천지에 계절은 저물려 하는데 天地時將晩
풍진에 해가 누차 바뀌었네 風塵歲屢遷

84 큰……열고 : 《신당서(新唐書)》 권118 〈장정규열전(張廷珪列傳)〉에 실려 있는 "어려움이 많으면 나라가 홍성하고, 근심이 크면 지혜가 열린다.〔多難興國, 殷憂啓聖.〕"라는 말을 인용한 것이다.

85 등우(鄧禹)의 지팡이 : 등우는 후한 광무제의 개국공신이다. 광무제가 즉위 전 하북(河北)에 있을 때, 등우가 지팡이를 짚고 그를 좇아가 천하를 평정할 계책을 올렸다. 《後漢書 卷16 鄧禹列傳》

86 조적(祖逖)의 채찍 : 동진(東晉)의 유곤(劉琨)이 조적(祖逖)과 함께 중원(中原)을 수복할 뜻을 품었는데, 그가 다른 친구에게 보낸 편지에, "나는 조적이 나보다 먼저 말채찍을 잡을까 걱정이다."라고 하였다. 《晉書 卷62 劉琨列傳》

87 검을……감상하네 : 가을 연꽃은 검을 휘두를 때 나는 빛을 비유한 말이다. 이백(李白)의 〈호무인행(胡無人行)〉에 "유성 같은 흰 깃털 화살을 허리에 꽂고, 가을 연꽃 같은 검화는 칼집에서 나오네.〔流星白羽腰間插, 劍花秋蓮光出匣.〕" 하였다.

예전에 섬나라 오랑캐가 난리 일으키자	島夷曾搆難
하늘이 실로 불쌍히 여겼네	穹旻實垂憐
요사한 기운을 깨끗이 쓸어내고	掃除妖氛豁
위태롭던 조정 모습 온전해졌네	艱危廟貌全
먼 나라 멀리하지 않고 회유하였고[88]	柔懷仁不隔
병풍 노릇하는 예의[89] 흠이 없었네	屛翰禮無愆
천 리 멀리 북쪽을 향하여	拱北遙千里
온갖 시냇물 달려가듯 조회하였네	朝來走百川
나라를 일으킬 사람 우리 임금 뿐이니	興邦唯我后
큰 업적 전보다 빛나길 기대하네	弘業佇光前
보답하려는 사람 마음 간절하니	報復人情切
형통과 비색은 운수가 그렇게 만드네	屯亨氣數然
바라건대 〈평로송〉을 지어	願將平虜頌
〈세병마행〉[90]을 잇고자 하네	追續洗兵篇

88 먼……회유하였고 : 《춘추좌씨전》 희공(僖公) 7년의 "먼 곳의 사람을 덕으로 품어 준다.〔懷遠以德〕"라는 말을 인용한 것으로, 명나라가 임진왜란 때 조선을 도와준 일을 말한 것이다.

89 병풍 노릇하는 예의 : 《시경》 〈판(板)〉의 "제후국은 나라의 병풍이며, 종족은 나라의 기둥이다.〔大邦維屛, 大宗維翰.〕"라는 말을 인용한 것이다.

90 세병마행(洗兵馬行) : 두보가 안록산의 난이 평정된 뒤 지은 시다.

가을 이슬

秋露

하얗게 가을빛 머금고	白白含秋色
싸늘히 추운 밤 이끄네	凄凄引夜寒
가늘게 떨어져 물처럼 흐르고	細沾流作液
짙게 방울져 교묘히 둥글어지네	濃滴巧成團
목마른 나그네는 선인장[91] 생각하고	渴客思金掌
시인은 목란을 읊네[92]	騷人詠木蘭
서리로 변하는 모습을 보니	爲霜看一變
저무는 한 해가 공연히 애석하구나	空惜歲華闌

91 선인장(仙人掌) : 한 무제(漢武帝)가 이슬을 받기 위해 구리로 만든 승로반(承露盤)을 말한다.《漢書 卷25 郊祀志上》

92 시인은 목란을 읊네 : 굴원(屈原)의 〈이소(離騷)〉에 "아침에는 목란에서 떨어지는 이슬 마시고, 저녁에는 가을 국화의 지는 꽃잎을 먹는다.〔朝飮木蘭之墜露兮, 夕餐秋菊之落英〕"라는 구절을 인용한 것이다.

석채례를 마치고 삼가 율시 한 수를 지어 유생들에게 보이다
釋菜訖 敬題一律 以示諸生

사당이 새벽에 열리니 촛불은 밝은데	廟宇晨開蠟炬明
선비들이 차례로 술과 희생을 올리네	青衿秩秩薦樽牲
우리 부자(공자)는 백 대의 스승이요	宗師百代吾夫子
상정일[93]은 봄철의 길일이라네	吉日三春是上丁
천하의 시서는 성인의 가르침이요	天下詩書歸聖教
우리나라 글 읽는 소리는 남긴 소리 따랐네	海東絃誦襲遺聲
평생 책 속에서 간절히 바라보고 의지하였으니	平生黃卷瞻依切
존경하는 정성을 견디지 못하여 제사 올리네	將事難堪鑽仰誠

93 상정일(上丁日) : 음력 첫번째 정일(丁日)이다.

제승당 벽 위에 쓰다

題制勝堂壁上

성 위에 까마귀 울고 새벽 뿔피리 소리 슬픈데	城上烏啼曉角哀
바다에 구름 암담하고 달은 배회하네	海雲凄澹月徘徊
하늘 끝 나그네 꿈에 봄풀은 희미하고	天涯客夢迷春草
피리 소리 속 변방에서 지는 매화 원망하네	笛裏邊情怨落梅
긴 밤에 짧은 등잔 텅 비어 적막하고	永夜短檠空寂寞
평생 칼자루 두드렸으니 돌아갈 만하네[94]	平生長鋏可歸來
관직명은 도위[95]인데 무슨 일을 하는가	官名都尉知何事
연연[96] 땅을 굽어보며 한 잔 술을 마시네	雄顧燕然飮一杯
〈복조부〉[97] 읊으니 해는 저무는데	鵩賦吟來白日斜
까마귀 돌아가는 외로운 성의 저녁 풍경	孤城暮色趁歸鴉

94 평생……만하네 : 전국 시대 제(齊)나라 풍환(馮驩)이 맹상군(孟嘗君)의 식객으로 있으면서 칼자루를 두드리며 불우를 한탄한 고사를 인용한 것이다. 《史記 卷75 孟嘗君列傳》

95 도위(都尉) : 제승당이 있는 안주의 진관병마절제도위(鎭管兵馬節制都尉)를 말하는 듯하다.

96 연연(燕然) : 본디 몽고의 항애산(杭愛山)을 말하는데, 여기서는 중국 땅을 말한다.

97 복조부(鵩鳥賦) : 한(漢)나라 가의(賈誼)가 좌천되어 장사왕(長沙王)의 태부(太傅)로 있으면서 불길한 올빼미를 보고 지은 글이다. 여기서는 불우를 탄식한다는 뜻이다. 《漢書 卷48 賈誼傳》

천지를 여관 삼으니 나그네 신세요　乾坤逆旅還爲客
속세의 높은 관직은 집에 있는 것만 못하네　塵世官榮不似家
눈 쌓인 음산에는 추운 기운 이어지고　雪積陰山連朔氣
바람 거센 바다는 차가운 백사장에 넘치네　風驚溟海漲寒沙
옥문관 너머는 항상 쓸쓸하니　玉門關外長簫索
봄이 와도 꽃이 피었다 자랑하지 말게　春到休誇懸是花

딸을 위해 짓다

爲女兒作

부모가 일찌감치 가르쳤고	父母教訓早
너의 본성 원래 총명하네	聰明爾性然
그저 재앙과 병 없고	但願無災疾
온갖 복 누리기 바라네	終膺百福全

떠나는 단천 군수 홍국보에게 삼가 드리다[98]

奉贈端川洪使君國寶之行

갈 길은 수천 리 아득히 뻗어 있으니	開路迢迢亘數千
마운령 너머가 단천이라네	摩雲嶺外是端川
그대는 지금 부절 받아 수령 되었고	君今作吏初分竹
나는 옛적에 쫓겨나 잠시 머물렀네[99]	我昔投荒暫駐鞭
물소리는 패옥소리 같아 온 땅에 가득하고	水似鳴環聲滿地
산은 대부분 옥빛으로 하늘에 떠 있네	山多蘊玉色浮天
멀리서 알겠네 업무 한가로울 때 시를 지어	遙知簿墨優閑處
풍경을 거두어 채색 종이에 넣으리라	收拾風煙入彩牋
남아는 젊어서 사방을 유람할 뜻을 품으니	男兒小少志蓬桑
지금 이별하며 어찌 갈 길이 멀다고 시름하리오	此別何愁道路長
십년 동안 낭관으로 있으면서 누가 이끌어 주었나	郎署十年誰汲引
선성[100] 같은 문장은 한 시대에 가장 뛰어나네	宣城一代最文章
명예는 이미 뜬구름과 같이 여기고	榮名已等浮雲視

98 떠나는……드리다 : 이 시는 1662년(현종3) 단천 군수(端川郡守)로 부임하는 홍석귀(洪錫龜, 1621~1679)를 전송하며 지은 것이다.《承政院日記 顯宗3年 6月 10日》

99 나는……머물렀네 : 저자가 1657년(효종7) 경성 판관(鏡城判官)으로 부임하던 때를 말하는 듯하다.

100 선성(宣城) : 선성 태수를 지낸 남조(南朝) 제(齊)나라의 문장가 사조(謝朓)를 말한다.

뛰어난 재주는 험한 곳 만나야 드러나네　　利器須逢險地彰
부디 산간 고을의 처참한 기운 씻어내고　　願洗岷峨悽愴氣
은혜로운 혜택 펼쳐 변방 백성 위로하길　　行宣惠澤慰窮荒

학사 홍정보가 봉양을 청하여 예천 군수가 되어 장차 떠나려고 고별하기에 시를 주었다[101]

洪學士鼎甫乞養得醴泉郡 將行告別 詩以贐之

어버이 늙으시니 은혜 갚으려는 마음 간절하여	反哺深情迫暮齡
수령에 임명하는 명령이 대궐에서 내려왔네	一麾綸命下彤庭
몸은 태양 같은 임금 바라보던 대궐에서 멀어지고	身遙北闕瞻堯日
땅은 남극성[102]을 떠받드는 남쪽 하늘에 가깝네	地近南天捧壽星
어찌 즐거운 낯으로 자제의 직분 공손히 할 뿐이랴	豈但愉愉恭子職
겸하여 노인을 노인 대접하여 백성의 모범 되리	兼推老老作民刑
어버이 돌아가셔 섬기지 못하는 내 신세 불쌍하니	自憐風樹終無及
이별을 상심하기도 전에 눈물부터 떨어지네	不待傷離已涕零

수레 덮개 펄럭이며 어머니 수레 인도하니	翩翩皁蓋導魚軒
길 가득한 구경꾼은 영광이라며 떠들썩하네	觀者稱榮滿路喧
예로부터 충신은 효자 중에 찾았고	自古求忠須子孝
더구나 지금 봉양은 임금의 은혜라네	況今便養是君恩
색동옷 입고 춤을 추니[103] 긴 인끈에 걸맞고	衣翻彩戲宜長組

101 학사……주었다 : 이 시는 1662년(현종3) 예천 군수로 부임하는 홍주삼(洪柱三)을 전송하며 지은 것이다. 홍주삼의 자는 정경(鼎卿)이다.《承政院日記 顯宗3年 6月 21日》

102 땅은……가깝네 : 남극성은 장수를 상징하는 별이다. 여기서는 홍정보의 부모가 장수하기를 기원하는 마음에서 이렇게 말한 것이다.

샘 이름 예천이니 축수하는 술에 알맞네　　醴作泉名可壽樽
학교 일으키고 농사 권장하는 것 모두 직분이니　　學敎農桑皆職分
하나하나 마음 두고 번거롭다 사양 말게　　存心一一莫辭煩

103 색동옷……추니 : 춘추 시대 초(楚)나라의 노래자(老萊子)가 일흔에도 어버이를 기쁘게 하려고 색동옷을 입고 놀았다는 고사를 인용한 것이다. 《小學 稽古》

참판 민응협에 대한 만사[104]

閔參判應協挽

청요직 역임하고 참판에 이르러	歇歷華途到貳卿
맑은 풍채와 바른 명망 평소에 드러났네	淸標雅望見平生
병으로 관직 사양하니 몸은 그대로 늙었고	簪纓病謝身仍老
고관에 오른 아들들이 봉양하니 몹시 영예로왔네	緋玉輝聯養最榮
경사를 쌓았으니 복록 더하는 것이 마땅한데	積慶端宜增福履
어찌 갑자기 정채를 감추고 세상을 떠났는가	歸眞何遽閟精英
동종의 어른 중에 지금 누가 남아 있는가	同宗長德今誰在
만가 부르는 소리에 더욱 마음 상하네	薤露聲中倍愴情

104 참판……만사 : 이 시는 민응협(閔應協, 1597～1663)을 애도하는 만사이다. 민응협의 본관은 여흥(驪興), 자는 인보(寅甫), 호는 명고(鳴皐)이다.

통제사 김적에 대한 만사

金統制使逷挽

활 쏘면 버들잎 꿰뚫고 힘은 큰 솥을 들 만하니[105]	射可穿楊鼎可扛
평생 충성하여 나라에 보답하였네	一生忠悃報家邦
남해에서 누선 타고 부절을 잡았으며	樓船擁節臨蠻海
두만강 가에서 창 세우고 병영 열었네	棨戟開營壓豆江
늘그막에도 씩씩한 마음은 옛 검에 남았고	衰暮雄心餘古劍
고향의 옛 자취는 빈 집 창문에 남았네	鄕園陳迹鎖虛窓
꽃 아래 있던 옛 손님은 유독 감상이 많아	依紅舊客偏多感
죽은 사람 통곡하니 두 줄기 눈물이 흐르네	痛哭人亡涕淚雙

105 활……만하니 : 백 걸음 떨어진 버들잎에 화살을 맞힌 양유기(養由基)와 두 손으로 큰 솥을 들 정도로 힘이 셌던 항우(項羽)에 비유한 것이다. 《史記 卷4 周本紀》《史記 卷7 項羽本紀》

참판 이시매에 대한 만사[106]

李參判時楳挽

젊은 나이에 글재주가 한 시대의 으뜸이라	妙歲文華擅一時
태평성대 만나 대궐에서 활보하였네	雲宵展步際亨期
시험장에서 인재 뽑을 때 많은 이들 양보하고	掄才試院人多讓
경기에서 교화 펼치며 부절 재차 잡았네[107]	布化邦畿節再持
갑자를 다시 맞이하고 다섯 해를 더하였으며[108]	甲子周來添五算
시서는 세 아들에게 전수하였네[109]	詩書傳去列三兒
붉은 명정 앞세우고 상여 가는 길 생각하니	丹旐却想青門路
새벽 달 아래 만가 소리 슬픔이 끝이 없으리	曉月薤歌不盡悲

106 참판……만사 : 이 시는 이시매(李時楳, 1603~1667)를 애도하는 만사이다. 이시매의 본관은 전주(全州), 자는 자화(子和), 호는 육은재(六隱齋)이다.

107 경기에서……잡았네 : 이시매는 1655년(효종9), 1664년(현종5) 두 차례 경기 감사를 지냈다.

108 갑자를……더하였으며 : 이시매의 향년이 65세였으므로 이렇게 말한 것이다.

109 시서는……전수하였네 : 이시매는 익장(益長), 태장(台長), 문장(文長) 3남을 두었다.

참의 오정원에 대한 만사[110]

吳參議挺垣挽

호서와 해서에서 관찰사 지낸 시종신	湖海觀風侍從臣
맑은 시절에 성은이 관원 사이에서 진동하였네	淸時恩渥動簪紳
영원의 명망 높아 한 쌍의 옥으로 추앙받고[111]	鴒原盛望推聯璧
봉황의 기이한 털[112]은 윤음 맡은 일에서 드러났네	鳳穴奇毛見掌綸
물거품 같은 세상에서 회갑을 맞이하지 못했고	泡幻不饒回甲子
경인년 과거에 함께 급제한 일 떠오르네[113]	科名猶憶接庚寅
이승과 저승 사이에서 끝없이 한스러운 일은	幽明最有無窮恨
당상의 색동옷 입은 사람 하나가 부족한 것이네[114]	堂上斑衣少一人

110 참의……만사 : 이 시는 1667년(현종8) 1월 10일 세상을 떠난 오정원(吳挺垣, 1614~1667)을 애도하는 만사이다. 《松坡集 卷15 贈議政府領議政行黃海道觀察使吳公墓碣銘》

111 영원의……추앙받고 : 영원(鴒原)은 《시경》〈상체(常棣)〉의 "할미새가 언덕에 있으니, 형제가 급할 때 돕는다.〔脊令在原, 兄弟急難〕"라는 구절에서 유래한 말로 형제를 뜻한다. 여기서는 오정원의 형 오정일(吳挺一), 아우 오정위(吳挺緯), 오정벽(吳挺璧), 오정창(吳挺昌)을 말하는 듯하다.

112 봉황의 기이한 털 : 훌륭한 선조의 후손이라는 뜻이다. 진(晉)나라 환온(桓溫)이 왕도(王導)의 아들 왕소(王劭)를 두고 "봉황의 털을 가지고 있다."라고 하였다. 《世說新語 容止》

113 경인년……떠오르네 : 저자와 오정원은 모두 경인년(1650, 효종1) 문과에 급제하였다.

114 당상의……것이네 : 오정원의 형 오정일과 아우 오정위, 오정창이 모두 당상관을 지냈는데, 지금 오정원이 세상을 떠났다는 뜻이다.

인평위 정제현에 대한 만사[115]

寅平尉鄭齊賢挽

선조(효종)의 부마는 정승의 손자이니[116]	先朝禁臠相公孫
젊은 시절 봉작 받아 지체가 높았네	妙歲恩封地望尊
바른 행실은 대부분 집안에서 배웠고	雅行多從庭訓得
맑은 마음은 속세 먼지 남는 것 허락 않았네	淸襟不許俗塵存
진나라 누각의 달밤에 퉁소 소리 갑자기 끊기고[117]	簫聲遽斷秦樓月
심수의 정원[118]에 부질없이 봄빛만 남았네	春色空餘沁水園
애석하다 덧없는 인생 겨우 약관이었으니	可惜浮生纔弱冠
관계 없는 길 가는 사람도 마음 아파하네	等閑行路亦傷魂

115 인평이……만사 : 이 시는 1662년(현종3) 1월 9일 세상을 떠난 정제현(鄭齊賢, 1642~1662)을 애도하는 만사이다.

116 선조의……손자이니 : 정제현은 우의정을 역임한 정유성(鄭維城)의 손자이다.

117 진나라……끊기고 : 춘추 시대 진 목공(秦穆公)의 딸 농옥(弄玉)이 퉁소를 잘 불었는데, 역시 퉁소를 잘 부는 소사(蕭史)와 혼인하였다. 목공이 그들을 위해 봉대(鳳臺)를 지어주자 부부가 봉황을 타고 날아갔다.《列仙傳》 정제현이 효종의 4녀 숙휘공주(淑徽公主)와 혼인한 부마이므로 이 고사를 인용한 것이다.

118 심수(沁水)의 정원 : 후한(後漢) 명제(明帝)의 딸 심수공주(沁水公主)의 정원으로, 공주의 정원을 말한다.

병사 남두병에 대한 만사

南兵使斗柄挽

젊은 시절 붓 던지고 병법을 배워　妙年投筆學龍韜
남팔의 가문 명성 계승하여 병권을 잡았네[119]　南八家聲繼秉旄
장수로 임명되어 여러 도를 두루 다니고　戎閫轂推諸路遍
공조에서 반열이 참판까지 올랐네[120]　水曹班躋貳卿高
품계 뛰어넘어 승진하니 충신을 권면하기 위해서요　超陞政爲忠臣勸
날카롭고 용감하여 일찍이 성상의 칭찬 받았네　精悍曾蒙聖主褒
어려운 시절 큰 나무[121] 꺾여 가장 한스러우니　最恨艱危摧大樹
예전 쓰던 칼이 칼집에서 부질없이 울부짖네　匣中空吼舊時刀

119 남팔(南八)의……잡았네 : 남팔은 당(唐)나라 장수 남제운(南霽雲)을 말한다. 안녹산(安祿山)의 난에 큰 공을 세우고 전사하였다.《新唐書 卷192 南霽雲列傳》 남제운이 평안 병사로 정묘호란 때 전사한 남이흥(南以興, 1576~1627)의 손자이므로 이렇게 말한 것이다.

120 공조에서……올랐네 : 남두병은 1656년(효종7) 공조 판서에 임명되었다.《承政院日記 孝宗 7年 10月 17日》

121 큰 나무 : 후한(後漢)의 개국공신 풍이(馮異)가 논공행상을 할 때마다 자신의 공적을 말하지 않고 나무 아래에서 한가로이 쉬었기에 대수장군(大樹將軍)으로 불렸다는 고사를 인용한 것이다.《後漢書 卷17 馮異列傳》

정승 심지원에 대한 만사[122]

沈相之源挽

성상께서 즉위 초에 준걸을 발탁하여[123] 聖祖初年拔俊髦
예문관에 오르니 문채가 동년배를 압도하였네 登瀛文采壓流曹
부침 겪어도 평생의 지조 변치 않았고 汚隆不變平生守
겸손하여 항상 벼슬 높아 걱정하였네 謙抑常憂祿位高
세 조정의 덕 있는 원로로 명망이 높았는데 宿德三朝輿望峻
하룻밤에 태전[124]이 상서로운 빛을 감추었네 台躔一夕瑞輝韜
시서는 본디 선대로부터 물려받은 가업이니 詩書自是青氈業
모두들 집안에 봉황 깃털[125] 있다고 하였네 共說門闌有鳳毛

나이 많고 덕 있어 정승 반열에 올랐는데 高年碩德上公班
세상 싫어 기미성 타고 가니[126] 붙잡을 수 없네 厭世騎箕去莫攀

122 정승……만사 : 이 시는 1662년(현종3) 1월 28일 세상을 떠난 심지원(沈之源, 1593~1662)을 애도하는 만사이다.

123 성상께서……발탁하여 : 심지원이 인조 초년에 주서로 처음 관직에 올라 검열 등을 지낸 일을 말한다.

124 태전(台躔) : 삼태성(三台星)으로 정승을 상징한다.

125 봉황 깃털 : 100쪽 주112 참조. 여기서는 심지원의 아들 심익상(沈益相), 심익현(沈益顯), 심익창(沈益昌), 심익성(沈益成)을 말한다.

126 기미성 타고 가니 : 은(殷)나라 재상 부열(傅說)이 죽어서 기미성을 타고 하늘에 올랐다는 전설에서 나온 말로, 재상의 죽음을 말한다. 《莊子 大宗師》

원로가 영락하니 나라가 피폐해짐이 마땅하고	耆舊凋零宜國瘁
충성스러운 계책 적막하니 어려운 시기를 어찌하랴	忠猷寂寞奈時艱
일찍이 고향에서 모시고 따랐으며	曾隨杖屨鄉園裡
정승 자리에서 몇 번이나 위엄 있는 모습 모셨던가	幾奉威儀鼎席間
어버이 잃은 나는 선대의 돈독한 우의 견디지 못해	孤露不堪先誼篤
바람결에 한번 통곡하며 눈물을 줄줄 흘리네	臨風一哭涕潸潸

별좌 이옹에 대한 만사

李別坐顯挽

젊은 시절 가정에서 시와 예를 배우고	妙年詩禮自趨過
원대한 경지 기약하며 절차탁마에 힘썼네	遠到方期勉切磋
잠시 관직에 나아가니 참으로 꿈만 같았고	暫就官名眞夢似
끝내 어진 이 장수하지 못했으니 천명을 어찌하랴	終乖仁壽奈天何
평생 양친의 봉양 영원히 저버렸고	平生永負雙親養
죽기 전에 오히려 다섯 아들 보았네	不死猶看五子多
형제 잃은 슬픈 심정으로 만가를 보태니	空雁哀情添薤曲
누가 달관한 논의로 서하[127]를 위로할까	誰將達論慰西河

127 서하(西河) : 공자의 제자 자하(子夏)를 말한다. 아들의 죽음을 슬퍼하다 실명하였는데, 증자(曾子)의 책망을 듣고 잘못을 깨달았다. 여기서는 이옹의 부친을 말한다. 《禮記 檀弓上》

상주 목사 장우한[128]에 대한 만사

張尙州遇漢挽

가정에서 배우던 학사는 봉양 마치지 못했는데　學士趨庭養未終
어진 손자가 오래된 집안의 풍도를 계승하였네[129]　賢孫能繼故家風
수령 되어 부절 차니 칭송하는 노래 두루 퍼지고　專城竹佩歌謠遍
만년에 담비꼬리 관을 쓰니 나이와 벼슬 높았네　晩歲貂冠齒爵崇
화복은 보아하니 새옹지마와 마찬가지요　倚伏看來同塞馬
기쁨과 슬픔 두루 겪고 보니 진흙의 기러기 발자국[130] 같네　悲歡閱盡等泥鴻
애석하다 원로가 이제 남아 있지 않으니　堪嗟長老今無在
목소리와 모습 상상하면 꿈만 같구나　想像音容一夢中

128 장우한 : 원문은 '張佑漢'인데 《승정원일기》에 근거하여 '佑'를 '遇'로 바로잡아 번역하였다.

129 가정에서……계승하였네 : 장우한의 조부는 상서원 직장을 지낸 장봉정(張鳳禎)이다. 가정에서 배우던 학사는 그를 가리키는 것으로 보이나 정확한 행적을 알 수 없다. 《久堂集 卷12 弘文館修撰張公墓誌銘》

130 기러기 발자국 : 눈속 진흙에 남은 기러기 발자국처럼 흔적도 없이 사라졌다는 말이다. 《蘇東坡詩集 卷3》

은산 현감 유시번의 모친에 대한 만사[131]

柳殷山時蕃母挽

명문가에 시집 와서 일찍 기쁘게 모시다가	名家箕帚早承歡
중년에 참혹한 화를 당해 그림자 홀로 쓸쓸했네[132]	慘禍中年隻影寒
지극한 행실로 옷의 띠를 푼 적이 없었고	至行何嘗衣解帶
깊은 자애는 웅담환[133]에서도 확인할 수 있네	深慈亦驗膽爲丸
부절 받고 수령 되어 모시고 갈 날을 헤아렸는데	魚軒計日從符竹
색동옷은 어머니와 떨어져 상복으로 바뀌었네	綵服離闈變棘栾
선한 이에게 보답하는 징험은 어긋나지 않으리니	報善明徵知不爽
집안에 남은 경사 훗날 보게 되리라	門闌餘慶後時看

131 은산……만사 : 이 시는 유시번(柳時蕃, 1616～1692)의 모친 장수 황씨(長水黃氏)를 애도하는 만사이다. 장수 황씨는 유찬(柳燦, 1577～1616)의 아내이며 황혁(黃赫, 1551～1661)의 딸이다. 《明谷集 卷27 奉常僉正柳公墓誌銘》《淸陰集 卷33 柳君晦甫墓誌銘》

132 중년에……쓸쓸했네 : 장수 황씨의 남편 유찬이 1616년 해주 옥사에 연루되어 옥사한 일을 말한다. 《淸陰集 卷33 柳君晦甫墓誌銘》

133 웅담환 : 곰쓸개로 만든 약으로, 당(唐)나라 유중영(柳仲郢)의 어머니 한씨(韓氏)가 아들들에게 웅담환을 만들어 밤에 씹으며 공부하게 하였다. 《新唐書 卷163 柳仲郢列傳》

좌랑 정재해에 대한 만사[134]

鄭佐郞載海挽

이름 들은 지 오래인데 뒤늦게 친해져	聞名久日晩相親
소매 맞댈 때 많으니 마음 더욱 참되었네	接袂時多意更眞
병에 걸리자 편지에 약주머니 보태 주었고	病得音書添藥褁
수레 타고 찾아와 문 두드리는 소리에 놀랐네	門驚剝啄枉車輪
영남의 혼은 어버이 따르던 길로 돌아오고[135]	嶺南魂返趨庭路
붓을 머리에 꽂은 좌랑의 관직 한미하였네	員外官微戴筆身
삼십 년 세월이 안타깝게도 한바탕 꿈 같은데	三十光陰嗟一夢
옛적 노닐던 곳 돌아보며 눈물로 수건 적시네	舊遊回首淚沾巾

134 좌랑……만사 : 이 시는 1662년(현종3) 12월 세상을 떠난 정재해(鄭載海, 1632~1662)를 애도하는 만사이다.

135 영남의……돌아오고 : 정재해는 경상도 관찰사로 재직 중인 부친 정만화(鄭萬和)를 근친하러 갔다가 그곳에서 죽었다.

교관 박내창의 아내에 대한 만사[136]

朴敎官乃昌室內挽

덕은 규문에서 빼어났는데	德是閨門秀
어찌하여 나이는 마흔 남짓이었나	年胡四十强
예전 거안제미[137]의 즐거움 잃고	齊眉違舊樂
화장 상자에 남은 향기 서글프네	陳篋愴餘香
거문고는 화려한 집에 감춰지고	鳳瑟藏華屋
명당은 풍수에 걸맞았네	牛岡協錦囊
효자의 슬픔 더욱 가련하니	偏憐孝子痛
봄이 짧으니 촌초의 심정[138] 어찌하랴	寸草奈春忙

136 교관……만사 : 이 시는 1666년(현종7) 세상을 떠난 은진 송씨(恩津宋氏)를 애도하는 만사이다. 은진송씨는 송시형(宋時瑩)의 딸이다. 《宋子大全 卷187 淑人宋氏墓誌》

137 거안제미(擧案齊眉) : 후한(後漢) 양홍(梁鴻)의 아내 맹광(孟光)이 남편을 공경하여 밥상을 눈썹 높이로 들고 왔다는 고사이다. 《後漢書 卷83 逸民列傳 梁鴻》

138 촌초의 심정 : 효도하려는 마음을 말한다. 맹교(孟郊)의 〈유자음(遊子吟)〉에 나오는 "한 치의 풀과 같은 마음으로는 봄볕 같은 은혜에 보답하기 어렵네.〔難將寸草心, 報得三春暉〕"라는 구절에서 나온 말이다. 《孟東野詩集 卷1》

한원부원군의 천장에 대한 만사[139]

漢原府院君遷葬挽

어느 해 기미성 타고[140] 옛 별자리로 돌아갔나	箕尾何年返舊躔
오늘 무녀성[141]이 구천에 빛을 감추었네	婺精今日閟重泉
장추전[142]의 평생 사모하는 마음 더욱 간절하고	長秋倍切終身慕
길지에서 다시 검이 만나는 인연[143] 찾았네	吉地還尋合劍緣
전후로 남다른 은혜로 부조를 받았고	前後異恩隨賻襚
집안의 남은 경사는 승지[144]에게 맡겨졌네	門闌餘慶屬承宣

139 한원부원군의……만사 : 이 시는 조창원(趙昌遠, 1583~1646)을 천장할 때 지은 만사이다. 조창원은 처음 양주(楊州)에 장사지냈으나 1663년 부인 완산부부인(完山府夫人) 최씨(崔氏)가 죽자 개성 고운산(高雲山)으로 이장하였고, 1668년 다시 용인(龍仁) 동침동(銅鍼洞)으로 이장하였으며, 1676년 양주(楊州) 금곡촌(金谷村)으로 이장하였다. 《藥泉集 卷15 漢原府院君惠穆趙公墓誌銘》 이 시는 1663년 이장할 때 지은 것으로 보인다.

140 기미성 타고 : 103쪽 주126 참조.

141 무녀성(婺女星) : 여성의 운수를 관장하는 별이다. 여기서는 부인 최씨의 죽음을 말한다.

142 장추전(長秋殿) : 본디 황후의 궁전인데, 여기서는 조창원의 딸 장렬왕후(莊烈王后)를 말한다.

143 검이 만나는 인연 : 용천검(龍泉劍)과 태아검(太阿劍)이 연평진(延平津)에서 저절로 물 속으로 뛰어들어 두 마리 용으로 변하였다는 고사에서 유래한 말로, 세상을 떠난 부부가 저승에서 만남을 뜻한다. 《晉書 卷36 張華傳》 여기서는 부부를 합장하였다는 뜻이다.

144 승지 : 조창원의 아들 조윤석(趙胤錫)을 말한다.

선대의 우의 추념하니 유독 감개가 많아 追惟先誼偏多感
눈물 참으며 부질없이 만사를 쓰네 忍淚空題薤露篇

감사 유창의 부인에 대한 만사[145]

兪監司瑒夫人挽

두 구슬[146]이 나란히 빛나며 맑은 명성 떨치니　雙珠聯彩振淸譽
사람들은 어머니의 가르침 덕택이라 하였지　人道慈堂教訓餘
큰 집에 화려한 손님 수레 찾아와 기뻤는데　已喜高門客駟馬
솥을 늘어놓고 마른 생선에 눈물 흘리니 더욱 가련하네[147]　偏憐列鼎泣枯魚
청오[148]가 길지에 맞아 무덤을 옮기니　青烏協吉移玄宅
백학은 슬픔 머금고 여막에 조문하네　白鶴銜悲弔素廬
덕이 후하여 응당 경사가 멀리 이어지리니　厚德自應綿慶遠
그간의 생영애사[149] 누가 이만 하리오　哀榮前後問誰如

145 감사……만사 : 이 시는 유창(兪瑒, 1614~1692)의 부인 전주 이씨(全州李氏)의 만사이다. 전주 이씨는 이척연(李惕然, 1591~1663)의 딸이다.

146 두 구슬 : 뛰어난 아들들을 비유하는 말이다. 유창은 신일(信一), 회일(晦一), 득일(得一) 3남을 두었는데, 이 가운데 문과에 급제한 신일과 득일을 가리키는 듯하다.

147 솥을……가련하네 : 솥을 늘어놓는다는 말은 높은 관직에 올라 진수성찬을 누린다는 뜻이다.《孔子家語 致思》마른 생선은《설원(說苑)》〈건본(建本)〉의 "마른 생선을 매단 노끈이 얼마나 썩지 않겠는가. 양친의 수명은 틈을 지나는 것처럼 빠르다.〔枯魚銜索 幾何不蠹 二親之壽 忽若過隙〕"에서 인용한 말로, 짧은 수명을 말한다.

148 청오(靑烏) : 본디 황제(黃帝) 때 풍수지리에 능통한 사람의 이름인데, 여기서는 풍수지리를 말한다.

149 생영사애(生榮死哀) :《논어》〈자장(子張)〉의 "살아서는 영광스럽고 죽어서는 애도를 받는다.〔其生也榮, 其死也哀.〕"라는 말을 인용한 것이다.

시직 송기태 사친의 천장에 대한 만사[150]

宋侍直基泰私親遷葬挽

옛적 선비들이 대궐에 호소할 때　青衿昔日叫天墀
반열 앞의 성대한 모습 다투어 보았지[151]　班首爭瞻濟濟儀
논의가 올바르니 소인들이 성낸들 무슨 상관이랴　正議何傷群小慍
맑은 이름을 후세 사람이 알게 하였네　淸名猶使後人知
붕새는 바람 타고 올라갈 뜻 펴지 못하고　溟鵬未展摶風志
세월 빨라 이슬처럼 사라질 때 먼저 재촉하였네　隙駟先催溘露期
멀리서 생각하니 무덤 옮기는 곳에서　遙想玄堂移奉地
누가 다시 제물 올리며 만시를 지을까　生芻誰復誄周詩

150 시직……만사 : 이 시는 송기태(宋基泰, 1629~1711)의 사친 송시형(宋時瑩, 1592~1638)을 천장할 때 지은 만사이다. 송기태는 출계하여 송시열(宋時烈)의 후사가 되었다. 《宋子大全 卷201 從氏師傅公墓表》

151 옛적……보았지 : 1635년 송시형이 소두(疏頭)가 되어 율곡의 문묘 종사를 청한 일을 말한다.

벗 조지형의 천장에 대한 만사[152]

趙友持衡遷葬挽

난초 있는 방[153]에서 어울리던 일 꿈처럼 공허한데	蘭室從遊一夢空
아양곡 연주하던 줄 끊어지니[154] 누구와 함께 할까	峨洋弦絶與誰同
정신은 가을 하늘의 달처럼 멀리 비추었고	精神逈照秋天月
지취는 높이 살구나무의 풍도[155]를 붙잡았네	志趣高攀杏樹風
옥을 잡은 효심[156]으로 따뜻하고 시원하게 모시고	執玉孝心溫凊際
단금지교 같은 우정 절차탁마 하였네	斷金交誼切磋中
시서로 선비 집안 업적 계승하길 기다렸는데	詩書佇繼儒家業
장수와 단명에서 조물주의 뜻을 징험하기 어렵네	脩短難徵造物公

152 벗……만사 : 이 시는 조지형(趙持衡, 1629~1659)을 천장할 때 지은 만사이다. 조지형은 처음 광주(廣州) 대왕리(大旺里)에 장사지냈다가 1673년 교하(交河) 은전리(銀田里)로 이장하였다.

153 난초 있는 방 : 《공자가어(孔子家語)》 〈육본(六本)〉의 "선한 사람과 함께 어울리는 것은 마치 난초가 있는 방에 들어가 있는 것과 같다."라고 한 말을 인용한 것이다.

154 아양곡……끊어지니 : 55쪽 주4 참조.

155 살구나무의 풍도 : 공자가 살구나무 아래에서 강학하였다는 고사를 인용한 것으로, 유가의 풍도를 말한다.

156 옥을 잡은 효심 : 효자의 공경스러운 모습을 비유한 말이다. 《예기》 〈제의(祭義)〉의 "효자는 마치 옥을 잡고 가득 찬 그릇을 받든 것처럼 조심하고 경건하게 감당할 수 없는 것처럼 하고, 잘못되면 어찌할까 하는 자세를 지켜야 한다.〔孝子如執玉如奉盈, 洞洞屬屬然如弗勝, 如將失之.〕"라는 말을 인용한 것이다.

생애가 불우하여 세상의 얽매임 싫어 跡屈應嫌人世累
혼령은 영원히 태청궁[157]으로 돌아갔네 魂歸長在太淸宮
과부는 기량의 아내처럼 성이 무너지듯 슬퍼하고[158] 哀哀寡婦城崩杞
빼어난 자태는 풍성 땅 속의 검처럼 묻혔네[159] 鬱鬱英姿劍瘗酆
나그네 처지로 몇 해나 무덤의 묵은 풀 슬퍼하였나 旅賓幾年悲宿草
오늘 좋은 땅에 새 무덤을 쌓았네 樂丘今日築新蓬
가련하다 흰 천막이 바람 부는 물결 따라 흔들리니 可憐素幔隨風水
눈물이 찬 물결에 들어가 끝없이 흐르네 淚入寒波去不窮

157 태청궁(太淸宮) : 하늘에 있다는 신선의 거처이다.

158 기량의……슬퍼하고 : 춘추 시대 제(齊)나라 기량(杞梁)이 전쟁터에서 죽었는데, 아내가 시신을 찾아 열흘 동안 울자 성이 무너졌다. 《春秋左氏傳 襄公23年》

159 풍성……묻혔네 : 진(晉)나라 뇌환(雷煥)이 풍성(酆城) 감옥 땅 속에 묻힌 간장검(干將劍)과 막야검(莫邪劍)을 발굴하였다는 고사를 인용한 것이다. 《晉書 卷36 張華列傳》

정승 정유성에 대한 만사[160]

鄭相維城挽

큰 덕과 맑은 모습으로 일찍부터 모범이 되어	碩德淸姿早羽儀
세 조정에서 한결같은 절개로 안위를 맡았네	三朝一節佩安危
겸손한 태도는 정승 자리에서 더욱 드러나고	持謙益見調梅地
나라 걱정은 죽어갈 때 더욱 깊었네	憂國彌深就木時
서하의 슬픔 간절하니 신명의 이치 어긋났고[161]	痛切西河神理爽
동각[162]에 먼지 앉으니 사림이 슬퍼하네	塵生東閣士林悲
가련하다 이날 하염없이 눈물 흐르니	可憐此日無從涕
그저 나라 때문이지 사정 때문이 아니라네	只爲邦家不爲私

160 정승……만사 : 이 시는 1664년(현종5) 11월 19일 세상을 떠난 정유성(鄭維城, 1596~1664)을 애도하는 만사이다.

161 서하의……어긋났고 : 105쪽 주127 참조. 여기서는 정유성의 장남 정창징(鄭昌徵)이 1664년 6월 세상을 떠난 일을 말한다. 《文谷集 卷19 高陽郡守鄭公墓誌銘》

162 동각(東閣) : 한(漢)나라 정승 공손홍(公孫弘)이 동각(東閣)을 열어 선비들을 접대한 고사를 인용한 것으로, 여기서는 정유성의 집을 말한다. 《漢書 卷58 公孫弘傳》

권여강(권두추(權斗樞))이 준 시에 사례하다

謝權汝綱贈韻

막부의 풍류객이 나의 지음이니	風流蓮幕是知音
뒤늦게 백아의 거문고[163] 안고 깊은 교분 맺었네	晚抱牙絃托契深
평생의 속마음 오직 검 한 자루 뿐인데	肝膽百年唯一劍
그대에게 주니 옛사람의 마음에 어찌 부끄러우랴	贈君何媿古人心
그대는 구름과 비처럼 어지러운 세태를 보고	君看世態紛雲雨
나는 사람 마음에 깊고 얕음이 있는 줄 아네	我識人情有淺深
예로부터 물건을 주면 모두 허여하였으니	古來相贈皆相許
용천검에 있는 것이 아니라 마음에 있다네	不在龍泉只在心

163 백아의 거문고 : 55쪽 주4 참조.

큰형님의 시에 차운하다
次伯氏韻

북쪽으로 한양을 바라보니 눈이 어지러운데 北望京華眼欲迷
봄구름 자욱하고 제비는 진흙 물었네 春雲靄靄燕含泥
멀리서 알겠으니 어가 머물러 깃발 엄숙하고 遙知駐輦旌旄肅
검과 패옥 차고 공손히 반열 따르는 모습 떠오르네 正想趨班劍佩低
천 리 떨어진 대궐을 얼마나 그리워하였나 雙闕幾懸千里戀
한 번 가서 기다리는 만백성 위로하리라 一遊應慰萬民徯
신령한 샘의 기이한 효과를 지난해 징험했으니[164] 靈泉異效徵前歲
성상께서 남극성처럼 장수하길 축원하네 申祝惟南聖壽齊

원운 原韻

드넓은 교외는 비가 내려 흐릿한데 漠漠平郊雨意迷
가는 말 채찍질하여 봄철 진흙을 밟네 促鞭征馬踏春泥
마을 단장한 고운 푸른빛은 구름과 만나고 粧村嫩綠陰初合
언덕 덮은 남은 붉은빛은 젖어서 나지막하네 羃岸殘紅濕欲低
은택이 보리밭 적시니 농부는 기뻐하고 澤潤麥畦田畯喜
이슬 맑은 어가 가는 길에서 성군을 기다리네 瀼淸蘭路聖君徯
외람되게 고을 맡은 관리는 성과 없어 부끄러운데 濫分竹吏慙無效
-1자 빠짐- 반열 따라 나란히 춤을 추네 ■道隨班拜舞齊

164 신령한……징험했으니 : 1665년(현종6) 현종이 온양온천에 거둥한 일을 말하는 듯하다. 《顯宗實錄 6年 4月 17日》

구언하는 하교가 있었다는 소식을 듣고 감동하여 읊다
聞有教求言感而賦之

천문이 변고를 보여 성상의 마음을 깨우치니	乾象垂懲啓聖心
얼마 전 자신을 탓하는 윤음을 내렸다고 들었네	纔聞罪己下綸音
상나라 중종이 덕을 닦은 일 옛적에 들었고[165]	商王修德嘗聞古
송 경공이 재변을 없앤 일 오늘날 보게 되리라[166]	宋景消災佇見今
대궐 북이 한 번 울리자 언로가 넓어지고	宮鼓一鳴言路廓
계책을 자주 빌리니 조정 계획 깊어졌네	幄籌頻借廟謀深
미천한 신은 홀로 시대 근심하는 생각 품고	微臣獨抱憂時念
멀리 대궐을 바라보니 눈물을 금치 못하겠네	遙望天門涕不禁

165 상나라……들었고 : 상(商)나라 중종(中宗) 때 뽕나무와 닥나무가 갑자기 뜰 앞에 자랐는데, 중종이 두려워하여 덕을 닦으니 그 나무가 말라죽었다. 《史記 卷3 殷本紀》

166 송……되리라 : 송 경공(宋景公) 때 재앙을 상징하는 형혹성(熒惑星)이 나타나자 신하가 재앙을 남에게 넘기라고 권하였다. 그러나 경공이 스스로 재앙을 떠맡겠다고 하니, 형혹성이 물러났다. 《史記 卷38 宋微子世家》

사산의 은거지에 쓰다

題沙山幽居

봄이 오니 산 모습은 울창하고 가파른데	春來山色鬱嵯峨
지초 나길 기다려 캐고 또 캐네	欲待芝生采采多
구름 짝한 그윽한 마음은 항상 담박하고	雲伴幽情常澹泊
바람이 속세 꿈을 불어 가게 내버려 두네	風吹塵夢任經過
무릉도원 나그네의 신선 자취 생각하고	仙蹤緬想桃源客
염예퇴[167]의 물결 같은 세상길에 공연히 놀라네	世路空驚灩澦波
천 년 지나도록 안씨의 학문 전해지니	千載尙傳顔氏學
단표누항의 즐거움 어떠한가[168]	一瓢陋巷樂如何

167 염예퇴(灩澦堆) : 양자강(揚子江) 구당협(瞿塘峽)의 바위로 격한 물살이 흘러 배가 다니기 어려운 곳으로 알려져 있다.

168 천……어떠한가 : 안씨는 공자의 제자 안회(顔回)이다. 공자가 안회를 두고 "한 그릇 밥을 먹고 한 표주박 물을 마시며 누추한 골목에 사는 근심을 사람들은 견디지 못하는데, 안회는 그 즐거움을 바꾸지 않으니 어질도다, 안회여.〔一簞食一瓢飮, 在陋巷, 人不堪其憂, 回也不改其樂, 賢哉回也.〕" 하였다. 《論語 雍也》

아무렇게나 10운을 읊어 술을 가지고 찾아온 수, 후 두 상인에게 사례하다

漫吟十韻 謝修後兩上人携酒來訪

땅이 외져 항상 -2자 빠짐-	地僻常■■
집이 가난해 술을 오래 끊었네	家貧久斷杯
누구를 반가운 눈으로 대하며	向誰青眼接
어떻게 하면 흰옷 입은 사람[169] 올까	那得白衣來
산꼭대기에서 지팡이 짚고 내려온 승려가	杖錫從山頂
술병 가지고 물가로 왔네	提壺到水隈
채소 쟁반에 과일을 보태고	蔬盤添野果
뜰의 이끼를 쓸고 앉았네	坐席拂庭苔
두터운 의리에 짙은 구름 엷어지고	厚義層雲薄
나그네 마음 하루종일 열렸네	羈懷盡日開
호탕한 승려는 술 마실 줄 아니	豪僧能解飮
취한 나그네 쓰러져도 사양 않네	醉客不辭頹
육신의 구속 헤아리지 못하고	未揆形骸累
공연히 조물주가 시기한다 한탄하네	空嗟造物猜
세월 흘러 늘그막 되었는데	流年行暮矣

169 흰옷 입은 사람 : 술을 가져오는 심부름꾼을 말한다. 진(晉)나라 도잠(陶潛)이 중양절을 맞이하였으나 술이 없었는데, 강주 자사(江州刺史) 왕홍(王弘)이 보낸 흰옷 입은 심부름꾼이 술병을 가져왔다. 《續晉陽秋》

세상길 역시 험난하구나 世路亦艱哉

가엾게도 병이 많아 자취 감추고 屛跡憐多病

정신으로 구해[170]에 노니려 생각하네 游神想入垓

동쪽으로 돌아갈 약속 있으니 東歸知有約

손 잡고 봉래산을 찾아가세 携手訪蓬萊

170 구해(九垓) : 하늘의 끝이다. 진(秦)나라 노오(盧敖)가 신선 약사(若士)를 만나 함께 노닐자고 하였는데, 약사가 "나는 구해(九垓) 밖에서 한만(汗漫)과 만나기로 약속하였으니 오래 머물 수 없다." 하고 곧장 구름 속으로 들어갔다. 《淮南子 道應訓》

양촌의 온공 격옹도 시에 차운하다[171]

次溫公擊甕圖楊村韻

어릴 적에 이미 인을 베푸는 방법 알아	兒時已解爲仁術
급할 때 남을 구하는 마음 미루었네	急處能推濟物心
천년 뒤 그림으로 이 일이 전하니	千載丹靑傳此事
정승이 남긴 은택이 사람에게 깊이 남아 있네	相公餘澤入人深

171 양촌의……차운하다 : 양촌은 권근(權近)이며 온공(溫公)은 사마광(司馬光)이다. 이 시는 권근의 《양촌집(陽村集)》 권3에 실려 있는 〈격옹도(擊瓮圖)〉에 차운한 것이다. 〈격옹도〉는 사마광이 어릴 적 큰 독에 빠진 아이를 구하기 위해 돌로 독을 깨뜨린 고사를 묘사한 그림이다. 《宋史 卷336 司馬光列傳》

창녕 현감 정도응에 대한 만사[172]

鄭昌寧道應挽

우복 노인의 은미한 단서 멀리 전하여[173]	愚老流微遠
그대에게서 여전히 모습을 징험하네	徵君尙典刑
일찍이 서연에 발탁되었고[174]	冑筵曾睿擢
어릴 적부터 가학을 익혔네	家學自髫齡
봉양 청하여 거듭 고을 수령 되고[175]	乞養重分竹
홀로 경전 안고 낙향하였네[176]	歸田獨抱經
어머님은 아직도 노년인데	萱闈猶夕照
아침에 사라지는 풀잎의 이슬 되었네	草露奄朝零
정다운 편지로 문안하자마자	情札纔相問
부고를 차마 들을 수 있으랴	凶音詎忍聽

172 창녕……만사 : 이 시는 1667년(현종8) 4월 22일 세상을 떠난 정도응(鄭道應, 1618~1667)을 애도하는 만사이다. 《立齋集 卷48 高王考工曹佐郎無忝齋府君家狀》

173 우복……전하여 : 정도응은 우복 정경세의 손자이다.

174 일찍이 서연에 발탁되었고 : 정도응이 1649년(인조27) 대군 사부, 세자시강원 자의에 임명된 일을 말한다.

175 봉양……되고 : 정도응이 어버이 봉양을 위해 1658년(효종9) 단성 현감(丹城縣監)에 임명되고 1663년(현종4) 창녕 현감(昌寧縣監)에 임명된 일을 말한다.

176 홀로……낙향하였네 : 정도응은 1666년(현종8) 창녕 현감을 그만두고 고향으로 돌아왔다.

먼지 덮인 상자에 색동옷 보관하고	篋塵藏戲綵
가업은 똑똑한 아이에게 맡겼네	氈業付寧馨
만년에 교분 맺었으나 떨어진 적 많았는데	晩契多違闊
맑은 자태 마침내 아득해졌네	淸姿竟杳冥
관직에 매여 상엿줄 잡지 못하니	縻官孤執紼
덧없는 세상에서 육신의 부림 받아 부끄럽네	浮世媿勞形

판서 이경휘에 대한 만사[177]

李判書慶徽挽

전형의 자리에 발탁한 성은이 새로워 銓衡簡擢渥恩新
높은 명망과 맑은 계책으로 임금에게 보답했네 峻望淸猷報主身
세상사 겪으며 넓은 도량 길렀고 雅量養來經世故
맑은 회포 펴는 곳에서 천성이 드러났네 沖襟開處見天眞
시대가 위태로워 은거할 계책 오래 저버렸는데 時危久負田園計
꿈에서 깨어나니 오십 년 세월에 문득 놀랐네 夢罷翻驚五十春
나이와 지위는 공에게 조금 부족하였으니 年位在公差未滿
누가 이 이치를 하늘에 묻겠는가 誰將此理問蒼旻

원래 서쪽 성곽에서 이웃하여 살았는데 從來西廓接芳隣
더구나 사위로 좋은 인척 맺었음에랴[178] 況復東床結好姻
두 집안 정의는 아교와 옻칠처럼 돈독했는데 膠漆兩家情義篤
반평생 부평초처럼 떠돌며 자주 이별했네 萍蓬半世別離頻
교외에서 손 잡던 날 돌이켜 생각하니 追思握手臨郊日
침문에서 곡하며[179] 애끊는 마음 견딜 수 있으랴 可耐摧腸哭寢辰

177 판서……만사 : 이 시는 1669년(현종10) 6월 17일 세상을 떠난 이경휘(李慶徽, 1617~1669)를 애도하는 만사이다.

178 더구나……맺었음에랴 : 저자와 이경휘가 인척 관계라는 뜻으로 보이나 정확한 관계는 미상이다.

서글프다 새 무덤에서 한번 영결 못하고	怊悵新阡乖一訣
대동강 가에서 가을 바람에 눈물 흘리네[180]	秋風淚灑浿江濱

179 침문에서 곡하며 : 벗의 죽음을 말한다. 《예기》 〈분상(奔喪)〉에 "벗이 죽으면 침문 밖에서 곡한다.〔朋友於寢門外〕" 하였다.

180 대동강……흘리네 : 당시 저자가 평안도 관찰사로 재직 중이었으므로 이렇게 말한 것이다.

입암 선조의 영변 동헌 시에 삼가 차운하다[181]

敬次立巖先生寧邊東軒韻

바람 거센 높은 하늘에 기러기 그림자 비스듬한데	風急天高雁影斜
국화를 마주하니 나그네 마음 싸늘하구나	客懷憀慄對寒花
층층 바위 쌓인 봉우리는 성첩과 이어지고	層層積石峯連堞
곳곳의 다듬이 소리 달빛은 집에 가득하네	處處鳴砧月滿家
새로이 천리 변방에 관찰사 되었는데	千里關河新按節
옛적 남긴 시 한 편이 푸른 비단에 싸여 있네	一篇咳唾舊籠紗
난간에 홀로 기대니 유독 감개 많은데	欄頭獨倚偏多感
임금 은혜 보답 못했는데 머리는 이미 세었네	未報君恩鬢已華

181 입암……차운하다 : 이 시는 민제인(閔齊仁)의 《입암집(立巖集)》 권3에 실려 있는 〈영변 동헌 시에 차운하다〔次寧邊東軒韻〕〉에 차운한 것이다. 민제인은 저자의 5대조로, 1541년(중종36) 평안도 관찰사에 임명되었다. 이하 민제인의 시에 차운한 24제의 시는 저자가 평안도 관찰사에 임명되어 지은 것이다.

입암 선조의 개평관 사절당 시에 삼가 차운하다[182]

敬次立巖先祖開平館四絶堂韻

높은 정자 까마득히 속세를 벗어났는데	危亭縹緲絶塵煙
무한한 가을 풍경이 눈앞에 모두 모였네	無限秋光摠眼前
비단 엮은 듯한 단풍숲은 지는 해를 머금었고	錦綴霜林含落日
구름 걷힌 묘향산은 맑은 하늘에 우뚝하네	雲收香岳聳晴天
길이 벽에 남은 아름다운 시를 공경히 바라보고	恭瞻麗什長留壁
잠시 자리에 기대어 맑은 술잔 한가로이 드네	閑把淸樽乍倚筵
승경이 이제 도로 내게 속하니	勝賞如今還屬我
백년 인생이 충분히 어여쁘네	百年人事足堪憐

오래된 벽에 벽사롱 어른거리니	古壁紗籠映
보배 같은 남은 시편 새롭네	遺篇寶唾新
시내와 산에서 고삐 잡던 날	溪山攬轡日
백성은 북당의 봄을 노래했네	民俗詠堂春
선조의 자취 따라 관찰사 되었으나	玉節追先躅
이 몸은 가업에 부끄럽구나	靑氈愧此身
옛일에 느껴 시를 지어	聊題感舊語
후세 사람 오거든 보이리라	寄示後人來

182 입암……차운하다 : 이 시는 민제인의 《입암집》 권3에 실려 있는 〈개평관 사절당 시에 차운하다〔次開平館四絶堂韻〕〉에 차운한 것이다.

입암 선조의 희천 동헌 시에 삼가 차운하다[183]

敬次立巖先祖熙川東軒韻

새벽 노을 다 걷히고 동쪽에 해가 뜨니	晨霞捲盡日生東
묘향산의 가을 모습이 눈으로 떨어지네	香岳秋光落眼中
고을 누각은 보아하니 도관처럼 고요하고	郡閣看如仙觀靜
그윽한 회포 푸니 속세 먼지 사라지네	幽懷解遣俗塵空
변방 안정시키고 백성 다스릴 방법은 애당초 없고	安邊御衆初無術
경치 만나 시를 읊어도 공교롭지 않네	遇境吟詩亦未工
내일 출발하여 다시 적유령을 찾아가니	明發更將尋狄嶺
행색이 너무 바빠 스스로 불쌍하네	自憐行色太悤悤

183 입암……차운하다 : 이 시는 민제인의 《입암집》 권3에 실려 있는 〈희천 동헌 시에 차운하다〔次熙川東軒韻〕〉에 차운한 것이다.

입암 선조의 강계 동헌 시에 삼가 차운하다[184]

敬次立巖先祖江界東軒韻

먼 옛날 태평성대의 풍류를 생각해보니	風流遙想太平年
부절 들고 서쪽으로 오래된 변방에 오셨네	玉節西臨古塞天
지금 세상사는 눈물 흘릴 만하니	人事卽今堪涕淚
홀로 큰 칼에 기대어 연연 땅을 바라보네	獨憑雄劍望燕然

184 입암……차운하다 : 이 시는 민제인의 《입암집》 권1에 실려 있는 〈강계 동헌 시에 차운하다〔次江界東軒韻〕〉에 차운한 것이다.

입암 선조가 위원에 묵으며 느낌이 있어 지은 시에 삼가 차운하다[185]

敬次立巖先祖宿渭原郡有感韻

객로는 강물 따라 이어지고 큰 깃발 멀리 있는데	客路緣江大旆遙
찬바람이 땅을 말아올려 눈꽃이 휘날리네	寒風捲地雪花飄
금성의 방략[186]이 무슨 도움 되겠는가	金城方略知何補
변방의 먼지는 오랫동안 사라지지 않았네	玉塞塵氛久未消
백년 전 감당나무에서 쉬던[187] 선조에게 부끄럽고	棠舍百年慙忝祖
천리 떨어진 대궐에 조회할 길 막혔네	象闈千里阻趨朝
서생은 홀로 시대 상심하며 눈물 흘리니	書生獨有傷時淚
늘그막에 공연히 장한 뜻 시들었다 탄식하네	遲暮空嗟壯志凋

185 입암……차운하다 : 이 시는 민제인의《입암집》권3에 실려 있는〈위원군에 묵으며 느낌이 있어〔宿渭原郡有感〕〉에 차운한 것이다.

186 금성의 방략 : 변방을 지키는 방책을 말한다. 한(漢)나라 조충국(趙充國)이 강족(羌族)을 막기 위해 금성(金城)에 가서 직접 살펴보고 계책을 마련해 왔다.《漢書 卷69 趙充國傳》

187 감당나무에서 쉬던 : 주(周)나라 소공(召公)이 선정을 베풀어 백성이 그가 쉬던 감당나무를 보호했다는 고사를 인용한 것으로, 여기서는 저자의 선조 민제인이 다녀간 곳이라는 뜻이다.《詩經 召南 甘棠》

입암 선조의 이산 동헌 시에 삼가 차운하다[188]

敬次立巖先祖理山東軒韻

여섯 해 만에 명을 받고 다시 오니[189]	銜命重來六載間
피폐한 백성이 곳곳에서 고생을 말하네	疲民處處說辛艱
변방을 안정시키겠다는 큰 계획 이루지 못하고	雄圖未效三邊靜
은혜로운 정사로 한 지방 편안히 하기만 생각하네	惠政唯思一路安
앉아서 황량한 성 마주하니 유독 옛일에 감개하고	坐對荒城偏感舊
험준한 곳을 지나와 잠시 한가로움 찾네	行經絶險暫偸閑
휘장 걷은 곳에서[190] 가문의 명성 계승하여	家聲忝繼褰帷地
남긴 시에 화운하려니 다시 낯이 뜨거워지네	欲和遺篇更靦顔

188 입암……차운하다 : 이 시는 민제인의 《입암집》 권3에 실려 있는 〈이산군에서 동헌의 시에 차운하다〔理山郡次東軒韻〕〉에 차운한 것이다.

189 여섯……오니 : 저자가 1664년(현종5) 청북 어사(淸北御史)로 평안도에 다녀왔다가 1669년 다시 평안도 관찰사로 평안도로 오게 된 것을 말한다.

190 휘장 걷은 곳 : 후한(後漢)의 가종(賈琮)이 기주 자사(冀州刺史)로 부임하여 백성을 자세히 살피기 위해 수레의 휘장을 걷어 올렸다는 고사를 인용한 것이다. 여기서는 저자의 선조 민제인이 다스린 고을이라는 뜻이다. 《後漢書 卷31 賈琮列傳》

입암 선조의 벽동 동헌 시에 삼가 차운하다[191]

敬次立巖先祖碧潼東軒韻

바람 부는 강에서 밤새 거센 물결 일렁이니	風江終夜吼驚濤
등불 싸늘한 여관에서 깊이 잠들지 못하네	旅館寒燈睡不牢
싸락눈은 수척한 산을 덮지 못하고	薄雪未封山骨瘦
흘러가는 구름은 교묘히 달을 감추네	流雲巧取月輪韜
무기는 전부 금인을 주조하는 데 들어가고[192]	兵戈盡入金人鑄
형승은 여전히 높은 성첩에 남아 있네	形勝猶存粉堞高
칼 쓰다듬으며 길이 읊조리니 무엇에 감개하나	撫劍長吟何所感
임금 은혜는 갚기 어려운데 머리카락 성글어졌네	主恩難報鬢刁騷

191 입암……차운하다 : 이 시는 민제인의 《입암집》 권3에 실려 있는 〈벽동 동헌 시에 차운하다〔次碧潼東軒韻〕〉에 차운한 것이다.

192 무기는……들어가고 : 진시황이 천하를 통일한 뒤에 천하의 무기를 녹여 함양(咸陽)에 금인(金人) 12개를 만들었다. 여기서는 전쟁이 그쳤다는 뜻으로 보인다. 《史記 卷6 秦始皇本紀》

입암 선조의 삭주 동헌 시에 삼가 차운하다[193]

敬次立巖先祖朔州東軒韻

이 몸을 어찌 감히 장성에 견주랴	此身何敢擬長城
오직 나라에 보답하려는 일편단심 품었네	報國唯懷一寸誠
북극성은 그저 꿈속에나 떠올리고	北極星辰徒夢想
서생이 어찌 서쪽 관문 지킬 수 있으랴	西門鎖鑰奈書生
바람 거센 북방의 밤은 겨울을 재촉하고	風驚朔夜催寒律
황량한 산에 눈 가득하여 나그네 길을 막네	雪滿荒山礙客程
분수 넘치는 영예는 참으로 선조에게 누가 되니	分外榮名眞忝祖
그간 깃발 세우고 -2자 빠짐-	前後建牙行▣▣

193 입암……차운하다 : 이 시는 민제인의《입암집》권3에 실려 있는〈삭주 동헌 시에 차운하다〔次朔州東軒韻〕〉에 차운한 것이다.

입암 선조의 대삭주 객사 시에 삼가 차운하다[194]

敬次立巖先祖大朔州客舍韻

외딴 변방 먹구름은 얼어서 걷히지 않고	絶塞陰雲凍不開
외로운 성에 해 지자 뿔피리 소리 급하네	孤城落日角聲催
그 당시 부절 들고 서쪽으로 오셨던 곳	當年玉節西遊處
오대손이 이곳에 또 왔구나	五世兒孫此又來

194 입암……차운하다 : 이 시는 민제인의 《입암집》 권1에 실려 있는 〈대삭주 객관 시에 차운하다〔次大朔州客館韻〕〉에 차운한 것이다.

입암 선조의 박천 시에 삼가 차운하다[195]

敬次立巖先祖博川韻

산세는 평야를 둘러싸고	山勢圍平野
강물은 먼 숲 너머 흐르네	江流隔遠林
여정 재촉하니 날이 짧아 싫고	催程嫌日短
경치 구경하니 가을 깊은 줄 깨닫네	覽景覺秋深
이슬에 젖은 국화 피어나고	露浥寒花綻
바람 부니 늙은 나무 읊조리네	風生老樹吟
재주 없는 내가 지금 부절 짚고	不才今杖鉞
옛 감당나무 그늘에 와서 쉬네[196]	來憩舊棠陰

195 입암……차운하다 : 이 시는 민제인의 《입암집》 권2에 실려 있는 〈박천 시에 차운하다〔次博川韻〕〉에 차운한 것이다.

196 옛……쉬네 : 132쪽 주187 참조.

입암 선조의 은산 담담정 시에 삼가 차운하다[197]

敬次立巖先祖殷山澹澹亭韻

병든 몸은 초가집에 사는 것이 합당한데	病軀端合寄柴荊
〈귀거래사〉 읊고 싶지만 계책 이루지 못했네	欲賦歸田計未成
고삐 잡으니 먼 길 험하여 시름겨운데	攬轡已愁長路險
길에 오르니 교외 평평하여 되레 기쁘네	登程還喜遠郊平
신선 땅에 머물러 구경하니 마음에 맞고	仙區駐節諧心賞
옛벽에 비단으로 싸인 시가 눈에 분명히 들어오네	古壁籠紗入眼明
풍경이 지금도 여전히 담담하니	物色至今猶澹澹
우리 선조가 주신 아름다운 이름에 걸맞네	也宜吾祖錫嘉名

197 입암……차운하다 : 이 시는 민제인의 《입암집》 권3에 실려 있는 〈은산 담담정에 쓰다〔題殷山澹澹亭〕〉에 차운한 것이다. 담담정은 은산 현감 신광미(申光美)가 세운 정자로 민제인이 이름을 붙였다.

입암 선조의 성천 강가 시에 삼가 차운하다[198]

敬次立巖先祖成川江上韻

산 아래에 맑은 강물, 언덕 위에 마을	山下淸江岸上村
별세계의 안개와 달은 소란한 속세와 떨어졌네	別區煙月隔塵喧
복숭아꽃 전부 지고 봄 물결 불어나니	桃花落盡春波漲
그저[199] 고깃배가 다시 근원을 물을까 걱정이네	祇怕漁舟更問源

198 입암……차운하다 : 이 시는 민제인의 《입암집》 권1에 실려 있는 〈성천 강가[成川江上]〉에 차운한 것이다.

199 그저 : 원문은 '祇物'인데 '物' 1자는 연문으로 보아 번역하지 않았다.

입암 선조가 평관대에 올라 지은 시에 삼가 차운하다[200]

敬次立巖先祖登平寬臺韻

평관대에 오르니 산꼭대기 형세 우뚝한데	臺臨絶頂勢嵬崔
고운 풀과 수양버들 한 빛깔로 마름질했네	芳草垂楊一色裁
초저녁에 솔바람 소리가 상쾌하게 들려오니	薄暮松風飛爽籟
하늘에서 생학이 내려오나 의심하네[201]	猶疑笙鶴自天來
천년 전 구름과 안개가 외로운 성을 덮었는데	千年雲霧鎖孤城
이레 동안 성을 쌓았다는 이야기만 전하네	七日空傳版築聲
졸본의 남은 백성은 모두 생업을 즐기니	卒本遺氓皆樂業
지금도 농사 지으며 동명왕을 칭송하네[202]	至今耕鑿頌東明

200 입암……차운하다 : 이 시는 민제인의 《입암집》 권1에 실려 있는 〈평관대에 올라, 절구 두 수〔登平寬臺二絶〕〉에 차운한 것이다.

201 하늘에서……의심하네 : 주(周)나라 영왕(靈王)의 태자 진(晉)이 생황을 잘 불었는데, 신선이 되어 학을 타고 하늘로 올라갔다는 고사를 인용한 것이다. 《列仙傳》

202 졸본의……칭송하네 : 성천은 본디 비류(沸流)와 송양(松讓)의 도읍인데, 동명왕이 북부여에서 졸본천(卒本川)으로 와서 도읍을 정하자 송양이 나라를 바치고 투항하였다. 《新增東國輿地勝覽 卷54 平安道 成川都護府》

입암 선조가 서헌에서 일찍 일어나 경치를 보고 쓴 시에 삼가 차운하다[203]

敬次立巖先祖西軒早起卽景韻

새벽빛은 처마 끝을 침범하고	曙色侵簷角
강물 소리는 베갯맡에 이르네	江聲到枕頭
봉래섬 꿈꾸다가 어렴풋이 깨어	怳驚蓬島夢
경호의 물결 마주했나 의심하네	疑對鏡湖流
별세계라 속세의 얽매임 없고	異界無塵累
타향에서도 좋은 유람 즐기네	他鄉亦勝遊
누각 앞의 열두 봉우리	樓前峯十二
점점이 푸른 눈썹 떠 있는 듯하네	點點翠眉浮

203 입암……차운하다 : 이 시는 민제인의 《입암집》 권2에 실려 있는 〈성천 서헌에서 일찍 일어나 경치를 보고〔成川西軒早起卽景〕〉에 차운한 것이다.

입암 선조의 강선루 시에 삼가 차운하다[204]

敬次立巖先祖降仙樓韻

어느 해 구멍에서 맑은 샘물 새어나와	何年漏穴涌清泉
우임금 도끼 앞에 꽁꽁 숨긴 모습 드러내었나[205]	慳祕應開禹斧前
천 길 석벽은 높이 그대로 있고	石壁千尋高自在
한 줄기 은하수는 그림자 이어졌네	銀河一派影相連
비단 자리는 누대 옆에 내리는 비에 촉촉이 젖고	羅筵細濕臺邊雨
놀잇배는 거울 같은 호수에 잔잔히 떠 있네	畫舫平浮鏡裡天
더러운 흉금 다 씻어내니 환골탈태할 듯한데	滌盡塵襟身欲蛻
바람 맞으며 홀로 서니 생각이 시원해지네	臨風獨立思飄然
절기는 겨우 삼월 삼짇날 지났는데	節序纔過三月三
꽃은 붉은 비단 같고 버들은 쪽빛이네	花如紅錦柳如藍
허공에 뜬 화려한 누각은 향기 엉긴 듯하고	浮空畫閣香凝寂
물가의 층층 산은 그림자 잠겨 있네	到水層巒影浸涵
백사장의 노는 갈매기는 흰구름인가 의심하고	沙渚戲鷗疑白雲
석양에 돌아가는 새는 푸른 산속으로 사라지네	夕陽歸鳥沒青嵐

204 입암……차운하다 : 이 시 중 앞의 2수는 민제인의 《입암집》 권3에 실려 있는 〈강선루 시에 차운하다〔次降仙樓韻〕〉에 차운한 것이고, 뒤의 1수는 권4에 실려 있는 같은 제목의 시에 차운한 것이다.

205 우임금……드러내었나 : 우임금이 홍수를 다스릴 때 용문의 바위를 도끼로 부수었다는 고사를 인용한 것이다. 《淮南子 修務訓》 여기서는 태곳적부터 샘이 흘렀다는 뜻이다.

강산이 참으로 아름다우나 우리 땅 아니니 江山信美非吾土
가을 바람에 노를 저어 사막 남쪽으로 향하네 桂棹秋風向漠南

통선관[206] 은은히 비치고 강선루 펼쳐지니 通仙隱映降仙開
상계의 신선들을 불러올 수 있겠네 上界群仙可喚來
흘골산성[207] 남은 터는 참으로 까마득하고 屹骨遺墟眞邈矣
고당의 신녀 꿈도 아득하구나[208] 高唐神夢亦悠哉
쌍으로 매달린 옥 같은 여울은 졸졸 흐르고 雙懸玉溜涓涓瀉
나란히 선 아름다운 봉우리는 낱낱이 늘어섰네 並立瑤岑箇箇排
언덕의 풀은 바람 맞아 푸른 물결 일렁이고 岸草含風翻翠浪
바위의 꽃은 땅에 떨어져 어지러이 붉게 쌓였네 巖花落地亂紅堆
홀로 흥이 나서 좋은 날 실컷 감상하고 良辰貪賞乘孤興
한 잔 술 마시며 여가에 근심 삭이네 暇日消憂進一杯
어찌 난새 타고 한만[209]과 노닐 필요 있으랴 何必驂鸞遊汗漫
그저 층층 누대에 누워 읊조리네 且須嘯詠臥層臺

206 통선관(通仙觀) : 성천 관아 동명관(東明館)과 이어진 건물이다.

207 흘골산성(屹骨山城) : 성천부 서남쪽에 있는 산성이다. 《世宗實錄 地理志 安州牧》

208 고당의……아득하구나 : 송옥(宋玉)의 〈고당부(高唐賦)〉에 따르면 전국 시대 초(楚)나라 왕이 고당에서 잠을 자다가 여인을 만나 동침하였는데, 이튿날 여인이 떠나며 "저는 무산(巫山)의 남쪽 고구(高丘)의 꼭대기에 사는데 아침이면 구름이 되고 저녁에는 비가 됩니다."라고 하였다.

209 한만(汗漫) : 신선의 이름이다. 북해(北海)의 신선 약사(若士)가 "내가 구해(九垓) 밖에서 한만(汗漫)과 만나기로 약속했다."라고 한 말에서 인용한 것이다. 《淮南子 道應訓》

입암 선조가 배 위에서 취해 쓴 시에 삼가 차운하다[210]
敬次立巖先祖船上醉題韻

높은 누각에서 어지러운 푸른 산 전부 보고서	高樓看盡亂山青
다시 앞 강으로 가서 놀잇배를 젓네	更向前江棹彩舲
강가의 밝은 모래는 비단을 깔아놓은 듯하고	帶岸明沙横拖練
숲을 단장한 푸른 절벽은 병풍을 펼친 듯하네	粧林翠壁穩開屛
멀리 고개 위로 나오는 아름다운 달을 부르고	遙呼出嶺娟娟月
물결 넘으며 둥실거리는 정자에 한가로이 기대네	閑依凌波泛泛亭
이날 좋은 유람은 하늘이 준 것이니	此日清遊天所餉
한번 취해 곯아떨어진들 무슨 상관이리오	何妨一醉到沈冥

210 입암……차운하다 : 이 시는 민제인의 《입암집》 권3에 실려 있는 〈배 위에서 취해 쓰다〔船上醉題〕〉에 차운한 것이다.

입암 선조의 운산 동헌 시에 삼가 차운하다[211]

敬次立巖先祖雲山東軒韻

한 구역 산수 가장 깊고 그윽한 곳	一區山水最幽深
늦가을 높은 서재가 비단 같은 숲에 둘러싸였네	秋晩高齋擁錦林
바위 끝의 인가는 석양을 머금었고	巖際人家含返照
개울가 버들은 성근 그림자 띠고 있네	澗邊官柳帶疏陰
백년 전 감당나무에서 선조의 자취 생각하고[212]	留棠百載懷先躅
중양절에 국화를 마주하니 나그네 마음 괴롭네	對菊重陽惱客心
천리길 가느라 지쳤는데 돌아가지 못하니	千里倦遊歸未得
늙음과 병이 괴롭게 침범하여 견디지 못하겠네	不堪衰病苦相侵

211 입암……차운하다 : 이 시는 민제인의 《입암집》 권3에 실려 있는 〈운산 동헌(雲山東軒)〉에 차운한 것이다.

212 백년……생각하고 : 132쪽 주187 참조.

입암 선조의 구성 동헌 시에 삼가 차운하다[213]

敬次立巖先祖龜城東軒韻

서툴고 어리석어 평소 명성 구하지 않았는데	疏愚平日不求名
여러 해 언덕과 습지 다니느라 갑절로 정력 상했네	原隰多年倍損精
천리 변방에서 병사들이 창 들고 도열하고	千里邊庭開棨戟
대궐로 돌아갈 꿈은 봉래와 영주처럼 멀구나	九霄歸夢阻蓬瀛
관청에는 항상 황화의 물[214]이 흐르고	官居尙帶皇華水
수루에서 공연히 조각달 떠 있는 성을 보네	鎭戍空瞻片月城
옛자취 찾아오니 무엇을 느꼈는가	古蹟尋來何所感
평장[215]의 충절이 살아 있는 것처럼 늠름하네	平章忠節凜如生

213 입암……차운하다 : 이 시는 민제인의《입암집》권3에 실려 있는〈구성 동헌 시에 차운하다〔次龜城東軒韻〕〉에 차운한 것이다.

214 황화의 물 : 황화는 사신의 노고를 노래한《시경》〈황황자화(皇皇者華)〉를 말한다. 황화의 물은 사신이 오가는 압록강을 말하는 듯하다.

215 평장 : 거란과 담판을 지어 귀주(龜州)를 비롯한 강동(江東) 6주(州)를 강역에 넣은 고려의 평장사 서희(徐熙)를 말하는 듯하다.

입암 선조의 태천 동헌 시에 삼가 차운하다[216]

敬次立巖先祖泰川東軒韻

구절양장 북쪽에 눈이 쌓이고	積雪羊腸北
말 머리 동쪽으로 구름 돌아가네	歸雲馬首東
난간에 기대어 수고로이 바라보는 날	憑軒勞望日
부월 짚고서 풍속 살피기 부끄럽네	杖鉞愧觀風
만년의 절개는 반고의 붓[217]을 가볍게 여기고	晩節輕班筆
덧없는 영화는 초왕의 활[218]처럼 여기네	浮榮視楚弓
옛날과 지금의 일 돌이켜 생각하며	翻思今古事
묵묵히 허공에 글씨를 쓰네	默默秪書空

216 입암……차운하다 : 이 시는 민제인의 《입암집》 권2에 실려 있는 〈태천 동헌 시에 차운하다〔次泰川東軒韻〕〉에 차운한 것이다.

217 반고의 붓 : 자잘하게 문필을 일삼는 것을 말한다. 후한(後漢)의 반고(班固)가 삯을 받고 글을 베낀 고사에서 유래하였다.

218 초왕의 활 : 초나라 왕이 활을 잃어버렸는데 신하들이 찾으려 하자 "초나라 왕이 잃은 것을 초나라 사람이 찾을 것이니 찾을 필요 없다." 하였다. 《孔子家語 好生》

입암 선조의 개천 동헌 시에 삼가 차운하다[219]

敬次立巖先祖价川東軒韻

쓸쓸한 관청 누각은 푸른 산과 맞닿았는데　官閣蕭然接翠微
주렴에 스며드는 산기와 안개가 옷을 살짝 적시네　入簾嵐霧細霑衣
술동이 앞에 해 지고 섬돌의 꽃 차가운데　尊前暮色階花冷
창밖에 가을 바람 불고 나뭇잎 드무네　窓外秋聲木葉稀
북쪽으로 대궐을 바라보니 꿈만 번거롭고　北望瓊樓勞夢想
은혜 받아 부절 들고 서쪽으로 왔네　西來玉節帶恩輝
이번 행차 멀리 강변으로 향해 가니　玆行遠向江邊去
변방을 전부 밟고 언제쯤 돌아올까　踏盡關山幾日歸

우습구나 평생 조금도 보답하지 못하여　自笑平生報效微
가을 바람 불도록 속세에 물든 옷을 털지 못하네　秋風未拂染塵衣
흉년에 백성 다스리니 근심 더욱 간절하고　臨民儉歲憂偏切
선조 이어 번방 맡으니 총애 역시 드물다네　忝祖雄藩寵亦稀
변방의 산천은 옛 모습 머금었고　關外山川含舊態
책 속의 글에서 남은 광채 우러르네　卷中篇什仰餘輝
선영을 그리워하니 나그네 마음 갑절로 격렬하여　羈心倍激松楸戀
해질녘 난간에 기대어 돌아가는 기러기 전송하네　日暮憑欄送雁歸

219 입암……차운하다 : 이 시는 민제인의 《입암집》 권3에 실려 있는 〈개천 동헌 시에 차운하다〔次价川東軒韻〕〉에 차운한 것이다.

입암 선조의 자산 시에 삼가 차운하다[220]
敬次立巖先祖慈山韻

소중한 시 백여 년 전부터 전해 오는데	流傳寶唾百餘年
부절 잡은 은혜와 영광이 앞뒤로 빛나네	持節恩榮輝後前
푸른 빛 남아 있는 솔숲이 가장 사랑스러우니	最愛松林留翠色
해질녘 작은 집 옆에서 맑은 소리 들려오네	夕陽淸籟小軒邊

220 입암……차운하다 : 이 시는 민제인의 《입암집》 권1에 실려 있는 〈자산 동헌 시에 차운하다〔次慈山東軒韻〕〉에 차운한 것이다.

입암 선조의 강계 인풍루 시에 삼가 차운하다[221]

敬次立巖先祖江界仁風樓韻

변방 고을에 험준한 성곽 백 치 남짓 쌓았는데　險設邊州百雉餘
누대 높고 벼랑 우뚝하여 허공을 가로질렀네　樓危絶岸架空虛
삼년 동안 변방에서 말 타며 고생하고　三年關塞勞鞍馬
반평생 서재에서 어로를 구분 못해 부끄럽네　半世書窓愧魯魚
오래된 벽에 남은 선조의 글씨 차마 볼 수 있으랴　古壁忍看先墨在
맑은 술동이는 나그네 시름 어쩌지 못하네 -1자 빠짐-
淸尊無賴客愁■
돌아가는 기러기 다 지나니 온 산은 어두워지고　歸鴻度盡千山暮
끝까지 바라보니 옛고을 쓸쓸하네　極目蕭條舊邑居

221 입암……차운하다 : 이 시는 민제인의《입암집》〈보유(補遺)〉에 실려 있는〈강계 인풍루 시에 차운하다〔次江界仁風樓韻〕〉에 차운한 것이다.

입암 선조의 은산 동헌 시에 삼가 차운하다[222]

敬次立巖先祖殷山東軒韻

긴 강 너머 들판은 넓고	野闊長川外
산은 작은 고을 서쪽 둘러쌌네	山圍小縣西
빈 집에 아무 일도 없으니	空齋無一事
어디선가 새가 사람 가까이서 우네	幽鳥近人啼

222 입암……차운하다 : 이 시는 민제인의 《입암집》 권1에 실려 있는 〈은산 동헌 시에 차운하다〔次殷山東軒韻〕〉에 차운한 것이다.

입암 선조의 순천 동헌 시에 삼가 차운하다[223]

敬次立巖先祖順天東軒韻

험지를 지나니 몸은 튼튼하지 않고	歷險身無健
가을을 만나니 귀밑머리에 서리 내렸네	逢秋鬢有霜
어찌하여 남쪽으로 가는 기러기는	如何南去雁
또 저녁 구름 옆에서 우는가	又叫暮雲傍
먼 산에 가을빛 펼쳐지고	遠岫開秋色
저녁 강 너머에 황량한 숲	荒林隔暮江
서쪽으로 와서 감개하는 마음	西來感慨意
술을 마셔도 가라앉지 않네	不爲酒杯降

223 입암……차운하다 : 이 시는 민제인의 《입암집》 권1에 실려 있는 〈순천 동헌 시에 차운하다. 절구 두 수〔次順川東軒韻二絶〕〉에 차운한 것이다.

추위를 만나 아무렇게나 읊어 강선루에 쓰다

遇寒謾吟題降仙樓

열두 봉우리 옆에 한 줄기 강 돌아흐르고	十二峯邊一水回
허공의 누각은 그림처럼 펼쳐졌네	半天樓閣畫圖開
신령은 봄이 일찍 온 줄로 알 터이니	仙靈應解三春早
행여 양대에 저녁 비 되어 내려오려나[224]	倘有陽臺暮雨來

224 행여……내려오려나 : 143쪽 주208 참조.

신중임(신경윤)의 시에 차운하다

次愼仲任韻

좋은 만남에서 손 잡지 못하고　　勝會違携手
파안대소하며 청담 나누지 못했네　　淸談阻破顔
누정에서 멀리 바라보며 감상하고　　樓亭延眺賞
강호에서 마음껏 어리석게 지내네　　湖海任疏頑
세상사는 술잔 밖에 제쳐두고　　世事銜杯外
시 지을 마음에 붓을 드네　　詩情落筆間
그대 보건대 이은[225]을 달갑게 여기니　　看君甘吏隱
어느 곳인들 한가롭지 않겠는가　　何處不宜閑

225 이은(吏隱) : 벼슬살이를 하면서도 은자처럼 살아가는 이를 말한다.

판관 이성에 대한 만사

李判官渻挽

부모의 연세 기뻐하고 두려워하니 효심을 알겠는데	高年喜懼孝心知
어찌 자기 생애가 끝이 있을 줄 생각했으랴	豈料吾生亦有涯
지방관으로 나간 것은 애당초 모친 위해서였는데	漢竹分來初爲母
반악의 수레 돌아온 곳에 아이만 없었네[226]	潘輿歸處獨無兒
집안 명성은 자명[227]이 있어 의지하는데	家聲賴是慈明在
하늘의 이치이니 백도의 슬픔[228] 어찌하려나	天理其如伯道悲
편지로 모임 알린 일 참으로 꿈만 같은데	書報盍簪眞一夢
슬픈 눈물 참으며 상여를 전송하네	忍將哀淚送靈輀

226 반악의…… 없었네 : 진(晉)나라 반악(潘岳)의 〈한거부(閑居賦)〉에 모친을 수레에 태우고 경기를 유람하고 집안을 소요한다는 구절이 있다. 《晉書 卷55 潘岳列傳》 여기서는 이성이 모친보다 먼저 세상을 떠난 것을 말한다.

227 자명(慈明) : 후한(後漢) 사람 순상(荀爽)의 자이다. 그에게는 일곱 형제가 있어 순씨팔룡(荀氏八龍)이라 불렸는데, 그중 순상이 가장 뛰어났다. 《後漢書 卷62 荀淑列傳》 여기서는 이성의 아우 이항(李沆)을 말하는 듯하다.

228 백도의 슬픔 : 자식이 없다는 말이다. 백도(伯道)는 진(晉)나라 등유(鄧攸)의 자이다. 등유가 난리를 만나 자기 아들을 버리고 동생의 아들을 살렸는데, 끝내 후사를 얻지 못하였다. 《晉書 卷90 鄧攸列傳》

진산 송시묵에 대한 만사[229]

宋珍山時默挽

후한 덕에 항상 겸손한 태도 지켰으니	厚德謙謙雅自持
평소의 뜻과 행실 아는 사람 누가 있나	平生志行有誰知
집안에 전하는 효성과 우애는 다른 말 없었고	家傳孝友人無間
정사는 진실한 마음에 근본하여 아전이 못 속였네	政本誠心吏不欺
여관에서 풍진 겪으며 오랜 이별 아쉬워했고	旅官風塵嗟久別
말년에 병에 걸려 한스럽게도 치료하기 어려웠네	衰年疾病恨難醫
스승에게 영원의 슬픔 위로하지 못하니[230]	師門莫慰鴒原痛
눈물 참으며 멀리서 만사를 쓰네	忍淚遙題相紼辭

229 진산……만사 : 이 시는 1672년(현종13) 7월 5일 세상을 떠난 송시묵(宋時默, 1605~1672)을 애도하는 만사이다. 송시묵은 송시열의 형이다.《南溪集 卷76 珍山郡守宋公墓誌銘》

230 스승에게……못하니 : 영원(鴒原)의 슬픔은 100쪽 주111 참조. 스승은 송시열을 말한다.

감사 이만영에 대한 만사

李監司晩榮挽

일년 가까이 시강원에서 함께 숙직하고	伴直春坊歲幾周
올해 가을 다시 관찰사로 교대하였네	交符關臬又今秋
서툰 나를 용납하여 대신 재주 발휘하고	盤根代斲容吾拙
만년에 임금의 근심 맡아 홀로 고생하였네	晩節賢勞任主憂
헤어지며 여전히 훗날 만나길 기약했는데	分手尙期他日會
어느새 이 생애 덧없음을 깨달았네	轉頭還覺此生浮
맑은 모습 후한 덕 이제 누가 남아 있나	靑標厚德嗟誰在
황량한 무덤 서글피 바라보니 눈물 흐르네	悵望荒原涕泗流

영안위에 대한 만사[231]

永安尉挽

평생 효도하고 우애하여 복록을 갖추었고	孝友平生福履俱
문장은 당대에 공 같은 사람 없었네	文章當代似公無
높은 봉작은 원래 조정과 떨어져 있어	崇封自與巖廊隔
큰그릇이 끝내 세상에 쓰이지 못하였네	大器終乖世路需
훌륭한 자손이 집에 가득하여 풍성한 경사 보고	蘭玉滿庭看慶茂
신령의 도움 잃고 일년 넘게 심한 병 앓았네	膏肓經歲失神扶
풍류 있는 선배들 지금 누가 남아 있나	風流前輩今誰在
진나라 누각[232]의 외로운 달빛 서글프구나	怊悵秦樓月色孤

한미한 집안이 고귀한 집안과 혼인을 맺어	寒門姻好托高門
어린 누이가 봄볕 같은 은혜 입고 시집갔네[233]	小妹于歸荷春恩
오래 이별하여 변하는 인사에 더욱 상심하고	久別偏傷人事變
병을 앓느라 따스한 가르침 받기 어려웠네	沈痾難奉誨語溫
늘 술자리에서 만나 어리석은 나를 받아주고	常逢酒席容迂拙

231 영안위에 대한 만사 : 이 시는 1672년(현종13) 9월 14일 세상을 떠난 홍주원(洪柱元, 1606~1672)을 애도하는 만사이다. 《文谷集 卷19 永安尉洪公墓誌銘》

232 진나라 누각 : 101쪽 주117 참조.

233 한미한……시집갔네 : 저자의 누이가 홍주원의 아들 홍만형(洪萬衡)과 혼인하였다.

늘 이별하며 존귀한 몸 굽히던 일 생각나네 每憶離亭屈盛尊
옛 자취 이제는 참으로 꿈만 같은데 舊迹今來眞一夢
만사를 쓰려니 먼저 울음 삼키네 欲題哀挽已聲呑

토산 현감 이경항에 대한 만사[234]

李兎山景沆挽

세교 맺어 오랫동안 어울리고	世契追隨久
평생 행실과 의리 온전하였네	平生行義全
재주가 있어도 작은 고을 맡았고	有才猶小縣
선행을 했지만 장수하지 못했네	爲善未高年
서울을 떠나 고향으로 가니	故宅辭京洛
바닷가에 새 무덤 열렸네	新阡啓海堧
지난 가을 작별하던 한스러움	前秋臨別恨
돌이켜보면 갑절로 눈물 흐르네	回首倍潸然

234 토산……만사 : 이 시는 1673년(현종14) 2월 26일 세상을 떠난 이경항(李景沆, 1609~1673)을 애도하는 만사이다. 《承政院日記 顯宗 14年 2月 30日》 원문은 '李齊沆'인데, 《승정원일기》에 근거하여 '齊'를 '景'으로 바로잡았다.

민시건의 모친에 대한 만사[235]

閔時騫母挽

집안 다스린 어진 어머니였고	主閫爲賢母
가문의 두 아들[236] 일컬어졌네	稱家有二男
애석하게 고희에 한 살이 모자랐고	稀年嗟欠一
현명한 법도는 삼종지도에 걸맞았네	哲範協從三
검이 합칠 때가 이제 다가왔고[237]	劍合期今逼
성이 무너진 옛일을 슬퍼하였네[238]	城崩痛昔含
관직에 얽매여 상엿줄 잡지 못하니	縻官違執紼
멀리서 바라보며 그저 부끄러울 뿐이네	遙望祗懷慙

235 민시건의……만사 : 이 시는 1680년(숙종6) 세상을 떠난 연안 이씨(延安李氏, 1610~1680)를 애도하는 만사이다. 연안 이씨는 이두(李枓)의 딸이며 민호(閔浩)의 아내이다.《愼獨齋遺稿 卷8 贈承政院左承旨閔公墓碣銘》

236 두 아들 : 장남 민후건(閔後騫)과 민시건(閔時騫)이다.

237 검이……다가왔고 : 110쪽 주143 참조.

238 성이……슬퍼하였네 : 남편 민호가 1594년(선조27) 먼저 죽었기 때문에 이렇게 말한 것이다.

영릉의 천장에 대한 만장[239]

寧陵遷奉挽章

용호의 검과 신을 무덤에 묻었으니[240]	龍湖劍舃閟玄堂
삼가 생각건대 혼령이 상제 곁에 있으리라	陟降恭惟在帝傍
난수[241]가 모이니 옥좌에 다시 앉고	玉座重臨灤水會
무릉[242]에 간직한 금상자 다시 열었네	金箱還啓茂陵藏
큰 공은 조종(祖宗)과 짝하여 언덕처럼 높고	鴻功配祖崇岡並
상석은 선조를 따라 검소한 덕 드러냈네	象設遵先儉德彰
이날 성상이 슬피 사모하는 마음 간절한데	此日嚴宸哀慕切
서리와 이슬이 처량함 더하여 견딜 수 없네	不堪霜露助凄涼
아, 성대한 덕을 잊을 수 없으니	盛德嗚呼不可忘
삼대와 같은 다스림에 선광[243]의 업적이었네	治侔三代業宣光

239 영릉의……만장 : 이 시는 1673년(현종14) 10월 영릉을 여주(驪州)로 옮길 때 지은 것이다.

240 용호의……묻었으니 : 용호는 황제가 용을 타고 올라갔다는 정호(鼎湖)를 말한다. 신하들이 용의 수염을 붙잡고 따라가려 하였으나 수염이 뽑히면서 황제의 활과 검이 함께 떨어졌다. 제왕의 죽음을 의미한다. 《史記 卷28 封禪書》

241 난수(灤水) : 주 문왕(周文王)의 부친 왕계(王季)의 묘소가 있는 곳이다. 무덤이 깎여 관이 드러나자, 문왕은 "선친이 신하와 백성을 한 번 보려고 한 것이다."라고 하였다. 《呂氏春秋 開春》 여기서는 천장을 위해 구 영릉을 열었다는 뜻이다.

242 무릉(茂陵) : 한 무제(漢武帝)의 능인데 여기서는 구 영릉을 말한다.

243 선광(宣光) : 주 선왕(周宣王)과 후한(後漢) 광무제(光武帝)로 모두 나라를 중

현인 준걸 망라하여 나라 계책 꼼꼼하였고 搜羅賢俊王猷密
고난을 겪으면서 성상 생각 깊어졌네 閱歷艱虞睿算長
큰 뜻은 천리 길도 두려워 않았는데 大志未曾千里畏
중도에 어찌 십년 만에 바삐 떠났나 中途其奈十年忙
산 이름이 홍제[244]인 것 우연이 아니니 山名洪齊知非偶
내려와 태평한 운세 번창함을 보리라 降反從看泰運昌

따라죽지 못하여 애통해 한 지 15년 지났는데 痛結攀髯十五霜
지금까지 외딴 골짜기에서 선왕을 슬퍼하네 至今窮谷泣先王
세상 떠난 뒤 구름 수레 돌아오기 얼마나 바랐던가 眞遊幾望雲軿返
길한 터에 의장이 펼쳐지는 모습을 다시 보았네 吉兆重瞻羽衛張
묵묵히 생각하니 하늘이 사직을 돕는 것이요 默想天心扶社稷
효성스런 성상의 그리움 위로될 줄 알겠네 深知聖孝慰羹墻
남은 슬픔 머금고 왕릉에서 일을 하니[245] 園陵執役含餘恤
죽지 못한 외로운 신하 피눈물 흘리네 未死孤臣血涕滂

홍한 군주이다.

244 홍제(洪齊) : 여주 홍제동(弘濟洞)을 말하는 듯하다.

245 남은……하니 : 저자가 천릉도감 당상이었으므로 이렇게 말한 것이다.《承政院日記 顯宗 14年 6月 7日》

인선왕후에 대한 만장[246]

仁宣王后挽章

난수의 신선 유람 얼마 되지 않았는데[247]	灤水仙遊曾幾時
옥 난간에 꽃이 피어 갑자기 기일 재촉했네[248]	玉欄花發奄催期
엿 머금는 동조의 즐거움 다 누리지 못했으니[249]	含飴未盡東朝樂
사일에 음식 하사하던 슬픔 어찌 견디랴[250]	賜飯那堪社日悲
태사의 아름다운 덕은 여인의 법도에 마땅하고[251]	太姒徽音宜女則

246 인선왕후에 대한 만장 : 이 시는 1674년(현종15) 2월 24일 세상을 떠난 인선왕후(仁宣王后, 1618~1674)를 애도하는 만사이다. 인선왕후는 효종의 비이며 장유(張維)의 딸이다. 《文谷集 卷19 仁宣王后寧陵誌》

247 난수의……않았는데 : 162쪽 주241 참조. 여기서는 1673년(현종14) 효종의 능을 이장한 일을 말한다.

248 옥……재촉했네 : 송 신종(宋神宗)이 모후(母后)가 세상을 떠나자 죽은 사람을 살릴 수 있다는 도사(道士)를 시켜 살리게 하였는데, 도사가 "태후께서 옥 난간에서 모란꽃을 감상하느라 인간 세상에 돌아올 뜻이 없습니다."라고 하였다. 후비의 죽음을 뜻하는 말이다. 《類說 卷17》

249 엿……못했으니 : 후한(後漢) 마황후(馬皇后)가 정사에 관여하지 않고 엿이나 먹으며 손자와 놀면서 노년을 보내겠다고 한 고사를 인용한 것으로, 안락한 노년을 말한다. 《後漢書 卷10 馬皇后紀》

250 사일에……견디랴 : 사일에 제사를 지내고 밥을 나누어주는 풍습이 있는데, 밥을 사반(社飯)이라고 한다.

251 태사의……마땅하고 : 태사는 주 문왕(周文王)의 비이다. 《시경》〈대아(大雅) 사제(思齊)〉에 "태사가 태임(太任)의 아름다운 덕을 이어받았네.〔太姒嗣徽音〕"라는 구절을 인용한 것이다.

화희[252]의 지극한 덕이 사람들 마음에 들어갔네　和熹至德入人思
소신이 앞뒤로 일을 맡아 부끄러우니[253]　小臣敦事慙前後
피눈물 흘리며 -5자 빠짐-　灑血■■■■■

252 화희(和熹) : 후한(後漢) 화제(和帝)의 비 화희 등황후(和熹鄧皇后)를 말한다. 덕 있는 후비로 손꼽힌다.

253 소신이……부끄러우니 : 저자가 당시 국장도감과 산릉도감의 제조를 맡았으므로 이렇게 말한 것이다. 《承政院日記 顯宗 15年 2月 24日》

현궁을 차마 다시 보며

玄宮忍再窺

오호궁[254]의 남은 슬픔 지금도 새로우니	烏號遺慟至今新
그저 자전께서 장수하고 복 받기를 기원하였네	唯祝慈闈壽福臻
한 시대의 명가로 마등[255]처럼 추앙하고	一代名家推馬鄧
두 조정 음(陰)의 교화는 도신에 걸맞았네[256]	兩朝陰敎協塗莘
봄볕 같은 자전이 늘 무탈하여 참으로 기뻤는데	春暉政喜常無恙
어찌 갑자기 달을 타고 하늘로 올라갈 줄 알았으랴	月馭那知遽上賓
손때 남은 옛 화장대를 차마 볼 수 있겠는가	忍見故奩餘澤在
슬피 사모하는 성상의 마음이 신하들을 감동시키네	聖情哀慕動臣隣

254 오호궁(烏號弓) : 황제(黃帝)가 용을 타고 하늘로 올라가며 떨어뜨린 활로, 제왕의 죽음을 상징한다. 《史記 卷28 封禪書》

255 마등(馬鄧) : 후한(後漢) 명제(明帝)의 황후 마씨(馬氏)와 화제(和帝)의 황후 등씨(鄧氏)를 말한다.

256 두……걸맞았네 : 음의 교화는 후비(后妃)의 교화를 말하며, 도신(塗莘)의 도는 우왕(禹王)의 비 도산씨(塗山氏)의 나라이고, 신은 문왕(文王)의 비 태사(太姒)의 나라이다. 모두 덕 있는 후비로 이름났다.

현종대왕 숭릉 만장[257]

顯宗大王崇陵挽章

나라가 어려운 때를 만나니	國值艱虞會
하늘이 지혜로운 자질을 낳았네	天生睿智資
동궁에 있을 적에 덕을 기르고	春宮曾毓德
왕업의 터전 일찍 계승하였네	夏曆早承基
어질고 후하여 가법을 따랐고	仁厚遵家法
문채나고 밝아 풍속을 화락하게 도야했네	文明鑄俗熙
학문은 유정유일[258]의 가르침 전해받고	學傳精一訓
효성은 하루 세 번 문안하는 의식[259]에서 드러났네	孝著日三儀
정사는 치우침 없는 데서 시작하고	政自無偏始
차마 하지 못하는 마음 미루었네	心從不忍推
연대에서 부지런히 예물로 초빙하고[260]	燕臺勤禮幣

257 현종대왕 숭릉 만장 : 이 시는 1674년(숙종즉위년) 숭릉에서 국장을 치르기 위해 지은 것이다. 《肅宗實錄 卽位年 12月 13日》

258 유정유일(惟精惟一) : 《서경》 〈대우모(大禹謨)〉의 "인심은 위태롭고 도심은 은미하니 정밀하게 하고 한결같이 하여 진실로 그 중도를 잡으라.〔人心惟危, 道心惟微, 惟精惟一, 允執厥中.〕"라는 말로, 순임금이 우임금에게 전수한 것이다.

259 하루……의식 : 주 문왕(周文王)이 세자 시절 부친 왕계(王季)에게 하루 세 차례 문안한 고사를 인용한 것이다. 《禮記 文王世子》

260 연대에서……초빙하고 : 연대는 69쪽 주31 참조. 여기서는 현종이 현자를 초빙한 일을 비유한다.

한나라 전각에 서재를 열었네[261]　漢殿闢書帷
선왕이 뜻한 대의를 생각하고　大義思先志
어진 이들은 성대한 시기를 만났네　群賢際盛期
뽕나무 뿌리 거두어 단단히 묶고[262]　綢繆桑土撤
묘당에서 주밀한 계책 자문하였네　密勿廟籌咨
자신을 탓하는 교서를 자주 내리고　罪己頻頒敎
기근이 들면 굶주린 백성 자주 진휼하였네　呼庚屢軫飢
재변을 없애고자 반찬을 줄이고　弭災裁御膳
가뭄을 만나면 탕왕처럼 희생을 자처하였네[263]　遇旱責湯犧
한마음으로 깊은 경계 존중하니　一念尊深警
모든 백성이 지극한 자애로움 우러렀네　齊民仰至慈
근심이 크니 응당 지혜가 열리고[264]　殷憂應啓聖
신하를 접견해도 피로를 잊을 정도였네　晉接幾忘疲
어찌 애타고 수고한 일이 쌓여　詎意焦勞積
끝내 적절한 조섭을 잘못할 줄 알았으랴　終乖攝養宜
향렴에 감동하여 그리움 간절하였는데[265]　感奩孺慕切

261 한나라……열었네 : 경연을 열었다는 뜻으로 보인다.

262 뽕나무……묶고 : .《시경》〈치효(鴟鴞)〉의 "비가 내리기 전에 저 뽕나무 뿌리를 거두어 문을 단단히 묶는다면 이제 저 아래의 백성이 어찌 감히 나를 업신여기랴.〔迨天之未陰雨, 徹彼桑土, 綢繆牖戶, 今女下民, 或敢侮予.〕"라는 말을 인용한 것으로 전란을 대비한다는 뜻이다.

263 가뭄을……자처하였네 : 은(殷)나라 탕왕(湯王)은 7년 간 가뭄이 계속되자 자신을 희생으로 삼아 기우제를 지냈다.《呂氏春秋 順民》

264 근심이……열리고 : 86쪽 주84 참조.

궤안에 기대어 유언을 남겼네	憑几末音遺
온 나라가 부모 잃은 듯 슬퍼하니	震域悲如喪
애통해도 하늘나라 따라갈 수 없네	雲鄕痛莫追
길한 아침에 상여를 재촉하니	穀朝催蜃衛
아름다운 기운이 수레를 둘러쌌네	佳氣擁龍輀
미천한 나는 성상의 후한 지우 입고	賤跡紆宸眷
호조의 높은 반열에 올랐네[266]	巍班忝度支
어둡고 어리석어 죄만 보태고	昏愚增罪戾
터럭만큼도 보답하지 못하였네	報答蔑毫絲
남다른 은혜로 시종신 되었는데	殊錫豐貂在
욕의의 미천한 정성[267] 더디었네	微誠蓐蟻遲
명을 받은 지 겨우 며칠 지났는데	銜綸纔有日
다시 언제 복명하겠는가[268]	反命更何時
영원한 이별에 피눈물 흘리며	抆血終天訣
수염 부여잡으며 죽은 뒤에도 그리워하네[269]	攀髯沒世思

265 향렴에……간절하였는데 : 현종이 모친 인선왕후(仁宣王后)의 죽음을 슬퍼하였다는 말이다.

266 호조의……올랐네 : 당시 저자가 호조 판서였으므로 이렇게 말한 것이다.

267 욕의(蓐蟻)의 미천한 정성 : 임금을 따라 죽는다는 말이다. 전국 시대 초(楚)나라 안릉군(安陵君)이 공왕(共王)에게 "대왕께서 승하하신 뒤 제가 황천에 따라가서 잠자리를 만들고 땅강아지나 개미를 좇게 되기를 바랍니다."라고 하였다는 고사에서 유래한 말이다. 《戰國策 楚策1》

268 명을……복명하겠는가 : 민유중이 청나라 사신의 원접사로 나갔을 때 현종이 승하하였으므로 이렇게 말한 것이다.

269 수염……그리워하네 : 162쪽 주240 참조.

만사를 짓고 아울러 기원하니	哀辭兼善祝
종묘사직이 영원하기를	宗社億年斯

동명 정 참판에 대한 만사

東溟鄭參判挽

수척한 용모와 도인의 골격은 옛 신선과 같아	癯容道骨古仙翁
사마상여의 문장과 노자의 풍도 있었네	司馬文章柱下風
바른 소리는 당나라 이전을 곧장 추종했고	正響直追唐以上
뛰어난 재주는 우리나라에서 특출하였네	高才獨出海之東
선계에 백옥루 완성되니 읊조리던 혼 끊어지고[270]	樓成眞界吟魂斷
연평진에서 검이 만나니 취한 꿈 공허하네[271]	劍遂延津醉夢空
선친의 친구들 세어보면 거의 다 죽었으니	先執算來零落盡
오늘 우리 공 곡하는 마음 견딜 수 있으랴	可堪今日哭吾公

270 선계에……끊어지고 : 당나라 시인 이하(李賀)가 천상의 백옥루가 완성되어 상제(上帝)가 그를 불러 기문을 짓게 한다는 글을 보고 얼마 지나지 않아 죽었다는 고사를 인용한 것으로, 뛰어난 문인의 죽음을 비유한다.《昌谷集 李長吉小傳》

271 연평진에서……공허하네 : 110쪽 주143 참조.

현종의 대상날 능 아래로 가는 도중에 감회를 기록하다
顯考祥日詣陵下道中志感

하늘은 아득히 멀고 기러기 그림자 싸늘한데　玉宇迢迢雁影寒
달 밝은 밤 맑은 이슬이 둥글게 내리네　月明淸露下團團
용호에 아직도 수염 붙잡던 곳 있어[272]　龍湖尙有攀髯地
죽지 못한 외로운 신하 눈물 마르지 않네　未死孤臣淚不乾

272 용호에……있어 : 162쪽 주240 참조.

정사년(1677, 숙종3) 10월, 벗 이동보(이희조)가 산에 사는 나를 찾아와 이틀 동안 머물고 시를 주며 이별하였기에 뒤늦게 화답하여 사례하다

丁巳初冬李友同甫訪余於山居 留二日 贈詩爲別 追和以謝

앞 울타리 반가운 까치 소리 듣고 놀랐는데　驚聞喜鵲報前籬
누가 나귀 타고 와서 저녁에 사립문 두드리나　誰策蹇驢款夕扉
먼지 덮인 탑상은 손님 맞아 쓸어 마땅하고　塵榻政宜延客掃
산의 구름은 내가 돌아오기 기다려 걷혔네　雲山曾解待吾歸
새와 물고기 즐거운 곳에 다투는 마음 없고　禽魚樂處心無競
술 마시고 시 읊으니 어찌 잘못된 도이겠는가　虎兕吟來道豈非
아름다운 시에 사례하고 싶어도 달리 할 말 없으니　欲謝瓊章無別語
그저 서로 권면하며 이별하는 마음 위로하네　只須相勉慰離違

다른 본에는 이렇게 되어 있다.

동쪽 울타리에 기대어 국화를 캐노라니　寒花采采倚東籬
누가 나귀 타고 와서 저녁에 사립문 두드리나　驢背何人晚扣扉
죄 지은 나는 그대에게 누가 되는 줄도 잊었고　罪迹吾忘爲子累
산에 사는 그대는 내가 돌아와 기뻐하네　山居子喜得吾歸
아름다운 시에서 부지런히 베푼 은혜 알겠고　瓊章已認勤垂惠
형편없는 자질이라 잘못을 책망하길 기대하네　瑣質終期藉責非
세상사는 아득하고 유학은 액운을 만났으니　世事悠悠斯道厄
각기 권면하며 이별하는 마음 위로해야 마땅하네　各宜加勉慰離違

지사재 시에 차운하다

次志事齋韻 齋卽同甫所居

지사재는 동보가 사는 곳이다.

선영을 공경하는 마음을 남은 터에 담으니[273]	梓桑餘敬寄遺墟
쓸쓸한 방안에는 덩그러니 네 벽 뿐이네	一室蕭然四壁虛
멀리서 생각하니 자나깨나 추모하는 곳	遙想羹墻追慕地
밝은 창가에서 옛상자의 책을 다시 점검하리	晴窓重檢舊篋書
승경 차지한 은거지는 교외의 으뜸인데	幽棲占勝壓郊墟
반 이랑 모난 못에 푸른 하늘이 비치네	半畝方塘映碧虛
묻노라 주인은 무슨 일을 하는가	爲問主人何所事
오직 성현의 책에 잠심할 뿐이네	潛心唯有聖賢書

273 선영을……담으니 : 이희조가 부친 이단상(李端相)의 고택을 수리하여 지사재라 이름하였으므로 이렇게 말한 것이다. 《宋子大全 卷143 志事齋記》

주부 이자명의 시에 차운하다

次李主簿子明韻

급류용퇴[274]할 용기 없어 부끄러워	勇慙無急退
돌아와 황량한 정원을 손질하네	歸及理荒園
세상사는 기린의 글[275]처럼 보고	世事看麟筆
녹문산[276]에서 한가로이 사네	閑棲寄鹿門
사람 만나면 기쁘게 술을 마시고	逢人欣有酒
탑상을 마주하면 묵묵히 말이 없네	對榻默無言
취하여 소나무 창가 아래 쓰러지고	醉倒松窓下
빈 산에 달빛이 술동이에 가득하네	山空月滿尊
고요한 곳이니 누가 찾아오랴	靜界人誰到
한가로이 사니 가난하지 않네	閑居業不貧
원기가 막 움직인 곳에	一元纔動處
꽃과 버들이 함께 봄을 다투네	花柳共爭春

274 급류용퇴(急流勇退) : 40세도 못 되어 과감히 관직에서 물러난 송나라 전약수(錢若水)를 비유한 말로, 앞길이 창창할 때 물러난다는 뜻이다. 《宋史 卷266 錢若水列傳》

275 기린의 글 : 공자가 노(魯)나라 애공(哀公) 14년 기린이 잡힌 일을 마지막으로 《춘추》의 집필을 마친 고사를 인용한 것이다. 《春秋左氏傳 哀公14年》여기서는 난세를 상심하여 기대를 접었다는 뜻으로 보인다.

276 녹문산 : 후한(後漢)의 은자 방덕공(龐德公)이 처자식을 데리고 은거한 곳이다. 《後漢書 卷83 逸民列傳 龐公》

둘째 형님께
上仲氏

두 곳으로 멀리 떨어져 편지도 없었는데	兩地迢迢隔素書
이별한 뒤 소식은 묻노니 어떠한가	別來消息問何如
가을 바람 불자 형산 남쪽 짝 잃은 기러기[277]	秋風失侶衡南雁
밤마다 홀로 울며 옛집을 그리워하네	夜夜孤鳴戀舊居

277 형산……기러기 : 중국 형산(衡山) 남쪽에 회안봉(回雁峯)이 있는데, 기러기가 가을에 북쪽에서 와서 머물다가 봄이 되면 다시 북쪽으로 돌아간다. 여기서는 저자의 둘째 형만 고향으로 돌아가고 자기는 타향에 그대로 머물러 있다는 말이다.

판서 홍처량에 대한 만사[278]

洪判書處亮挽

원로의 융숭한 대우는 조정 관원 으뜸이었는데	耆英優禮冠廷紳
병을 핑계로 관직 그만두고 천성을 길렀네[279]	引疾休官却養眞
구극[280]의 높은 반열 전임 이조 판서요	九棘班高前冢宰
세 조정의 기대 모은 옛 문신이었네	三朝望屬舊詞臣
관찰사로 나간 날[281] 좌협에서 함께 배를 탔고	同舟左峽趨藩日
소매 맞대고 예조에서 선비 선발하였네	接袂南宮選士辰
지난 자취 떠올리면 온통 꿈만 같은데	陳迹想來渾似夢
침문에서 길게 통곡하며[282] 갑절로 수건 적시네	寢門長慟倍沾巾

278 판서……만사 : 이 시는 1683년(숙종9) 3월 9일 세상을 떠난 홍처량(洪處亮, 1607~1683)을 애도하는 만사이다. 《晩靜堂集 卷18 吏曹判書洪公諡狀》

279 원로의……길렀네 : 홍처량은 1676년(숙종2) 기로소에 들어가고 1681년 치사하였다.

280 구극(九棘) : 주나라의 구경(九卿)을 상징하는 아홉 그루 가시나무로, 여기서는 판서를 말한다.

281 관찰사로 나간 날 : 1662년(현종3) 강원도 관찰사로 임명되었을 때를 말하는 듯하다.

282 침문에서 길게 통곡하며 : 127쪽 주179 참조.

인경왕후에 대한 만장[283]

仁敬王后挽章

저 장추전[284]을 바라보니	瞻彼長秋殿
높은 처마 예전과 다르네	魏軒異昔時
백성은 어찌 이리 복이 없는가	蒼生胡不祿
현묘한 이치 과연 의심스럽네	玄理果堪疑
성대한 명성 칭송하려니	欲誦徽音盛
먼저 피눈물이 흐르는구나	先教淚血隨
삼가 생각건대 우리 중전은	恭惟我聖母
옛 어진 후비에 못지 않았네	無讓古賢姬
어려서 명문가의 덕으로 길러지고	幼毓名門德
현종의 지우를 직접 입었네	親膺顯考知
정성껏 삼전[285]을 받들고	誠存三殿奉
교화는 육궁[286]에서 시작했네	教自六宮推

283 인경왕후에 대한 만장 : 이 시는 1680년(숙종6) 10월 26일 세상을 떠난 인경왕후(仁敬王后, 1661~1680)를 애도하는 만사이다. 인경왕후는 숙종의 비이며 김만기(金萬基)의 딸이다. 《宋子大全 181 仁敬王后誌文》

284 장추전(長秋殿) : 한나라 궁전인데 여기서는 인경왕후의 궁을 말한다.

285 삼전(三殿) : 대전(大殿), 중궁전(中宮殿), 대비전(大妃殿)을 말한다. 경종과 경종 비 선의왕후, 효종 비 인선왕후를 말한다.

286 육궁(六宮) : 황후 및 궁중 여인들의 거처를 말한다. 원문은 '六官'인데 문맥을 고려하여 바로잡아 번역하였다.

한나라 대련[287]처럼 진정 검소를 밝히고	漢練眞昭儉
주나라 비녀[288]처럼 자주 경계를 올렸네	周簪數進規
오직 나라를 걱정하는 마음 뿐	憂惟係邦國
사가(私家)에 은혜가 미치지 않았네	恩不到門楣
요망한 자가 하늘의 기강을 저촉하고	妖孽干天紀
흉악한 계책이 지축을 흔들었네[289]	凶謀撼地維
부인의 위의 원래 태연자약하나	壼儀元自若
성상께서 통촉하길 기약하기 어려웠네	宸鑑竟難期
바람과 우레의 움직임을 따르니[290]	已協風雷動
해와 달 떠 있는 모습 다시 보았네	重觀日月麗
종묘사직이 경사를 만났으나	宗祊方屬慶
병에 걸려 곧 의원을 보았네	末疾佇看醫
어찌 알았으랴 거처를 나누고[291]	豈料分宮御

287 한나라 대련 : 후한(後漢)의 명덕 마황후(明德馬皇后)가 항상 대련(大練)으로 만든 옷을 입고 치마에 선을 두르지 않았다는 고사를 인용한 것이다. 《後漢書 卷10 明德馬皇后紀》

288 주나라 비녀 : 주 선왕(周宣王)이 늦게 일어나 정사를 게을리하자 강후(姜后)가 비녀를 뽑아 머리를 풀고 대죄하였다는 고사를 인용한 것이다. 《列女傳 周宣姜后傳》

289 요망한……흔들었네 : 1680년(숙종6)에 일어난 허견(許堅)의 옥사를 말하는 것으로 보인다. 허견이 복창군(福昌君), 복평군(福平君), 복선군(福善君)과 역모를 일으키려 하였다는 이유로 일어난 옥사이다.

290 바람과……따르니 : 하늘의 경고를 따랐다는 말이다. 당시 적신(賊臣)이 숙종에게 친경(親耕)을 권하며 이를 계기로 후궁을 바쳐 인경왕후와의 사이를 떼어놓으려는 계획을 세웠으나 바람이 불고 우레가 치는 바람에 친경을 하지 못하여 계획이 틀어졌다고 한다. 《宋子大全 181 仁敬王后誌文》

그대로 저 세상으로 이별할 줄을　仍成隔世離
여전히 성상을 걱정하는 말씀 들리고　猶聞憂聖語
오히려 예식을 직접 주관하였네　尙攝禮親儀
십년 동안 집안 다스려 교화하였는데　十載刑家化
슬프게도 궁중에서 보좌를 잃었네　重闈失佐悲
제수 올려 제사 지내는 일 그치고　采蘩休薦祀
〈갈담〉[292] 읊기를 그만두었네　覃葛廢吟詩
갑관이 열리기를 기다렸으나[293]　甲觀曾期闢
헌원성[294]이 영원히 이지러졌네　軒躔永告虧
애석하게도 왕비의 휘장 가려지고　翟幃嗟已掩
애통하게도 난새 수레는 따라가기 어렵네　鸞馭慟難追
역사서에 아름다운 공렬 남고　彤管留芳烈
길일을 잡아 무덤을 만드네　玄臺卜吉期
미천한 신은 아직도 죽지 않아　微臣猶不死
통곡하며 만사를 올리네　痛哭進哀辭

291 거처를 나누고 : 숙종과 인경왕후는 1680년(숙종6) 8월 11일 함께 경덕궁(慶德宮)으로 거처를 옮겼다가 인경왕후의 병이 심해지자 숙종은 10월 19일 창경궁(昌慶宮)으로 옮겼다. 《肅宗實錄 6年 8月 11日, 10月 19日》

292 갈담(覃葛) : 《시경》 〈주남(周南)〉의 편명으로 후비의 덕을 노래한 시이다.

293 갑관이 열리기를 기다렸으나 : 갑관은 황태자의 궁전을 가리키는 말이다. 세자의 탄생을 기다렸다는 뜻이다.

294 헌원성(軒轅星) : 왕후를 상징하는 별이다.

감사 홍주삼에 대한 만사[295]

洪監司柱三挽

선형과 나란히 교분 맺고	托契先兄並
혼인 맺어 세교를 이었네[296]	連姻世誼仍
관직은 청요직 두루 지냈고	官曾華貫遍
품계는 관찰사 더하였네	秩是大藩增
이 사람이 병에 걸렸으니 운명이요	有疾斯人命
아들 많아 후한 보답 징험하네	多男厚報徵
수령 되어 봉양하는 은혜 입고	恩從皃舃養
봉황지 계승하여 가업을 보겠네[297]	業看鳳池承
헤어지고 만나는 사이 몸은 늙어가고	離合身將老
슬픔과 기쁨은 갈마드는 것이 이치라네	悲歡理互乘
삼복에 더위를 먹고	三庚添暑暍
회갑에 갑자기 바람 앞 등불 되었네	一甲劇風燈
자취 남아 있는 단양은 먼데	遺躅丹丘遠

295 감사……만사 : 이 시는 1682년(숙종8) 세상을 떠난 홍주삼(洪柱三, 1621~1682)을 애도하는 만사이다.

296 선형과……이었네 : 선형은 저자의 형 민시중(閔蓍重)이다. 홍주삼의 누이가 민시중과 혼인하였다.

297 봉황지……보겠네 : 봉황지는 당나라 중서성(中書省)에 있던 못으로 의정부, 승정원 등을 비유한다. 여기서는 대사헌을 역임한 조부 홍이상(洪履祥)을 계승하여 요직을 지냈다는 뜻으로 보인다.

돌아가는 배에 흰 운삽 꽂혀 있네　　歸舟素翣憑
가을이라 참으로 마음 쓸쓸한데　　秋懷政憀慓
어찌 차마 정든 벗 곡하리오　　那忍哭情朋

청평위 심익현에 대한 만사[298]

青平尉沈益顯挽

선조의 부마는 정승집 아들이었으니[299] 先朝禁臠相家郎

젊은 시절 총애 받아 높은 봉작 받았네 妙歲崇封荷寵章

화악[300]의 지극한 마음으로 한 가지 즐거움[301] 독차지했네 華萼至情專一樂

여사로 여긴 묵지[302]는 늘 좌중을 압도하였네 墨池餘事掃千場

이어진 구슬과 옥수[303] 같은 자제는 모두 난새처럼 우뚝한데 珠聯謝樹鸞俱峙

진루에 퉁소 소리 그치고 봉황은 홀연 숨었네[304] 簫撤秦樓鳳忽藏

298 청평위……만사 : 이 시는 1683년(숙종9) 7월 6일 세상을 떠난 심익현(沈益顯, 1641~1683)을 애도하는 만사이다. 《西河集 卷14 青平尉沈公墓誌銘》

299 선조의……아들이었으니 : 심익현의 부친은 영의정을 지낸 심지원(沈之源)이다.

300 화악(華萼) : 《시경》 〈소아(小雅) 상체(常棣)〉에 나오는 말로, 형제간의 우애를 말한다.

301 한 가지 즐거움 : 맹자가 말한 군자의 세 가지 즐거움 가운데 하나인 '형제가 무고한 것'을 말하는 듯하다. 《孟子 盡心上》

302 묵지(墨池) : 진(晉)나라 명필 왕희지(王羲之)가 글씨를 연습하여 검어진 못으로, 여기서는 서예를 말한다.

303 이어진 구슬과 옥수 : 모두 훌륭한 후손을 가리키는 말이다. 자기 자제가 출중하기를 바라는 이유는 지란(芝蘭)과 옥수(玉樹)가 자기 집 뜰에 자라기를 바라는 것과 같다는 데서 나온 말이다. 《晉書 卷79 謝玄傳》

304 진루에……숨었네 : 101쪽 주117 참조.

술자리 적막하고 손님은 흩어졌는데　　　樽罍寂寥賓客散
뜰 가득한 가을 국화는 누구를 위해 피었는가　　　滿庭寒菊爲誰芳

참의 조가석에 대한 만사[305]

趙參議嘉錫挽

정사년(1677) 상소로 뭇사람의 분노 뒤따르니	丁巳封章衆怒隨
외로운 충성은 오히려 성상께서 알아주었네[306]	孤忠猶許聖明知
강직한 말로 세 번 쫓겨나도 한스러워 않고	危言不恨逢三黜
얼마 후 발탁되어 한 시대에 우뚝하여 놀랐네[307]	寵擢俄驚聳一時
성대한 조정에 강직한 선비 없어질 줄 생각했으랴	何意盛朝亡直士
그래도 여러 훌륭한 아들에게 남은 경사를 보네	尙看餘慶列佳兒
평생의 세교에 인척의 우호까지 겸하였으니	平生世誼兼姻好
뒤늦게 만사를 쓰는 마음 견딜 수 있으랴	可耐追題相紼詞

305 참의……만사 : 이 시는 1681년(숙종7) 11월 15일 세상을 떠난 조가석(趙嘉錫, 1634~1681)을 애도하는 만사이다. 《謙齋集 卷36 先考贈領議政行吏曹參議墓表》

306 정사년에……알아주었네 : 1677년(숙종3) 조가석은 윤휴(尹鑴)를 탄핵하는 상소를 올려 유배당할 위기에 처했으나 숙종이 삭직하게 하였다. 《謙齋集 卷36 先考贈領議政行吏曹參議墓表》

307 얼마……놀랐네 : 조가석은 윤휴가 죽은 뒤 특별히 판결사에 임명되고 곧 승지에 임명되었다. 《謙齋集 卷36 先考贈領議政行吏曹參議墓表》

유생 윤식의 아내에 대한 만사[308]

尹生寔內挽

요행히 인척의 의리에 기대어	幸托連姻誼
일찍이 부인의 법도 훌륭하다 들었네	曾聞壼範宜
꽃다운 나이에 아쉽게도 죽었으니	芳年嗟不淑
후한 복록을 끝내 누구에게 베풀랴	厚祿竟誰施
시아버지와 사별한 지 이제 삼년이요	別舅今三載
아이 낳은 지 일년도 되지 않았네	生兒未一期
차마 볼 수 있으랴 매간자[309]가	忍看梅澗子
백발로 늘 눈물 흘리는 모습을	頭白淚長垂

308 유생……만사 : 이 시는 연안 이씨(延安李氏)를 애도하는 만사이다. 연안 이씨는 이익상(李翊相)의 딸이며, 남편 윤식은 저자의 아들 민진원(閔鎭遠)의 장인 윤지선(尹趾善)의 아들이다.

309 매간자(梅澗子) : 이익상의 호이다.

영안위의 천장에 대한 만사[310]

永安尉遷葬挽

풍류와 문아는 고금에 드물었는데	風流文雅古今稀
진루에서 퉁소 소리 끊기니 예전 자취 사라졌네[311]	簫斷秦樓跡已非
짙은 호박처럼 손님 붙잡던 일 여전히 생각나고[312]	留客尙思濃琥珀
구슬 흩어지는 듯한 글씨는 볼 수 없네	揮毫不見散珠璣
연평진에서 홀연 두 용이 만났다고 하고[313]	延津忽報雙龍會
요동에 옛 학이 돌아온 일과 같네[314]	遼海還同舊鶴歸
상엿줄 잡지 못해 서글피 새 무덤 바라보니	悵望新阡孤執紼
병이 많아 평소의 마음 어겨 부끄럽네	自慙多病素心違

310 영안위의……만사 : 이 시는 홍주원(洪柱元, 1606~1672)의 묘소를 이장할 때 지은 것이다. 홍주원의 묘소는 본디 파주(坡州) 오리동(梧里洞)에 있었으나 1685년 부인 정명공주(貞明公主)가 죽자 풍덕(豐德)으로 이장하여 합장하였다.《文谷集 卷19 永安尉洪公墓誌銘》

311 진루에서……사라졌네 : 101쪽 주117 참조.

312 짙은……생각나고 :《논형(論衡)》〈난룡(亂龍)〉의 "호박(琥珀)은 지푸라기를 달라붙게 하고, 자석은 바늘을 끌어당긴다.〔頓牟掇芥, 磁石引針.〕"라는 말을 인용한 것이다.

313 연평진에서……하고 : 110쪽 주143 참조.

314 요동에……같네 : 한(漢)나라 요동 사람 정영위(丁令威)가 신선술을 배운 뒤, 천 년 만에 학으로 변하여 요동성 화표주(華表柱) 위에 날아와 앉았다고 한다.《搜神後記 卷1》

정명공주에 대한 만사[315]

貞明公主挽

선왕이 남긴 교화는 규방에서 시작되었는데	先王遺化自閨門
명문가에 시집 가서 현명한 규범 지켰네	釐降名家哲範存
당시 비색한 운수 만나 액운을 당하고	禍厄當年丁否運
남다른 성은 입어 한 시대에 존귀하였네	尊榮一代荷殊恩
색동옷 입은 아들 경의 반열 올라 더욱 기쁘고[316]	斑衣更喜陞卿月
넓은 심원[317]에서 축수하는 자리 자주 보았네	壽席頻看敞沁園
어젯밤 은하수에 신령한 까치 모이더니	銀漢昨宵靈鵲集
깃발 펄럭이며 홀연 구름 수레 타고 갔네	羽旗飄忽引雲軒

315 정명공주에 대한 만사 : 이 시는 1685년(숙종11) 8월 세상을 떠난 정명공주(貞明公主, 1603~1685)를 애도하는 만사이다. 정명공주는 홍주원(洪柱元)과 혼인하였다. 《宋子大全 卷187 貞明公主墓誌》

316 색동옷……기쁘고 : 정명공주의 장남 홍만용(洪萬容)은 판서를 역임하였다.

317 심원(沁園) : 101쪽 주118 참조.

좌윤 김석익에 대한 만사[318]

金左尹錫翼挽

지금 왕의 외숙이자 정승의 손자이니[319]	今王之舅相公孫
총애 받고 경의 반열 올라 지위와 명망 높았네	寵擢卿班位望尊
한밤중에 슬픈 소식이 대궐에서 전해지니[320]	半夜哀音傳禁掖
전원으로 돌아갈 계획 몇 년이나 저버렸나[321]	幾年歸計負田園
군대의 옛 장교는 남긴 은택 생각하고[322]	軍前舊校思遺澤
죽은 뒤 훌륭한 아들은 남다른 성은 입었네[323]	身後佳兒荷異恩
평생 나라 걱정하던 뜻 누가 알아주랴	誰識平生憂國志
환한 태양이 황량한 무덤을 비추네	昭昭白日照荒原

318 좌윤……만사 : 이 시는 1686년(숙종12) 2월 7일 세상을 떠난 김석익(金錫翼, 1645~1686)을 애도하는 만사이다. 《月谷集 卷11 漢城左尹金公墓誌銘》

319 지금……손자이니 : 김석익은 숙종의 모친 명성왕후(明聖王后)의 아우이며 영의정 김육(金堉)의 손자이다.

320 한밤중에……전해지니 : 1683년(숙종9) 명성왕후가 세상을 떠난 일을 말하는 듯하다.

321 한밤중에……저버렸나 : 슬픈 소식은 현종의 죽음을 말하는 듯하다. 숙종이 즉위하여 김석익과 그의 아우 김석연(金錫衍)을 의지하였다. 《月谷集 卷11 漢城左尹金公墓誌銘》

322 군대의……생각하고 : 김석익이 총융사(摠戎使)를 역임했으므로 이렇게 말한 듯하다. 《承政院日記 肅宗 10年 9月 14日》

323 죽은……입었네 : 김석익이 죽은 뒤 숙종이 김석연의 아들 김도영(金道泳)을 후사로 삼아주었다.

감사 윤가적의 대부인에 대한 만사[324]

尹監司嘉績大夫人挽

삼종지도의 덕으로 현명함과 아름다움 드러냈고	德叶三從著哲徽
몸은 교지 받고 나이는 고희에 가까웠네	身膺寵誥壽臻稀
당 앞의 옥수가 놀랍게도 먼저 부러져[325]	堂前謝樹驚先折
호서에서 상여가 참담하게 홀로 돌아왔네	湖外藩輿慘獨歸
차마 백발로 문에 기대 기다릴 수 있으랴	忍倚門閭垂鶴髮
지하로 따라가서 색동옷[326] 마주하였네	還隨泉壤對斑衣
그래도 남아있는 두 아들과 손자들 보니	尙看二子諸孫在
하늘의 도 훗날 행여 잘못되지 않으리라	天道他時倘不非

324 감사……만사 : 이 시는 1685년(숙종11) 9월 6일 세상을 떠난 용인 이씨(龍仁李氏, 1617~1685)를 애도하는 만사이다. 용인 이씨는 이후산(李後山)의 딸로 윤우정(尹遇丁)의 아내이며 윤가적의 모친이다. 《歸鹿集 卷15 掌令尹公墓誌銘》

325 집……부러져 : 윤가적이 공홍도 관찰사(公洪道觀察使)를 역임하고 충원 현감(忠原縣監)으로 부임하였다가 1685년 6월 27일 임소에서 세상을 떠난 일을 말한다. 옥수는 183쪽 주303 참조.

326 색동옷 : 96쪽 주103 참조.

지사 심지명에 대한 만사[327]

沈知事之溟挽

맑은 조정에 누런 머리 늙은 신하 있으니	黃髮淸朝有老臣
예전에 스무 살로 꽃을 꽂던 해가 돌아왔네[328]	曾回二十戴花春
병권 잡아 일찌감치 변방을 지켰고	戎權早杖關河節
먼 지방 백성에게 거듭 교화 펼쳤네	王化重宣汝漢民
만년에 중추부에서 경의 지위에 올랐는데	晩歲西樞卿月映
지난밤 남극성이 가라앉았네[329]	前宵南極壽星淪
평소의 세교를 크게 저버려 부끄러우니	平生世誼慙多負
병 때문에 영전에서 한번 곡하지도 못하였네	一哭靈筵病未伸

327 지사……만사 : 이 시는 1685년 세상을 떠난 심지명(沈之溟, 1599~1685)을 애도하는 만시이다.

328 예전에……돌아왔네 : 심지명은 1618년(광해군10) 문과에 급제하였으며, 그로부터 60년이 지난 1678년(숙종4) 회방연(回榜宴)을 열었다.

329 지난밤 남극성이 가라앉았네 : 남극성은 장수를 뜻하는 별로, 여기서는 심지명의 죽음을 비유한 것이다.

화창군 이연에 대한 만사[330]

花昌君沇挽

날렵한 공자는 가장 기특하다 일컬어졌으니	翩翩公子最稱奇
자애로운 성은 입고 젊어서 높은 반열 올랐네	早歲崇班荷聖慈
아들 잃은 슬픔[331] 간절하여 그대로 빌미가 되니	痛切喪明仍作祟
의원이 와서 진찰해도 이미 어쩔 수 없었네	醫來問疾已難爲
백사장에 해가 지니 할미새는 급히 날고[332]	沙頭落日鴒飛急
당상의 모친은 백발을 드리웠네	堂上春暉鶴髮垂
죽어가며 한 말을 성상께서 특별히 불쌍히 여겨[333]	宸念特憐將死語
다행히 집안 계승할 훌륭한 아이 있네	承家尙幸有佳兒

330 화창군……만사 : 이 시는 1686년(숙종12) 세상을 떠난 이연(李沇, 1640~1686)을 애도하는 만사이다. 이해 1월 경 세상을 떠난 것으로 보인다. 《承政院日記 肅宗 12年 2月 4日》

331 아들 잃은 슬픔 : 이연의 아들 무풍부정(茂豐副正) 이근(李根)과 무계수(茂溪守) 이식(李植)은 모두 후사 없이 요절하였다. 《謙齋集 卷38 宗室海原君諡狀》

332 백사장에……날고 : 두보의 〈사제관부남전취처자도강릉희기(舍弟觀赴藍田取妻子到江陵喜寄)〉에 "기러기 그림자는 협곡 안에 이어지고, 할미새는 급히 날아 백사장에 이르렀네.〔鴻雁影來連峽內, 鶺鴒飛急到沙頭.〕"라는 구절을 인용한 것이다. 《杜少陵詩集 卷21》 할미새는 형제를 의미하는데, 여기서는 이연의 아우 화춘군(花春君) 이정(李瀞)이 찾아왔다는 뜻으로 보인다.

333 죽기……여겨 : 조카 이천령(李千齡)을 후사로 세우게 해 달라는 이연의 상소를 윤허한 일을 말한다. 《承政院日記 肅宗 12年 1月 9日》

판서 김좌명의 천장에 대한 만사[334]

金判書佐明遷葬挽

세 조정의 지우 입어 지위 높았고	際遇三朝祿位崇
한마음으로 나라 걱정하여 충성 드러났네	一心憂國見精忠
십년 동안 군문에서 위엄있는 명성 성대했고[335]	戎門十載威名盛
종묘에서 천추토록 함께 제사 받으리라[336]	淸廟千秋祭祀同
이장할 계획 이루었으니 후사의 효성 알겠고	移兆計成徵嗣孝
묘지 하사한 은혜 넘쳐 큰 공에 보답하였네	賜塋恩侈報元功
갈수록 어려워지는데 죽은 사람은 살리기 어려워	艱虞轉棘人難作
세상을 떠났어도 국궁진췌한 슬픔 여전히 깊네	沒世猶深殄瘁恫

334 판서……만사 : 이 시는 1671년(현종12) 김좌명(金左明)을 천장할 때 지은 것이다. 김좌명은 1671년 5월 양주(楊州) 평구(平丘) 선영에 임시로 장사지냈다가 11월 양근(楊根) 우천(牛川) 주곡리(酒谷里)로 이장하였다.《息庵遺稿 卷23 先考……府君墓誌》

335 십년……성대했고 : 김좌명이 1662년(현종3) 처음 병조 판서에 임명되어 죽을 때까지 맡았던 일을 말한다.

336 종묘에서……받으리라 : 김좌명이 현종의 묘정에 배향된 일을 말한다.

동지 서홍리에 대한 만사[337]

徐同知弘履挽

온화하게 담소하며 곧 마음을 열었으니	溫然談笑卽心開
성대한 덕이 후한 복을 가져왔네	盛德仍將厚福來
만년에 기쁘게도 성은 입어 금대를 차고	晩喜攅金紆聖渥
옛적 고을 다스릴 때 뛰어난 재주 드러났네	曾從製錦見高才
슬하의 손자들은 쌍쌍이 맴돌고	諸孫膝下雙雙繞
인간 세상에서 여든 한 살 장수를 누렸네	遐算人間九九回
용천검이 홀연 연평진에서 만나기를 재촉하여[338]	龍劍忽催津上會
골짜기의 배[339] 그림자도 없어 더욱 슬프네	壑舟無影更堪哀

337 동지……만사 : 이 시는 1687년(숙종13) 1월 27일 세상을 떠난 서홍리(徐弘履, 1607~1687)를 애도하는 만사이다. 《晩靜堂集 卷15 再從祖同知中樞徐公墓誌銘》

338 용천검이……재촉하여 : 110쪽 주143 참조. 서홍리의 부인 광주 김씨(光州金氏, 1605~1675)는 먼저 세상을 떠났다. 《晩靜堂集 卷15 再從祖同知中樞徐公墓誌銘》

339 골짜기의 배 : 《장자(莊子)》 〈대종사(大宗師)〉의 "골짜기에 배를 숨기고 못 속에 산을 숨겨 놓고 안전하다고 여기지만, 밤중에 힘이 센 사람이 지고 가도 어리석은 사람은 모른다."라는 말을 인용한 것으로, 본디 사물의 변화를 비유하는데, 여기서는 죽음을 뜻한다.

명성왕후에 대한 만장[340]

明聖王后挽章

도신[341] 같은 거룩한 덕이 왕비에 걸맞아 塗莘聖德叶坤元
천새[342]의 기이한 상서가 정승 집에 내려왔네 天璽奇祥降相門
왕실의 비빈이 되어 위의와 법도 완비했고 京室作嬪儀範備
임금과 한몸이 되어 경계를 올렸네 宸闈齊體警規存
순수한 효성으로 말미암아 삼전[343]이 기뻐하였고 三宮歡洽由純孝
두터운 은혜에 감동하여 팔방이 노래하였네 八域謠騰感厚恩
신령한 연세는 장수를 빌었으나 끝내 어긋났으니 靈算竟乖南斗祝
아득한 이 이치를 누구와 논할까 茫茫此理與誰論

삼한이 요행히 요임금 같은 여인 만났으니 三韓幸遇女中堯
현명하기는 본디 백 대를 뛰어넘었네 睿哲由來百代超

340 명성왕후에 대한 만장 : 이 시는 1683년(숙종9) 12월 5일 세상을 떠난 명성왕후(明聖王后, 1642~1683)를 애도하는 만사이다. 명성왕후는 현종(顯宗)의 비이며 김우명(金佑明)의 딸이다.

341 도신(塗莘) : 166쪽 주256 참조.

342 천새(天璽) : 하늘의 도장이라는 말로, 한 원제(漢元帝)의 비가 황후가 되기 전에 흰 제비가 흰 돌을 물고 와서 떨어뜨렸는데, 그 돌이 쪼개지며 '모천지(母天地)'라는 세 글자가 나타났다. 《西京雜記》

343 삼전(三殿) : 대전(大殿), 중궁전(中宮殿), 대비전(大妃殿)으로, 여기서는 효종과 효종 비 인선왕후, 인조 비 장렬왕후를 말한다.

신성한 법도로 주나라 같은 내치를 이루었고	神則已成周內治
모후의 위의로 한나라 동조처럼 임어하였네	母儀仍御漢東朝
백성이 고루 교화받고 한창 기뻐하는데	方欣黎首均沾化
헌원성[344]이 갑자기 재앙을 알림을 견딜 수 있으랴	可耐軒躔遽報祅
그래도 원로의 글솜씨로 드날렸으니[345]	尙有揄揚元老筆
휘호는 해와 별과 함께 길이 빛나리	徽稱長共日星昭

십년 동안 장신궁에서 어려운 시절 만나[346]	十年長信際屯艱
한결같이 슬퍼하고 걱정하여 얼굴 펴지 못하였네	一念悲憂未解顔
덕이 선인보다 뛰어나니 어찌 수렴청정 하리오[347]	德邁宣仁簾豈設
순임금의 여인보다 원망 깊어 대나무 얼룩졌네[348]	怨深虞女竹猶斑
요망한 자 깨끗이 제거하여 신령한 공로 드러나고	掃淸妖孼神功著
어린 임금 도와 나라의 발걸음 안정되었네	扶佑冲君國步安
죽고 삶에 가장 한스러운 것은	最是幽明堪恨處
엿 머금고 즐겁게 손자 재롱 보지 못한 것이네[349]	含飴不見弄孫歡

344 헌원성(軒轅星) : 180쪽 주294 참조.

345 게다가……드날렸으니 : 김석주(金錫胄)가 명성왕후의 행장을 짓고, 송시열(宋時烈)이 지문을 지은 일을 말한다.

346 십년……만나 : 장신궁은 한(漢)나라 태후(太后)의 거처이다. 현종이 승하하고 숙종이 즉위한 지 십년 동안 대비 노릇을 하였다는 말이다.

347 덕이……하리오 : 선인은 송(宋)나라 영종(英宗)의 비 선인태후(宣仁太后)이다. 아들 철종(哲宗)이 어린 나이로 즉위하자 수렴청정하였다. 《宋史 卷242 后妃列傳》

348 순임금의……얼룩졌네 : 순임금이 죽자 그의 비(妃) 아황(娥皇)과 여영(女英)이 흘린 눈물이 대나무에 스며 반죽(斑竹)이 되었다는 고사를 인용한 것이다. 《博物志》

349 엿……것이네 : 164쪽 주249 참조.

일찍이 걱정과 병으로 오랫동안 애태우며　曾緣憂疾久熏心
한겨울 궁중에서 한데서 기도하였네　露禱宮中屬沍陰
하늘도 감동하여 이튿날 나았는데　翼日乃瘳天亦感
모친이 먼저 세상 떠나니 이치는 알기 어렵네[350]　春暉先謝理難諶
자애로운 마음으로 문왕처럼 수명 줄어들기 진정 원했고[351]
慈情定願文齡減
아이처럼 사모하는 마음에 그저 순임금 같은 효성 더욱 깊었네
孺慕徒增舜孝深
지나가는 삼짓날 명절을 차마 볼 수 있겠는가　忍見重三佳節過
끝내 잔치 열어 축수하는 술잔 따르지 못하였네　豐呈終負壽觴斟

여러 해 가뭄 재해로 농사를 망쳤으니　連年災旱失三農
구중궁궐에서 밤낮으로 근심하였네　日夕憂虞軫九重
널리 베풀 마음 간절하여 내탕고의 재물 나누고　心切博施分內帑
검소한 음식 먹으며 정해진 공상(供上)을 줄였네　食無兼味減常供
직접 수의 만들어 새로 지은 옷 보관하고　親裁衾襚藏新製
미리 능침에 가서 왼쪽 무덤 정해두었네　預就園陵卜左封
모두 몹시 피폐한 백성을 위해서이니　摠爲蒼生凋瘁甚

350 일찍이……어렵네 : 1678년(숙종4) 숙종이 설사병을 앓았는데, 명성왕후가 목욕재계하고 대신 죽기를 기도하였다. 1683년 10월 숙종이 천연두를 앓았을 때도 역시 그렇게 하였다. 11월 숙종은 병이 나았으나 명성왕후는 이해 12월 5일 세상을 떠났다. 《宋子大全 卷181 明聖王后誌文》

351 자애로운……원했고 : 주(周)나라 문왕(文王)이 자기 수명에서 세 살을 덜어 아들 무왕(武王)에게 주었다는 고사를 인용한 것이다. 《禮記 文王世子》

열 줄의 남긴 명이 어리석은 백성을 울리네	十行遺命泣愚蠢

백발로 눈물 흘리며 하늘을 원망하니	白頭揮淚怨蒼旻
옛적 선조 때 신발 끌던 신하라네[352]	曾是先朝曳履臣
노쇠한 내게 융숭한 은혜 베풀어 늘 감동하였고	每感隆恩沾朽質
한미한 가문으로 외척이 되어 몹시 부끄러웠네	多慙冷族忝椒親
용호에 활 버리던 날[353] 차마 떠올릴 수 있으랴	龍湖忍憶遺弓日
사일에 밥을 하사하던[354] 봄날을 더욱 상심하네	燕社偏傷賜飯春
대궐에서 진하하던 일 참으로 꿈만 같으니	獻賀彤闈眞一夢
이 생애에 보답할 방법이 이미 없어졌네	此生酬報已無因

352 신발 끌던 신하라네 : 비단으로 만든 신발을 끌고 걷는 관직 높은 신하를 말한다.

353 용호에……날 : 162쪽 주240 참조.

354 사일에……하사하던 : 164쪽 주250 참조.

판서 남이성에 대한 만사[355]

南判書二星挽

온화하게 시와 술 즐기며 천성에 맡기고	雍容詩酒任天眞
높은 명망과 맑은 위의는 관원의 으뜸이었네	峻望淸儀冠搢紳
역임한 관직은 대부분 경연관이었고	歷職多居經幄裏
일찍이 위태로운 처지로 남쪽 강가에 머물렀네[356]	危蹤曾滯瘴江濱
신발 끌며 재상 자리에 오르는 모습 바라보는데	方瞻曳履升卿月
기미성 타고[357] 속세 벗어날 줄 누가 생각했으랴	誰料騎箕蛻世塵
새로 정승에 오른 조카가 있어[358]	唯有阿咸新相國
백발로 마주하니 더욱 가슴 아프네	白頭相對倍酸辛

지난 겨울 문병하던 때 차마 떠올릴 수 있으랴	忍憶前冬問疾時
간곡히 내게 권하며 가득한 술잔 기울였지	慇懃勸我倒深巵
스스로 말하기를 누구나 한 번 죽는다 하였으니	自言一死人皆有
덧없는 인생의 이치 이와 같은 줄 일찍 알았네	早識浮生理若斯

355 판서……만사 : 이 시는 1683년(숙종9) 12월 13일 세상을 떠난 남이성(南二星, 1625~1683)을 애도하는 만사이다.《藥泉集 卷26 叔父正憲大夫禮曹判書兼知經筵義禁府事同知成均館事公行狀》

356 일찍이……머물렀네 : 1674년(현종15) 2차 예송이 일어났을 때 김수흥(金壽興)을 옹호한 죄로 진도(珍島)에 유배된 일을 말한다.

357 기미성 타고 : 103쪽 주126 참조.

358 새로……있어 : 남이성의 조카 남구만(南九萬)을 말한다. 당시 우의정이었다.

병석에 누워 종묘사직에 경하 못해 한스러웠고[359]	臥席恨孤宗社賀
편지 보내 그저 딸[360]이 알까 걱정하였지	傳書恐遣女兒知
지금 만사가 모두 묵은 자취 되었으니	祇今萬事俱陳迹
늘그막의 마음을 또 누구에게 의지하리오	暮境心期更托誰

359 자리에……못하고 : 남구만은 1683년 태조 태종 가상시호도감(太祖太宗加上諡號都監) 당상에 차임되었으나 병으로 진하에 참석하지 못한 듯하다.

360 딸 : 저자의 조카 민진장(閔鎭長)에게 시집간 남이성의 장녀를 말하는 듯하다.

홍주 목사 이동로에 대한 만사[361]

李洪州東老挽

십년 동안 고을에서 부침을 거듭하다가	十年州郡任浮沈
예전 승정원에서 모실 적에 성은이 깊었네	曾侍銀臺寵渥深
겨우 시험장에서 돌아왔다고 말하더니[362]	纔道試院回阜蓋
홀연 놀랍게도 객관에서 부음을 보냈네	忽驚旅館送哀音
어머님은 갑자기 수령의 봉양 끊어지고	高堂遽輟專城養
캄캄한 무덤에서 끝내 촌초의 마음[363] 저버렸네	厚夜終孤寸草心
이제 누가 또 삼청동[364]의 주인이 되겠는가	從此三清誰復主
묵은 자취 찾으려니 눈물을 금하지 못하겠네	欲尋陳迹淚難禁

361 홍주……만사 : 이 시는 1683년(숙종9) 8월 29일 세상을 떠난 이동로(李東老, 1628~1683)을 애도하는 만사이다. 《陶谷集 卷20 承政院都承旨李公墓表》《承政院日記 肅宗 9年 9月 7日》

362 겨우……말하더니 : 1682년(숙종8) 2월 중순경 감시 초시(監試初試)의 시관을 맡았던 일을 말하는 듯하다. 《承政院日記 肅宗 8年 2月 15日 · 17日 · 19日 · 20日 · 22日》

363 촌초의 마음 : 109쪽 주138 참조.

364 삼청동(三淸洞) : 한양 삼청동을 말한다. 이동로의 부친 이시욱(李時煜)이 만년에 삼청동의 승경을 좋아하여 집을 정했고, 이동욱의 아들 이상태(李尙泰) 역시 그곳에서 살며 시문을 많이 지었다. 《宋子大全 卷198 僉樞李公墓表》《悔軒集 卷18 通德郎李公墓表》

참판 유창 부인에 대한 만사[365]

兪參判瑒夫人挽

남편의 관직 높아 교지가 뒤따랐고	夫子官高寵誥隨
젊은 나이에 청요직에 오른 아들도 있었네	妙年華貫又佳兒
규방에 유순하고 아름다운 분 있는 줄 알았으니	曾知閫閤柔徽在
모두 집안에 복록과 경사 있어야 마땅하다 하였네	共道門闌福慶宜
속세의 슬픔과 기쁨은 참으로 꿈만 같고	塵世悲歡眞夢耳
선영에 사는 생계는 갈수록 처량해졌네	松楸契闊轉凄其
안방은 적막하고 휘장만 드리웠는데	中堂闃寂垂虛幔
평소 거안제미[366]하던 모습 보이지 않네	不見平生擧案眉

365 참판……만사 : 유창 부인은 이척연(李惕然)의 장녀이다. 1689년(숙종15) 세상을 떠났다. 《芝村集 卷24 都事兪公墓碣銘》

366 거안제미(擧案齊眉) : 109쪽 주137 참조.

과천 현감 한기유의 대부인에 대한 만사[367]

韓果川起愈大夫人挽

어머니의 도리와 규방의 예의 모두 기록할 만하고 母道閨儀並可書
팔순까지 장수 누린 사람 또 누가 있으랴 八旬遐算更誰如
만년에 외척과 혼인 맺어 존귀해졌고[368] 尊榮晩歲聯椒掖
수레로 모셔가 수령 녹봉으로 봉양하였네 祿養專城奉板輿
일찍이 손 안의 구슬 떨어뜨려 병에 걸렸고[369] 曾墮掌珠纏疾病
갑자기 신령한 검을 따라 황천으로 돌아갔네[370] 遽從神劍返泉墟
끝없이 애통해하는 상주가 유독 불쌍하니 偏憐欒棘終天痛
저물녘 문에 기댄 어머니 얼굴 다시 볼 수 없네 無復慈顔倚暮閭

367 과천……만사 : 이 시는 1684년(숙종10) 8월 28일 세상을 떠난 한유량(韓有良)의 아내 덕수 이씨(德水李氏, 1605～1684)를 애도하는 만사이다. 《竹泉集 卷32 外祖母淑夫人李氏墓表》

368 만년에……존귀해졌고 : 덕수 이씨의 둘째 딸이 김만기(金萬基)와 혼인하여 인경왕후(仁敬王后)를 낳고 서원부부인(西原府夫人)에 봉해진 일을 말하는 듯하다.

369 일찍이……걸렸고 : 장녀가 일찍 죽은 일을 말하는 듯하다. 《竹泉集 卷32 外祖母淑夫人李氏墓表》

370 갑자기……돌아갔네 : 110쪽 주143 참조.

종성 부사 김수오에 대한 만사[371]

金鍾城粹五挽

수주(종성) 태수의 영구가 돌아오니	愁州太守返靈輴
예전 사헌부에서 해치관 썼던 신하라네	曾是霜臺戴豸臣
나랏일로 먼 변방에 오래 머무르느라	王事淹留關塞遠
나그네 회포 쓸쓸하여 자주 병을 앓았네	旅懷孤寂疾痾頻
잠깐 이별이 삼년이나 이어질 줄 누가 알았으랴	誰知乍別仍三載
한스럽게도 덧없는 인생 칠순도 못 되었네	却恨浮生欠七旬
평양에서 만난 일 참으로 꿈만 같아	傾蓋箕城眞一夢
만사를 짓노라니 갑절로 마음 상하네	爲題哀挽倍傷神

371 종성……만사 : 이 시는 1684년(숙종10) 8월 6일 세상을 떠난 김수오를 애도하는 만사이다. 《承政院日記 肅宗 10年 8月 2日》

첨지 황후헌에 대한 만사

黃僉知後憲挽

장수와 부귀 모두 온전하여 〈홍범도〉에 걸맞으니 壽富俱全叶範圖
도주공[372]을 배워 생업을 꾸리려 하겠는가 肯將生業學陶朱
나라 풍족하게 할 재주 품었지만 누가 알아주랴 才懷裕國人誰識
굶은 사람 돕는 의리 급급하여 홀로 은혜 베풀었네 義急周飢惠獨敷
젊은 시절 곁에서 모시며 자주 모습 뵈었고 少日趨隅頻奉袂
곤궁할 때 몇 번이나 술병 들고 찾아왔던가 窮途枉駕幾提壺
많은 나이 한스럽게도 올해까지 늘리지 못하고 遐齡恨不延今歲
병에 걸려 끝내 남다른 성은을 저버렸네 貳疾終孤聖渥紆

372 도주공(陶朱公) : 춘추시대 월(越)나라 범려(范蠡)이다. 월왕 구천(句踐)을 도와 회계(會稽)의 치욕을 갚은 뒤 물러나 도(陶) 땅에 살면서 주공(朱公)이라 자칭하고 재산을 불려 큰 부자가 되었다. 《史記 卷41 越王句踐世家》

낭원군 이간 부인의 천장에 대한 만사[373]

朗原君偘夫人遷葬挽

서화 상국[374]의 집안에서 훌륭히 길러져서	毓秀西華相國門
젊은 나이에 시집 가서 왕손의 배필 되었네	早年衿佩配王孫
몸은 복록 받아야 하는데 장수하지 못하였고	身膺福履猶無壽
지하에 추증이 내렸으니 다시 은혜 입었네	贈及泉塗更荷恩
인간 세상에 금완이 나오는 모습 다시 보고[375]	人世再看金盌出
경대의 거미줄 흔적에 다시 눈물 흘리네	網絲重泣寶匳痕
여러 아들 이날 추모하며 곡하는 곳에서	諸郎此日追攀處
홀로 능침 지키는 전성군이 한스럽네[376]	獨恨全城守寢園

373 낭원군……만사 : 이 시는 1677년(숙종3) 4월 4일 세상을 떠난 전의 이씨(全義李氏, 1644~1677)를 애도하는 만사이다. 이행원(李行源)의 딸이며 낭원군 이간의 아내이다.《宋子大全 卷200 朗原君夫人李氏墓表》

374 서화 상국 : 전의 이씨의 부친 이행원을 말한다. 서화는 호이다.

375 인간……보고 : 금완은 무덤에 묻는 기물이다. 금완이 다시 나온다는 것은 이장한다는 말이다.

376 전성군(全城君) : 낭원군의 장남 이혼(李混)이다. 당시 능침을 지키느라 천장에 참석하지 못한 듯하다.

처사 이화에 대한 만사

李處士和挽

세상에 짝이 없는 황해도의 명문가 출신인데	豐海簪纓世莫如
짧은 갈옷 입고 초가에 누우니 누가 불쌍히 여기랴	誰憐短褐臥窮廬
병에 걸려 일찌감치 과거 공부 그만두고	嬰痾早謝公車業
자취 감추고 전대에 이름 올리기 부끄러워했네[377]	斂迹羞登夾帒疏
선비가 때를 만나지 못한 것은 운명이 있어서이니	士不逢時知有命
하늘이 선에 보답하는 이치 과연 어디 있는가	天之報善果何居
우정은 어긋나는 경우 많아 늘 한스러웠는데	交情每恨多違阻
침문에서 곡한 뒤[378] 늙은이 눈물 금하기 어렵네	老淚難禁哭寢餘

377 전대에……부끄러워했네 : 송(宋)나라 여몽정(呂蒙正)이 전대 속에 인재의 이름을 적은 책을 넣어두었다가 조정에서 인재를 구하면 그 안에서 천거하였다는 고사를 인용한 것으로, 여기서는 관직을 구하려 하지 않았다는 말이다. 《史要聚選 卷3 相國》

378 침문에서 곡한 뒤 : 127쪽 주179 참조.

감사 어진익에 대한 만사[379]

魚監司震翼挽

옛적 예맥의 유허에 관찰사로 나갔다가[380]	玉節曾巡濊貊墟
멀리서 정다운 편지와 함께 진귀한 약을 보냈네	遠投珍藥帶情書
서울로 돌아와 만날 날 얼마나 기다렸나	盍簪幾待歸京日
와병하던 초기에 수레 타고 가지 못하였네	命駕還孤臥病初
꿈 같은 덧없는 영화 이제는 끝났고	夢裡浮榮今已矣
조정에 후덕한 사람 또 누가 있는가	朝端厚德更誰如
성 동쪽 마을에서 따라 노닐던 곳에	城東里巷從遊處
묵은 자취 그대로이니 눈물이 소매 가득하네	陳迹依然淚滿裾

379 감사……만사 : 이 시는 1684년(숙종10) 7월 15일 세상을 떠난 어진익(魚震翼, 1625~1684)을 애도하는 만사이다. 《寒水齋集 卷24 觀察使魚公神道碑銘》

380 옛적……나갔다가 : 1683년(숙종9) 어진익이 강원도 관찰사로 부임한 일을 말한다.

청성부원군 김 상국에 대한 만사[381]

清城府院君金相國挽

대대로 덕을 쌓아 이름난 선조 있고	世德推名祖
충성으로 나라를 도왔네	精忠翊聖朝
재주 갖추어 단상에서 부월 받고	才全壇鉞授
반열 높아 정승으로 나라 다스렸네	班絶鼎梅調
나라를 보호한 계책은 원대하고	衛國訏謨遠
시대 걱정에 머리가 세었네	憂時鬢髮凋
정승의 별이 한밤에 꺾이니	台躔中夜折
길 가는 사람도 노래 부르지 않네	行者不歌謠

정승에 병조 판서 겸하여	相國兼司馬
어려운 때 총애하는 명령 내렸네	艱危寵命隨
벼슬 버리고 고향으로 돌아가려는데	歸田將解印
세상이 싫어 기미성을 탔네[382]	厭世卽騎箕
문단은 종주를 잃었고	藝苑宗盟失
군대는 누가 지휘하랴	戎門節制誰
응당 기린각 위에	唯應麟閣上

381 청성부원군……만사 : 이 시는 1684년(숙종10) 9월 20일 세상을 떠난 김석주(金錫胄)를 애도하기 위해 지은 만사이다.《瑞石集 卷16 右議政淸城府院君金公墓誌銘》

382 기미성을 탔네 : 103쪽 주126 참조.

천년토록 위대한 이름 남기리[383]　千載大名垂

병들었다는 소식에 이어 부고를 받으니　病報仍凶訃
성상은 윤음 내려 애통해 하였네　綸音畫聖情
처음 듣자 진일인데도 곡하고[384]　初聞辰日哭
다시 두동[385]에 무덤 하사하였네　更賜杜東塋
임금과 신하의 만남은 고금에 뛰어나고　際會超今古
살아서나 죽어서나 총애와 영광 받았네　存亡荷寵榮
장사 지내는 날이 선조의 제사와 가까우니[386]　喪期臨永慕
영혼은 지하에서 눈물 흘리리라　泉下泣精英

자나깨나 공의 죽음에 놀라　寤寐驚公逝
슬피 읊조리며 홀로 눈물 뿌리네　悲吟涕獨揮
하늘은 누차 재해로 경계하고　天心災屢警
백성은 해마다 기근이 이어지네　民計歲仍饑
참으로 성상의 걱정 간절한데　政是宸憂切

383 응당……남기리 : 김석주가 보사공신(保社功臣) 1등으로 청성부원군(淸城府院君)에 봉해졌으므로 이렇게 말한 것이다.

384 진일인데도 곡하고 : 왕충(王充)의 《논형(論衡)》에 "진일에는 곡을 하지 않으니, 곡을 하면 거듭 상을 당한다." 하였다.

385 두동(杜東) : 김석주의 묘소가 있는 포천을 말하는 듯하나 미상이다.

386 장사지내는……가까우니 : 김석주는 9월에 세상을 떠나 11월에 장사지냈는데, 그의 조부 김육(金堉) 역시 같은 달 세상을 떠나 같은 달 장사지냈으므로 이렇게 말한 듯하다.

나랏일 글렀으니 어찌하랴	其如國事非
평생 임금에게 보답할 뜻 품었으니	平生懷報主
지하에서도 남은 한이 맺혔으리라	遺恨結泉扉

판서 이숙의 부인에 대한 만사[387]

李判書䎘夫人挽

어진 아비가 집안에서 경계 남겼으니	賢父垂帨戒
이름난 재상이 집안 다스림에 힘입었네[388]	名卿賴閫治
지위가 높아 교지가 빛나고	位崇鸞誥煥
아이들은 기이한 진주처럼 늘어섰네	兒列蚌珠奇
복록을 사람들이 한창 부러워하는데	福履人方艶
슬픔과 기쁨은 바뀌는 것이 이치라네	悲歡理互隨
장자는 통달했다 일컬어지는데	莊生稱曠達
그래도 동이 두드리며 말했네[389]	猶有叩盆辭
훌륭한 아들이 나의 사위 되어[390]	令子爲吾壻
규방의 예의 이미 충분히 들었네	閨儀聞已饜

387 판서……만사 : 이 시는 1684년(숙종10) 11월 15일 세상을 떠난 이숙(李䎘)의 부인 나주 박씨(羅州朴氏, 1627~1684)를 애도하는 만사이다. 《陶菴集 卷47 祖考右議政府君家狀》

388 어진……힘입었네 : 어진 아비는 나주 박씨의 부친 박호(朴濠)를 말하고 이름난 재상은 남편 이숙을 말한다.

389 그래도……말했네 : 장자(莊子)가 아내의 상을 당하여 동이를 두드리며 노래한 고사를 인용한 것으로, 아내의 죽음을 슬퍼한다는 말이다. 《莊子 至樂》

390 훌륭한……되어 : 이숙과 나주 박씨의 아들 이만창(李晩昌)은 민유중의 딸과 혼인하였다.

겨우 옥수를 묻자마자[391] 纔驚埋玉樹
어찌 갑자기 먼지 덮인 화장대에 눈물 흘리나 何遽泣塵奩
지극한 통한이 지하에 맺혔으니 至痛重泉結
남은 복은 한 덩이 고기에서 점치네[392] 餘休一塊占
과부 된 딸이 통곡하는 곳에서 孀兒號擗處
슬픈 눈물을 금할 수 없네 哀淚不禁霑

391 겨우 옥수를 묻자마자 : 옥수는 183쪽 주303 참조. 여기서는 이만창이 1684년 7월 17일 세상을 떠난 일을 말한다. 《陶菴集 卷46 先考墓誌》

392 한 덩이 고기 : 외아들을 말한다. 송나라 마지막 황제 조병(趙昺)이 바다에 투신하여 죽자 황제의 모친 양 태후(楊太后)가 "내가 죽음을 참고 오늘까지 어렵게 버틴 것은 조씨의 한 덩이 고기를 위해서였는데, 이제는 가망이 없다."라고 하고 자결한 고사에서 나온 말이다. 《宋史 卷47 瀛國公紀》 여기서는 이숙의 유일한 손자 이재(李縡)를 말하는 것으로 보인다.

참판 안진에 대한 만사[393]

安參判縝挽

지위는 승정원의 장관이요 나이도 많았으니	位長銀臺齒亦高
세 조정의 고아한 명망이 동년배를 압도하였네	三朝雅望壓流曹
일편단심으로 매번 특별한 은혜 입어 감동하였고	寸心每感恩私被
밤낮으로 수고하다 끝내 병에 걸렸네	一疾終緣夙夜勞
옥수와 연주[394]는 모두 아름답다 일컬어지고	謝樹珠聯稱並美
연평진의 검이 뛰어올라 서로 만났네[395]	延津劍躍會相遭
새 무덤은 감당나무 그늘 아래 잡았으니[396]	新阡卜在棠陰下
곳곳에서 통곡하는 남녀를 보겠네	處處行看士女號

393 참판……만사 : 이 시는 1685년(숙종11) 1월 19일 세상을 떠난 안진(安縝, 1617~1685)을 애도하는 만사이다. 《陶谷集 卷14 禮曹參判安公墓碣銘》

394 옥수(玉樹)와 연주(聯珠) : 183쪽 주303 참조.

395 연평진의……만났네 : 110쪽 주143 참조. 여기서는 전부인(前夫人) 전주 이씨(全州李氏)와 후부인(後夫人) 안동 권씨(安東權氏)를 합장한 일을 말한다.

396 새……잡았으니 : 감당나무는 132쪽 주187 참조. 안진의 묘소는 원주(原州) 운곡리(雲谷里)에 있는데, 원주를 다스렸다고 한 이유는 미상이다.

첨정 이진에 대한 만사

李僉正晉挽

효성스러운 가풍에 일찍 감복하여	早服家風百行源
종유하며 법도가 남아 있어 기뻐하였네	從遊猶喜典刑存
가난하여 네 벽만 남았으니 선조의 덕 알겠고	貧餘四壁徵先德
영광스럽게 두 부절 찼으니 성은을 입었네	榮佩二符荷主恩
칠순은 드물다 하는데 한 살 더하였고	七袠稱稀添一歲
아들들 모두 빼어나고 손자도 많네	諸郎並秀更多孫
평생 교분 맺으며 공처럼 늙었으니	平生契誼如公老
-1자 빠짐- 침문에서 통곡하며[397] 눈물 금하기 어렵네	▣淚難禁哭寢門

397 침문에서 통곡하며 : 127쪽 주179 참조.

동지 이복일에 대한 만사[398]

李同知復一挽

갑자년이 다시 돌아와 만수무강 기원하니[399]	甲子重回萬壽春
팔순 맞은 사람에게 은혜가 두루 미쳤네	恩波遍及八旬人
공이 동지에 올라 남다른 은혜 넉넉하고	公陞貳秩紆殊典
천고에 드문 일이라 관원들 놀라네	事曠千秋聳薦紳
검이 연평진에서 합칠 날 있어[400]	劍合延津還有日
갑자기 이날 남극성이 가라앉았네[401]	星沈南極遽玆辰
그저 지하에서 남은 한을 머금으리니	秖應泉下齎餘恨
대궐 문에서 새로운 은명에 사은하지 못해서라네	未謝君門寵命新

398 동지……만사 : 이 시는 1684년 12월 24일 세상을 떠난 이복일(李復一, 1603~1684)을 애도하는 만사이다. 《宋子大全 卷186 僉樞李公墓誌》

399 갑자년이……기원하니 : 1684년(숙종10) 갑자년이 장렬왕후(莊烈王后)의 회갑이 되는 해이기 때문에 이렇게 말한 것이다.

400 검이……있어 : 110쪽 주143 참조.

401 갑자기……가라앉았네 : 191쪽 주329 참조.

완남 이 상국의 천장에 대한 만사[402]

完南李相國遷葬挽

한번 조정을 하직하고 기미성을 타니[403]	一辭廊廟上騎箕
백성은 그리워하고 선비는 의지할 곳 잃었네	民有餘思士失依
능연각의 풍성한 공로는 그림으로 남아 있고[404]	煙閣豐功圖畫在
이조의 높은 명망은 법도가 남아 있네[405]	天曹峻望典刑遺
무덤은 풍수서[406]의 길지에 더욱 걸맞고	佳城更叶青烏卜
옛 성곽에 돌아오는 흰 학을 다시 보았네[407]	古廓重看白鶴歸
한스럽구나 강 너머에서 상엿줄 잡지 못해	堪恨隔江違執紼
당시 입었던 깊은 지우 끝내 저버렸네	竟孤當日荷深知

402 완남……만사 : 이 시는 이후원(李厚源, 1598~1660)의 묘소를 이장할 때 지은 것이다. 이후원의 묘소는 본디 금천(衿川) 호봉곡(虎鳳谷)에 있었으나 1685년 4월 광주(廣州) 세촌(細村)으로 이장하였다.《文谷集 卷19 右議政完南府院君李公墓誌銘》

403 기미성을 타니 : 103쪽 주126 참조.

404 능연각의……있고 : 능연각은 당 태종(唐太宗)이 세운 공신각으로, 여기서는 이후원이 정사공신(靖社功臣)이므로 이렇게 말한 것이다.

405 이조의……있네 : 이후원이 이조 판서를 역임하였으므로 이렇게 말한 것이다.

406 풍수서 : 원문은 '靑鳥'인데 문맥을 고려하여 '鳥'를 '烏'로 바로잡아 번역하였다.

407 옛……보았네 : 187쪽 주314 참조.

청성 김 상국의 천장에 대한 만사[408]

清城金相國遷葬挽

한강 동쪽에 은혜로운 무덤 하사하여	佳城恩錫漢之東
두 대가 함께 의관을 이장하였네	移奉衣冠兩世同
귀신이 이치가 끝내 사람의 일을 따라 부합하고	神理竟從人事合
성상의 마음은 뒤늦게 효성에 감동하였네[409]	睿情追感孝思通
혼령은 지하에서 일으키기 어려우나	精靈難作泉臺下
모습은 그림 속에 길이 남아 있네	形像長留繪畫中
서글프다 기미성 타고 간 지[410] 한 해가 지나	惆悵騎箕周一歲
가을 바람 부는 계절 다시 오니 견딜 수 없네	不堪時序又秋風

408 청성……만사 : 이 시는 1685년(숙종11) 김석주(金錫胄)의 묘소를 이장할 때 지은 것이다. 김석주의 묘소는 본디 포천(抱川) 신평리(新坪里)에 있었으나 이해 양근(楊根) 오빈역(娛賓驛)으로 이장하였다. 《瑞石集 卷16 右議政清城府院君金公墓誌銘》 《승정원일기》의 기록으로 보아 8월에 이장한 것으로 보인다. 《承政院日記 肅宗 11年 7月 16日 · 24日》

409 성상의……감동하였네 : 김석주가 숙종의 외종숙이었으므로 이렇게 말한 것으로 보인다.

410 기미성……지 : 103쪽 주126 참조.

은진 현감 최세경의 대부인에 대한 만사[411]

崔恩津世慶大夫人挽

덕은 집안을 화목하게 한다는 시에 걸맞는데[412]	德叶宜家詠
하늘은 어찌 기구한 운명 부여했나	天胡賦命奇
거울 속에 홀로 남은 그림자	鏡中餘隻影
가슴에 품고 고아를 길렀네	懷裏撫孤兒
스승에게 배우던 날 격려하고	勉勵摳衣日
관직에 임명될 때 기뻐하였네	怡愉奉檄時
뒤집힌 동이[413]가 끝내 빛을 보았으니	戴盆終見暴
어찌 의심하고 베틀북 던진 적 있으랴[414]	投杼豈曾疑
자제들은 나란히 무릎을 둘러싸고	繞膝明珠並
낯빛을 살피며 색동옷[415] 입고 따랐네	承顔綵服隨

411 은진……만사 : 《승정원일기》 숙종 9년 12월 26일에 은진 현감 최세경이 모친상을 당했다는 기사가 있으므로 이 시는 1683년에 지은 것이다.

412 집안을……걸맞는데 : 《시경》 〈주남(周南) 도요(桃夭)〉의 "이 아가씨 시집가서 그 집안을 화목하게 하리라.〔桃之夭夭, 有蕡其實. 之子于歸, 宜其家室.〕"라는 구절을 말한다.

413 뒤집힌 동이 : 뒤집힌 동이에 햇볕이 닿지 않는 것처럼 억울한 처지를 아무도 알아주지 않는다는 뜻이다. 《文選 卷41 報任少卿書》

414 어찌……있으랴 : 증삼(曾參)의 모친이 증삼이 사람을 죽였다는 헛소문을 듣고서 베틀북을 던지고 달아난 고사를 인용한 것이다. 《戰國策 秦策》

415 색동옷 : 96쪽 주103 참조.

수레로 모셔 장차 봉양하려는데 板輿將就養
상을 당하여 홀연 슬픔 감도네 欒棘忽纏悲
촌초의 마음[416] 어찌 끝이 있으랴 寸草情何極
두 용이 만날 기약이 있네[417] 雙龍合有期
어진 아드님과 교분이 두터워 賢郎交誼厚
눈물 흘리며 만사를 쓰네 揮淚寫哀詞

416 촌초의 마음 : 109쪽 주138 참조.

417 두……있네 : 110쪽 주143 참조.

배천 군수 이준에게 뒤늦게 부치다[418]

追寄白川李知縣儁

이은[419]은 원래 자취 감추니 吏隱元韜迹
재주 굽히고 오래 숨었네 郎潛久屈才
고을 수령의 깃발 다시 빌렸으니 專城麾更借
백리 고을 다스릴 솜씨 넉넉하네 百里刃猶恢
먹을 것 부족해 백성은 한창 급하니 鮮食民方急
꿩을 돌보는 교화[420]를 서둘러야 하네 雉馴化應催
임금의 은혜에 보답해야 하니 君恩要可報
문서가 쌓였다고 괴로워 말게 休苦簿書堆

대궐에서 처음 수령에 임명될 적에 北闕初分竹
서헌에서 채찍을 주지 못하였네[421] 西軒未贈鞭

418 배천……부치다 : 이 시는 1683년(숙종9) 4월 17일 배천 군수에 임명된 이준에게 보낸 것이다. 《承政院日記 肅宗 9年 4月 17日》

419 이은(吏隱) : 154쪽 주225 참조.

420 꿩을 돌보는 교화 : 선정을 의미한다. 후한(後漢)의 노공(魯恭)이 중모현(仲牟縣)을 잘 다스려 어린아이가 새끼를 거느린 꿩을 잡지 않았다는 고사에서 유래한 말이다. 《後漢書 卷25 魯恭列傳》

421 서헌에서……못하였네 : 서헌은 관청의 서쪽 행랑을 말하는 듯하며, 채찍을 준다는 말은 떠나는 사람에게 시문을 지어준다는 뜻이다. 춘추 시대 진(秦)나라의 요조(繞朝)가 진(晉)나라 사회(士會)와 작별할 때 말채찍을 준 일에서 유래하였다. 《春秋左氏傳 文公13年》

병든 마음은 강가 나무 너머에 있고	病懷江樹隔
큰길은 바다 구름까지 이어졌네	官路海雲連
비록 어진 동료 잃어 한스러우나	縱恨賢僚失
그래도 피폐하던 고을 온전해져 기쁘네	猶欣弊邑全
공무의 여가에 맑은 시 많이 지어	公餘淸製富
부디 역통[422]으로 부쳐 전해주게	須寄驛筒傳

422 역통(驛筒) : 역마를 통해 전달하는 문서를 담는 통이다.

연경에 가는 이부 윤중린을 삼가 전송하며[423]

奉送尹吏部仲麟赴燕之行

〈비풍〉의 작은 솥과 큰 솥 읊은 지 오래인데[424]	久矣釜鬵詠匪風
사신 행차가 잇달아 진나라[425]로 달려가네	聯翩冠蓋走秦中
매번 이 이별 앞두면 유난히 감개 많으니	每當此別偏多感
오늘 아침 또 공을 전송하는 마음 어찌 견디랴	何耐今朝又送公
지난 자취는 천 년 전 학에서 찾을 테고[426]	往迹應尋千載鶴
돌아올 날은 가을에 기러기 나는 때라네	歸期須趁九秋鴻
무더운 여름날 먼 길 가기 어려우니	炎天畏日難行役
노력하여 밥 잘 먹고 몸보신 잘 하시오	努力嘉粲善保躬

423 연경에……전송하며 : 이 시는 1685년(숙종11) 사은 부사(謝恩副使)로 연경에 가는 윤지선(尹趾善, 1627~1704)을 전송하며 지은 것이다.

424 비풍의……오래인데 : 〈비풍〉은 《시경》 〈회풍(檜風)〉의 편명으로 쇠미한 주(周)나라를 슬퍼하는 시이다. 여기에 "누가 물고기를 삶겠는가. 작은 솥과 큰 솥을 씻어주리라.〔誰能亨魚? 漑之釜鬵.〕"라는 구절이 있다. 망해가는 주나라를 일으킬 사람이 있다면 돕겠다는 뜻이다. 여기서는 멸망한 명나라를 다시 일으키려는 의지를 비유한다.

425 진(秦)나라 : 여기서는 청(淸)나라를 의미한다.

426 지난……테고 : 187쪽 주314 참조.

정승 남구만이 연경에서 돌아오기에 시를 부쳐 행차를 맞이하다[427]

南相國九萬回自燕京 寄詩迎行

예전에 출발하던 날 외람되게도 시를 지어달라는 부탁을 받았으나, 평소시에 어두워 간곡한 말씀을 저버렸기에 작별한 뒤로 서글프고 허전한 마음을 더욱 견딜 수 없었다. 이번에 들으니 사행이 돌아오는데 기거가 편안하시다고 하니, 삼가 율시 한 수를 지어 공적으로나 사적으로나 기쁘고 다행스러운 마음을 담는다.

얼음과 눈 덮인 위험한 연산을 거쳐	氷雪燕山歷險危
봄바람 부는 압록강으로 무사히 돌아오네	春風鴨水好來歸
그저 충성과 신의로 풍속 다른 곳에 갔으니[428]	唯將忠信行殊俗
옛날과 달라진 의관을 차마 보았으랴	忍見衣冠異昔時
꽃과 버들은 앞길에서 맞이하기 참으로 좋고	花柳正堪前路迓
꿈은 먼저 대궐 향해 날아가네	夢魂先向北宸飛
가벼운 병 있어도 그래도 건강하여 기쁘니	微痾有喜身猶健
응당 천지신명의 보호에 힘입었으리라	應賴神明善護持

427 정승……맞이하다. 이 시는 1685년(숙종11) 사은 정사(謝恩正使)로 연경에서 돌아오는 남구만을 위해 지은 것이다. 남구만은 이해 4월 복명하였다.

428 그저……갔으니 : 《논어》 〈위령공(衛靈公)〉의 "말이 충성스럽고 신의 있으며 행동이 독실하고 공경스러우면 오랑캐 나라에서도 행할 수 있다."라는 말을 인용한 것이다.

판서 신인백의 시에 차운하다[429]

次申尙書寅伯韻

우활하고 어리석은 이 아끼는 그대 아량 훌륭하니　多君雅度愛迂愚
술동이 앞에서 함께 취해 소리쳐도 싫어하지 않네　不厭尊前共醉呼
문단의 높은 명성 누가 나란할 수 있으랴　藝苑高名誰與並
죽림칠현과 호탕한 기습이 다르지 않으리　竹林豪習未應殊
거울에 비친 백발은 공연히 늙기를 재촉하고　靑銅照白空催老
금정의 환단[430]은 부질없이 나를 저버렸네　金鼎還丹謾負吾
흥이 나니 봄날 저문다고 시름하지 마시오　乘興莫愁春日暮
좋은 밤 촛불 잡는 것도 마땅하다네　良宵秉燭亦宜乎

429 판서……차운하다 : 이 시는 신정(申晸)의 《분애유고(汾厓遺稿)》 권7에 실려 있는 〈향산의 시에 차운하다〔次香山韻〕〉에 차운한 것이다. 인백은 신정의 자이다.

430 금정(金鼎)과 환단(還丹) : 금정은 단약을 만드는 솥이며 환단은 장생불사약이다.

제목 없음
失題

벼슬아치들이 좋은 모임 열었는데　　簪盍成良會
술병 마르자 즉시 일어나 돌아오네　　壺乾卽起還
풍류는 누구와 비슷한가　　風流誰得似
팔선[431] 중에 있어야 마땅하리　　應在八仙家

원운[432] 原韻
비녀장 빼어[433] 붙잡고 오랫동안 마시다가　　投轄留連飮
아픈 머리 붙들고 밤늦게 돌아오네　　扶頭冒夜還
차공은 참으로 우스우니　　次公眞可笑
취하나 깨나 마찬가지 신세라네[434]　　身世醉醒間

431 팔선(八仙) : 두보가 술을 잘 마시는 사람을 노래한 〈음중팔선가(飮中八仙歌)〉에 등장하는 하지장(賀知章), 이진(李璡), 이적지(李適之), 최종지(崔宗之), 소진(蘇晉), 이백(李白), 장욱(張旭), 초수(焦遂)를 말한다.

432 원운 : 이 시는 신정(申晸)의 《분애유고(汾厓遺稿)》 권7에 〈밤에 여양부원군의 집에서 술을 마시며 연구를 짓고 그 운에 차운하다〔夜飮驪陽第聯句仍次其韻〕〉라는 제목으로 실려 있다.

433 비녀장 빼어 : 비녀장은 수레바퀴가 빠지지 않게 고정하는 도구이다. 한(漢)나라 진준(陳遵)이 술을 좋아하여 손님이 찾아오면 비녀장을 우물에 던져 가지 못하게 하였다. 《漢書 卷92 遊俠傳 陳遵》

434 차공은……신세라네 : 차공은 한(漢)나라 갑관요(蓋寬饒)이다. 그가 연회에 참석하여 주사가 있다며 술을 거절하자, 승상 위후(魏侯)가 말하기를 "차공은 술을 마시지 않아도 미치광이이니, 하필 술을 마셔야만 미치겠는가." 하였다. 《漢書 卷77 蓋寬饒傳》

청풍 김수증의 아내에 대한 만사[435]
金淸風壽增內挽

현명한 법도 부드럽고 아름다워 여사로 추중받으니 哲範柔徽女士推
덕 있는 집안에 시집감이 참으로 마땅하였네 于歸正與德門宜
일찍이 석실 선생의 사랑을 받았고[436] 曾蒙石室先生眷
몇 번이나 부절 받은 태수의 다스림 도왔네[437] 幾贊銅符太守治
갑자가 갈대의 율관에 다시 돌아오고[438] 甲子再回葭上律
아드님은 새로 달 속 계수나무의 가지를 꺾었네[439] 兒郎新折月中枝
인간 세상 두터운 복 참으로 유감 없는데 人間厚福眞無憾

435 청풍……만사 : 이 시는 1687년(숙종13) 2월 13일 세상을 떠난 김수증(金壽增)의 아내 창녕 조씨(昌寧曺氏, 1627~1687)를 애도하는 만사이다. 《谷雲集 卷6 亡室淑人曺氏行狀》

436 일찍이……받았고 : 석실 선생은 김상헌(金尙憲)이다. 창녕 조씨가 김상헌의 손자며느리이므로 이렇게 말한 것이다.

437 몇……도왔네 : 남편 김수증이 석성(石城), 평강(平康), 안악(安岳), 성천(成川), 회양(淮陽), 청풍(淸風) 등의 수령을 지낸 일을 말한다.

438 갑자가……돌아오고 : 창녕 조씨가 회갑을 맞이했다는 뜻으로, 갈대의 재를 12율(律)에 해당하는 관(管)에 넣고 날리는 것을 보고 절기를 알 수 있다는 설에서 나온 말이다.

439 아드님은……꺾었네 : 계수나무의 가지를 꺾었다는 것은 과거 합격을 의미한다. 진(晉)나라 극선(郤詵)이 현량 대책(賢良對策)에 장원을 차지하고 "계수나무 숲의 가지 하나요, 곤륜산의 옥돌 한 조각이다.〔桂林之一枝, 崑山之片玉〕"라고 말한 데서 유래한다. 《晉書 卷52 郤詵列傳》 여기서는 김수증의 아들 김창직(金昌直)이 1686년(숙종12) 문과에 급제한 일을 말한다.

백발로 동이 두드리며[440] 노래하니 여전히 슬프네　白首盆歌尚可悲

440 백발로……노래하니 : 212쪽 주389 참조.

참의 정면에 대한 만사[441]

鄭參議勔挽

태평성대 만나 벼슬길에 올라서는	發軔雲衢聖世遭
누차 고을 맡아 다스린 공로 드러났네	屢分銅竹著治勞
해치관 쓰고 사헌부에 오르니 일찍이 기뻤고	豸冠曾喜登烏府
당상관 관복 입고 병조 참의 오른 모습 보았네	緋服仍看佐馬曹
경사는 아들들에게 퍼져 응당 징험될 것이요	慶衍諸郎宜有驗
나이는 팔순에 가까워 몹시 많다 일컬어졌네	年垂八袠最稱高
옛 우의 추억하니 유난히 감개가 많아	追惟舊誼偏多感
병든 나는 하염없이 눈물로 도포를 적시네	病淚無從自濕袍

441 참의……만사 : 이 시는 1687년(숙종13) 세상을 떠난 정면(鄭勔, 1614~1687)을 애도하는 만사이다.

옥천 군수 송규연에 대한 만사[442]

宋沃川奎淵挽

쌍청당[443]이 남긴 단서가 어진 손자에게 이어져	雙淸遺緖屬賢孫
당상관의 관복과 수령의 도장으로 성은을 입었네	緋服銅章荷聖恩
무릎을 둘러싼 아이는 난새와 고니처럼 우뚝하고	繞膝兒如鸞鵠峙
형제와 한 이불 덮는 즐거움은 영원[444]에 있네	同衾樂在鶺鴒原
늘 가난하였으나 평소의 지조 바꾸지 않았고	長貧不改平生操
병이 많아 하늘이 끝내 칠순의 나이 아꼈네	多病終慳七袠尊
한번 이별하자 갑자기 영결이 되어	一別遽然成永訣
먼 곳에서 글을 지어 보내니 갑절로 마음 상하네	緘辭千里倍傷魂

442 옥천……만사 : 이 시는 1685년(숙종11) 7월 4일 세상을 떠난 송규연(宋奎淵, 1620~1685)을 애도하는 만사이다. 송규연은 옥천 군수(沃川郡守)를 역임하였다. 《霽月堂集 卷6 伯氏延安府使府君墓誌》

443 쌍청당(雙淸堂) : 송규연의 선조 송유(宋愉, 1388~1446)의 호이다.

444 영원(鶺原) : 100쪽 주111 참조.

도정 이핵에 대한 만사[445]

李都正翮挽

집안 가르침은 모두 효도를 높였고	庭訓咸推百行源
한 시대의 향기로운 절의가 영원에 모였네[446]	一時芳烈萃鴿原
본디 명옹[447]의 붓이 있어 널리 알렸고	揄揚自有溟翁筆
일찍이 성군의 은혜 입어 정려문 세웠네	棹楔曾蒙聖主恩
만년의 영예로운 높은 관직 모두 부러워했고	晚歲緋貂榮共艷
상에 이어진 관복과 홀[448] 명망 모두 높았네	聯床袍笏望俱尊
안타깝다 어느새 지난 자취 되었으니	堪嗟俛仰成陳迹
후한 덕과 풍성한 모습 또 누가 남아 있나	厚德厖姿更孰存

445 도정……만사 : 이 시는 1686년(숙종12) 12월 14일 세상을 떠난 이핵(李翮, 1610~1686)을 애도하는 만사이다. 《陶菴集 卷40 從祖都正府君墓表》

446 한……모였네 : 100쪽 주111 참조. 이핵과 아우 이흡(李翖)은 병자호란 때 모친 파평 윤씨(坡平尹氏)를 보호한 일로 정려를 받았다. 《陶菴集 卷40 從祖都正府君墓表》

447 명옹(溟翁) : 이핵의 묘도문자를 지은 인물의 호로 보이는데 미상이다.

448 상에……홀 : 형제가 모두 관원이라는 뜻이다. 당(唐)나라 최신경(崔神慶)의 아들 최림(崔琳), 최규(崔珪), 최요(崔瑤)가 모두 높은 관직에 올랐으므로 집에서 잔치를 열면 상 위에 홀을 포개 올렸다는 고사에서 유래한 말이다. 《舊唐書 卷77 崔義玄列傳》

광성부원군에 대한 만사[449]

光城府院君挽

문무의 재주 모두 갖추어 명망과 실상이 높았고	文武才全望實隆
세 조정에서 받은 은혜는 여러 공의 으뜸이었네	三朝恩渥冠群公
충성은 위태롭고 의심스러울 때 더욱 드러났고	精忠益著危疑際
모습은 길이 그림 속에 남아 있네[450]	形像長留繪畫中
가득참을 경계하는 마음 간절하여 평소 겸손하였고	心切戒盈謙有素
나라 걱정에 병이 들어 약이 효험 없었네	病緣憂國藥無功
누가 알리오 친구가 흘리는 한 움큼 눈물	誰知一掬親朋淚
모두 나라를 위해 국궁진췌한 슬픔 때문이라네	摠爲邦家殄瘁恫
상에 가득한 조복과 홀은 모두 영재이니[451]	盈床袍笏盡英才
아가위꽃 나란히 빛나 홰나무에 어리비치네[452]	棣萼聯輝映植槐

449 광성부원군에 대한 만사 : 이 시는 1687년(숙종13) 3월 15일 세상을 떠난 김만기(金萬基, 1633~1687)를 애도하는 만사이다. 《瑞石集 卷18 先考……府君家狀》

450 모습은……있네 : 공신의 자리에 올라 초상화가 그려졌다는 뜻이다. 김만기가 1680년(숙종6) 보사공신(保社功臣) 1등에 녹훈된 일을 말한다.

451 상에 가득한 조복과 홀 : 231쪽 주448 참조. 여기서는 김만기가 아우 김만중(金萬重)과 함께 높은 관직에 올랐다는 뜻으로 쓰인 듯하다.

452 아가위꽃……어리비치네 : 아가위꽃은 《시경》 〈소아(小雅) 상체(常棣)〉에서 유래한 말로 본디 형제간의 우애를 뜻하는데, 여기서는 형제를 말한다. 홰나무는 송(宋)나라 왕우(王祐)가 집에 홰나무 세 그루를 심고 후손 중에 재상이 나올 것이라고 기대했다는 고사에서 유래한 말로, 여기서는 유서 깊은 명문가를 뜻한다. 《宋史 卷282 王旦傳》

순수한 복은 지금 사람 중에 비할 이 드물고	純福卽今人鮮比
성대한 명성은 예로부터 귀신이 자주 시기하였지	盛名從古鬼多猜
백옥루 완성되자 늙은 어머니 봐주지 않고	樓成不貸阿孾老
하늘이 빼앗아가니 그저 성상의 슬픔만 깊었네[453]	天奪徒深聖主哀
평소 충성하고 효도하려던 생각 영원히 저버렸으니	永負平生忠孝念
지하에서도 원한이 맺혔으리라	也應冤恨結泉臺

453 백옥루……깊었네 : 171쪽 주270 참조.

잡저 雜著

부로에게 알리는 글

諭父老文

이른바 백성을 가르친다는 말은 다른 일을 가르치는 것이 아니라 인륜을 가르치는 것이다. 이른바 인륜이란 부자, 군신, 부부, 장유, 붕우 다섯 가지 뿐이다. 백성은 누구나 선한 본성을 타고났으며 누구나 다섯 가지 인륜을 지니고 있다. 단지 밝히지 못하고 실천하지 못하여 걱정일 뿐이다. 만약 고을을 다스리는 수령과 향촌의 어른이 백성을 가르치는 조정의 법을 따라서 그들이 본디 가지고 있는 성품을 바탕으로 개발하고 인도하면 백성은 패악한 행실이 없고 풍습은 누추하지 않아 금수가 되는 결과를 면할 수 있을 것이다. 부디 부로들은 힘쓰기 바란다.

사대부 집안의 자제는 비록 어린 나이라도 반드시 어버이를 섬기고 어른을 공경하는 예절을 가르쳐야 한다. 또 문자를 가르쳐 그들이 일삼을 바가 독서와 수행뿐이라는 사실을 알게 해야 하며, 아는 것도 없고 행실도 없어 금수에 가까워지게 해서는 안 된다. 만약 죽을 때까지 한 가지 선행도 하지 않는다면 이것은 부형이 가르치지 않은 잘못이다. 두려워하지 않을 수 있겠는가.

서민 집안의 자녀에게는 예절을 가르쳐 역시 어려서부터 부모를 공경하고 사랑해야 하며, 어른을 순종하고 섬겨야 한다는 사실을 알게 해야 한다. 만약 아는 것도 없고 예의도 없어 본성을 잃는다면, 이것은 향촌의 어른이 인도하지 않은 잘못이니, 힘써야 한다. 향촌에서 만약 효성을 다해 어버이를 섬기는 사람, 부녀자로서 절행이 특별히 남다른 자, 형제와 우애하는 사람, 선을 즐기고 의를 좋아하여 뜻과 행실이 범상치 않은 사람이 있으면 사대부와 평민을 막론하고 향장(鄕長)이 관청에 알려 그 행실을 표창한다. 또 백성 중에 농업에 힘을 다하고 부모형제를 잘 봉양하는 사람이 있으면 역시 관청에 알려야 한다. 남다른 행실이 있는 자는 모두 향촌의 어른이 예모를 갖추고 우대하여 백성이 보고 감동하여 일어나게 해야 한다.

만약 불효한 자식, 순종하지 않는 아우, 남편이 되어 이유 없이 아내를 내쫓은 자, 아내가 되어 남편을 배신하여 버린 자, 젊은이로서 어른을 능멸한 자, 아랫사람으로서 윗사람을 능멸한 자, 그밖의 악행과 음행을 저지른 자는 향장이 관아에 알려 그 죄를 다스려 악을 징계하고 선으로 옮겨가게 한다. 여러 어른들도 항상 타일러 향촌에서 죄를 짓지 않게 한다.

홀아비, 과부, 고아, 홀로 된 노인처럼 고할 데 없는 곤궁한 백성은 향장이 관아에 알려 굶주리고 추위에 떠는 그들을 구휼한다. 이웃에서도 항상 보호하여 죽지 않게 한다.

사족의 자제로서 글공부도 하지 않고 무예도 익히지 않으며 일 없이 한가로이 놀면서 단지 잡기와 해학으로 세월을 보내는 자가 있으면 향장이 관아에 알려 그 방종하고 나태한 버릇을 다스린 뒤 문자를 가르칠 수 있으면 향교에 적을 두고, 글을 가르칠 수 없으면 무예를 익히게 하니, 전혀 하는 일이 없어 소속이 없어서는 안 된다.

백성이 농업을 게을리 팽개친 채 놀고 먹는 자는 돌아가 농사짓게 하며, 듣지 않으면 관아에 고하여 논죄한다.

향리에서 독서하고 유식한 사람을 각기 골라 스승으로 추대하여 가르칠 만한 자제로 하여금 반드시 그에게 배우게 한다.

풍헌과 유사는 이를 따라 거행하되, 그 임무를 게을리 팽개치고 끝내 성과가 없는 자는 관가에서 불러다 책벌한다.

고쳐야 하는 백성의 폐단과 전달해야 하는 백성의 실정은 풍헌이 관가에 와서 고하고 상의하여 변통하는 것이 마땅하다.

관가의 명령은 풍헌이 받아서 약정(約正)과 권농관(勸農官)으로 하여금 민간에 전달하게 한다. 간혹 일의 대소경중을 보아 직접 대면하여 타이르는 것이 마땅하다.

사람의 처사가 다 좋을 수는 없으나 나는 어리석으니 비록 힘쓰고자 하더라도 관청의 책무를 시행하는 사이에 어찌 백성의 뜻에 부합하겠는가. 과실 및 다른 잘못된 정사가 있으면 부디 향장들은 듣는대로 자세히 말하여 경계할 바탕으로 삼도록 하라.

경내의 가난한 백성 중에는 자식을 낳고도 기르지 못하여 길에 버리는 자까지 있다고 한다. 이 일을 들으니 놀라고 불쌍하여 마음이 편치 않다. 저들이 어찌 자애가 부족하여 그런 것이겠는가. 참으로 굶주림과 추위에 쫓겨 기를 수가 없기 때문이다. 그러나 사람의 이치가 이처럼 심하게 끊어졌으니, 참으로 애통하다. 만약 법을 만들어 금지하면 어리석은 백성은 관청의 명령이 두려워 발각되지 않고자 반드시 도랑과 골짜기에 몰래 버려서 끝내 다른 사람이 거두지 못할 것이니, 이 또한 염려하지 않을 수 없다. 지금 향장들은 민간에 효유하여 만약 가난한 집에서 자식을 낳았는데 기르기 어려운 경우, 각기 그 자식을 안고 관청에 와서 고하면 관가에서는 민간에서 기르기 원하는 사람을 찾아 도장을 찍고 문서를 만들어 자식으로 삼도록 허락할 것이다. 또 한 마을에 같이 사는 사람이 사적으로 그 부모의 허락을 얻고 데려다 기르기를 원하는 자가 있으면 관가에서 역시 곧장 문서를 만들어 주며 허락할 것이다. 자식을 낳고 관청에 고하여 남에게 주려는 사람과 다른 사람이 버린 자식을 기르려는 백성은 관청에서 음식물을 지급하여 상을 내려서 부모는 자애로운 은혜를 잃지 않게 하고, 어린아이 역시 일찍 죽지 않게 할 것이다. 풍헌과 고을 관리는 이대로 따라 시행하되, 버려진 아이를 많이 구하여 살린 자는 포상하고, 수가 적은 자는 논죄할 것이다.

추고 함사
推考緘辭

종사관의 직임에 차임된 지 지금 이미 두 해가 지났는데, 어찌 하루라도 회피하기를 도모할 리가 있겠습니까. 대략 여름 무렵에 목에 종기가 났는데 백방으로 치료하여 겨우 조금 나았으나 병 때문에 파직된 뒤로 특별히 종사관이라는 이유로 그대로 군직을 맡았습니다. 그러나 외람되게 녹봉을 훔치는 것은 분의에 있어서 몹시 온당치 않으므로 예전에 이러한 뜻으로 사적으로 수어사에게 말하고 정장(呈狀)하여 체직을 청하였더니 제사(題辭)를 써서 들어주지 않았습니다.

날씨가 싸늘해진 뒤로는 조금이라도 바람을 쐬면 앓던 병이 곧바로 다시 발작하여 조섭하기가 지극히 어려웠습니다. 또 사적인 계획이 절박하여 고향으로 내려가 겨울을 나고자 수어사를 찾아가 다시 면전에서 아뢰었습니다.

마침 맡고 있던 군직에서 추감(推勘)을 받고 해임되었는데, 도로 부직되기 전에는 실로 구애될 일이 없으니, 비록 휴가를 받지 않아도 다녀올 수 있습니다. 만약 계청하여 도로 부직하는 일이 있으면 자연히 올라올 것이니, 다시 병세를 보아 진퇴를 결정하고자 하였습니다. 그러나 출발하기 전에 그래도 반드시 얼굴을 보고 사직하고 떠나고자 누차 기다렸으나 끝내 만나지 못하였습니다. 출발하는 날 아침에 다시 수어사의 집에 갔더니, 마침 비변사의 좌기(坐起)에 나아갔습니다. 그러므로 부득이하여 강가로 나가서 또 편지 한 통을 써서 이러한 뜻을 알렸습니다. 그 사이의 곡절은 이와 같은 데 불과한데, 회피하려고 도모한다고 하면 애당초 본뜻이 아닙니다. 이는 모두 우활하고 어리석어 군문의 체모를 알지 못한 소치입니다. 황공하다는 것 외에는 아뢸 말을 모르겠습니다.

추고 함사
推考緘辭

당직은 저지른 죄가 몹시 무거워 형벌을 받아야 합당하나, 성상께서 관대한 도량으로 벌을 내리지 않으셨습니다. 누차 위태롭고 다급한 사정을 간절히 아뢰었으나 번번이 온화한 비답을 받았고, 심지어 별유를 내려 올라와 직임을 살피게 하셨으니, 천지가 낳아주고 길러주는 덕처럼 지극히 높고 지극히 두터워 감동하며 눈물을 흘리며 죽을 곳을 모르겠습니다. 분의에 있어서는 명을 듣고 달려가기에 겨를이 없어야 마땅합니다.

다만 그간 상소로 죄를 따지며 공격한 자가 이미 한둘이 아니었고, 논의가 날마다 격렬해져 갈수록 더욱 엄준합니다. 죄를 지은 자취로는 수치를 참고 얼굴을 들고 당돌하게 함부로 나아가고자 하더라도 감히 할 수 없습니다. 두려워하고 머뭇거리면서 누차 은명을 어긴 것은 실로 만분 위축되고 다급한 정세 때문입니다. 어찌 터럭만큼이라도 편의를 도모하여 스스로 명을 어기는 죄를 저지르겠습니까.

엄한 전지로 내리신 견책이 갑자기 본래의 사정에 맞지 않게 나왔는데, 받들어 읽으니 두려워 마음과 몸이 모두 떨려서 곧장 땅을 뚫고 들어가고 싶지만 되지 않습니다. 이러한 죄명을 지녔으니 만 번 죽어도 오히려 가볍습니다. 전지 안의 사연에 대해 황공한 마음으로 지만(遲晩)합니다.

족보를 수정할 때 종인들에게 보낸 통문

族譜修正時諸宗人處通文

우리 종친의 옛 족보는 몹시 소략하여 중간에 빠진 곳이 많습니다. 또 간행한 지 이미 오래되어 지금의 지손(支孫)은 모두 기록되지 못하였습니다. 만약 다시 세대가 점차 멀어져 이어지지 못하면, 후세 사람이 그 유래를 알고자 해도 고증할 길이 없습니다. 나는 이를 몹시 두려워하여 이번에 족보를 다시 만들어 여러 지파를 모두 상세하게 밝히고자 합니다. 그러나 사는 곳이 멀어 견문이 미치지 못하기에 감히 이렇게 통문을 내어 알리니, 여러분은 위로 선대의 계보에서부터 아래로 자손에 이르기까지 세대마다 자세히 기록해 주십시오. 친손은 어린이와 서출을 막론하고 일일이 열거하여 기록하며, 외손은 남녀를 막론하고 증손까지 한정하겠습니다. 각 대의 자급과 직명, 배위가 아무 고을 아무 성 아무개의 딸이라는 사실, 묘소가 있는 지명은 모두 옛 족보에 미비한 것이므로 역시 모두 기록하여 보내주는 것이 어떠합니까. 삼가 아룁니다.

또 아룁니다. 본파(本派) 외에 방친(旁親)의 자손도 견문이 미치는대로 역시 함께 기록하고, 이웃 고을에 만약 동성친(同姓親)이 있으면 역시 이 글을 전해주어 각기 스스로 써서 보내도록 해 주는 것이 어떻겠습니까.

족보 범례

族譜凡例

우리 민씨는 고려조에 처음으로 현달하여 세상의 이름난 종족이 되었다. 그러나 족보의 전래는 멀어서 징험할 수가 없다. 국초에 이르러 원경왕후(元敬王后)[454]의 본계(本系)라는 이유로 족보를 편찬하라고 명하여 하나는 대내에 들이고 하나는 돈녕부에 보관하였다.

성화(成化) 13년 정유(1477, 성종8), 또 장순왕후(章順王后)와 공혜왕후(恭惠王后)의 외가[455]라는 이유로 8촌 친척에 한하여 족보를 만들어 바치라고 명하고, 예조와 돈녕부에 나누어 보관하였다. 14년 무술(1488), 종인 교리 민규(閔奎) 씨가 족보의 서문을 짓고, 그 뒤 사간 민정명(閔定命) 씨가 족보 십여 권을 편찬하였으나 지금은 모두 민멸되어 전하지 않는다. 아, 상하 2백여 년 동안 누차 병란을 겪어 왕실에 보관한 것조차 온전하지 못하였거늘, 하물며 사가(私家)에서 편수한 것은 어떻겠는가. 애석할 뿐이다.

옛적 천계(天啓) 임술년(1622, 광해군14), 여양군(驪陽君) 민인백(閔仁伯) 씨가 견문을 모아 성보(姓譜) 1권으로 만들었다. 다만 그 기록은 소략한 것이 많아서 보는 사람들이 문제로 여겼다. 또 이 족보가 통행한 지 지금 이미 50년이 되었다. 만약 세대마다 증수(增修)하여

454 원경왕후(元敬王后) : 태종(太宗)의 비(妃)로, 민제(閔霽)의 딸이다.

455 장순왕후(章順王后)와 공혜왕후(恭惠王后)의 외가 : 장순왕후는 예종(睿宗)의 비, 공혜왕후는 성종의 비이며, 모두 외조는 민대생(閔大生)이다.

계보를 밝히고 종족을 수습하지 않는다면, 장차 골육의 질서가 없고 사람들은 유래를 모르게 될 것이다. 이것이 두려워 간혹 원근의 종파를 수록하고 제가의 보첩과 기록을 두루 참고하여 틀린 것을 바로잡고 빠진 것을 보충하여 온전한 족보를 완성하였다. 외손 역시 증손에 한하여 모두 수록하였으며, 종인(宗人)으로서 세계(世系)를 잃어 위로 시조와 연결되지 못하는 자는 별보(別譜)에 기록하였다. 서례(序例) 1편, 정보(正譜) 6편, 별보(別譜) 1편으로 도합 8편이다. 을사년(1665, 현종6)에 착수하여 7년 뒤 신해년(1671) 비로소 간행하였다.

지금 여기 수집한 것이 비록 정밀하고 자세하여 오류가 없다고 감히 말할 수는 없으나 옛 족보에 비하면 제법 더 상세하다. 이어서 만드는 자가 이를 취하여 증보한다면 역시 영구히 전하는 계획이 될 것이다.

점치는 글

筮辭

유세차 을축년(1685, 숙종11) 5월 22일 신사일, 아무 관직 민유중은 감히 천지신명께 밝게 고합니다. 삼가 아뢰건대, 선고(先考) 관찰사 증 영의정 부군과 선비(先妣) 증 정경부인 연안 이씨(延安李氏)를 이 땅에 장사지낸 지 지금 27년이 되었습니다. 비록 그 사이에 누차 상을 당하였으나 땅의 이치는 현묘하고 은미하며 화복은 일정하지 않기에 감히 이것을 가지고 곧장 의구심을 품지는 않았습니다.

근래 술사 중에 산세와 혈도(穴道)에 모두 문제가 있다고 하는 사람이 많아 체백(體魄)이 행여 불안할까 두려웠습니다. 또 땅이 궁벽한 곳에 있어 마을과 멀리 떨어져 있으니, 세대가 점차 멀어지면 경건히 지키지 못하여 행여 그 처소를 잃을까 걱정되어 지금 다른 곳으로 천장(遷葬)하여 오래가기를 도모하고자 합니다. 만약 신도(神道)가 아직 고요하여 이장하는 것이 마땅치 않다면 어찌 감히 갑자기 함부로 계획을 세워 선조의 신령을 놀라게 하여 산 사람과 죽은 사람에게 후회를 남기겠습니까. 이 일은 몹시 중요하여 감히 억측으로 결정할 수 없으니, 삼가 의심스러운 바를 가지고 점을 쳐서 묻습니다. 삼가 바라건대, 천지신명께서는 천장하는 것이 온당한지 여부를 헤아려 길흉과 득실을 분명히 보여주소서.

교서 教書

경상 감사 이상진에게 내리는 교서[456]

教慶尙監司李尙眞書

왕은 다음과 같이 말한다.

고향에서 병조리하느라 오랫동안 여론이 답답하게 여겼는데, 부절을 들고 큰 고을로 나가 번방(藩邦)에서 공로를 이루게 한다. 비록 혼자 고생하는 처지를 유념하지만 뭇사람의 천거를 저버리기 어렵다.

경은 식견과 도량이 깊고 의지와 기운이 굳세다. 조정에서는 강개하게 과감히 말하여 사람들이 강직한 지조를 꺼렸고, 몸가짐은 염치와 의리로 가다듬어 세상이 청렴한 이름에 승복하였다. 영고(寧考 효종)께서 분발하여 큰일을 하실 적에 우리 경이 충실하고 꾸밈없다는 것을 알았다. 임금의 귀와 눈이 되는 간관의 책임을 맡기니 간언을 잊지 않았고, 임금의 목구멍과 혀가 되는 승정원에 있을 적에는 항상 많은

456 경상……교서 : 이 글은 1662년(현종3) 12월 20일 경상 감사에 임명된 이상진에게 내린 교서이다. 이상진은 1655년(효종6) 11월 27일 경상 감사에 임명되었으나 12월 18일 부친상을 당하여 체직되었다가 이때 다시 임명되었다.《承政院日記 顯宗 3年 12月 20日, 孝宗 6年 11月 27日, 12月 25日》

도움을 주었다. 국가의 안위에 관계된 일이면 번번이 글을 올렸고, 논의가 정령의 득실에 미치면 반드시 시의적절하였다. 누차 임금의 총애와 표창을 받았고, 재차 어필로 친히 발탁하는 데 응하였다. 2품의 반열에 올랐으니 사람을 알아보는 임금의 안목에 진실로 부응하였고, 예우가 뭇신하와 달랐으니 홀로 불세출의 지우를 입었다.

융숭한 은혜에 보답하지 못하여 성상이 승하하시자 길이 통곡하였으며, 거듭 사적인 상을 당하여 거적을 깔고 흙덩이를 베고 지낸 지 여러 해이다. 충신을 구하려면 반드시 효자 중에서 찾아야 하니 바로 임금을 섬길 날이 한창인 때이며,[457] 선왕을 생각하여 과인을 권면하니 나라에 몸바치는 간절한 뜻을 볼 수 있다. 그러므로 옛신하를 임용한 생각을 유념하여 새로운 다스림을 돕기를 바랐다. 제수하는 글을 누차 내리며 풍채를 떠올리고 자리를 비운 채 기다렸으나 사양하는 말이 잇달아 이르니 오랫동안 숙환을 앓아 근심하였다. 시대가 한창 어려우니 장차 누구와 함께 구제할 것이며, 나랏일을 다하지 못하였으니 어느 겨를에 사적인 편의를 돌아보겠는가. 신하의 절개는 어렵고 쉬운 일을 가리지 않으므로 뛰어난 재주는 반근착절(盤根錯節)에서 구별되기 마련이다.

저 한 모퉁이의 영남을 보니 실로 우리나라의 큰 번방이로다. 농토가 성대하고 인물이 번성하여 평소 부유하다고 일컬어진다. 그러나 기근이 재앙이 되고 홍수와 가뭄이 재해가 되어 공사(公私)가 벌거숭이가

457 임금을……때이며 : 이밀(李密)의 〈진정표(陳情表)〉에 나오는 "신이 폐하에게 충성을 다할 날은 많고, 할머니 유씨(劉氏)에게 보답할 날은 짧습니다."라고 한 말을 인용한 것이다.

되었다. 여러 해 진휼을 시행하여 남은 것이 없고, 때맞추어 세금을 견감한 일도 자주 있었다. 그러나 실질적인 혜택이 미치지 않아 피폐한 백성이 아직도 소생하지 못하고 있다. 재상의 업무에 숙달된 신하가 아니면 누가 왕명을 받들어 백성을 다독이는 책임을 감당하겠는가. 이에……제수한다.

경은 덕스러운 뜻을 받들어 선양하고 임금의 법령을 반포하라. 온화하게 어진 정사를 베풀어 나라의 근본을 공고히 하고, 천하를 맑게 하겠다는 뜻을 떨쳐 조정의 기강을 엄숙히 하라. 출척을 공정히 하여 탐욕스러운 자를 징계하고 청렴한 자를 권면하며, 옥사를 공평히 하여 간사한 자를 없애고 억울한 이를 신원하라. 더구나 사람들의 마음과 선비의 습속이 점차 야박해지고 해안의 방비와 성곽의 대비가 엄격하지 않다. 예악과 시서를 가르쳐 먼저 학교의 교화를 일으키고, 갑옷과 무기를 수선하여 유사시를 대비하는 계책을 소홀히 하지 말라. 사헌부의 위엄이 남아 그대로 행대(行臺)[458]의 중망을 보탤 것이며, 동향(桐鄕)[459]에 남은 사랑으로 옛 사또의 현명함을 여전히 칭송한다. 그간의 정사는 볼 만하였고, 재주는 크고 작은 직임에 두루 걸맞았다. 내게 물어 처리할 일과 독단으로 결정할 일은 한결같이 정해진 법전을 따르고, 좋은 계책과 원대한 계획은 모두 조처에 맡긴다.

458 행대(行臺) : 본디 조정에서 지방 관원을 규찰하기 위해 지방에 파견하는 사헌부 관원을 말하는데 여기서는 관찰사를 말한다.

459 동향(桐鄕) : 한(漢)나라 주읍(朱邑)이 젊었을 때 동향의 관원을 지냈는데 백성이 사모하였다는 고사에서 유래한 말로, 수령이 선정을 베푼 고을을 말한다. 《漢書 卷89 循吏傳 朱邑》 이상진이 과거 경상 감사로 한 차례 임명되었기 때문에 이렇게 말한 듯하다.

아, 일은 때에 따라 완급이 있으며, 관직은 사람 때문에 무거워지고 가벼워진다. 지난날 경은 상을 당하여 선왕이 선발하여 임용한 뜻을 저버렸는데, 지금 내가 거듭 명하여 간절히 바라는 남쪽 백성의 마음을 위로한다. 지극한 정성을 다하여 성대한 치적을 세우도록 힘쓰라. 그러므로 이에 교시하니 잘 알았으리라 생각한다.

삼도 통제사 김시성에게 내리는 교서

教三道統制使金始聲書

왕은 다음과 같이 말한다.

대궐에서 군사를 맡는 일은 오랫동안 노장(老將)에게 의지하였으니, 장단(將壇)에서 부월(斧鉞)[460]을 주어 수군(水軍)을 총괄하게 한다. 이에 내가 선발하여 조정에 두었으니 경에게는 발탁이 늦었다고 하겠다. 통제사를 처음 설치한 일을 생각해보면 충무공(忠武公 이순신)의 위대한 공적이 떠오른다. 용양(龍驤)의 전선(戰船)[461]은 여전히 그 오묘한 제작법이 전하고, 거친 바다의 큰 파도는 여전히 살벌한 위엄을 띠고 있다. 뱃전을 치며 중원을 맑게 하겠다고 맹세하였으니,[462] 늠름한 그 모습이 보이는 듯하고, 밥 먹을 때마다 거록(距鹿)을 생각하니,[463] 아, 어찌 이런 사람을 다시 얻겠는가. 그러므로 북소리를 들으면 장수를 생각하는 마음[464]을 유념하여 나라를 지키는 간성과 같은 인재

460 부월(斧鉞) : 원문은 '越'인데 문맥에 근거하여 '越'을 '鉞'로 바로잡아 번역하였다.

461 용양(龍驤)의 전선(戰船) : 본디 진(晉)나라 용양장군(龍驤將軍) 왕준(王濬)이 오(吳)나라 정벌을 위해 건조한 전함을 말하나, 여기서는 거북선을 말하는 듯하다.

462 뱃전을……맹세하였으니 : 86쪽 주86 참조. 원문은 '擊揖誓淸中原'인데 문맥을 고려하여 '揖'을 '楫'으로 바로잡아 번역하였다.

463 밥……생각하니 : 한 문제(漢文帝)는 조(趙)나라 장수 이제(李濟)가 거록에서 잘 싸웠다는 이야기를 듣고서 "나는 밥을 먹을 때마다 거록을 생각한다."라고 하였다. 훌륭한 장수를 얻고자 하는 마음을 말한다. 《史記 卷102 馮唐列傳》 거록의 원문은 '距鹿'인데, 일반적인 용례에 근거하여 '距'를 '鉅'로 바로잡아 번역하였다.

464 북소리를……마음 : 《예기(禮記)》 〈악기(樂記)〉의 "군주가 큰 북과 작은 북 소

를 선발하였다.

경은 도량이 깊고 모습이 빼어나다. 처음 초야에서 몸을 떨쳐 일으켜 일찌감치 사방을 경륜하려는 씩씩한 뜻을 이루었다. 솥을 들어올릴 힘[465]을 간직하였으나 용맹으로 알려지지 않았고, 나무 아래로 물러나던 풍모[466]를 사모하여 남과 다투지 않았다. 지방관이 되어 부임하자 백성은 편안한 고을을 칭송하였고, 변방에서 군영을 열자 나라는 굳건한 강역에 의지하였다.

두루 시험한 지 오래이므로 노고와 공적이 많다. 바다를 방비하는 권한은 여러 진(鎭) 가운데 가장 중요하다. 그러므로 묘당에서 추천하는 일은 중망이 귀의하는 곳이어야 한다. 경처럼 통달한 재주가 아니라면 어찌 중임을 감당하겠는가. 이에……제수한다.

경은 변방을 신중히 지켜 좋은 계책을 힘써 펼치라. 호령과 거조가 마땅하면 무슨 일인들 이루지 못하겠는가. 견사(繭絲)와 보장(保障)[467] 중에 어느 것이 중요한가. 먼저 할 바를 살펴야 한다. 청렴하고 결백하지 않으면 탐욕을 혁파할 수 없고, 관대하고 공평하지 않으면 학정을 누그러뜨릴 수 없다. 군사를 다스리고 방비를 닦는 일은 옛법도를 따라 어기지 말고, 충성을 다하여 옛사람을 따라 미덕을 나란히 하라. 선비

리를 들으면 장수의 신하를 생각한다.〔君子聽鼓鼙之聲, 則思將帥之臣.〕"라는 말을 인용한 것이다.

465 솥을 들어올릴 힘 : 항우(項羽)가 힘이 세서 세 발 달린 솥을 들어올릴 정도였다는 고사를 인용한 것으로 남다른 용력을 말한다. 《史記 卷7 項羽本紀》

466 나무……풍모 : 102쪽 주121 참조.

467 견사(繭絲)와 보장(保障) : 견사는 실을 뽑듯 백성에게 세금을 걷는다는 뜻이며, 보장은 제방을 쌓듯 나라를 지키는 요새로 삼는다는 뜻이다. 《資治通鑑 卷1 周紀》

는 본디 시대를 뛰어넘어 감동하는 일이 있으니, 경은 풍문을 듣고 흥기할 것이다. 풍당(馮唐)은 조부가 조(趙)나라 사람이니 평소 염파(廉頗)와 이목(李牧)의 용맹과 지략을 알았고,[468] 한유(韓愈)는 젊은 시절 변주(汴州)에서 벼슬하여 장순(張巡)과 허원(許遠)[469]의 시종을 잘 알았다. 사적을 돌아보고 강개하여 큰일을 하고, 의열을 떠올리며 격앙하여 스스로 힘쓰라.

아, 성곽과 해자가 높고 깊지 않은 것도 아니고, 무기와 갑옷이 견고하고 예리하지 않은 것이 아니지만, 요점은 사람의 화합에 달려 있다. 부역과 세금이 번거롭고 무거우며 군사와 백성이 시름하고 탄식하는 것은 대개 정사의 폐단에서 비롯된다. 위무하고 방비하는 계책을 더욱 다 베풀어 장려하고 발탁한 은혜를 저버리지 말라. 그러므로 이에 교시하니 잘 알았으리라 생각한다.

468 풍당(馮唐)은……알았고 : 《사기》 권102 〈풍당열전(馮唐列傳)〉에 "풍당은 그의 조부가 조나라 사람이다.〔馮唐者, 其大父趙人〕"라는 말이 보인다. 염파와 이목은 모두 조나라의 명장이다

469 장순(張巡)과 허원(許遠) : 당나라의 장수로 안녹산(安祿山)의 난이 일어났을 때 수양성(睢陽城)에서 항거하다 전사하였다. 《新唐書 卷192 張巡列傳》

불윤비답不允批答

영의정 심지원의 첫 번째 정사를 윤허하지 않는다는 비답
領議政沈之源初度呈辭不允批答

왕은 다음과 같이 말한다.

임금과 신하는 기쁨과 슬픔을 함께 하니 내가 의지하여 업적을 이루고, 진퇴가 실로 안위에 관계되니 경은 떠나야 하는 의리가 없다. 어찌하여 병을 핑계대는가. 지나친 겸양이 아니겠는가.

경은 몸가짐이 순후하고 남을 너그러이 용납하였다. 내외의 여러 관직으로 두루 시험하였는데 높고 낮은 자리에 모두 걸맞았고, 조정에 선 지 30여 년 동안 충성과 근면이 이미 드러났다. 정승에 오른 뒤로는 여러 사람이 우러러보기에 참으로 걸맞았다. 안석과 같은 명망에 백성이 달려 있으니 나라가 의지하고 중시하며,[470] 분양과 같은 인척으로 왕실과 연결되어도 사람들이 혐의로 여기지 않는다.[471] 삼공은 백관의

470 안석……중시하며 : 안석은 진(晉)나라 사안(謝安)의 자이다. 그가 조정의 부름에 응하지 않자 백성들이 "안석이 나오려 하지 않으니 장차 백성을 어찌하나.〔安石不肯出, 將如蒼生何.〕"라는 노래를 불렀다. 《晉書 卷79 謝安列傳》

471 분양과……않는다 : 분양은 당(唐)나라 곽자의(郭子儀)의 봉호(封號)이다. 안록산의 난을 평정하고 외척이 되어 신임을 받았다. 《舊唐書 卷120 郭子儀列傳》 심지원

우두머리이며 수상은 더욱 중요하고, 한 몸으로 온갖 업무를 총괄하니 실로 좋은 계책에 바탕한다. 임금의 기대가 한창 깊은데 어찌하여 갑자기 물러나 사양하는가. 밤낮으로 게을리하지 않으니 어찌 건강이 조금 상하는 일이 없겠는가마는, 나이가 아직 늙지 않았으니 근력이 아직 강건함을 믿는다.

눈앞에 넘치는 고난과 근심을 생각하면 나는 임금 노릇하기 즐겁지 않고, 오직 경의 거취가 마음에 달려 있으니 경이 어찌 과감히 세상을 잊겠는가. 지금 이렇게 휴가를 청한 것은 행여 깊이 생각하지 않은 듯하다. 더구나 어진 선비가 등용되어 조정에 나오면 묘당에서 정신을 모아야 한다. 재해와 기근이 거듭 혹독하니 없애고 구제할 방법을 찾아야 하고, 군사와 백성의 부역이 균등하지 않으니 변통하고 경장할 방책을 강구해야 한다. 비록 여러 신하가 한마음으로 협력하더라도 위험하고 전복될까 두려운데, 만약 대신이 책임을 내려놓고 편의대로 행동하면 어찌 바로잡고 구제할 수 있겠는가. 하늘이 무너지는 것과 같다고 하며 수수방관하지 말고, 할 수 있는 일이 없다며 떠나기로 결심하지 말라. 병을 치료하면서 나라도 치료할 수 있으니, 제 몸을 편안히 하는 것과 백성을 편안히 하는 것을 비교하면 어떠한가.

얼마 전 우의정이 쉬기를 청하여 정승 자리가 비었는데, 경이 또 상소하여 해직을 청하니 함께 어디로 피하는 것인가. 그 겸손으로 말하자면 덕망이 평소 무겁고, 그 질병을 말하자면 천지신명이 도울 것이다. 목 마른 사람이 물을 찾는 듯한 정성을 유념하여 마치 자신이 더러

의 아들 심익현(沈益顯)이 효종의 2녀 정명공주(淑明公主)와 혼인하여 청평위(青平尉)가 되었으므로 이렇게 비유한 것이다.

워질 것 같아 떠나려는 뜻을 속히 바꾸라.

아, 영화로운 자리를 사양하고 물러나기를 구하니, 어진 사람의 마음에 있어서는 비록 그러하지만, 나라에 몸을 바치고 제 몸을 잊는 것은 대의가 있기 때문이다. 내가 어찌 여러 말을 하겠는가. 경은 거듭 사양하지 말라. 사직은 윤허하지 않는 것이 마땅하다. 그러므로 이렇게 교시하니, 잘 알았으리라 생각한다.

우의정 정유성의 두 번째 사직을 윤허하지 않는다는 비답
右議政鄭維城再度不允批答

좋은 보필에 의지하는 임금은 의심하지 말고 임명하며, 안위의 중책이 달린 신하는 수고롭더라도 사양하지 말아야 한다. 이처럼 서로가 몹시 필요한데 어찌하여 갑자기 병을 핑계로 대는가. 생각건대 내게 덕이 부족하여 이렇게 많은 어려움을 겪는다. 음양이 어긋나 전염병과 홍수, 가뭄으로 드러나고, 하늘의 경고가 빈번하여 별과 우박, 서리에서 보였다. 오곡이 익지 않으니 올해 기근이 가장 심하고, 백성이 먹을 것이 없으니 도랑에 뒹굴 위기가 지금 또 급하다. 반드시 망할 징조에 마음이 놀라고, 누그러뜨리기 어려운 화에 눈물을 흘린다. 의지할 것은 원로의 선비가 부지런히 충성을 다하는 것이다. 큰 강을 건너는데 나루가 없으면 그대를 배로 삼고, 선친을 생각하여 힘써 우리 나라를 도우라.

얼마 전 사신의 수레가 국경을 나간 뒤로 정승의 자리가 비어 있은 지 오래이다. 안개와 이슬 속을 걸어다닐 적에는 얼음물 마시는 수고[472]를 멀리서 염려하였고, 조정에서 계책을 세울 적에는 국의 간을 맞춘 업적[473]을 떠올렸다. 사신이 돌아오자 기대하던 마음에 부응하니 기뻤

472 얼음물 마시는 수고 : 사신 임무를 수행한다는 뜻이다. 초(楚)나라 섭공 자고(葉公子高)가 제(齊)나라에 사신으로 가면서 속이 타서 얼음물을 마셨다는 고사에서 비롯된 말이다. 《莊子 人間世》 여기서는 정유성이 1659년(현종즉위년) 고부사(告訃使)에 임명된 것을 말한다. 《顯宗實錄 卽位年 5月 14日》

473 국의……업적 : 정승의 업적을 말한다. 은(殷)나라 고종(高宗)이 정승 부열(傅

고, 기근이 거듭 닥치니 백성을 보호할 방책을 강구하리라 생각하였다. 경이 밤낮으로 염려를 다하여 밤늦도록 부지런히 일하는 나의 근심을 풀어줄 것이라 여겼는데, 복명의 의식을 보자마자 갑자기 간절하게 사직하였다. 노비가 법을 어겨[474] 마음이 불안하여 그런 것이 아니겠는가. 아니면 먼 길을 달리느라 몸이 상하여 그런 것인가. 예전의 질병이 지금 낫기가 무엇이 어렵겠는가. 저절로 신명이 도울 것이다. 대체는 작은 혐의에 구애받지 않는 법이니, 어찌 너그럽고 넓은 도량으로 마음에 두겠는가.

더구나 하늘의 분노와 백성의 원망이 모두 극에 달하였으나, 나라를 위한 계획과 사람들의 계책이 몹시 허술하다. 일은 물에 빠지고 불에 타는 사람을 구제하는 것과 같지만 평소 준비한 것이 없고, 형세상 창고에 있는 것을 모두 쏟아내야 하지만 저축이 이미 비었다. 비록 임금과 신하가 마음을 합쳐 함께 도모하더라도 구제하기 어려울까 걱정인데, 만약 정승이 물러나기를 청하고 자신의 편의를 도모한다면 누가 다시 이 직임을 맡겠는가. 어렵고 위태로울 때는 반드시 충직한 신하를 의지해야 하고, 나아가고 물러날 때는 대의를 자세히 살펴야 한다.

아, 경은 맑은 지조와 높은 절개가 있어 백관의 모범이 될 만하고, 경은 깊은 충심과 지극한 성의가 있어 한 세상을 감동시킬 만하다.

說)에게 "내가 국을 끓이거든 네가 소금과 매실이 되라."라고 한 말에서 유래하였다. 《書經 說命》

474 노비가 법을 어겨 : 정유성의 첩 설매(雪梅)가 본처의 자녀를 저주하였다는 혐의를 받고 자결한 사건을 말한다. 《顯宗實錄 1年 3月 17日》

그저 국궁진췌(鞠躬盡瘁)한 뒤에 그만둘 뿐이니 어찌 겸양할 필요가 있겠는가. 사직은 윤허하지 않는 것이 마땅하다. 그러므로 이에 교시하니 잘 알았으리라 생각한다.

별유 別諭

행 부호군 이유태, 윤선거에게 내리는 별유
行副護軍李惟泰尹宣擧處別諭

내가 큰 도에 어두워 정사에 잘못되고 빠진 것이 많다. 여기서 화란의 조짐이 생겨 하늘이 벌을 내리셨다. 10월부터 11월에 이르기까지 우레와 번개가 진동하는 변괴가 자주 나타나 누차 경계하였으니, 재이가 일어남이 이처럼 참혹한 적이 없었다. 이렇게까지 죄를 지었으니 몸둘 바를 모르겠다. 밤낮으로 벌벌 떨면서 허물을 징계하고 반성하며 스스로 새로워지기를 도모하고 나라의 운명을 잇고자 한다.

우리 어진 철인을 돌아보니 멀리 초야에 살고 있었다. 밤낮으로 만나기를 바랐는데 나를 돌아보려 하지 않는다. 내가 힘써 배워 덕을 닦고자 하는데 격물치지와 성의정심의 뜻을 누구를 통하여 밝히겠으며, 내가 분발하여 다스림을 도모하고자 하는데 진작하고 흥기시킬 계책을 누구와 함께 의논하겠는가. 선한 단서가 드러나도 장차 인도하여 확충할 길이 없을 것이며, 큰일을 할 만한 기회가 오더라도 힘쓰고 도와 이룰 길이 없을 것이다. 그러므로 나는 망연자실하여 구제할 방도를 모르겠다.

지난번에 부지런히 예의로 불렀으나 굳게 누운 채로 일어나지 않았다. 실로 과인의 성의가 얕기 때문이니, 속으로 반성하면 그저 더욱 부끄럽다. 지금 내가 마음 속으로 몹시 경계하고 동요하여 능히 진심으로 뉘우치고 이를 계기로 더욱 힘쓰니, 어찌 끝내 함께 큰일을 하지 못하는 지경에 이르겠는가.

군자가 세상을 살 적에는 제 몸만 선하게 하지 않고, 제왕은 어진 이에 대해서 반드시 하늘이 내린 직분을 함께 하고자 한다. 이 의리는 그대도 평소 강구하였을 것이다. 내가 어진 이를 생각하는 정성과 다스려지기를 구하는 마음은 마치 굶주리고 목마른 사람처럼 또렷하고 간절하니, 퍼뜩 생각을 바꾸어 속히 조정에 나아와 덕 없는 나를 바로잡고 보필하여 어려운 시대를 널리 구제하라. 이것이 내가 밤낮으로 바라는 것이다. 더구나 원자를 보양하는 일은 일찍 가르치는 데 달려 있으니, 강학의 임무로 번거롭게 하는 것은 실로 우연이 아니다. 훈도하는 유익함이 이 때를 놓칠까 걱정이니, 이 또한 어쩔 수 없이 그대가 와서 가르치기를 바라는 이유다. 아, 말로는 지극한 뜻을 자세히 말하기에 부족하다. 정성에 감응하여 부디 멀리 떠나려는 생각을 애써 돌리고, 오직 묵묵히 이해하여 속히 부응해야 마땅하다.

제문 祭文

고사를 덧붙였다 告辭附

기우제문 응제이다

祈雨祭文 應製

동쪽에 기록이 있으니 維東有記
신이 사는 곳이라네 曰神所宅
사람들도 말하기를 人亦有言
신령한 응험 어긋나지 않는다네 靈應不忒
지금 하늘이 재앙을 내렸으니 今天降戾
내게 덕이 없기 때문이네 由予不德
장마 끝에 가뭄이 심하여 淹餘旱甚
우리 온갖 곡식을 해치네 殄我百穀
불타오르는 듯한 가뭄이 炎炎赫赫
그 해독을 멈추지 않네 不戢其毒
울부짖는 만백성은 嗸嗸萬姓
죽어 뒹굴 운명 박두했네 命迫溝壑
차마 무고한 백성으로 하여금 忍令無辜
대신 벌을 받게 할 수 있겠는가 替受威罰

자나깨나 두려워하니	寤寐皇皇
걱정하는 마음 타는 듯하네	憂心如灼
신령이 이를 불쌍히 여기지 않고	神莫恤玆
어찌하여 비를 내려주지 않는가	胡閟雨澤
한번 비를 쏟아주어	庶幾一霈
타는 우리 백성 살려주기를	蘇我焦爍

이상은 양진(楊津)이다.

드넓은 나루의 물	津流浩浩
신령한 도읍을 가로지르네	作紀神京
구름을 부르고 비를 내리는 것은	噓雲洩雨
실로 밝은 신령에게 의지하네	實資明靈
하늘이 돕지 않아	天之不佑
거듭 재앙을 내렸네	荐降災孽
산과 언덕을 덮는 홍수에 이어	懷襄之餘
가뭄이 또 혹독하네	亢陽又酷
무더위가 그치지 않으니	蘊隆未已
어느 물건이 시들지 않으랴	何物不萎
윤기나던 곡식은	濯濯嘉生
막혀서 자라지 못하네	閼瘀不遂
백성의 하늘 같은 곡식을 잃었으니	民天已失
나라의 근본이 무너지게 되었네	邦本將蹶
조용히 그 허물을 생각하니	靜思厥咎
마음이 찢어지는 듯하네	心焉如割

신령이 아니면 누구에게 하소연하랴　匪神曷叩
슬퍼하는 마음 통촉하소서　庶鑑恫怛
바라건대 묵묵히 감응하여　冀垂冥應
속히 은택을 내려주소서　迅賜膏澤

이상은 덕진(德津)이다.

밝은 신명이여　有赫明神
이 높은 산에 자리하였네　宅玆崇嶽
등급 따라 제사하는 예의 융숭하니　禮隆秩祀
만물을 적시는 공이 크도다　功大澤物
아, 내가 덕이 없어　嗟予否德
하늘에 죄를 지었도다　獲戾于天
여름에는 장마가 이어지더니　積潦于夏
지금은 또 가뭄이 들었네　今又暵乾
메마른 뿌리와 타는 잎은　枯根焦葉
날마다 죽어가네　日就殄絶
농사가 이루어지지 않으면　穡事不成
뭇 백성이 어찌 곡식을 먹겠는가　蒸民曷粒
가랑비를 조금 뿌린다고　小雨微沫
타는 곡식 구할 수 있으랴　其救焚爇
신이 몹시 어질다고 여겼는데　謂神孔仁
우리를 불쌍히 여기지 않네　而不我恤
오직 다급할 뿐이니　維其急矣
감히 제물을 아끼겠는가　敢愛圭璧

나의 지극한 정성 흠향하시고 歆我至誠
내게 신령한 비를 내려주소서 惠我靈液

이상은 오관산(五冠山)이다.

아, 나의 덕 없는 몸에 嗟予寡躬
실로 귀신과 백성이 의지하였네 實托神民
감히 백성을 학대하지 않았고 非敢虐民
감히 귀신을 업신여기지 않았네 非敢慢神
귀신이 분노하고 백성이 원망하여 神怒民怨
재앙과 화란을 만들었네 作爲災禍
반성하고 스스로 슬퍼하니 撫躬自悼
위아래 보기 부끄럽구나 靦面上下
가뭄이 몹시 심하여 旱旣太甚
여러 달 타는 듯하네 彌月焚焦
전에는 어찌하여 장마가 심했고 昔何淫溢
지금은 어찌하여 가뭄이 심한가 今何亢驕
가을이 되었으니 秋金司節
때 역시 늦었구나 時亦晩只
모든 곡식이 자라지 못했으니 百穀失遂
백성이 장차 다 죽게 되었네 民將盡矣
공경할 것은 귀신이 아니겠으며 可敬非神
의지할 것은 사람이 아니겠는가 可依非人
속히 단비를 내려주어 遄降甘霔
가뭄을 한번 씻어주소서 一洗旱氛

이상은 감악산(紺岳山)이다.

드높은 송악산은	節彼松嶽
옛 도읍을 진압하네	鎭于故都
예로부터 영험함 드러내어	自昔著靈
어김없이 감응하였네	有感斯孚
누가 한발로 하여금	孰使旱魃
해독을 부리게 하였나	肆其毒虐
장마가 겨우 그치자	有潦纔集
밝은 해가 곧 나왔네	杲日旋出
극심하게 불태우니	焦焚之極
어찌 농사를 짓겠는가	胡稼胡穡
백성은 하늘 같은 곡식을 잃고	民失其天
신령은 제 직분을 잃었네	神失其職
어찌 부끄러운 일이 아니겠는가	豈非作羞
어찌 차마 적셔주지 않겠는가	何忍閟澤
재앙을 부른 것은 나이며	召災在予
백성은 죄가 없도다	赤子無辜
신령은 어둡지 않으리니	惟神不昧
이 호소를 굽어살피소서	鑑此籲呼
지금 추수할 때 맞추어	及此西成
비를 내려 메마른 곡식 살리기를	霈然蘇枯

이상은 송악산(松嶽山)이다.

기우제문 응제이다

祈雨祭文 應製

푸른 신령을 우러르니	仰惟蒼靈
실로 만물 낳기를 주관하네	實主生物
사물이 간혹 재앙을 입어 그치면	物或災閼
신령이 그 직분을 잘못한 것이네	神失其職
지금의 가뭄은	維今之旱
어찌하여 이렇게 극심한가	胡至此極
밭두둑은 전부 갈라지고	田疇盡拆
시내와 도랑은 이미 말랐네	川瀆已渴
나의 아름다운 곡식을 태우고	焦我嘉穀
내 백성의 식량을 끊었네	絶我民食
사람이 모조리 죽은 뒤에는	人類旣盡
신령이 어디에 의지하리오	神亦何托
걱정하는 마음 타는 듯하여	憂心如灼
이렇게 다급히 호소하니	籲呼斯亟
바라건대 묵묵히 도움을 받아	冀蒙冥祐
신령한 은택 두루 내리소서	普霈靈澤

이상은 구망씨(句芒氏)[475]이다.

475 구망씨(句芒氏) : 봄을 관장하는 신이다.

계절은 여름이라	天時維夏
신의 덕이 크네	神德維大
여름철에 만물이 자라는 것은	南訛長養
오로지 큰 화육에 의지하네	專仰鴻化
어찌하여 은혜를 베풀지 않아	云胡閟惠
끝내 농사를 망치는가	卒痒穡稼
폭염이 갈수록 치성하고	虐炎愈熾
사방 들판은 벌거숭이 같네	四野如赭
참으로 내가 직분을 다하지 못하여[476]	良由不職
이 재앙을 불렀네[477]	召此災禍
슬픈 마음으로 허물을 살피니	悼心省咎
밤낮으로 두려워 벌벌 떠네	惴慄夙夜
신이여 불쌍히 여겨	神其降恤
아래의 만물을 적시소서	澤物潤下
우리 모든 곡식을 일으켜	興我百穀
백성이 굶주리지 않게 하소서	俾民無餓

이상은 축융씨(祝融氏)이다.

중앙에 똑바로 자리하니	位正中央

476 참으로……못하여 : 원문은 '良由不辭'인데 문맥에 의거하여 '辭'를 '職'으로 바로잡아 번역하였다.

477 이 재앙을 불렀네 : 원문은 '召此災福'인데 문맥에 의거하여 '福'을 '禍'로 바로잡아 번역하였다.

덕이 대지에 짝하네 德配厚坤
만물이 태어남에 凡物之生
모두 화육을 받네 咸囿化元
지금은 어찌하여 돕지 않아 今胡弗祐
은택을 오랫동안 내리지 않나 膏澤久屯
뜨거운 태양이 아래를 태우니 赫炎下焦
형세가 마치 들판이 불타듯 하네 勢若燎原
밭이랑이 깨끗하여 濯濯畎畝
벼와 기장 남은 것 드무네 禾黍尠存
목숨이 그치게 되었으니 大命近止
백성이 애타게 원망하네 赤子煩冤
슬프다 저들이 무슨 죄인가 哀彼何辜
허물은 어리석은 내게 있네 咎在庸昏
바라건대 단비를 내려 願惠甘注
가뭄 기운을 한번 씻어주소서 一洗旱氛

이상은 후토씨(后土氏)이다.

신이 서쪽에 자리하니 維神宅西
오행에서 금이 되네 五行爲金
금은 실로 수를 낳으니 金實生水
가뭄 들면 장마 내려야 하네 於旱宜霖
덕이 없어 재앙을 불렀으니 涼德致災
양이 기승 부려 음이 숨었네 亢陽伏陰
무더위가 극성을 부리고 蘊隆耗斁

한발이 더욱 포악하네　魃虐彌深
곡식이 메마르니　售枯黍稷
백성은 도랑에 뒹구네　溝壑黎黔
불 끄기를 어찌 늦추랴　救焚寧緩
지금 때를 놓칠까 두렵네　恐失斯今
아픔을 호소하니　疾痛而呼
내 마음 타들어가네　薰灼我心
천리에 큰 비를 내리고　大雨千里
강림하여 흠향하기를　庶蒙降歆

이상은 욕수씨(蓐收氏)[478]이다.

아, 밝은 신령이여　於誕明神
곡식 가꾸기에 민첩하네　敏於樹藝
우리 만백성을 먹여살리니　粒我蒸民
후세에 공로를 드리웠네　功垂後世
곡식을 길러 자라게 하는 계절에　屬玆長養
하늘이 재앙을 내렸네　天降災沴
양기가 기승을 부려 바뀌지 않고　陽驕不交
음기의 은택이 오랫동안 닫혔네　陰澤久閉
곡식과 만물이　嘉生百物
적셔주는 은혜 입지 못했네　不蒙滋漑
농사에는 때가 있으니　耕稼有時

478 욕수씨(蓐收氏) : 가을을 관장하는 신이다.

때가 지나면 다시 하기 어렵네 時過難再
세 곳의 농사[479]를 이미 망쳤으니 三農既愆
만백성이 어디에 의지하리오 萬姓奚賴
나의 애통한 마음 굽어살펴 監予恫怛
속히 비를 내려주소서 亟霈汪濊

이상은 후직씨(后稷氏)[480]이다.

엄숙한 음의 덕이여 穆穆陰德
북방에 자리하였네 居坎之方
구름 일으키고 비를 내려 興雲作雨
만물을 가득 적시네 澤物洋洋
어찌하여 나를 괴롭혀 胡寧瘨予
항상 가무는 재앙이 왔는가 災臻恒暘
바람은 쓸쓸하고 해는 밝으니 風凄日杲
땅이 갈라져 농사를 망쳤네 疇拆穡痒
보리가 이미 익지 않았으니 麥既不登
하물며 벼는 어떻겠는가 矧伊稻秔
불쌍하다 우리 착한 농민이여 哀我良農
다급히 울부짖는구나 號泣遑遑
신은 밝게 굽어살피니 神監孔明
어찌 불쌍히 여기지 않으랴 寧不惻傷

479 세 곳의 농사 : 평지, 언덕, 습지의 농사를 말한다.

480 후직씨(后稷氏) : 농사를 주관하는 신이다.

무더위를 씻어내고　　汎滌炎威

신령한 비를 내리소서　　靈雨其雱

　이상은 현명씨(玄冥氏)[481]이다.

481 현명씨(玄冥氏) : 겨울을 주관하는 귀신이다.

기우제문 응제이다

祈雨祭文 應製

산과 도랑에는	維嶽維瀆
밝은 신령이 있네	粤有明神
서방에 자리잡아	西方是宅
사물을 이롭게 하고 사람을 돕네	利物祐人
덕 없는 내가 재앙을 불렀으니	否德召災
그 죄는 늘 가문 것이라네	厥咎恒暘
무더위가 그치지 않아	蘊隆未已
아름다운 곡식이 끝내 상했네	嘉穀卒痒
백성이 하늘 같은 곡식을 잃게 되었으니	民天將失
나라의 근본이 어디에 의지하리오	邦本曷依
죄는 내 몸에 있으니	罪在予躬
감히 혹독한 벌을 사양하랴	敢辭疾威
오직 저 무고한 이들을	惟彼無辜
신은 어찌하여 돌보지 않는가	神胡不恤
지금 때를 놓치고 비를 내리지 않으면	失今不雨
구한들 어찌 미치겠는가	救亦何及
둘러보니 위축되고 다급하여	俯仰蹙迫
걱정하는 마음 타는 듯하네	憂心如薰
바라건대 단비를 내려	願賜甘霖
가뭄 기운을 한번 씻어주소서	一洗旱氛

이상은 서방의 산과 바다, 도랑이다.

엄숙한 신령이여	穆穆靈神
북방에 자리하였네	于坎之位
덕이 산과 물에 드러나	德著崇深
진압하는 공로 크네	功大鎭紀
한발이 포악을 부리니	旱魃爲虐
하늘의 은택이 오래 막혔네	天澤久閟
골짜기의 익모초가 말랐으니[482]	蓷嘆中谷
시들지 않는 사물이 없네	物無不萎
먹구름이 겨우 모이자마자	陰雲纔集
밝은 해가 곧 나오네	杲日旋出
농사를 이미 망쳤으니	歲功既愆
뭇 백성이 무엇을 먹으리오	蒸民曷粒
하늘에 죄를 지었으니	獲戾于天
재해가 거듭 내려오네	洊降災害
허물은 실로 내게 있으니	咎實在予
저 죄없는 이들 가슴 아프네	恫彼無罪
신령은 몹시 환하게 살피니	神監孔明
어찌 이를 불쌍히 여기지 않으리오	寧莫恤玆

482 골짜기의 익모초가 말랐으니 : 《시경》〈중곡유퇴(中谷有蓷)〉의 "골짜기 속에 익모초가 있으니 바짝 말랐도다.〔中谷有蓷, 嘆其乾矣.〕"라는 구절을 인용한 것이다. 원문은 '蓶嘆中谷'인데 《시경 · 중곡유퇴》에 근거하여 '蓶'를 '蓷'로 바로잡아 번역하였다.

부디 한번 비를 쏟아부어 庶垂一霈
이때를 놓치지 마소서 無失此時
이상은 북방의 산과 도랑이다.

나의 산과 강을 돌아보니 眷我流峙
나라의 동쪽에 있네 居國之東
그 덕은 몹시 어질어 其德孔仁
끝없이 낳고 기르네 發育無窮
어찌하여 은택을 중지하고 胡閟惠澤
나의 온갖 곡식 해치는가 殄我百穀
불타오르는 듯한 가뭄 炎炎赫赫
이보다 혹독한 재앙이 없네 災莫此酷
이미 고르게 다스렸는데[483] 旣曰平秩
어찌하여 말라죽게 하는가 何使枯閼
아, 나의 선량한 농민이여 嗟我良農
학철부어[484]처럼 헐떡이네 喁喁在涸
자신을 돌아보고 허물을 반성하며 撫躬省愆
밤낮으로 근심하며 애태우네 夙夜憂焦
오직 급박한지라 維其急矣

483 고르게 다스렸는데 : 《서경》〈요전(堯典)〉의 "해가 떠오를 때 공손히 맞이하여 봄 농사를 고르게 다스리도록 하였다.〔分命羲仲 宅嵎夷 曰暘谷 寅賓出日 平秩東作〕"라는 말을 인용한 것으로, 봄 농사가 잘 되었다는 뜻이다.

484 학철부어(涸轍鮒魚) : 수레바퀴 자국으로 생긴 웅덩이에서 말라죽어가는 물고기를 말한다. 《莊子 外物》

이 때문에 호소하네 是用籲號
밝은 신령이 불쌍히 여겨 明神所惻
정성이 지극하면 강림하리라 至誠宜格
속히 단비를 쏟아부어 亟霈膏雨
천리를 두루 적시소서 千里普洽

이상은 동방의 산천이다.

신이 남쪽 땅에 자리하니 神宅南維
실로 길러주길 주관하네 實主長養
어찌하여 돌보지 않아 如何不恤
심한 가뭄에 걸리게 하나 俾罹旱亢
싹은 이미 돋았는데 苗旣生矣
지금 누렇게 말랐고 今則萎黃
보리는 이삭 패었는데 麥旣穗矣
그을려 상했으니 어찌하랴 奈此焦傷
절기는 5월이라 節屬仲夏
신이 그 시기를 주관하네 神柄其時
구름을 일으키고 비를 내려야 하니 興雲作雨
어찌 베풀기를 아까워하나 寧嗇厥施
이름난 산과 큰 강은 名山大川
예부터 영험 있다 들었네 夙聞靈驗
신의 귀는 어둡지 않으니 神聽不昧
나의 말은 아첨이 아니네 我言匪諂
이에 피나는 정성을 다하여 肆瀝血誠

슬피 고하나이다	用告恫怛
바라건대 흠향하고 보우하여	冀蒙歆祐
우리에게 단비를 내리소서	惠我甘澤

이상은 남방의 산천이다.

도성은 중앙에 자리하고	京都宅中
산이 남쪽에 있네	維嶽在南
도성을 진압하는 덕에 짝하여	配德鎭國
예법대로 제사지내 공경하였네	秩祀所欽
백성에게 지금 복이 없어	民今不祿
가뭄 재앙이 이르렀네	災臻亢陽
온갖 곡식이 병드니	百穀告病
모든 농민이 실망하네	三農失望
어찌하여 한 번도 비를 내리지 않아	胡閟一雨
오랫동안 불타게 하는가	焚惔彌時
가벼운 구름이 조금 비를 뿌리니	輕雲微沫
조금도 젖은 모습 보지 못하였네	莫見小滋
메마른 것 소생시키고 만물을 적시는 것이	蘇枯潤物
신의 직분이라네	是神之職
움직이는 기미는	轉動之機
들이쉬고 내쉬는 사이에 있네	只在噓噏
우레소리 일으켜	填填其作
은택을 쏟아붓고	霈霈其澤
때맞추어 적셔주어	及時膏之

백성이 먹게 하소서　俾民粒食

이상은 중앙의 목멱산(木覓山)이다.

서방은 금에 속하니　西方屬金
그 덕은 수를 낳네　厥德生水
신이 그 권한을 잡아　神執其柄
만물이 이로써 이루어지네　萬物以遂
아, 지금 사람이여　嗟今之人
하늘에 무슨 죄를 지었나　何辜於天
여러 해 가뭄이 들어　連歲暵乾
유독 심한 재앙이 내렸네　降災斯偏
파종을 겨우 마쳤더니　播種甫畢
밭두둑 이미 갈라졌네　田疇已拆
뿌리는 타고 잎은 말라　焦根枯葉
비에 젖은 적 없네　曾未沾液
지금 기르는 때를 놓치면　失此長養
어찌 추수를 바라리오　焉望西成
한 사람에게 허물이 있는데　一人有愆
만백성이 재앙을 받는구나　萬民受殃
슬프다 나의 마음이여　戚戚予懷
신령도 굽어보시리라　神亦降監
속히 비를 퍼부어주어　亟惠滂沱
이 폭염을 구제하소서　救此虐炎

이상은 서방의 산천이다.

저 북쪽의 벌판이여 曰維朔墟
강이 있고 산이 있네 有融有結
기운이 올라가 백성을 적시니 升氣澤民
제사지내는 예의 융숭하네 禮崇望秩
지금 오래 비 내리지 않아 今久不雨
무더위가 타는 듯하네 蘊隆如焚
가문 바람 쓸쓸하고 凄凄旱風
불구름 이글거리네 赫赫火雲
저 아름다운 곡식을 보니[485] 相彼嘉穀
하늘이 낳은 것이라네 維天所生
그을리고 불태워 焦之爍之
자라나길 방해하네 閼厥滋榮
농사를 또 망치면 穡事又愆
백성은 끝내 쓰러지리 民則卒瘨
백성이 살아남지 못하면 民之不保
신이 어찌 흠향하리오 神曷享焉
감동하면 이에 응하나니 有感斯應
어찌 내 말을 듣지 않겠는가 寧莫我聽
비를 쏟아 메마른 곡식 소생시켜 沛然蘇枯
우리 생령을 위로하소서 慰我生靈

이상은 북방의 산천이다.

485 저……보니 : 원문은 '相被嘉穀'인데 문맥에 근거하여 '被'를 '彼'로 바로잡아 번역하였다.

여제문 응제이다

厲祭文 應製

성대한 도성이여	赫赫神京
우리 선조가 터를 잡았네	我祖攸基
모든 신령이 호위하고	百靈拱衛
만백성이 귀의하네	萬姓依歸
온갖 복이 모여 있어	休群所鍾
재해가 일어나지 않네	災害不興
그 후사에게 남겨	遺厥後嗣
대대로 신령하게 계승했네	世克靈承
아, 내가 외람되게 지키니	嗟予忝守
가업을 감당하지 못하였네	罔堪堂搆
덕이 같지 않으니	德之不類
하늘이 돌보지 않네	天不顧佑
악한 기운이 유행하여	沴氣流行
염병과 역질이 되었네	爲疫爲瘥
한 사람에게서 시작하여	始于一人
끝내 백 가구를 전염시켰네	終染百家
내가 사방을 살펴보니	我相四方
해독에 걸리지 않은 자 없네	靡不罹毒
생각건대 이 도성은	念玆京輦
지방에 비해 더욱 혹독하네	視外尤酷

신음하는 자 끊이지 않고 呻吟不絶
죽는 자가 이어지네 殞亡相仍
암암리에 병이 퍼져 潛溝暗滋
갈수록 심해지네 日盛月增
고관대작의 집까지 퍼지니 旁延巨室
하물며 초가의 백성들이야 矧伊蔀屋
사악한 기운이 풀리지 않고 邪祲不解
원망의 기운은 갈수록 맺히네 冤氛愈結
무슨 죄를 지었길래 云胡獲戾
유난히 혹독한 화를 받는가 降厲斯偏
큰 흉년이 들어 歲丁大侵
기근과 질병이 연거푸 오네 凶札洊臻
산 사람은 얼굴이 누렇고 生旣菜色
죽은 사람은 도랑에 나뒹구네 死又溝瘠
슬퍼서 마음이 아프니 怛懷疚心
마치 불타는 듯하네 如焚如灼
신령을 우러르니 仰惟神靈
실로 현묘한 조화를 주관하네 實尸玄造
재앙과 상서는 以災以祥
사람이 초래하는 것이네 由人所召
정사와 형벌을 잘못함은 政刑之失
오로지 덕 없는 내 탓인데 亶在寡昧
재앙이 일어나니 咎殃之作
백성은 무슨 죄인가 民則何罪

신령은 환히 보고	神鑑惟明
신령은 밝게 듣네	神聽惟聰
호소하면 응하지 않는 일 없고	無叩不應
감동하면 반드시 통한다네	有感必通
도성의 백만 백성이	都民百萬
모두 어진 신을 우러르네	咸仰神仁
내가 이에 급박하여	我是用急
신에게 명을 청하나이다	請命於神
아름다운 은혜를 입고자	冀蒙嘉惠
이렇게 정갈한 제사를 지내니	陳此精禋
음습한 기운을 쓸어내어	訊掃陰沴
우리 백성을 살리소서	蘇我生人

평안도 여제문 응제이다

平安道癘祭文 應製

두 기운이 굽혔다 펴며[486]	二氣屈伸
만물의 근간이 되어 빠뜨리지 않네[487]	體物不遺
하나의 이치가 관통하니	一理貫通
사람이 여기에 의지하네	惟人是依
어그러지기도 하고 조화롭기도 하며	或乖或和
재앙이 되기도 하고 상서가 되기도 하네	爲災爲禎
성대하도다 그 덕이여	盛矣其德
혁혁하도다 그 신령이여	赫乎厥靈
군주는 한 나라에서	君於一國
실로 귀신과 사람을 주관하니	實主神人
공경으로 귀신을 섬기고	事神以敬
인자하게 백성을 다스리네	臨民以仁
어리석은 내가 임금답지 못하여	寡昧不辟
이 책임을 감당하지 못하였네	罔堪斯責
감히 백성을 학대하지 않았는데	非敢虐民

486 두……펴며 : 원문은 '二氣歸伸'인데 문맥에 근거하여 '歸'를 '屈'로 바로잡아 번역하였다.

487 만물의……않게 : 《중용》 제16장에 귀신의 덕(德)을 말하며 "만물의 근간이 되어 빠뜨릴 수 없다.〔體物而不可遺〕"라고 한 말을 인용한 것이다.

많은 백성이 수척해졌네　民則多瘠
감히 귀신을 업신여기지 않았는데　非敢慢神
귀신이 흠향하지 않네　神不享假
백성이 탄식하고 귀신이 분노하니　民咨神怒
무슨 해인들 없으랴　何害不有
음양이 법도를 잃고　陰陽失度
추위와 더위의 기후가 바뀌었네　寒暑易候
음산한 기운이 유행하여　淫沴流行
전염병이 몰래 퍼졌네　癘疫潛遘
집집마다 전염되어　家延戶染
나라에 두루 가득찼네　徧滿方域
생각건대 우리 서쪽 땅은　念我西土
역시 이 해독에 걸렸네　亦罹此毒
신음하는 사람 끊이지 않고　呻吟不絶
죽는 사람 이어졌네　死亡相繼
봄볕이 따스해진 뒤에도　春陽旣煦
더러운 기운 걷히지 않네　邪穢未霽
날이 갈수록 치성하여　日盛月熾
마치 불이 한창 타는 듯하네　如火方烈
신명이 은혜를 베풀지 않아　神明不惠
이처럼 혹독한 전염병이 내렸네　降癘斯酷
여러 해 큰 흉년이 들고　連年大侵
게다가 전염병까지 겹쳤네　重以凶札
슬프다 우리 백성이여　哀我烝黎

모두 죽어 씨도 안 남겠네	盡劉靡孑
죽어가는 모습 보며 구하지 못하니	視死莫救
백성의 부모 된 점이 어디 있는가	惡在父母
백성은 무슨 죄인가	民則何辜
내가 그 허물을 맡으리라	我當其咎
아름다운 명성 들리지 않고	馨香弗聞
혜택을 다 베풀지 못했으니	惠澤未究
백성을 보호하지 못함이 마땅하고	宜民莫保
귀신이 돕지 않는 것이 마땅하네[488]	宜神不佑
자신을 돌아보며 반성하니	撫躬自省
내 마음 더욱 아프네	增我心疚
재앙을 돌리고 복을 내리는	回災降福
기미를 누가 주관하는가	孰尸其機
신은 몹시 밝게 살피니	神鑑孔明
어찌 이를 돌보지 않겠습니까	寧不恤玆
정성을 바쳐 호소하고	齎誠籲辭
정갈한 제물을 바칩니다	庸薦精禋
이 요기를 없애고	掃此祲孼
소통하여 맑은 기운으로 만드소서	疏爲淸氛
곤경에 빠진 백성을 구제하면	濟民之厄
나라의 복이 될 것입니다	爲國之休

488 귀신이……마땅하네 : 원문은 '宜神如佑'인데 문맥에 근거하여 '如'를 '不'로 바로잡아 번역하였다.

속히 영령의 감응을 내려	亟垂冥應
신의 복을 아끼지 마소서	毋嗇神庥

죽은 좌의정 심지원에 대한 치제문[489] 응제이다

卒左議政沈之源致祭文 應製

경은	惟卿
순후하고 질박한 성품과	醇慤之性
삼가고 두터운 자질이었네	謹厚之質
대중을 용납할 수 있는 도량과	量能容衆
남을 사랑하는 마음 지녔네	心存愛物
온화하고 유순하면서 지조 지켰으니	和柔有守
오직 덕은 굳세었네	惟德之剛
독실한 행실로 몸가짐 단속하고	篤行飭躬
의리를 지켜 상도를 따랐네	秉義蹈常
혼탁한 시대를 만나	逢時穢濁
벼슬을 영예로 여기지 않았네	不以祿榮
치우치지 않고 지켰으니[490]	維執不倚
저들이 어찌 더럽히겠는가	彼焉能浼
성조(인조)께서 중흥하여	聖祖中興
적체된 사람들 일으켰네	拔潛振滯

489 죽은……치제문 : 이 글은 1662년(현종3) 3월 15일 현종이 예조 좌랑 이숙달(李叔達)을 보내 심지원(沈之源)에게 치제할 때의 제문으로 《만사고(晩沙稿)》 부록에 실려 있다.

490 치우치지 않고 지켰으니 : 원문은 '維執不猗'인데 《만사고》에 근거하여 '猗'를 '倚'로 바로잡아 번역하였다.

맑은 조정 엄숙하고 肅肅淸朝
훌륭한 선비 많았네 藹藹吉士
가장 먼저 선발에 응하여 首膺睿奬
저절로 경의 자리에 올랐네 乃卿自致
부지런히 정사를 논하고 密勿論思
강직하게 간쟁하였네 剴切諍議
청요직에 올라 淸貫華途
활보하고 훨훨 날았네 峻步高翔
이조 참의에 발탁되니 擢貳天官
실로 인망에 합당하였네 實允人望
중간에 곤액을 만났으나[491] 中遭阨窮
편안한 마음[492]으로 걱정 않았네 坦懷無悶
기용되어 큰 고을을 맡고[493] 起殿大州
예전 관직으로 다시 들어갔네 入復舊踐
우리 영고(효종)에 이르러 逮我寧考
누차 부지런히 선발하셨네 屢勤簡選
서쪽 번방에서 부절을 맡아[494] 西藩仗節

491 중간에 곤액을 만났으나 : 병자호란이 일어났을 때 길이 막혀 호종하지 못한 탓에 탄핵을 받고 낙향한 일을 말한다. 《南溪集 卷79 議政府領議政沈公墓誌銘》

492 편안한 마음 : 원문은 '怛懷'인데 《만사고》에 근거하여 '怛'을 '坦'으로 바로잡아 번역하였다.

493 기용되어……맡고 : 1643년(인조21) 모친상을 마치고 홍주 목사(洪州牧使)에 임명된 일을 말한다.

494 서쪽……맡아 : 1650년(효종1) 평안도 관찰사에 임명된 일을 말한다.

명성과 치적이 넉넉하였네　綽有聲績
마침내 이조 판서에 올라　遂躋冢宰
공평히 인사를 행하였네　提衡握尺
정승의 자리에 오르니　金甌覆名
더욱 존귀해졌네　玉鉉增重
팔다리 같은 사람으로　股肱惟人
기쁨과 슬픔을 함께 하였네　休戚與共
게다가 혼인을 맺었으니[495]　重以婚媾
은총이 더욱 빛났네　眷渥彌光
세 조정에서 한결같은 절개로　三朝一節
근면을 쌓고 정성을 다하였네　積勤殫誠
묘당에 단정히 서서　端委廟堂
겸손으로 자신을 지켰네　謙抑自持
충성과 신의는 의지할 만하고　忠信可仗
이익과 손해에도 바뀌지 않았네　利害不移
말은 어눌한 듯하였으나[496]　若訥于言
법도를 어기면 반드시 경계하였네　有違必規
백성에게 혜택이 미치고　維民攸暨
내가 도움을 받았네　維予攸毗

495 게다가 혼인을 맺었으니 : 심지원의 아들 심익현(沈益顯)이 효종의 2녀 숙명공주(淑明公主)와 혼인한 일을 말한다.

496 말은 어눌한 듯하였으나 : 원문은 '若納于言'인데 《만사고》에 근거하여 '納'을 '訥'로 바로잡아 번역하였다.

내가 임금답지 않아	顧惟不辟
하늘에 죄를 지었네	獲戾于天
전염병과 흉년이[497]	毒癘大侵
해마다 거듭 이르렀네	仍歲洊臻
나라를 보니 어지러워	相邦潰止
근심이 한창 많았네	憂虞方殷
노성한 이에게 힘입어	賴有老成
의지하고 도움 받았네	以馮以翼
재해를 없애고 기민을 구휼하여	弭災卹飢
어려움 넘기기를 바랐네	庶濟艱厄
하늘은 어찌 남겨두지 않고	天胡不憖
빨리도 빼앗아갔나	而奪之速
늙은 나이 아니었으니	年非耄耋
수고하여 지쳤기 때문이네	蓋緣勞瘁
계책은 들을 수 없고	謨猷罔聞
모습은 영원히 감춰졌네	容範永閟
중류에서 노를 잃었으니[498]	中流失楫
아득하여 끝이 없네	浩無涯涘
아, 누구를 의지하랴	嗟其疇倚

497 전염병과 흉년이 : 원문은 '毒癘不侵'인데 《만사고》에 근거하여 '不'을 '大'로 바로잡아 번역하였다.

498 중류에서 노를 잃었으니 : 은(殷)나라 고종(高宗)이 정승 부열(傅說)에게 "내가 만약 큰 강을 건너거든 그대를 배와 노로 삼을 것이다.〔若濟巨川, 用汝, 作舟楫〕"라고 한 말을 인용한 것이다. 《書經 說命上》 여기서는 심지원의 죽음을 말한다.

내 마음 슬프구나 予懷之悲
병들어도 세 번 가지 못하였으니[499] 病未三臨
예법에도 흠이 있네 禮亦有虧
옛 덕을 추억하여 追惟舊德
대신 제사를 지내노라 替陳奠儀
영령은 어둡지 않으리니 靈其不昧
여기서 흠향하기를 尙歆于玆

499 병으로……못하였으니 : 《예기》 〈상대기(喪大記)〉의 "군주는 대부가 병들면 세 번 문안하고, 빈소에 있으면 세 번 간다.〔君於大夫疾, 三問之, 在殯, 三往焉.〕"라는 구절을 인용한 것이다.

죽은 동지중추부사 곽희태에 대한 치제문, 응제이다[500]

卒同知中樞府事郭希泰致祭文應製

일찍 문명을 떨쳤으나	早負文譽
오래 낮은 자리에 머물렀네	久用泥塗
하루아침에 날아올라	一朝扶搖
만년에 날개를 떨쳤네[501]	奮翼桑楡
처음 승문원의 장관이 되고	始長槐院
마침내 붉은 옷[502] 입었네	遂着緋衣
발걸음 빠르지 않아	步武不疾
관직이 나이를 따랐네	爵與齒隨
참판의 반열에 오르니	班聯貳卿
나이는 백 세에 가까웠네	壽近期頤
흰 눈썹과 누런 머리	皓眉黃髮
세월은 더디 갔네	日月舒遲
아들도 있었으니[503]	亦有胤子

500 죽은……응제이다 : 이 글은 1663년 1월 세상을 떠난 곽희태(郭希泰, 1577~1663)을 애도하기 위해 지은 치제문이다. 《勉菴集 卷39 府使贈禮曹判書仙舟郭公行狀》

501 하루아침에……떨쳤네 : 곽희태는 66세 되던 1642년(인조20) 문과에 급제하였다.

502 붉은 옷 : 당상관이 입는 붉은 관복을 말한다.

503 아들도……있었으니 : 곽희태의 외아들 곽지흠(郭之欽, 1601~1661)을 말한다. 《勉菴集 卷39 府使贈禮曹判書仙舟郭公行狀》

나의 시종신 되었네 爲予從臣
치관 쓰고 패옥 차며 豸冠玉佩
기쁘게 혼정신성 하였네 惋愉昏晨
오직 풍성한 복을 惟是豐福
말하는 사람들 영예로이 여겼네 談者榮之
사람의 일은 무상하고 人事靡常
하늘의 도는 알 수 없네 天道莫知
까마귀가 어미 봉양 그만두니[504] 哺烏輟養
송아지 핥아주는 마음[505]에 슬픔이 얽혔네 舐犢纏悲
어찌 달관하지 않았으랴만 豈不達懷
자애가 깊으니 어찌하리오 可奈深慈
한 번 병에 걸리자 몸이 상하여 一疾損和
장수가 끝을 고하였네 遐算告窮
아, 그만이로구나 嗟其已矣
내 마음 실로 애통하네 實慟予衷
우리나라 도탑고 어질어 國朝惇仁
노인을 존경하네 敬老尊年
살아서 영예롭고 죽어서 슬퍼하는 存沒哀榮
예법에 어긋나지 않았네 式禮罔愆

504 까마귀가……그만두니 : 반포지효(反哺之孝)의 고사를 인용한 것으로, 여기서는 곽희태의 아들 곽지흠이 세상을 떠난 일을 말한다.

505 송아지 핥아주는 마음 : 삼국 시대 위(魏) 나라 양표(楊彪)가 아들 양수(楊修)의 죽음을 슬퍼하며 "늙은 소가 송아지를 핥아 주는 사랑을 품고 있다."라고 한 데서 유래한 말로, 자식을 사랑하는 부모의 마음을 말한다. 《後漢書 卷54 楊震列傳 曾孫彪》

이에 옛법을 따라	玆循舊章
간소한 제수 올리노라	菲薄是將
영령은 어둡지 않으리니	庶幾不昧
이 술잔 흠향하라	歆此酹觴

문정공유고

제2권

書서

우암 선생에게 올리다 갑진년(1664, 현종5) 윤6월 2일
上尤菴先生 甲辰閏六月二日

얼마 전에 도착하여 미처 문하에 나아가 뵙지 못하였으니 한창 송구스럽고 한탄스러웠는데, 뜻밖에 손수 쓰신 편지를 먼저 보내주시니 자애로운 돌봄을 입어 감격을 이기지 못하겠습니다. 다만 환후가 가볍지 않다고 하셨는데, 필시 근래의 더위와 습기 때문에 발병하였을 것입니다. 구구하게 우려하는 마음을 어찌 말로 다하겠습니까.

병록(病錄)[1]을 즉시 성군(成君)에게 묻고 따로 약방(藥方)을 써서 올립니다. 성군은 즉시 찾아뵙고자 하였으나 주인집의 증세를 진찰하고 약을 의논하느라 다른 일을 할 겨를이 없습니다. 저 또한 길을 가다가 몸을 상하여 설사 증세가 있어 한창 지쳐 누워 있습니다. 조금 늦게나 내일 아침에 성군을 데리고 함께 찾아갈 생각입니다.

이(尼 윤증(尹拯))의 병은 어떤 이의 말에 따르면 위장이 허하고 비장이 상한 소치라 하는데, 이 때문에 약방을 주어 시험해 보았습니다. 나머지 많은 이야기는 뵙고 말씀드리고, 우선 이만 줄입니다. 갑진년 윤6월 2일

1 병록(病錄) : 병의 증세를 자세히 적은 기록이다.

우암 선생에게 올리다 갑진년(1664, 현종5) 윤6월 6일
上尤菴先生 甲辰閏六月六日

손수 쓰신 편지를 보내주시니 감격하고 송구한 마음 가눌 수 없습니다. 몸이 건강하다고 하시니, 제 마음에 위안이 됩니다. 저는 봉림(鳳林)으로 가는 여행을 미처 출발하기 전에 송형(宋兄)의 병이 몹시 심해져 놔두고 갈 수 없었습니다. 이틀 동안 그 증세가 점점 심해지기만 하고 조금도 나아지지 않으니 지극히 염려가 됩니다. 우선 며칠 동안 보고서 성군(成君)을 데리고 돌아갈 생각입니다. 이달 말엽에는 다시 찾아 뵙겠습니다. 이만 줄입니다. 갑진년 윤6월 6일

우암 선생에게 올리다 갑진년(1664, 현종5) 윤6월 일
上尤菴先生 甲辰閏六月日

요즘 더위가 혹심한데 조섭하는 체후는 어떠십니까? 바라보며 사모하는 마음 더욱 간절합니다. 주부(主簿) 어르신은 이미 삼산(三山)으로 돌아오셨습니까? 저는 엊그제 밤에 곽란(霍亂)을 앓았는데 남은 증세가 아직까지 낫지 않아 어제 찾아뵙지 못하였고, 노비가 앓는 바람에 편지를 보내지도 못하여 지금까지 소식이 없었으니, 그 송구하고 한스러운 마음을 어찌 말로 다하겠습니까.

정오 무렵에 이 동네의 여러 상갓집에 가서 조문하고서 그대로 문하로 나아가려고 하였는데, 늦더위가 여전히 심해 병이 덧날까 걱정되어 중지하고 말았습니다. 하룻밤 평온히 보내고 내일 일찍 찾아뵐 생각입니다. 성 의원이 약을 논의하였으니 먼저 여기에 바칩니다. 희(希)의 병으로 말하자면 어제 재차 한기가 들어 오늘 몹시 심하게 몸져누워 식음을 전폐하였으니 지극히 염려가 됩니다. 할 말은 많으나 이만 줄입니다. 성 의원이 약을 논의한 것 외에 병록을 단락마다 논설하였습니다. 갑진년 윤6월 일

우암 선생에게 올리다 갑진년(1664, 현종5) 윤6월 일

上尤菴先生 甲辰閏六月日

아침에 보내주신 편지를 받았으니 지극히 감격스럽고 위안이 됩니다. 저는 지체한 지 이미 오래라 돌아갈 일이 몹시 급박하여 지금 장차 길에 올라 돌아가려고 합니다. 다시 찾아 뵙고 정성을 다 펴지 못했으니 바라보며 서글피 그리워하는 마음이 가시지 않습니다. 봉해주신 편지는 말씀하신대로 즉시 전하겠습니다. 출발을 앞두고 바빠서 이만 줄입니다. 갑진년 윤6월 일

우암 선생에게 올리다 갑진년(1664, 현종5) 7월 일
上尤菴先生 甲辰七月日

어제 참군(參軍) 노형(老兄)이 찾아와 소매에서 선생께서 손수 쓰신 편지를 꺼내 보여주었습니다. 지극히 놀랍고 위안이 되어 말로 다할 수 없습니다. 지금 시원한 기운이 생기는데 도체(道體)가 더욱 복되리라 생각합니다. 비록 편지는 간혹 보내지 않았지만 그리워하는 정성은 해이해진 적이 없습니다.

저는 얼마 전 둘째 형〔민정중(閔鼎重)〕을 전송하러 갔다가 이어서 철원(鐵原)에 도착하여 누이의 병을 살피고 돌아오다가 길에서 이모의 부고를 듣고 통탄스러워 마음을 가누지 못하였습니다. 또 몇 달 동안 길을 가느라 몸이 상하여 산종(疝腫)이 크게 생겼는데, 만약 고름이 생긴다면 위험한 증상이라 걱정이 되어 한창 조용히 기다리고 있을 뿐입니다.

근래 조정 관원들은 의리와 염치를 한쪽에 버려두고 그 사이에서 취사가 섞였으니 실로 몹시 걱정입니다. 그저 난초를 믿는다는 한탄[2]이 간절할 뿐입니다. 더구나 진(秦)나라를 대국으로 섬기기를 구한 일[3]의

2 난초를 믿는다는 한탄 : 굴원(屈原)의 〈이소(離騷)〉에 "집집마다 흰 쑥을 허리에 가득 차며, 그윽한 난초는 찰 수 없는 것이라 한다.〔戶服艾以盈腰兮, 謂幽蘭其不可佩.〕"라는 말을 인용한 것이다. 쑥은 소인, 난초는 군자를 비유하므로 난초를 믿는다는 것은 군자를 믿는다는 뜻으로 보인다.

3 진(秦)나라를……일 : 진나라는 청나라를 비유한 것으로 보이는데, 자세한 내용은 알 수 없다.

공로가 이와 같으니, 장차 석실(石室)[4]을 어디에 두겠습니까.

말씀하신 뜻은 잘 알겠습니다. 다만 남의 힘을 빌리는 것이 걱정이니, 오직 형세를 보다가 다시 알려드리겠습니다. 병중에 내백(來伯 송기태(宋基泰))이 간다는 말을 들었는데, 만나서 작별하지 못하여 어쩔 수 없이 이렇게 편지를 보내 멀리서 제 정성을 조금 폅니다. 이만 줄입니다. 갑진년 7월 일

4 석실(石室) : 김상용(金尙容)과 김상헌(金尙憲)을 제향한 양주의 석실서원을 말한다. 이들이 대표적인 척화론자이므로 언급한 듯하다.

우암 선생에게 올리다 당일

上尤菴先生 卽日

아침에 몸이 편찮으시다고 들었기에 속히 몸소 문안하려 하였으나 하지 못하였습니다. 보내주신 편지를 받았는데 한결같이 낫지 않는다고 하시니, 그 우려를 어찌 말로 다하겠습니까. 송형(宋兄)의 증세는 설사가 그치지 않고 오늘 또 밥 먹기를 싫어하여 한 순갈도 뜨지 않아 몹시 심하게 지쳤으니, 보노라면 지극히 걱정스럽습니다. 만약 신공(申公)이 한 말이 헛되지 않다면 얼마나 다행이겠습니까. 약 재료는 쓰고 남은 것을 수습하여 말씀하신대로 보내드립니다. 이만 줄입니다. 당일

우암 선생에게 올리다 당일

上尤菴先生 卽日

요즘 병세의 차도가 어떠하십니까? 우려를 가눌 수 없습니다. 이중탕(理中湯)은 이미 시험해 보셨습니까? 내일 찾아뵐 것인데 우선 심부름꾼을 보내 문안하고 이만 줄입니다.

송형(宋兄)은 오늘 설사를 두 번만 하고 땀도 조금 그쳤습니다. 설사와 땀은 깊이 걱정할 것이 못 되지만 하루종일 죽 한 순갈 먹지 않아 몹시 심하게 지쳤으니 지극히 염려가 됩니다. 조보(朝報)는 감영에서 온 것을 보내드립니다. 살펴보신 뒤 즉시 돌려주시기 바랍니다. 당일

우암에게 답하다 병오년(1666, 현종7) 1월 일

答尤庵 丙午正月日

뜻밖에 손수 쓰신 편지가 금마(金馬 익산(益山))에서 전해져 요즘 도체(道體)의 기거가 좋다는 것을 알았으니 우러르던 마음에 몹시 위안이 됩니다. 선생께서 이미 호상(湖上)에 도착하였을 것인데, 며칠이나 머무를 생각이신지 모르겠습니다. 덕음(德音)이 몹시 가까우니, 기쁘고 다행한 마음 갑절로 깊습니다.

영남의 일은 차마 말할 수 없습니다. 이것이 어찌 사람이 한 짓이겠습니까. 필시 조물주가 시켰을 것이니, 그저 조용히 기다릴 뿐입니다. 성상께서는 재해를 두려워하여 특별히 연례(宴禮)를 정지하였으니, 이 일이 하늘을 감동시켜 재해를 중지시키기에 충분합니다. 얼마나 다행입니까. 호상에 계신 상황을 알아보느라 감히 이렇게 사람을 보내어 문안합니다. 이만 줄입니다.

후사를 잇는 사람이 예조의 입안(立案)을 받지 않는 폐단을 아뢰어 고치고 이어서 법식으로 삼아 여러 도에 두루 알리고자 합니다. 이 계사는 소략하게 지을 수 없으니, 삼가 바라건대 경전과 예서를 인용하여 짧은 초고를 지어 보내주시어 저로 하여금 본떠서 말을 만들게 하여 조정에서 받아들여 시행하도록 해 주시는 것이 어떻겠습니까? 황공한 마음으로 감히 여쭙니다. 병오년 1월 일

우암에게 답하다 병오년(1666, 현종7) 2월 일
答尤庵 丙午二月日

호산(壺山 여산(礪山))의 인편과 제 심부름꾼이 나란히 와서 손수 쓰신 편지 두 통을 받았습니다. 호상(湖上)에 계시면서 도체(道體)가 강녕하고 복되다는 것을 알았으니, 기쁘고 위안이 되는 마음이 평소보다 갑절이나 됩니다. 제가 내일 아침 이곳을 출발하면 저녁에는 문하에 도착할 것이니, 가르침을 받을 때가 있을 것입니다. 어찌 이렇게 오랫동안 귀신의 장난에 걸릴 줄 생각했겠습니까. 지극히 놀랍고 다행스러워 객지의 시름도 문득 잊었습니다. 선생께서 동쪽으로 가려는 생각이 몹시 바쁘지만, 삼가 바라건대 양해하고 조금 지체하여 구구한 저의 지극한 소원을 이루게 해 주시는 것이 어떻겠습니까? 이만 줄입니다.

병오년 2월 일

우암에게 답하다 병오년(1666, 현종7) 2월 일

答尤庵 丙午二月日

삼가 여쭙니다. 선생께서 산의 여막으로 돌아간 뒤에 체후와 기거는 어떠하십니까? 잠시 말씀을 듣고 곧장 멀리 이별하였으니, 바라보며 서글피 그리워하는 마음 더욱 간절합니다. 저는 밤낮으로 바빠 두서가 전혀 없습니다. 장차 17일에 또 멀리 순행을 떠날 것인데, 행여 길에서 쓰러지지 않으면 다행일 것입니다.

전에 여쭌《명신록(名臣錄)》 발문은 다시 바라건대 속히 도모하시는 것이 어떻겠습니까? 역사(役事)가 이미 시작되었으니 지체하고 싶지 않습니다. 선조 비석의 문자 역시 바꾸어 주시기를 기다린 뒤에 역사를 거행할 것입니다. 영남의 소식은 더 이상 듣지 못하였으니, 만약 이 이야기를 듣는다면 알려주시기 바랍니다. 안부를 여쭙느라 삼가 이렇게 따로 심부름꾼을 보냅니다. 이만 줄입니다.

혼례에 쓰는 여관(女冠)을 다시 빌려 보내주시기 바랍니다. 병오년 2월 일

우암에게 답하다 병오년(1666, 현종7) 2월 일

答尤庵 丙午二月日

어제 따로 사람을 보내 문안하였는데, 이미 들으셨습니까? 요즘 도체의 기거는 어떠하십니까? 구구하게 그리워하는 마음 지극합니다. 저는 지금 지난날 순행하지 못한 고을로 출발할 것이니, 감영으로 돌아오는 날은 오는 10일 무렵이 될 것입니다. 길을 가느라 피로할 것이니 미리 근심하게 됩니다. 팔미원(八味元)을 정밀히 조제하여 바칩니다. 할 말은 많으나 바빠서 다른 사람을 시켜 쓰게 하고 이만 줄입니다. 병오년 2월 일

우암에게 답하다 병오년(1666, 현종7) 2월 일

答尤庵 丙午二月日

17일과 19일에 손수 쓰신 두 통의 편지가 잇달아 와서 근래 도체의 기거가 강녕하고 복되다는 것을 알았으니 구구한 마음에 다행스럽습니다. 저는 창평(昌平)에 도착하였는데 돌아보면 더욱 멀어졌으니 그리운 마음을 견디지 못하겠습니다.

영남의 소식은 또 어떠합니까? 과연 앞서 하신 말씀을 따를 수 있겠습니까? 이는 알 수 없습니다. 전에 왔던 봉물(封物)은 즉시 고창(高敞)으로 보내어 양소(梁所)로 전하게 하였는데, 중간에 없어질까 염려되어 어제 따로 사람을 보내 물었으니, 돌아오기를 기다리면 알 수 있을 것입니다. 바빠서 이만 줄입니다. 병오년 2월 일

우암에게 답하다 병오년(1666, 현종7) 4월 일

答尤庵 丙午四月日

어제 천안(天安)에 심부름꾼을 보내 선생께서 가시는 곳을 알아보았는데, 방금 이미 행조(行朝)[5]에 도착하셨다고 들었습니다. 이 말이 거짓이 아니라면 윗사람과 아랫사람의 바람을 위로할 수 있을 것이니, 지극히 기쁘고 다행입니다. 모르겠으나 공경히 숙배한 뒤에 들어가 용안을 우러러보고 직접 옥음을 받들었을 것이니, 자전의 증상은 과연 깨끗이 나았으며 오래 편찮으신 성상의 기후는 또 얼마나 회복되었습니까? 이야기를 주고받는 기상을 상상할 만합니다. 바라보노라면 신경이 쓰여서 더욱 답답하니, 모든 소식을 편지로 알려주시기 바랍니다. 몹시 바빠서 이만 줄입니다. 병오년 4월 일

5 행조(行朝) : 당시 현종이 있던 온양 행궁(溫陽行宮)을 말한다.

우암에게 답하다 병오년(1666, 현종7) 5월 일

答尤庵 丙午五月日

지난달 그믐 하루 전에 손수 쓰신 편지를 받고 감격하였습니다. 선생께서는 이미 시골 집으로 돌아갔을 것인데, 도체의 기거가 신령의 도움으로 만복하시리라 생각하니, 그리운 마음 가누지 못하겠습니다. 어제 서울에서 인편이 와서 양궁(兩宮)이 도성으로 돌아오고[6] 옥체가 강녕하시다는 소식을 들었으니, 경사스럽고 기쁜 마음 어찌 끝이 있겠습니까.

저는 호산(壺山 여산)에 머물다가 전지(傳旨)를 받았으니 즉시 전주(全州)로 가야 합니다. 임기가 지난 지 이미 오래이니, 돌아갈 생각이 날마다 간절해집니다. 게다가 서울집에 천연두가 들어와 어린아이가 한창 앓고 있으니 몹시 걱정이 됩니다. 정묵(鄭墨)은 천연두를 몹시 순조롭게 치렀다고 하니 지극히 다행입니다. 조카의 병은 조금 차도가 있지만 몸져누워 소생하기 쉽지 않으니, 풍질(風疾)의 부류인 듯합니다.

선대의 문자를 부탁드린 일을 외람되게도 유념해주셨으니, 구구한 저의 지극한 소원을 이룰 수 있을 것입니다. 저승에 있는 사람과 이승에 있는 사람의 마음을 어찌 말로 다하겠습니까. 삼가 이렇게 따로

6 양궁(兩宮)이 도성으로 돌아오고 : 이해 3월 26일 현종은 모친 인선왕후(仁宣王后)와 함께 온양 행궁에 갔다가 4월 30일에 환궁하였다. 《顯宗實錄 7年 3月 26日, 4月 30日》

사람을 보내어 문안하고 이만 줄입니다. -여러 곳에 보내는 부채를 나누어 전해주시기 바랍니다. 박황(朴簧) 씨, 곽문용(郭文溶) 씨, 이덕로(李德老) 씨 세 집에는 이미 보냈습니다.○병오년 5월 일-

우암에게 답하다 병오년(1666, 현종7) 5월 일

答尤庵 丙午五月日

어제 보낸 인편이 아직 돌아오지 않았으니 아마도 선생께서 이미 청천(晴川)으로 들어간 듯합니다. 요즘 도체의 기거는 어떠하십니까? 그리워하는 저의 구구한 마음을 견딜 수 없습니다.

저는 어제 조정의 전지(傳旨)를 받고 지금 전라 감영으로 돌아가고 있습니다. 한번 찾아뵙기에 조금 멀어 가르침을 받기가 쉽지 않으니 더욱 서글프고 허전합니다. 선조[7]의 비문은 이미 탈고하셨다고 하니, 오는 인편에 보내주시겠습니까?

그리고 여쭐 일이 있습니다. 중봉 선생(重峯先生 조헌(趙憲))의 유문(遺文) 외에 교서(敎書), 제문(祭文), 비명(碑銘) 등의 글도 덧붙여 간행할 것이므로 윤인경(尹仁卿 윤증(尹拯))과 편지로 의논하였더니 제법 자세히 답하였기에 감히 이렇게 함께 올립니다. 삼가 바라건대, 편히 지내시는 여가에 한번 살펴보시고 자세히 회답해 주시는 것이 어떻겠습니까? 문서에 골몰하느라 이러한 일들에 전념하지 못하고, 게다가 해직되어 돌아갈 기일이 이미 임박하였으니, 이 뜻에 행여 부응하지 못할까 두렵습니다. 둘째 형〔민정중〕의 편지를 보내드리니, 인편을 통해 답을 주신다면 몹시 다행이겠습니다. 이만 줄입니다. 병오년 5월 일

7 선조 : 원문은 '先朝'인데, 문맥을 고려하여 '朝'를 '祖'로 바로잡아 번역하였다.

우암에게 답하다 병오년(1666, 현종7) 10월 일

答尤庵 丙午陽月日

초겨울에 도체의 기거가 만복하시리라 생각합니다. 오랫동안 말씀을 듣지 못하여 덕 있는 분을 사모하는 마음 더욱 간절합니다. 저는 요즘 승정원의 직임을 맡아 밤낮으로 흐리멍덩하여 공적으로는 보탬이 되지 않고 사적으로는 부끄럽고 송구한 마음만 쌓입니다. 삼가 들으니 선생께서 회천(懷川)으로 옮겨가셨다 하는데, 초례(醮禮)를 치른 뒤에 또 침류정(枕流亭)[8]으로 돌아오실 것입니까?

팔미원(八味元)에 넣을 부자(附子)는 바빠서 찾아보내지 못하다가 어제 도사(都事) 어른을 만나 비로소 근래 약재를 모으고자 하신다는 말을 듣고 이에 감히 바칩니다. 뵐 기약이 없으니 구구한 마음으로 때맞추어 더욱 보중하시어 멀리 있는 제 마음에 부응하시기를 기원합니다. 이만 줄입니다. 병오년 10월 일

8 침류정(枕流亭) : 화양동 입구에서 10리 떨어진 곳에 있는 정자로 송시열이 빌려 살던 곳이다. 《宋子大全隨箚 卷1》

우암에게 답하다 병오년(1666, 현종7) 10월 일

答尤庵 丙午陽月日

얼마 전 편지를 인편으로 보냈는데, 이미 전해 받으셨습니까? 추위가 점차 심해지는데 요즘 도체는 어떠하십니까? 지극히 사모하는 마음을 견디지 못하겠습니다. 저는 밤낮으로 임금을 모시는 자리에서 겨우 쓰러지는 꼴을 면하고 있을 뿐입니다.

동명(東溟 정두경(鄭斗卿)) 어르신의 말씀은 지난 편지에 감히 언급하였는데 과연 어떻게 생각하십니까? 그의 뜻은 세도가 예전과 다르니 진심으로 근심한다는 것이었습니다. 예관이 명을 받고 출발하기에 그 편에 안부를 여쭙습니다. 이만 줄입니다. 병오년 10월 일

우암에게 답하다 기유년(1669, 현종10) 4월 일

答尤庵 己酉四月日

지난번 편지는 아마 도착하지 않았을 것인데, 지금 도체는 복이 더하시리라 생각합니다. 저는 지금 직산(稷山)에 왔고, 내일은 수원(水原)에 도착하여 상소의 비답을 기다릴 생각입니다. 정 영(靜令)[9]은 세교가 돈독하고 교분도 깊었는데 갑자기 세상을 떠났으니, 애통한 마음 어찌 견딜 수 있겠습니까. 더구나 조정이 한 방면을 맡을 인재를 잃었으니 더욱 애석합니다. 지금 평안 감영의 아전을 통해 들으니 그의 아들이 중도에 상이 났다는 말을 듣고[10] 염습할 때가 되어서야 도착하였다고 하니 몹시 참담합니다.

전에 부탁한 죽수비(竹樹碑)[11]의 인본(印本)은 마침 얻을 곳이 없어 감히 가져갔습니다. 아마도 남평(南平)에서 다시 인쇄하기는 어렵지 않을 것이니, 양해해 주신다면 다행이겠습니다. 출발을 앞두어 이만 줄입니다.

여행 중에 종이가 없어 짧은 종이를 썼고, 몹시 바빠서 반듯이 쓰지도 못하였으니 황공한 마음을 견디지 못하겠습니다. 기유년 4월 일

9 정 영(靜令) : 이태연(李泰淵, 1615~1669)을 말한다. 자가 정숙(靜叔)이므로 이렇게 부른 것이다. 평안도 관찰사로 재직 중 세상을 떠났다.

10 그의…듣고 : 원문은 '其徹中路聞喪'인데 문맥을 고려하여 '徹'을 '胤'으로 바로잡아 번역하였다.

11 죽수비(竹樹碑) : 전남 화순에 있는 죽수서원(竹樹書院)의 비석을 말하는 것으로 보인다. 이곳에 유배된 조광조(趙光祖)를 제향하였다.

우암에게 답하다 기유년(1669, 현종10) 5월 일
答尤庵 己酉五月日

지난번 인편으로 보내주신 편지를 받으니 삼가 감격스럽고 위안이 되었습니다. 다만 근래 독한 열기에 도체의 기거는 어떠하십니까? 지극히 사모하는 마음을 견디지 못하겠습니다.

저는 이달 21일에 이미 감영에 도착하였습니다. 먼 길을 떠난 뒤에 다행히 큰 병은 없으나 오직 맡은 임무가 몹시 무거워 책임을 다하기 몹시 어렵습니다. 더구나 요즘 수응하는 일은 재화에 관계된 것이 많아 마음이 몹시 즐겁지 않습니다. 백성의 풍속과 전지, 부역으로 말하자면 전혀 법도가 없으니, 보고 있으면 더욱 근심스럽습니다.

죽수비(竹樹碑)[12]의 인본은 친족이 가져갔으니 삼가 바라건대 다시 한 본을 보내주시어 희천(熙川) 사람들에게 보여주게 하는 것이 어떻겠습니까?[13]

길에서 전 관찰사 영공[14]의 상을 만나 한번 통곡하고 영결하였습니다. 여기에 이르러 또 그가 시행한 것을 보니, 더욱 슬프고 애석한 마음을 견디지 못하겠습니다. 어찌하겠습니까. 그저 때맞추어 더욱

12 죽수비(竹樹碑) : 314쪽 주11 참조.

13 희천(熙川)……어떻겠습니까 : 조광조가 어천찰방(魚川察訪)으로 부임하는 부친을 따라와서 희천에 유배 중이던 김굉필(金宏弼)에게 수학하였으므로 이렇게 말한 듯하다.

14 전 관찰사 영공 : 전임 평안도 관찰사 이태연(李泰淵)을 말한다. 이해 4월 19일 세상을 떠나 민유중이 그 후임이 되었다. 《顯宗實錄 10年 4月 19日》

보중하여 멀리 있는 제 정성에 부응하시기를 간절히 기원합니다. 이만 줄입니다.

동춘(同春 송준길) 어르신은 이미 내려가셨다고 들었습니다. 한가로운 가운데 서로 어울리는 즐거움이 필시 갑절이나 될 터인데, 궤석 사이에서 모시지 못하여 한스럽습니다. 기유년 5월 일

우암에게 답하다 기유년(1669, 현종10) 6월 일

答尤庵 己酉六月日

지난번에 서울로 들어가는 인편에 편지를 보냈는데, 이미 받아보셨습니까? 삼가 지난달 24일 보내주신 편지를 받고 선생께서 화양동(華陽洞)으로 들어가신 것을 알았습니다. 산이 깊고 땅이 외져 조섭하며 더욱 강녕하고 복되실 것이라 생각하니, 기쁘고 위안이 되는 마음을 가눌 수 없습니다.

저는 삼가 직차(職次)를 지키며 요행히 죄를 짓는 일은 면하였습니다. 다만 선생님과 멀리 떨어져 가르침을 받들 길이 없어 어리석고 누추한 자질을 더욱 가다듬을 수가 없으니, 늘 밤낮으로 바라보며 그리운 마음만 일어날 뿐입니다. 어찌하겠습니까. 나머지는 도체를 때맞추어 더욱 보중하시기를 바라며 이만 줄입니다. 기유년 6월 일

우암에게 답하다 기유년(1669, 현종10) 6월 일

答尤庵 己酉六月日

얼마 전 두 통의 편지를 인편으로 보냈는데, 이미 차례로 받아보셨습니까? 지금 선생께서 화양동으로 처소를 옮기셨는데, 깊고 그윽한 골짜기에서 조용히 조섭하며 강녕하고 복되시리라 생각하니, 구구하게 그리워하는 마음 더욱 간절합니다.

저는 외람되게 중임을 맡아 책임을 다할 길이 없는데, 지금 서울은 장마로 고생한다고 들었으나 이곳만은 가뭄을 걱정하고 있으니, 적임자가 아닌 효과가 이미 드러나 몹시 송구합니다.

을지문덕(乙支文德)의 일은 비록 그가 읊은 시구가 《동문선(東文選)》에 실려 있으나,[15] 만약 문자를 시작한 공로로 예우한다면 온당치 않은 듯하니 과연 어떠할지 모르겠습니다. 이미 헤아려 말씀하셨을 것입니다. 마침 전임 관찰사의 상가에 조문하는 인편을 통해 감히 문안을 여쭙습니다. 기유년 6월 일

15 을지문덕(乙支文德)의……있으나 : 을지문덕의 시는 《동문선》에 실려 있는 〈수나라 우익위 대장군 우중문에게 주다〔贈隋右翊衛大將軍于仲文〕〉를 말한다.

우암에게 답하다 임자년(1672, 현종13) 11월 일

答尤庵 壬子十一月日

얼마 전에 보내주신 편지는 삼가 이미 받았습니다. 추위가 한창 심한데 이러한 때 도체의 기거는 어떠하십니까? 세모에 그리워하니 구구한 마음을 더욱 견디지 못하겠습니다.

저는 용렬하고 구차하게 시일을 보내면서 요행히 쓰러지는 일은 면하였으나 얼마 전 휴가를 청하는 글을 올렸는데, 오랫동안 비지가 내리지 않아 한창 황공하여 기다리고 있습니다.

계주(季周 이단하(李端夏)) 시랑이 진심으로 나라를 걱정하는 것은 천지신명에게 맹세할 수 있는데, 뜻밖에 문자 때문에 하옥하여 심리하라는 명[16]이 내리기까지 하였으니 놀랍고 개탄스러운 마음을 다 말할 수 없습니다.

동춘당(同春堂 송준길)의 환후가 이처럼 고질이 되었으니 실로 몹시 걱정입니다. 저는 찾아뵐 길이 없으니 더욱 한탄스럽습니다. 오랫동안 안부를 여쭙지 못해 삼가 이렇게 인편에 의지하여 멀리서 정성을 대략 폅니다. 할 말은 많으나 이만 줄입니다. 임자년 11월 일

16 문자……명 : 이해 11월 1일, 현종은 이단하가 지은 홍주원(洪柱元)의 제문에 당론을 편드는 내용이 있다는 이유로 잡아다 신문하라고 명하였다.《顯宗實錄 13年 11月 1日》

우암에게 답하다 계축년(1673, 현종14) 1월 일

答尤庵 癸丑元月日

충원(忠原)을 지나다가 얼마 전 몸이 편찮으시어 오랫동안 회복되지 못했다는 말을 전해 듣고 놀랍고 걱정스러운 마음을 견디지 못하였습니다. 봄이 돌아와 신령이 도덕 있는 분을 도와 이미 낫는 기쁨을 얻었을 것이라 생각하니, 구구한 마음으로 간절히 기원할 뿐입니다.

저는 휴가를 받아 아내의 장례를 치르기 위해 횡성(橫城), 원주(原州), 제천(堤川), 충주(忠州) 등지를 두루 다녔으나 모두 이롭지 않았습니다. 오늘에야 진천(鎭川)에서 영동(永同)으로 향하니, 먼 길에 인사가 불편함은 본디 말할 것도 없고, 또 과연 쓰기에 합당한지 여부도 알 수 없으니, 지극히 걱정스럽고 고민스럽습니다.

이번 여행은 몹시 바빠서 길을 돌아 한가롭게 지내시는 산의 재실로 찾아뵐 수 없으니, 돌아오는 날을 기다려 이 소원을 이루고자 합니다. 오랫동안 떨어져 있느라 가르침을 받드는 일이 이처럼 지체되었으니, 서글프고 한스러운 마음 간절합니다. 삼가 이렇게 남의 손을 빌어 안부 편지를 보냅니다. 바빠서 이만 줄입니다. 계축년 1월 일

우암에게 올리다 계축년(1673, 현종14)

上尤庵 癸丑

며칠 동안 조금 추웠는데 도체의 기거는 어떠하십니까? 구구하게 그리워하는 마음을 견디지 못하겠습니다. 저는 스승을 통곡하니 만사가 끝났습니다.[17] 산이 무너진 것 같으니 누구를 우러르겠습니까. 오직 눈물을 흘릴 뿐입니다. 연산(連山) 김군평(金君平)의 아내[18]가 뜻밖에 죽었으니 비통하고 참담하기가 이미 끝이 없고, 낙정(樂靜) 고씨(姑氏)[19]는 근래 병이 많은데 이처럼 정을 쏟던 이가 죽어 기력이 필시 버티지 못할 것이니 더욱 걱정이 간절합니다.

영동(永同)의 산은 전혀 눈에 들어오지 않아 낭패하여 돌아왔습니다. 지금 칠장동(七長洞)으로 가서 다시 헤아려 계획을 정하고자 하지만 과연 장사지내기 합당한지 모르겠으니, 그저 형세가 궁하여 그러한 것 뿐입니다. 피로가 쌓인 나머지 온갖 질병이 번갈아 침범하니, 산사(山寺)에 사나흘 머무르며 조리하고, 아울러 장사지내는 일을 처리한 뒤 문하에 나아가 뵐 생각인데, 20일 무렵이 될 듯합니다. 지금 진천에 도착하여 남의 손을 빌어 대신 문안을 드립니다. 이만 줄입니다.

17 저는……끝났습니다 : 송준길이 1672년(현종13) 12월 2일 세상을 떠났으므로 이렇게 말한 것이다.

18 연산(連山) 김군평(金君平)의 아내 : 김군평은 김만준(金萬埈)으로, 저자의 고모 여흥민씨(驪興閔氏)의 사위이다.

19 낙정(樂靜) 고씨(姑氏) : 조석윤(趙錫胤)의 아내 여흥 민씨를 말하는 듯하다. 민기(閔機)의 딸로, 저자의 고모이다.

우암에게 올리다 계축년(1673, 현종14) 1월 일

上尤庵 癸丑正月日

이틀 사이 조섭하시는 체후는 어떠합니까? 구구하게 그리워하는 마음 더욱 간절합니다. 저는 5년 동안 선생님을 떠났다가 적막한 물가에서 얼굴을 뵈니, 슬픈 마음과 기쁜 마음에 어지러워 형용하기 어렵습니다. 또 돌아갈 일이 몹시 바빠 하루종일 모시고 앉아 조용히 말씀을 듣지 못했으니, 서글프고 망연자실한 마음을 실로 감당할 수 없습니다.

장사지내는 날은 얼마 전 서울에서 보낸 편지를 받으니 2월 14일이 길하다고 하였습니다. 그러므로 이대로 당겨 정하였습니다. 여기 만사를 쓸 종이를 바치니, 때맞추어 써서 돌려주시어 죽은 사람과 산 사람을 위해주시기를 감히 바랍니다. 내일 북쪽으로 올라갈 것인데 남의 손을 빌어 문안 편지를 씁니다. 이곳에 머무르는 노비가 있을 것이니, 만약 답장을 주시면 즉시 인편을 통해 잃어버리지 않고 전할 것입니다. 이만 줄입니다. 계축년 1월 일

우암에게 올리다 계축년(1673, 현종14) 2월 일

上尤庵 癸丑二月日

근래 조섭하시는 체후는 어떠합니까? 구구하게 그리워하는 마음을 가누지 못하겠습니다. 저는 얼마 전 기촌(圻村)에 와서 발인을 맞이하고, 어제 낮에 죽산(竹山)의 산가(山家)로 돌아왔습니다. 아이는 요행히 병에 걸리지 않았습니다. 장사는 처음에 14일로 정하였는데, 공산(公山)의 민 참봉(閔參奉) 종장(宗丈)이 파일(破日)[20]을 범한 데다 다른 구기(拘忌) 때문에 결코 쓸 수 없다고 하여 다시 13일로 잡아 따로 편지를 보내 알리고 힘써 쓰라고 권하였으므로 이날로 당겨 정하였습니다. 날짜가 이미 임박하였으니 비통한 마음 더욱 간절합니다.

회천(懷川 송준길)을 장사지내는 일은 문애(文哀 송병문(宋炳文)) 형제가 널리 찾아보았으나 눈에 들어오는 곳이 없고, 연기(燕岐)에 새로 잡은 곳은 혈(穴)이 비록 명확하지 않으나 용국(龍局)이 좋다는 점은 본 사람들이 모두 동의하며, 지술(地術)로 이름난 자 대여섯 사람의 논의도 모두 다른 말이 없었다고 합니다. 혈이 진짜인지 여부는 그저 술가(術家)의 말에 맡겨야 합니다. 그러므로 이미 문애와 상의하여 장사지내기로 결심하였습니다. 발인하는 날짜는 이달 그믐으로 잡고, 내달 2일에 장사지내기로 하였습니다. 저는 아내의 장례를 마치고 상경하여 또 장차 휴가를 청해 내려올 것이니, 그때 찾아뵐 수 있을 것입니다. 송 상사(宋上舍)가 가는 편에 삼가 이렇게 문안 편지를 올립니

20 파일(破日) : 매달 5일, 14일, 23일로, 일을 하기에 불길한 날이다.

다. 이만 줄입니다.

며칠 전 답장은 삼가 받아보았습니다. 귓병은 이의(李醫)에게 물어 치료할 계획입니다. 계축년 2월 일

우암에게 올리다 계축년(1673, 현종14) 4월 일

上尤庵 癸丑四月日

이 위는 결락이다. 구구한 마음에 그리운 마음 더욱 간절합니다. 저는 서울에 들어온 뒤로 몹시 바빠서 잠시도 쉴 틈이 없었습니다. 피로가 쌓인 나머지 이치상 견디기 어려운 데다 근심이 눈에 넘치는 데도 보탬이 되지 못하고 하는 일마다 부끄럽고 근심스러워 어쩔 줄 모르겠습니다. 어찌하겠습니까. 감영의 인편을 통해 삼가 이렇게 문안을 여쭙니다. 이만 줄입니다. 계축년 4월 일

우암에게 올리다 계축년(1673, 현종14) 5월 일

上尤庵 癸丑五月日

지난달 그믐에 손수 쓰신 편지 한 통을 감영의 인편을 통해 받고 말씀하신 뜻을 잘 알았습니다. 근래 도체는 어떠하십니까? 그리운 마음 더욱 간절합니다. 큰 가뭄이 든 끝에 지금 비로소 비가 쏟아지는데, 비록 늦었지만 농사를 지을 수 있을 것이니 백성에게 다행입니다. 다만 지방도 그러한지 모르겠습니다.

저는 호조에 임명된 뒤로 갑절로 견디기 어려운데, 또 능침을 옮겨잡는 일 때문에 명을 받고 나왔으니, 적절히 주선하여 큰일에 유감이 없도록 하지 못할까 두려워 밤낮으로 근심할 따름입니다. 지금 영릉(寧陵)의 재실(齋室)에 있으면서 인편을 통해 편지를 보냅니다. 이만 줄입니다. 계축년 5월 일

우암에게 올리다 계축년(1673, 현종14) 9월 일

上尤庵 癸丑九月日

저는 죄가 쌓여 재앙을 불러 사람들이 어미 없는 아이를 통곡하게 되었으니,[21] 비통하고 참혹하여 마음을 가눌 수 없습니다. 자애롭게 돌보아 주시는 편지를 보내 위로해 주시니, 지극히 감격스럽고 송구한 마음을 견디지 못하겠습니다. 며칠 사이 도체의 기거는 어떠하십니까? 언뜻 들으니 선생께서 이미 교외로 나갔다고 하는데, 추위가 혹심하고 객지 생활이 어려워 몸이 상하지는 않으셨습니까?

저는 서울에 있으면서도 여가를 얻어 조용히 말씀을 듣지 못했고, 곧 원릉(園陵)에서 공경히 일을 하였습니다.[22] 지금 장차 들어갈 것인데, 여관으로 찾아뵐 방법이 없으니 바라보면 서글프고 허전한 마음이 가시지 않습니다. 삼가 이렇게 따로 사람을 보내 대신 문안합니다. 이만 줄입니다. 계축년 9월 일

21 사람들이……되었으니 : 저자의 부인 은진 송씨(恩津宋氏)가 1672년(현종13) 11월 세상을 떠났으므로 이렇게 말한 듯하다.

22 곧……하였습니다 : 당시 저자는 영릉 천릉도감 제조(寧陵遷陵都監提調)로 천릉을 감독하고 있었다.

우암에게 올리다 계축년(1673, 현종14) 10월 일

上尤庵 癸丑十月日

공경히 일하느라 바빠서 안부를 물을 겨를이 없었습니다. 방금 보내주신 편지를 받고 객지에서 편안히 지내신다는 것을 알았으니 몹시 위안이 되고 다행스럽습니다.

흠위(廞衛 재궁(梓宮))는 무사히 산릉(山陵)에 도착하였습니다. 장사 지낼 날이 이미 박두하였으니 통탄스러운 마음을 더욱 견디지 못하겠습니다. 하현궁(下玄宮)을 사시(巳時)에 하기로 하여 변경할 수 없으니, 사시 초각에 일을 시작할 것입니다. 내일은 선생께서 남쪽으로 돌아갈 것인데 길가로 나아가 뵐 방법이 없으니, 서글프고 그리운 마음 어찌 끝이 있겠습니까. 조보(朝報)를 보내드립니다. 바빠서 이만 줄입니다. 계축년 10월 일

우암에게 올리다 계축년(1673, 현종14) 11월 일

上尤庵 癸丑十一月日

아침에 감영의 인편으로 문안 편지를 보냈습니다. 저는 참혹한 상을 당하여 슬퍼하며 날을 보내고 있으니 말씀드릴 만한 것이 없습니다. 부례(府隷)가 간다고 하기에 감히 이를 통해 안부를 여쭙고, 아울러 함경도 관찰사〔민정중〕가 보낸 편지와 물건을 보내드립니다. 이만 줄입니다. 계축년 11월 일

우암에게 올리다 계축년(1673, 현종14) 11월 일

上尤庵 癸丑十一月日

근래 인편을 통해 재차 문안 편지를 올렸는데 일일이 전해받으셨습니까? 추위가 갑자기 심해졌는데 이러한 때 도체의 기거는 어떠하십니까? 구구하게 우러르는 마음 더욱 간절합니다. 저는 상을 당한 뒤로 질병이 연이어 휴가를 청하고 사면을 청하였으나 허락을 받지 못하였습니다. 지금 상소를 올렸는데 또 봉입하지 못했으니 낭패스럽고 근심스러운 마음을 어찌 다 말하겠습니까. 마침 회천(懷川)의 인편이 있어 감히 이렇게 문안을 드립니다. 이만 줄입니다. 계축년 11월 일

우암에게 올리다 계축년(1673, 현종14) 11월 일

上尤庵 癸丑十一月日

인편을 통해 19일에 보내주신 답장을 받았습니다. 몸이 편찮으시고 오랫동안 회복하지 못하고 있다니, 지극히 놀랍고 걱정스러운 마음을 견딜 수 없습니다. 편지를 보내신 뒤로 여러 날이 지났는데, 점차 회복되는 효과가 있습니까? 추위가 몹시 심한데 더욱 조섭하여 구구한 저의 바람에 부응하시기를 삼가 바랍니다.

병록(病錄)을 교리 정유악(鄭維岳)에게 물었더니, 육군자탕(六君子湯) 10첩(貼)을 써야 한다고 하였습니다. 그러므로 약재를 찾아보내니, 복용하신 뒤에 효과가 있는지 여부를 보아 다시 말씀하시는 것이 어떻겠습니까?

저는 죽은 조카의 발인을 보내자마자 또 집사람의 상제(祥制)를 만났습니다. 동춘(同春) 선생의 첫 번째 기일이 며칠밖에 남지 않았으니, 지난날을 생각하면 비통하여 더욱 마음을 가눌 수 없습니다. 며칠 전 휴가를 청하고 상소를 올렸으나 모두 체직을 허락받지 못하여 부득이 다시 출사하였습니다. 앞으로의 계책은 마음 속에 스스로 헤아린 것이 있습니다. 그러나 벗어나기가 몹시 쉽지 않으니 이것이 걱정입니다.

예관(禮冠)은 일의 형세가 불편하여 아직 만들지 못하였습니다. 조만간 견양(見樣)을 만들어 보내드릴 생각입니다. 안부를 여쭙기 위해 하례 한 사람을 대신 보냈습니다. 바빠서 이만 줄입니다.

참판 이혜중(李惠仲 이민적(李敏迪)) 영공이 갑자기 죽었으니, 이것이 어찌 평소 헤아린 일이겠습니까. 모두 운기(運氣)에 관계된 일입니다. 지극히 애통하고 애석하여 마음을 가눌 수 없습니다. 계축년 11월 일

우암에게 올리다 계축년(1673, 현종14) 12월 일

上尤庵 癸丑十二月日

이달 초에 보내주신 답장은 삼가 이미 받았습니다. 그 뒤로 인편이 없어 안부를 듣지 못한 지 오래입니다. 해가 이미 다 지나가고 추위가 더욱 심해졌는데 근래 도체의 조섭은 어떠하십니까? 먹고 자는 정도는 지금 이미 회복되었습니까? 구구하게 우려하는 마음 간절할 뿐입니다.

저는 바쁜 자리에서 부침하면서도 아무 도움이 되지 못하니 이미 부끄럽고 근심스러운 마음을 견딜 수 없습니다. 상을 당한 뒤에 형제와 헤어지고 섣달 그믐이 다가오니 모든 일이 서글픕니다. 탄식한들 어찌 하겠습니까.

근래의 일은 따로 말씀드릴 만한 것이 없습니다. 영남의 상소가 지금까지 나오지 않았으니 이 또한 한 가지 괴이한 일입니다. 마침 인편이 있다고 하기에 감히 이렇게 문안을 드립니다. 이만 줄입니다. 계축년 12월 일

우암에게 올리다

上尤庵

밤사이 보내주신 편지를 영태(永台)와 함께 받아보고서 지극히 감격스럽고 위안이 되는 마음을 견디지 못하겠습니다. 산릉을 여는 날이 이미 박두하였으니 복장을 갖추어 기다리고 있습니다. 따라죽지 못한 애통함이 근래 갑절로 간절합니다. 내반(內班)과 야차(野次)가 현격히 떨어져 있어 나아가 거애(擧哀)할 길이 없으니 더욱 비통합니다. 총호사〔김수흥(金壽興)〕 형제가 함께 모였는데, 말씀하신 뜻은 이미 이해하였습니다. 이만 줄입니다.

우암에게 올리다
上尤庵

말씀하신 내용은 잘 알겠습니다. 월름(月廩)의 일로 말하자면 이미 다시 보내라는 명이 있었으니, 본조(本曹)에서는 감히 도로 거두어들이지 못하는 것이 마땅합니다. 어떻게 처리할지 모르겠습니다. 일의 형세를 보아 다시 입계하겠습니다.

능역(陵役)은 내일 늦게 끝날 것입니다. 재궁(梓宮)을 모시고 나오는 일은 할 수 있을 듯하지만 감히 기필할 수 없습니다. 지금 일하는 곳에 있어 몹시 바빠 이만 줄입니다.

우암에게 올리다 갑인년(1674, 현종15)
上尤庵 甲寅

봄추위가 겨울보다 갑절로 심한데 이러한 때 도체의 조섭은 만복하리라 생각합니다. 저는 벼슬길에 부침하며 세월을 보내느라 지기(志氣)가 점차 무너져 스스로 진작시킬 수가 없습니다. 평소 돌보고 가르쳐주신 뜻을 저버릴까 두려워 스스로 서글퍼하고 한스러워할 따름입니다.

근래의 소식은 하는 일마다 어지러워 형용할 수가 없습니다. 오직 선생께서 새로 올리신 상소에 지난날 다하지 못한 속내를 개진하였으니 성상의 마음을 감동시켜 돌리기를 간절히 바랍니다. 곽(郭)의 상소[23]가 오랫동안 나오지 않았으니, 무익한 줄 알고서 중지한 것이 아니겠습니까.

저는 선친의 묘소를 살피기 위해 휴가를 청하여 은혜를 입었습니다. 지금 충주(忠州)로 출발할 것인데 길이 조금 멀어 찾아뵐 방법이 없으니 서글프고 아쉬운 마음을 견디지 못하겠습니다. 삼가 이렇게 따로 사람을 보내어 안부를 여쭙습니다. 이만 줄입니다.

23 곽(郭)의 상소 : 진주(晉州) 유생 곽세건(郭世楗)의 상소를 말하는 듯하다. 현종의 지문(誌文)을 송시열에게 쓰게 해서는 안 된다는 상소를 올렸다.《肅宗實錄 卽位年 9月 25日》

우암에게 올리다 갑인년(1674, 현종15) 4월 16일

上尤庵 甲寅四月十六日

방금 회천(懷川)의 인편을 통해 보내주신 편지를 받고서 말씀하신 동춘(同春) 선생의 유소(遺疏)에 관한 일을 알았으니, 지극히 슬퍼 눈물 흘리는 마음을 견디지 못하겠습니다. 제병(諸炳)[24]이 며칠 사이에 반드시 올 것이니 삼가 말씀하신대로 받들어 시행하겠습니다.

저는 능소(陵所)에서 서울로 들어온 지 며칠이 되었으나 집안일을 따라 분주하여 더욱 심하게 지쳤는데, 결코 견딜 수 있을 리가 없으니 부끄럽고 걱정스럽습니다. 앞에 보내신 편지가 아직 도착하지 않았으니 지극히 답답합니다. 부례(府隷)가 내려가기에 감히 문안하는 글을 부칩니다. 이만 줄입니다. 갑인년 4월 16일

24 제병(諸炳) : 송준길(宋浚吉)의 손자 병문(炳文), 병하(炳夏), 병원(炳遠), 병익(炳翼) 등을 말한다.

우암에게 올리다 갑인년(1674, 현종15) 5월 18일

上尤庵 甲寅五月十八日

근래 바람 불고 날이 가문데 도체는 어떠하십니까? 마비 증세가 갑자기 발작하였다고 들은 듯한데, 그 경중은 비록 자세히 알 수 없으나 구구하게 지극히 우려하는 마음을 견디지 못하겠습니다.

부례(府隷)가 돌아오는 편에 보내주신 답장은 삼가 이미 받았습니다. 저는 역사(役事)를 감독하느라 오랫동안 능 아래에 머물러 있어 피로하기가 날로 심해짐을 깨닫습니다. 하지만 이 또한 어찌하겠습니까.

북쪽의 소식을 다시 들을 수 없어 지극히 답답합니다. 천하의 일이 이 지경에 이르렀는데 조정에서는 한 가지 계책도 없고, 참혹한 재이는 경술년(1670, 현종11)의 징조와 한결같으니 통탄스럽습니다. 마침 이우(李友)의 집안 인편이 있어 삼가 안부를 여쭙습니다. 몹시 바빠 이만 줄입니다. 갑인년 5월 18일

우암에게 올리다 갑인년(1674, 현종15) 5월 28일

上尤庵 甲寅五月二十八日

방금 선생께서 이미 산 너머에 오셨다고 들었는데, 길에서 고생한 뒤에 체후는 어떠하십니까? 마비 증세는 더 심해지지 않았습니까? 지극히 우려하는 마음을 견디지 못하겠습니다.

오늘 흠위(歛衛)가 이미 물길로 나아갔으니, 바라보며 애통해 하는 마음 어찌 끝이 있겠습니까. 역사(役事)가 지엄하여 즉시 찾아뵙지 못하니, 틈이 생기기를 기다려 빠져나가려고 합니다. 우선 따로 사람을 보내 안부를 여쭙습니다. 이만 줄입니다. 갑인년 5월 28일

우암에게 올리다 갑인년(1674, 현종15) 6월 4일

上尤庵 甲寅六月初四日

성모(聖母 인선왕후(仁宣王后))의 능침에 흙을 덮는 날이 벌써 다가왔으니 신민의 애통한 마음 어찌 끝이 있겠습니까. 삼가 듣기로 선생의 행차가 용문(龍門)에서 이미 길을 돌렸다고 하는데, 비를 맞으며 고생하신 뒤 체후는 어떠하십니까? 그리운 마음 더욱 간절합니다.

오늘 망곡(望哭)을 마친 뒤 즉시 돌아가실 것입니까? 아니면 신륵사(神勒寺)에 잠시 머물 것입니까? 저는 일을 감독하느라 바빠서 야차(野次)에서 절하고 전송할 방법이 없으니, 지극히 서글프고 허전한 마음을 견디지 못하겠습니다. 삼가 이렇게 따로 사람을 보내 제 마음을 대신 폅니다. 이만 줄입니다. 갑인년 6월 4일

우암에게 올리다 갑인년(1674, 현종15) 7월 19일

上尤庵 甲寅七月十九日

어제 따로 사람을 보내 편지를 올렸으니 더 이상 아뢸 만한 것이 없습니다. 마침 이 참봉(李參奉)이 떠난다는 말을 듣고서 도신징(都愼徵)의 상소[25] 및 함경 감영에서 보낸 책을 봉하여 부쳐 보냅니다. 이만 줄입니다. 갑인년 7월 19일

25 도신징(都愼徵)의 상소 : 도신징은 대구의 유학으로 이해 7월 6일 인선왕후(仁宣王后) 상의 복제에 대해 상소하였다. 《顯宗實錄 15年 7月 6日》

우암에게 올리다 갑인년(1674, 숙종즉위년) 9월 7일

上尤庵 甲寅九月初七日

근래 도체의 조섭은 어떠하십니까? 한기가 들었다가 열이 나는 증후가 오랫동안 그치지 않는다고 들은 듯한데, 우려하는 마음이 더욱 간절합니다. 사정을 아뢴 문자는 이미 성상의 비답을 받았으니, 지문(誌文)을 찬술하는 일[26]은 지체하기 어려울 듯합니다. 진퇴의 계책을 장차 어떻게 하실지 모르겠으니 알려주시기 바랍니다.

저는 갑절로 바빠졌지만 다행히 쓰러지는 일은 면하였습니다.[27] 그러나 김 정승〔김수항〕[28]이 견책을 받은 이래로 황공하고 위축되어 어쩔 줄 모르겠습니다. 능침과 여러 궁을 간심(看審)하고 미처 복명(復命)하지 못하였는데, 교하(交河)의 고을 터와 건원릉(健元陵) 안의 언덕[29] 하나는 지관(地官)들이 모두 좋다고 하며 다른 말이 없다고 합니다. 재차 간심한 뒤에 필시 이 두 곳 중에 하나를 골라야 할 것입니다.

지난번에 보내주신 편지 한 통은 강화도에서 어제 비로소 도착했습니다. 말씀하신 뜻은 잘 알겠습니다. 지금 이처럼 큰 슬픔을 당하였으

26 지문(誌文)을 찬술하는 일 : 현종이 승하하자 숙종은 송시열에게 현종의 지문을 짓게 하였는데, 유생 곽세건(郭世楗)이 반대하는 상소를 올리자 송시열은 지문 짓기를 사양하고 만의(萬義)로 돌아갔다. 《肅宗實錄 卽位年 9月 25日》

27 다행히……면하였습니다 : 원문은 '幸免顚外'인데, 문맥을 고려하여 '外'를 '仆'으로 바로잡아 번역하였다.

28 김 정승 : 원문은 '仝相'인데, 문맥을 고려하여 '相'을 '金'으로 바로잡아 번역하였다.

29 언덕 : 원문은 '罔'인데, 문맥을 고려하여 '罔을 '岡'으로 바로잡아 번역하였다.

니 스스로 처신하는 의리를 돌아볼 겨를이 없습니다. 어찌 십여 일 사이에 화가 이 지경에 이를 줄 생각했겠습니까. 더욱 가슴이 찢어질 따름입니다. 삼가 이렇게 따로 사람을 보내어 문안하고, 이만 줄입니다. 갑인년 9월 7일

우암에게 올리다 갑인년(1674, 숙종즉위년) 9월 17일

上尤庵 甲寅九月十七日

추위가 갑자기 심해졌는데 근래 도체의 조섭은 어떠하십니까? 강가로 오신 뒤로 속히 달려가 가르침을 받고 싶었지만 인산(因山)으로 분주한 나머지 책임지고 대응할 일이 갑절로 많아졌으니 비록 몸을 빼어 한 번 나오고자 하여도 할 수가 없습니다. 편지 한 통으로 문안하는 일조차 겨를이 없었으니, 바라보며 서글피 그리워하는 마음을 더욱 가누지 못하겠습니다.

그간의 사직 상소에 대한 비지가 몹시 간곡하였으니, 지문(誌文)을 찬술하라는 명은 계속해서 굳게 사양할 수 없을 듯합니다. 장차 어떻게 하실 생각인지 모르겠으니, 삼가 답답하게 여깁니다. 며칠 지난 뒤 찾아뵐 수 있을 것이니 우선 이만 줄입니다. 갑인년 9월 17일

우암에게 올리다 갑인년(1674, 숙종즉위년) 9월 19일

上尤庵 甲寅九月十九日

어제 삼가 보내주신 편지를 받고 이질 증상이 가볍지 않다는 사실을 알았습니다. 이틀 사이에 이미 의약의 효험을 보았습니까? 밤기운이 싸늘한데 강가에서 나그네 신세로 있느라[30] 조섭하기 더욱 불편할 것이니, 우려를 견디지 못하겠습니다.

어제 도감의 좌기에서 가만히 총호사〔김수항(金壽恒)〕의 말을 들으니 행장을 미처 지어내지 못하여 찬집청에서 기록한 것을 먼저 선생께 보내겠다고 하였습니다. 몸소 찾아뵐 길이 없어 삼가 이렇게 안부 편지를 보냅니다. 이만 줄입니다. 갑인년 9월 19일

30 강가에서……있느라 : 원문은 '旋寄江上'인데, 문맥을 고려하여 '旋'을 '旅'로 바로잡아 번역하였다.

우암에게 올리다 갑인년(1674, 숙종즉위년) 9월 28일

上尤庵 甲寅九月二十八日

어제 인편이 돌아와 보내주신 답장을 삼가 받았습니다. 길에서 고생하신 와중에도 다행히 몸에 상한 곳이 없다고 하니, 위안이 되는 마음을 가눌 수 없습니다. -4자 빠짐- 《사기(史記)》는 돌려드리겠습니다.

저는 어제 스스로 논열하는 글을 올렸으나 승정원에서 저지당하였습니다. 곧이어 조씨(趙氏)가 또 상소를 올렸다는 말을 들었는데, 몹시 준엄하게 침척하였으니 낭패하고 위축되어 몸을 움직일 곳이 없습니다. 선생께서 만의(萬義)에 머물러 계신데 언제쯤 화양(華陽)으로 들어가시겠습니까? 전유하는 사관의 행차는 이미 당도하였습니까? 서계의 초고를 보고자 합니다. 안부를 여쭙기 위해 감히 이렇게 따로 심부름꾼을 보냅니다.[31] 이만 줄입니다. 갑인년 9월 28일

31 감히……보냅니다 : 원문은 '敢此傳伻'인데, 문맥을 고려하여 '傳'을 '專'으로 바로잡아 번역하였다.

우암에게 올리다 갑인년(1674, 숙종즉위년) 10월 16일
上尤庵 甲寅陽月旣望

방금 삼가 13일에 보내주신 편지를 받았습니다. 오래 전부터 앓은 설사와 이질 증상이 아직도 낫지 않았다고 하는데, 길에서 고생하였으니 이치상 심해졌을 것입니다. 우려하는 마음을 가누지 못하겠습니다. 중추부의 하례를 통해 부친 편지는 이미 받아보셨습니까?

저는 계속해서 염치없이 지내는데 부끄럽고 두렵기가 갈수록 심해집니다. 그저 꾹 참고 큰일이 잘 끝나기를 기다릴 뿐이니, 이 또한 도리일 것입니다.

맏형〔민시중(閔蓍重)〕은 길에 있는데 아직 병은 없다고 합니다. 이른바 홍라산(紅羅山) 도적의 우환[32]이 가장 염려가 됩니다. 둘째 형〔민정중〕이 오랫동안 능소(陵所)에 있었는데, 일을 마치면 저절로 산에 있는 집으로 돌아갈 것이니, 진퇴가 그다지 구차하지 않을 듯합니다.

조보(朝報) 절반은 예전에 회천(懷川)으로 보냈는데, 제병(諸炳)[33]이 근래 절반을 바쳤습니다. 이만 줄입니다. 갑인년 10월 16일

어제 들으니 민신(閔愼)의 일[34]로 영의정이 수의(收議)하였다고 합

32 홍라산(紅羅山) 도적의 우환 : 홍라산은 요동에 있는 산이다. 당시 이곳에 도적이 있어 행인을 노략질하였는데, 사행(使行)이 지나는 곳이므로 문제가 되었다. 《承政院日記 肅宗 1年 1月 26日》 당시 민시중이 고부사(告訃使)의 부사(副使)로 연경에 가는 중이었다.

33 제병(諸炳) : 336쪽 주24 참조.

34 민신(閔愼)의 일 : 1673년(현종14) 민업(閔業)이 죽었는데 아들 민세익(閔世益)

니다. -2자 빠짐- 우의정을 침척하여 인혐하고 대답하지 않았습니다. 우의정과 원임이 헌의하는 것이 어떻겠습니까?

에게 폐질(廢疾)이 있어 상을 치를 수 없어 손자 민신(閔愼)에게 승중복(承重服)을 입게 하였는데, 이는 민정중과 박세채에게 의논한 뒤 송시열의 논의를 따른 것이었다. 이 무렵에 이 일이 다시 제기되면서 논란이 일어났다.《肅宗實錄 卽位年 10月 15日》

우암에게 답하다
答尤庵

17, 18일에 보내주신 편지를 잇달아 받고서 근래 조섭하면서도 여전히 쾌차하지 않았다는 것을 알았으니, 더욱 우려를 견디지 못하겠습니다. 저는 오랫동안 몸이 상한 뒤로 추위를 틈타 병이 나서 지금 막 인혐하고 들어가 사직하고 삼가 처분을 기다리고 있습니다. 그러나 험한 길이 끝나지 않아 지금까지 염치없이 그대로 있으면서 밤낮으로 근심하고 탄식하니, 낭패스러운 상황을 이루 말할 수 있겠습니까.

만형은 어제 이미 압록강을 건넜습니다. 병든 몸으로 먼 길을 떠났으니 사적인 우려가 갈수록 간절합니다. 찾으신 소본(疏本)을 보내드립니다. 비방하는 말은 이미 새로 지은 것이 있어서 초래한 것이니, 그저 스스로 반성해야 할 뿐입니다. 어찌 변명할 수 있겠습니까. 오직 악을 지나치게 미워하여 선조에게까지 무욕이 미쳤으니 오로지 통분한 마음에 먹고 자기도 편치 않습니다. 조보를 보내드립니다. 보신 뒤에 회천(懷川)으로 전해주시면 몹시 다행이겠습니다. 이만 줄입니다.

우암에게 올리다
上尤庵

추위가 갑자기 심해졌는데, 근래 도체의 조섭은 어떠하십니까? 그리운 마음을 견디지 못하겠습니다.

성균관의 상소가 또 성상의 진노를 일으켜 그간 비답으로 하신 말씀이 갈수록 더욱 엄격해지니, 두렵고 황송하여 죽고 싶지만 그러지 못합니다. 아마 선생께서도 이미 감히 글을 올려 대죄하지 못하였으니, 장차 어떻게 처신할 것입니까?

산릉의 이장이 이미 다가왔으니, 따라죽지 못한 애통함을 더욱 견디지 못하겠습니다. 예전에 듣기로 선생께서 교외의 반열에 나아가 곡하려는 뜻이 있었다고 하는데, 지금 와서도 감히 스스로 나아가지 못할 이유가 있습니까. 우려하는 마음이 밤낮으로 가시지 않습니다.

저는 죄를 지어 위태로울 뿐만 아니라 병이 오랫동안 낫지 않고 점점 심해집니다. 누차 사직하는 글을 올렸으나 윤허를 받지 못하였으니, 낭패스럽고 황공하여 몸둘 바를 모르겠습니다. 마침 정 수재(鄭秀才)가 가는 편에 의지하여 감히 문안드립니다. 이만 줄입니다.

장령 송성백(宋誠伯 송기후(宋基厚))의 상(喪)은 통탄스럽고 참혹하여 차마 말할 수 없습니다. 이 또한 운기(運氣)에 관계된 것이니 어찌하겠습니까. 조보(朝報)를 보내드립니다. 보신 뒤에 즉시 회천(懷川)으로 보내시는 것이 어떻겠습니까. 예전에 송질(宋姪) 무리로 하여금 얻는대로 보관해두라고 하였으므로 감히 아룁니다.

우암에게 올리다

上尤庵

며칠 전 정생(鄭生)이 가는 편에 안부 편지를 부쳤으니, 이미 받아보셨을 것입니다. 근래 춥고 따뜻하기가 적절치 않은데 도체의 조섭은 어떠하십니까? 우려하는 마음을 견디지 못하겠습니다.

저는 질병이 갈수록 고질이 되고 처지가 갈수록 위태로운 데도 직명을 내려놓지 못하였으니 황공하고 근심스럽기 그지없습니다. 마침 절도사가 부임하는 편에 삼가 안부를 여쭙습니다. 이만 줄입니다.

우암에게 올리다
上尤庵

근래 몹시 추운데 도체의 조섭은 어떠하십니까? 그리운 마음을 견디지 못하겠습니다. 저는 여섯 번 차자를 올려 면직을 청하여 겨우 호조에서 체직되었습니다. 그러나 병이 낫지 않고 처지가 갈수록 더욱 위태로워지는데 겸대한 직임들이 여전히 있으니, 이 때문에 더욱 황공하고 근심스럽습니다.

박화숙(朴和叔 박세채(朴世采))는 이미 대간의 탄핵을 받았고, 둘째 형 역시 대죄하는 글을 올렸습니다. 선생께서는 장차 어떻게 처신하실지 모르겠습니다. 다만 감히 스스로 논열하지 못하는 이유가 있을 듯합니다. 화숙이 이미 시초가 되었는데, 영남의 상소에서 끝까지 적용하지 못한 법을 반드시 이제부터 차례로 바로잡을 것이니, 스스로 논열할 겨를이 없을 듯합니다. 침상에 누워 남의 손을 빌어 씁니다. 이만 줄입니다.

우암에게 올리다 을묘년(1675, 숙종1)

上尤庵 乙卯

근래 석고대죄하는 중에 체후는 어떠하십니까. 그리워하고 염려하는 마음을 견디지 못하겠습니다. 대각의 논의가 갈수록 한없이 심해지니 끝까지 가지 않으면 그만두지 않을 것입니다. 믿는 것은 오직 위에 계시는 밝으신 성상 뿐입니다. 인편을 통해 안부를 여쭙습니다. 이만 줄입니다.

우암에게 올리다 을묘년(1675, 숙종1) 1월 8일

上尤庵 乙卯正月八日

근래 추위가 심한데 석고대죄하는 가운데 기력은 어떠하십니까? 우려하는 마음을 어찌 다 말하겠습니까. 저는 위축되어 엎드린 채 견책을 기다린 지 이미 오래인데, 아직도 처분이 없으니 더욱 두렵고 송구합니다. 추가로 처벌하라는 논의는 아직 윤허를 받지 못하였으나 무고가 몹시 참혹하여 날마다 새로워지고 심해지니, 앞으로의 일이 과연 어떻게 될지 모르겠습니다. 추삭(追削)하라는 논의[35]는 더욱 차마 들을 수 없습니다. 마음이 놀라고 뼈가 떨려 애통하지만 어찌하겠습니까. 인편을 통해 안부를 여쭙고 이만 줄입니다. 을묘년 1월 8일

35 추삭(追削)하라는 논의 : 민신(閔愼)의 일을 계기로 송준길(宋浚吉)과 이유태(李惟泰)의 관작을 추탈해야 한다는 논의를 말한다.《肅宗實錄 1年 1月 2日》

우암에게 올리다

上尤庵

아래의 별지를 함께 보냈다.

선생의 이번 행차[36]는 조만간 생길 일이라는 것을 원래 알고 있었으니 애통하지만 놀라기에는 부족합니다. 예로부터 군자의 도는 곤경에 처해야 형통하였으니, 부릉(涪陵)이건 도주(道州)이건[37] 어디를 간들 자득하지 못하겠습니까. 봄추위가 아직도 매서우니 영외는 필시 심할 것입니다. 길 가는 도중과 배소에 도착한 뒤로 도체의 기거는 어떠하십니까? 먼 길을 가느라 고생한 나머지 필시 몸이 많이 상했을 것인데 멀리서 바라보며 그리워하는 지극한 마음을 견디지 못하겠습니다.

저는 죄가 산처럼 쌓였는데 관대한 은혜로 각별한 용서를 받아 시골에 엎드린 채 황공한 마음으로 세월을 보내고 있습니다. 오직 나라를 걱정하는 일념만은 자나깨나 잊지 않을 뿐입니다. 북쪽으로 유배되었다는 소식을 이미 늦게 들었고, 어떤 이가 선생께서 이미 이천(利川) 경계를 지났다고 전하였기에 따라가지 못하였습니다. 이하는 결락이다.

삼가 들으니 막내아우님〔송시걸(宋時杰)〕의 부인이 30일에 돌아가셨

36 선생의 이번 행차 : 1675년(숙종1) 1월 13일 송시열이 덕원(德源)에 유배된 일을 말하는 듯하다.

37 부릉(涪陵)이건 도주(道州)이건 : 부릉은 정이(程頤)가 유배된 곳이고, 도주는 채원정(蔡元定)이 유배된 곳이다. 《宋史 卷427 程頤列傳》《宋史 卷434 蔡元定傳》

다고 합니다. 어찌 경악을 금하겠습니까. 우환이 어찌하여 이처럼 심한 지경에 이른단 말입니까. 지사(池査)[38]가 마무리되었다는 말을 듣지 못했는데, 옥천의 유생이 또 유배되기까지 하였다고 합니다. 일마다 날로 새로워지니, 이 또한 어찌하겠습니까.

38 지사(池査) : 청주(淸州) 사람 지봉익(池鳳翼)이 지약해(池若海)의 후사가 되었는데, 나중에 족보를 살펴보니 형제 항렬이었다. 지봉익이 임종을 앞두고 아들 지응구(池應九)에게 계보를 바로잡게 하니, 지응구가 송준길에게 문의한 뒤 예조에 올려 계보를 고쳤다. 그런데 청주의 일부 유생이 지응구가 제멋대로 파양했다고 문제삼았다. 회천의 유생들이 변무하였는데, 송준길의 손자들도 참여했다. 그러다가 1675년(숙종1) 청주의 유생들이 다시 이 일을 제기하며 송준길을 침척하자 송준길의 손자들이 원정(原情)을 올려 억울함을 호소한 일이다. 《宋子大全隨箚 卷7》

우암[39]에게 올리다 을묘년(1675, 숙종1) 2월 10일

上尤庵 乙卯二月初十日

얼마 전 노봉(老峯)의 인편을 통해 안부를 여쭙는 편지를 올렸는데, 아마 미처 받아보지 못하셨을 것입니다. 선생께서 북쪽으로 가신 뒤로 저 역시 외딴 곳에 살고 있으니 소식이 캄캄하여 전해받을 길이 없습니다. 영외는 아직도 춥다고 하는데 도체는 어떠하십니까? 숙환이 낫지 않은 데다 바람과 이슬을 쐬느라 고생하셨으니 필시 몸이 많이 상했을 터인데, 천지신명이 도와주고 있습니까?

저는 선영 가까운 곳으로 나아가 여주(驪州)를 떠나 가흥(嘉興)으로 옮겼습니다. 형제가 몹시 자주 만나니 이는 지극한 즐거움입니다. 다만 조정 의론이 준엄하게 공격하여 그칠 기약이 없으니, 시골에서 편안히 살기 어려울 듯합니다. 그저 더욱 몸 보중하여 그리워하는 제 마음에 부응하시길 바랄 뿐입니다. 이만 줄입니다. 을묘년 2월 10일

39 우암 : 원문은 '尤菴'인데, 다수 용례를 고려하여 '菴'을 '庵'으로 바로잡아 번역하였다. 이하 '尤菴'은 모두 '尤庵'으로 교감하고 따로 교감기를 달지 않았다.

우암에게 올리다

上尤菴

아래의 별지와 함께 보냈다.

-위는 결락이다.- 여유롭게 노니는 즐거움 또한 오래갈 수 없을 듯합니다. 둘째 형이 특별히 추고하라는 명을 받은 뒤로 감히 태연하게 먼 곳에 있을 수 없어, 어제 배 한 척에 병든 몸을 싣고 유양(維楊 양주)으로 가서 연달아 상소를 올리고 대죄하려고 합니다. 문자 사이에 금기를 저촉하는 말이 없지 않은 듯한데, 장차 어떻게 결말이 날지 모르겠으니, 지극히 염려가 됩니다. 3월 그믐과 4월 19일에 보내주신 두 통의 편지는 모두 이미 받아보았습니다. 할 말은 많으나 멀리서 편지로 다할 수 없습니다. 이만 줄입니다.

강가의 거처가 좋은 듯하나, 복잡한 큰 길에 있어 한가로이 휴양하는 방도에는 몹시 적합하지 않습니다. 조만간 노봉 또는 제천 서쪽으로 옮겨가려고 합니다. 그간 하신 말씀은 삼가 잘 알겠습니다.

우암에게 올리다

上尤庵

지난달 16일 손수 쓰신 편지를 매안(梅安)[40]으로부터 전해받았습니다. 간절히 그리워하던 중에 이처럼 멀리서 보내주신 편지를 받으니 마치 직접 말씀을 듣는 것처럼 몹시 놀랍고 위안이 됩니다. 다만 풍토병이 갈수록 심해져 심지어 피를 토하고 배가 아프다고 하니, 우려를 어찌 말로 다하겠습니까.

저는 죄를 짓고 두려운 마음으로 칩거하며 병든 몸을 겨우 보전하고 있습니다. 얼마 전 청주(淸州) 인편과 조생(趙生)이 가는 편에 모두 안부 편지를 부쳤는데, 중간에 없어지지 않았습니까? 이보다 앞서 오는 인편에 보내신 편지는 모두 이미 잘 받았습니다. 마침 회천으로 가는 인편이 있어 소략하게 감히 안부를 여쭙습니다. 이만 줄입니다.

날짜

40 매안(梅安) : 수원 매안리를 말하는 듯하나 미상이다.

우암에게 올리다
上尤奄

아래의 별지와 함께 보냈다.

9월이라 추워지는데 근래 도체의 조섭은 어떠하십니까? 손가락에 나타난 풍토병이 낫지 않았으면 필시 점차 심해졌을 것인데, 지금은 어떤 상태입니까? 구구한 우려를 어찌 견딜 수 있겠습니까. 그간 보내주신 편지는 7월에 3통, 8월에 1통을 모두 이미 잘 받았습니다. 다만 인편이 없어 오랫동안 회답을 지체하였으니, 이는 실로 불민한 저의 죄입니다. 아마도 너그러이 용서해주실 것입니다.

저는 집안의 화가 다하지 않아 또 조카의 장상(長殤)[41]을 통곡하였습니다. 비통하고 참혹하니 어떻게 마음을 가누겠습니까. 맏형은 연래에 네 차례 아이의 상을 당하였으니, 이 무슨 신명의 이치입니까. 애통하고 애통합니다.

한가로이 지낸 지 오래되어 마음 쓸 곳이 없기에 때때로 주자서를 가져다 펼쳐 읽습니다. 그러나 어둡고 게으른 자질이라 여기에 전념하지 못하고 있는데, 누차 권면하는 말씀을 들으니 그저 부끄러움만 더할 뿐 대답할 말을 모르겠습니다.

강가의 임시 거처는 애당초 오래 있을 계획이 아니었는데, 산속에 초가를 짓는 일이 아직 방법을 찾지 못했고, 또 며느리를 데려왔으니

41 조카의 장상(長殤) : 조카는 민시중(閔蓍重)의 아들 민진하(閔鎭夏, 1643~1673)를 말하는 것으로 보인다. 장상은 16세부터 19세 사이에 죽은 경우를 말한다.

그대로 이곳에서 겨울을 나려고 합니다. 어느 곳에 자리를 잡을지 막론하고 이 몸이 끝내 시골에 사는 흥취를 차지할 수 있을지 모르겠습니다. 그저 밤낮으로 두려워할 따름입니다. 집안에 심부름꾼이 부족하여 이렇게 풍편(風便)[42]에 의지하여 감히 안부를 여쭙습니다. 이만 줄입니다.

내려온 것은 비단 성묘하기 위해서만이 아니라 참으로 선영에서 생애를 마치려는 계획 때문입니다. 이 계획을 아는 친구들 중에는 만류하는 자가 많았으나 모두 귀에 들어오지 않았습니다. 마침 하직하는 날 장삼재(張三宰 장선징(張善瀓))가 거듭 심부름꾼을 불러 부르기에 조용히 마주하였더니,

"문곡(文谷 김수항) 상공이 상소를 올린 뒤에 저들은 '뜻을 잃은 사람들이 모후를 보호하여 계해년(1623, 인조1)에 이미 이득을 보았으므로 이번에도 상소에서 망발한 말을 집어내어 죄목(罪目)으로 삼고, 또 은연중에 성상에게 허물을 돌렸으니, 그 계책이 지극히 흉악하다. 그중에 벼슬하기를 좋아하지 않는 자를 역률(逆律)로 다스린 뒤에야 그 흉계를 깨뜨릴 수 있다.'라고 여겼다. 그러나 관직이 높은 자가 응하지 않으므로 아직 발론하지 않았다. 지금처럼 털을 헤치며 흠을 찾고 검을 쓰다듬으며 틈을 기다리는 날에 어찌 스스로 화의 덫에 빠질 수 있겠는가. 속히 돌아오지 않으면 안 된다."

하였습니다. 말뜻이 간절하였는데 두 번 세 번 간곡히 말하였습니다.

42 풍편(風便) : 상대방이 있는 곳으로 가는 사람에게 부탁하여 편지를 보내는 것을 말한다.

'화의 덫'이라는 말은 비록 동요하기 부족하나, 평생 이 친구를 가장 믿었으니 필시 나를 속이지 않았을 것입니다. 이 때문에 주저하며 결단하지 못하고 있으니, 삼가 걱정스럽습니다.

우암에게 올리다
上尤菴

이 위는 결락이다. 또 어떠합니까? 바라보며 우려하는 마음 간절합니다. 저는 둘째 형과 함께[43] 적막한 물가에서 어울려 지내고 있습니다. 이제부터 선영에서 생을 마치는 것이 어찌 참으로 지극한 소원이 아니겠습니까. 그러나 물러난 저를 물의가 여전히 놓아주지 않으면서 복건(福建)[44]에 비견하며 모욕하기도 하고, 명분을 문란케 하고 기탄이 없다며 힘껏 공격하여 날마다 준엄한 논의가 일어나니, 저를 두려워 떨게 합니다. 영해로 유배가는 것은 조만간의 일이 될 듯하니, 그저 가만히 기다릴 뿐입니다. 깊이 사모하는 마음을 견디지 못해 삼가 이렇게 따로 사람을 보내 안부를 여쭙습니다. 그저 신명이 도와 속히 병이 낫는 기쁨을 거두기를 축원하니, 이것이 저의 지극한 바람입니다. 이 아래 및 날짜는 결락이다.

43 저는……함께 : 원문은 '維重得興家仲'인데, 문맥을 고려하여 '興'을 '與'로 바로잡아 번역하였다.

44 복건(福建) : 주자를 말하는 듯하나 미상이다.

우암에게 올리다

上尤奄

이 위는 결락이다. 이배하라는 논의가 또 나왔다가 곧 중지되었습니다. 그러나 끝내는 필시 중지되지 않을 것입니다. 심하지만 어찌하겠습니까. 수양하여 천명을 기다리는 사람이 무엇이 두렵겠습니까. 저는 큰 죄를 지었으나 책망이 가벼워 과분한 은혜를 입고 시골에 칩거하고 있습니다. 다행히 병든 몸을 보전하였으니 황공하고 가슴이 무너져 보답할 방법을 모르겠습니다. 맏형 집에서 보내는 사람 편에 안부를 여쭙습니다. 가르침을 받을 길이 없으니 그저 신명이 보우하여 곤경에 처해서도 더욱 형통하기를 축원할 뿐입니다. 아뢰고자 하는 말은 편지로 다할 수 있는 것이 아니니, 정신이 통하기를 바라며 두 번 절하고 편지를 올립니다. 날짜는 결락이다.

아침에 배가 고파 술을 마셨는데 인편을 만나 급히 썼으니 몹시 송구합니다.

우암에게 답하다 병진년(1676, 숙종2)

答尤菴 丙辰

보내주신 편지와 조군(趙君)이 전해준 손수 쓰신 편지는 모두 이미 받아보았습니다. 동춘(同春) 선생을 추탈하라는 논의는 처음에 반드시 나올 것이라고 생각하지 못했는데 결국 이 지경에 이르렀으니, 자손과 문인의 원통함[45]이 어떻겠습니까. 그러나 저승에서도 지각이 있다면 필시 이러한 상황을 당하고서야 마음이 편안할 것입니다. 다만 묏자리를 아직 다시 잡지 못하였으니 이것은 작은 걱정이 아닙니다. 예전에 이 일을 진도(珍島) 유배객[46]이 매번 주관하였는데, 지금은 의논하여 정할 사람이 없으니 더욱 염려됩니다. 마침 영일(迎日)로 가는 인편이 있어 감히 이렇게 안부를 여쭙습니다. 이만 줄입니다.

예전에 《문헌통고(文獻通攷)》를 빌렸던 곳은 지금 기억나지 않습니다. 회천(懷川)의 젊은이들에게 묻고서 말씀드리겠습니다.

45 자손과 문인의 원통함 : 원문은 '子孫門徒之之痛冤'인데, '之' 1자를 연문으로 보아 번역하지 않았다.

46 진도(珍島) 유배객 : 송시열과 송준길의 문인으로 이들이 받은 무함을 변명하다가 1675년(숙종1) 진도로 유배된 황세정(黃世楨)을 말하는 듯하다.

우암에게 답하다 병진년(1676, 숙종2)

答尤菴 丙辰

근래 인편이 전혀 없어 오랫동안 안부를 여쭙지 못하였습니다. 도체의 조섭은 어떠하십니까? 손가락에 멍울이 생기는 증상은 한결같이 낫지 않고 있습니까? 우려하는 마음을 가눌 수 없습니다.

저는 얼마 전 조카의 장례를 치러 슬픈 생각을 감당하기 어렵습니다. 회천의 산소 일은 예전에 말씀하신 뜻을 제병(諸炳)[47]에게 언급하고 흥룡(興龍)[48]을 사용하라고 권하였는데, 그들의 뜻도 그러하였습니다. 그러나 지사(地師)[49] 남언호(南彦豪)가 처음부터 몹시 문제삼았고 지금까지 변치 않고 있습니다. 여러 술사 중에 이 사람은 제법 믿을 만한 듯하므로 아직까지 감히 큰 일을 함부로 거행하지 못하고 시일을 끌고 있습니다. 사람의 일은 알 수 없으니, 근심하고 탄식하는 마음을 어찌 다 말하겠습니까. 이웃에 사는 조생(趙生)이 선생을 찾아가기에 삼가 그에게 의지하여 안부를 여쭙습니다. 이만 줄입니다.

47 제병(諸炳) : 336쪽 주24 참조.

48 흥룡(興龍) : 회덕(懷德) 흥룡리(興龍里)를 말한다.

49 지사(地師) : 원문은 '地事'인데, 문맥을 고려하여 '事'를 '師'로 바로잡아 번역하였다.

우암에게 답하다 병진년(1676, 숙종2) 7월 14일

答尤庵 丙辰七月十四日

여름 장마가 가을까지 내리니 무더위가 갈수록 혹심합니다. 요즘 도체의 기거는 어떠하십니까? 올해 더위에 몸을 상하는 일은 병이 없는 사람도 면하지 못하였는데, 가시울타리에 둘러싸인 습하고 더운 곳에서 조섭이 더욱 불편하리라 생각합니다. 예전의 병이 덧나지 않았다면 이는 몹시 다행입니다. 4월 29일에 손수 쓰신 편지가 어디선가 전해져 왔는데, 그 뒤로는 인편이 갑자기 끊어졌으니 바라보며 그리워하던 제가 어찌 사모하고 답답한 마음을 견딜 수 있겠습니까.

저는 예전처럼 지내고 있습니다. 아이는 병에 걸려 거의 위험하였다가 온전히 살았습니다. 중간의 여러 가지 우환은 전부 번거롭게 아뢰기 부족하지만, 맏형은 봄 무렵에 코피를 흘리다가 겨우 소생하였는데, 이어서 13세 된 장손의 상을 당하였습니다. 그는 죽은 조카의 후사가 된 자입니다. 맏형은 오랫동안 몸이 상한 데다 상까지 겹쳐 지금까지 시름시름 앓느라 기운을 내어 일어나 움직이지 못합니다. 밤낮으로 근심하는 마음을 어찌 다 말하겠습니까.

흥룡(興龍) 산소의 일은 날씨가 시원해지기를 기다려 한번 그곳에 가서 제병(諸炳)[50]과 다시 더욱 자세히 헤아려[51] 정할 생각입니다. 근래

50 제병(諸炳) : 336쪽 주24 참조.

51 다시……헤아려 : 원문은 '更加裁祥'인데, 문맥을 고려하여 '祥'을 '詳'으로 바로잡아 번역하였다.

의 소식은 아득히 들리는 것이 없습니다. 어떤 이가 전하기를 잡아들여 신문할 기세로 도리어 서로 공격한다고 하니, 옛사람이 한 말이 모두 징험됩니다. 오랫동안 안부를 여쭙지 못했는데, 마침 회천의 인편을 만나 편지를 올립니다. 언제쯤 선생께 도착할지 모르겠습니다. 할 말은 많으나 이만 줄입니다. 병진년 7월 14일

우암에게 답하다 병진년(1676, 숙종2) 12월 15일

答尤庵 丙辰十二月十五日

몹시 추운 연말에 도체의 절선(節宣)이 신명의 도움을 받아 강녕하고 복되리라 생각하니 지극히 그리운 마음입니다. 얼마 전 회천의 장사지내는 모임에 가서 한달 남짓 머물렀는데, 슬프고 경황 없어 인편을 찾아 편지를 보낼 겨를이 없었습니다. 돌아와서 10월에 보내주신 편지를 받았으나 또 속히 답장을 올릴 길이 없었으니 몹시 죄송합니다.

스승의 면례(緬禮)는 새 묏자리가 인정과 이치에 맞고 편안한지를 막론하고, 지금처럼 화란과 우환으로 바쁜 때에 집안 사람과 학도들이 그래도 때맞추어 장사를 지냈으니, 아마도 저승에 계신 분이나 이승에 있는 사람이나 모두 유감이 없을 것입니다. 이 또한 애당초 기약하지 못했던 것인데, 산이 무너진 듯한 아픔이 남은 데다 인사까지 변하였으니 추모하고 서글픈 마음을 이루 말할 수 없습니다. 소제(蘇堤)의 병세는 여러 달 앓은 뒤라 완전히 회복하기는 쉽지 않을 듯합니다. 여기에 온 뒤로 더 이상 안부를 듣지 못하였으니 몹시 염려가 됩니다. 저는 산속에 숨어살며 예전처럼 지내고 있습니다. 할 말은 많으나 이만 줄입니다. 병진년 12월 15일

우암에게 답하다 정사년(1677, 숙종3) 6월 12일

答尤庵 丁巳六月十二日

정(鄭)과 이(李)가 전해준 편지는 차례로 받아보았으니 기쁘고 위안이 되는 마음이 갑절로 간절합니다. 지금 몹시 가물고 무더운 때 도체의 기거는 어떠하십니까. 지극히 그립습니다. 시의(時議)가 준엄해진 지 오래입니다. 고묘(告廟)하자는 청을 아직도 지체하고 있으니 이 또한 이상한 일입니다.

부인[52]을 장사지내는 일은 급하게 쫓겨 지레 행하느라 아이가 기일에 늦어 상엿줄도 잡지 못하였으니, 인사가 불행하여 더욱 서글픕니다. 삼가 생각건대 염습하는 날부터 장사지내는 날까지 모두 가서 보지 못하였으니, 슬프고 한스러워 어떻게 마음을 가누고 계십니까.

저는 상을 당한 뒤로 연달아 질병에 걸려 겨우 죽지 않고 있을 뿐입니다. 죄를 지은 신세에다 사적인 일에 얽매여 한번 유배지로 찾아가 말씀을 듣지 못하여 늘 한스러워하고 있습니다. 어떤 이의 말에 따르면 근래 왕래한 일로 또 죄안(罪案)을 보탰다고 하는데, 제 헤아림이 여기에 미치지 못하여 헛되이 의심과 비방을 불렀으니 참으로 부끄럽고 송구합니다. 회천의 인편에 의지하여 소략하게 안부 편지를 부칩니다. 이만 줄입니다. 정사년 6월 12일

52 부인 : 이해 3월 22일 세상을 떠난 송시열의 부인 한산 이씨(韓山李氏)를 말하는 듯하다.

우암에게 답하다
答尤庵

얼마 전 제천(堤川) 골짜기에서 강으로 나갔다가 둘째 형(민정중) 집에서 묵다가 유배지에서 돌아오는 노비를 길에서 만나 도체의 조섭을 신명이 돕고 있다는 것을 대략 알았습니다. 이는 비록 위안이 되지만 구구한 염려를 그만둘 수 없는 점이 있습니다. 더구나 해가 바뀌었는데 선생과 멀리 떨어져 있어 위리안치된 곳을 바라보니 연모하는 정성이 더욱 간절합니다.

저는 지난 12월에 충주(忠州)의 새로 잡은 산소에 전처를 이장하였습니다.[53] 한달 넘게 수고하느라 피로하고 병들어 지탱하기 어려운데다 발인할 때 큰 비와 눈을 만났습니다. 아들 후(厚 민진후)는 길에서 찬바람을 쐬어 갑자기 산증(疝症)이 발작하여 쓰러져 여러 날 인사불성이었습니다. 지금은 비록 낫고 있지만 아직도 병석에 있으니 근심스럽고 한탄스럽지만 어찌하겠습니까. 지난 11월 두 차례 이하는 결락이다.

53 이장하였습니다 : 원문은 '移曆'인데, 문맥을 고려하여 '曆'을 '厝'로 바로잡아 번역하였다.

우암에게 답하다

答尤庵

아래의 별지를 함께 보냈다.

《주자대전석의(朱子大全釋疑)》를 보고자 하였으나 얻을 수 없었는데, 이렇게 보내주시니 감사하고 다행스러운 마음을 이길 수 없습니다. 삼가 다 베껴 쓰고 본래의 초고를 바칩니다. 앞으로 다시 남은 책을 부쳐 주신다면 도착하는대로 베껴 써서 다 마치기를 기약한 뒤에 자세히 살펴보겠습니다. 간혹 뜻이 의심스럽고 이해하기 어려운 부분은 감히 뽑아 기록하여 여쭈어 훌륭한 말씀을 받들지 않을 수 있겠습니까. 이 서책을 남겨두고 아직 다 보내지 않았다고 들은 듯한데, 오가는 인편이 없지 않으므로 이렇게 번거롭게 간청합니다.

사사(沙事)[54] 운운한 말은 듣기에 몹시 놀랍습니다. 그러나 실상이 이와 같지 않다면 어찌 함부로 단정하겠습니까. 조만간 결말이 나기를 기다리면 그 사람이 어떠한지 알 수 있을 것입니다. 둘째 형의 편지에 답한 말이 있으니 여기서는 번거롭게 반복하지 않습니다.

54 사사(沙事) : 김징(金澄)이 사는 과천(果川) 사근평(沙斤坪)을 말한다.《宋子大全隨箚 卷6》 그는 전라도 관찰사로 있을 때 모친의 회갑 잔치를 위해 도내의 재력을 고갈시키고 수령들에게 재물을 요구했다는 탄핵을 받았다.《顯宗實錄 11年 2月 13日》

우암에게 올리다

上尤庵

별지를 함께 보냈다.

서울의 소식을 들을 길이 없는데 길에서 전해 듣는 것은 모두 놀랍고 두려운 말입니다. 결국에는 어떻게 될지 모르겠습니다. 연전에 청나라 사신이 말한 '신하가 강하다.'[55]라는 이야기가 또 이번에 애도하는 제문에 들어갔으니, 과연 헛소문이 아닙니다. 애통하고 애통합니다.

얼마 전 이조의 관원이 유상운(柳尙運)의 일로 특별히 파직되었습니다. 영의정이 입시하여 도로 거두기를 청하였으나 성상이 따르지 않았습니다. 영의정이 김만중(金萬重)을 서용하도록 청하여 윤허를 받았는데, 영의정이 또 유상운의 해유(解由)가 나오지 않아 의망할 수 없다는 이유를 아뢰며 이조의 관원을 파직하라는 명을 중지하도록 청하니, 성상이 따랐습니다. 이조의 관원이 출사한 뒤 김령(金令)을 예조 참판에 부망(副望)으로 의망하여 낙점을 받았습니다. 이 때문에 대간이 한창 예조 참의를 논핵하고 있는데, 또 의망을 잘못하였다는 이유로 이조의 관원을 추고하도록 청하였으나 성상은 모두 따르지 않았다고 합니다.

55 신하가 강하다 : 현종이 승하하자 조문하러 온 청나라 조사(詔使)를 따라온 통관(通官) 장효례(張孝禮)가 윤계(尹堦)에게 "'황제가 선왕(先王 현종)이 여러 해 동안 병을 앓는 중에 강한 신하에게 견제받아 일마다 자유로이 하지 못하다가 갑자기 승하하였다 하여 갑절이나 측은해 하였다.'"라고 하였다. 오시수(吳始壽)가 이 말을 윤계에게 듣고 숙종에게 아뢰었다. 《肅宗實錄 1年 3月 2日, 3日》

우암에게 올리다

上尤庵

별지를 함께 보냈다.

북경에서 지진의 변고로 인하여 곳곳에 땅이 꺼져 무너진 관청과 민가 및 성보(城堡)를 이루 헤아릴 수 없으며 압사당한 사람이 수만 명이라 저쪽이 흉흉하다고 합니다. 또 사행이 갈 때 다른 길로 들어오게 하였으니, 옛길에 수축하는 일이 있기 때문이라고 합니다. 또 들으니 북관 개시(北關開市)를 할 때 통관(通官)이 북경의 형세 때문에 장차 달아나 피할 일이 있을 것인데, 만약 그렇다면 우리 경내를 지나 소굴로 갈 것이라고 합니다. 이 말의 허실이 어떠한지 알 수 없으나 근래 도성이 몹시 소란스럽다고 하는데, 그 이유를 자세히 알지 못하겠습니다.

송서구에게 답하다 기미년(1679, 숙종5) 11월 13일

答宋敍九 己未復月十三日

편지를 받으니 위안이 되고 감사합니다. 혼정신성(昏定晨省)하는 여가에 학업이 날로 풍부해지리라 생각하니 더욱 경도되는 마음을 견디지 못하겠습니다. 세상의 변고가 끝이 없으니, 지난 일은 말할 수 없고 앞으로의 일은 알 수 없습니다. 생사와 화복은 한결같이 하늘의 명을 따라야 하니, 오직 내가 할 수 있는 일을 다할 따름입니다. 이것이 어찌 말할 만한 것이겠습니까. 다만 늙음과 질병이 함께 심해져 스스로 떨칠 수가 없으니 부끄럽고 두렵습니다. 이만 줄이며 답장을 올립니다.

기미년 11월 13일

송서구에게 답하다 기미년(1679, 숙종5) 11월 16일

答宋敍九 己未復月旣望

거듭 보내주신 편지를 받고 또 이군(李君)을 만나 어버이 모시고 지내는 자세한 근황을 알았으니 기쁘고 위안이 되기가 이루 말할 수 없습니다. 관산(冠山)의 소식[56]을 이렇게 알려주셨는데, 이 소식이 가장 최근이라 더욱 다행입니다. 이미 지난 편지에 자세히 말하였으니 바빠서 이만 줄이며 답장을 올립니다. 기미년 11월 16일

56 관산(冠山)의 소식 : 관산은 장흥(長興)의 고호(古號)이다. 당시 이곳에 유배된 저자의 둘째 형 민정중의 소식을 말한다.

우암에게 답하다 경신년(1680, 숙종6)

答尤庵 庚申

손수 쓰신 문안 편지를 보내주시니 돌보심에 절하며 감사드립니다. 새해가 되었는데 도체의 기거가 신의 도움으로 건강하고 복되리라 생각합니다. 멀리 떨어진 지 지금 여러 해가 되었는데 세월이 흘러도 가르침을 받을 기약이 없으니, 선생을 바라보면 감개하고 사모하는 마음을 더욱 견디지 못하겠습니다.

저는 외로이 살며 병조리하고 있으니 서책이 아니면 짝할 것이 없습니다. 그러나 분발하여 힘쓰는 뜻이 독실하지 않고 어둡고 게으른 기운이 쉽게 찾아오니, 스스로 점검하면 한 걸음도 진보한 곳이 없어 몹시 부끄럽고 두렵습니다. 관산(冠山) 조카의 상(殤)은 놀랍고 애통하여 차마 말할 수 없습니다. 옛사람이 우환과 액운을 당할 적에도 어찌 이렇게까지 두루 맛보았겠습니까. 다만 둘째 형이 그럭저럭 편안히 지내고 있다고 하니 이것이 위안이 됩니다. 돌아가는 인편에 편지를 부칩니다. 할 말은 많으나 이만 줄입니다.

이곳에 온 지 이미 오래되었는데 풍토병에 몸이 상한 줄 모르겠습니다. 다만 겨울 무렵부터 왼손과 오른손의 손가락이 때때로 부어오르고 아프다가 며칠 지나면 사라집니다. 생겼다가 없어지곤 하는데 지금 다 없어지지 않았으니, 이는 아마도 장기(瘴氣) 때문에 생긴 병인 듯합니다.

우암에게 답하다 경신년(1680, 숙종6)

答尤庵 庚申

대간의 글이 지금까지 분분한데, 남(南 남구만(南九萬))과 구(具 구일(具鎰))에 대한 계사는 세전에 이미 정지하였다고 합니다. 이 강서(李江西 이주(李週))의 상(喪)은 들으니 놀라고 참담합니다. 멀리서 그 아우〔이선(李選)〕의 심사를 생각하니 더욱 마음 아프고 측은합니다.

말씀하신 돌아오는 일은 감히 생각하지 못한 일입니다. 그러나 대간의 논의가 혹시 정지되면 형세상 옛집으로 돌아오게 될 것입니다. 물가는 비록 좋은 곳이 아니지만 공주(公州)와 회덕(懷德) 사이보다는 낫습니다. 예전에 영동(嶺東)으로 가려고 생각한 적이 있는데, 형제가 떨어지기 어려워 감히 엄두를 내지 못하였습니다. 어찌하겠습니까.

어떤 이가 전하는 말에 따르면 선생께서 《이락연원록(伊洛淵源錄)》을 있는 곳에서 빌리고자 한다고 하는데, 그렇습니까? 이 책은 예전에 봉산(蓬山)에서 임고(臨皐)로 보내어 회천(懷川)으로 돌려보내게 하였는데, 미처 돌려보내지 못하여 제가 찾아와서 지금 안산(案山)에 남겨두었습니다. 만약 보고자 하신다면 이후의 인편으로 바치겠습니다. 판교(板橋)의 역사(役事)로 말하자면 저들이 비록 이와 같은 이야기를 만들어내었으나 필경에는 염려가 없을 듯합니다.

우암에게 답하다

答尤庵

연초에 답장을 받은 뒤로 의지할 인편이 없어 오랫동안 안부를 여쭙지 못하였는데, 뜻밖에 3월 11일에 손수 쓰신 편지를 받아보았습니다. 얼마 전 설사병에 걸려 몸의 기운이 크게 줄어들었다니, 염려하는 마음을 이루 다 말할 수 없습니다. 그러나 천지신명이 도와 이미 쾌차하셨으리라 생각합니다.

저는 봄이 된 뒤로 가래와 기침이 갑자기 나오고, 이어서 목이 쉬어 몇 달 동안 앓으며 괴롭게 낫지 않았습니다. 아마도 풍토에 몸이 상한 듯하니, 이 또한 내버려둘 뿐입니다.

대각의 계사가 이미 정지되었는데, 며칠 전 본도에서 사면하는 전지를 내려 요행히 병든 몸을 보전하여 고향으로 돌아가게 되었습니다. 형제가 모여 사는 소원을 다시 이루었으니 하늘 같은 성은에 감사하는 마음이 망극합니다. 그러나 구구한 사적인 생각으로는, 매번 옛사람의 사생과 영욕에 대한 말을 외며 끝내 부끄럽고 두려우며 불안한 점이 있습니다. 시골집의 노비와 말이 이미 도착하여 당일로 돌아갈 것입니다. 간혹 인편이 있으면 간략히 안부 편지를 부치겠습니다. 아득히 멀리 계신 곳을 바라보니 정신이 날아가는 듯합니다. 단지 도체를 더욱 조섭하여 멀리 있는 제 정성에 부응하시기 바랍니다. 이만 줄입니다.

우암에게 답하다

答尤庵

아래의 별지와 함께 보냈다.

무한한 세상 변고를 겪고 다시 오늘을 보게 되었으니, 아마도 하늘의 뜻이 사문(斯文)을 없애지 않으려고 해서 그런가 봅니다. 선생께서 성은을 입어 북쪽에서 돌아오신다는 말을 듣고 속히 안부 편지를 쓰려고 하였는데, 서울의 인사가 몹시 분주하고 또 심부름꾼도 없어 지금까지 쓰지 못하였으니, 불민하기가 어찌 숙소를 정하지 않았다는 대답[57] 정도에 그치겠습니까. 화(華)와 거(擧)[58] 두 유생이 와서 손수 쓰신 편지를 전해주었는데, 무더운 날 길에서 고생하신 뒤에 도체가 강녕하고 복되다는 것을 알았으니 기쁩니다. 다만 이 몸이 관직에 매여 있어 용모와 두발이 어떠한지 한번 볼 수 없으니, 한스러운 마음이 실로 얕지 않습니다.

저는 근래 질병에 얽매여 부지런히 직무를 보는 일을 감당할 수 없으나, 거듭 소명을 어겼다가 다시 바쁜 자리에 들어왔는데 터럭만큼도 보탬이 되지 못하고 그저 날이 갈수록 더욱 피로해지니 부끄럽고 근심

57 숙소를……대답 : 어른을 즉시 찾아가 인사하지 않고 변명한다는 말이다. 맹자의 제자 악정자(樂正子)가 제(齊)나라에 가서 숙소를 정한 다음날 맹자를 찾아가니, 맹자가 "숙소를 정한 뒤에 어른을 보고자 하는가.〔舍館定然後, 求見長者乎?〕"라고 꾸짖었다. 《孟子 離婁上》

58 화(華)와 거(擧) : 송병하(宋炳夏)와 송병익(宋炳翼)을 말하는 것으로 보인다. 두 사람의 자가 자화(子華)와 치거(稚擧)이다.

스럽기가 이루 다 말할 수 없습니다. 4월 24일 보내주신 편지는 오천(烏川)에서 왔습니다. 《주자문목(朱子問目)》 3책도 이미 받았습니다. 끝나기를 기다려 도로 바치겠습니다. 몹시 바빠서 이만 줄입니다.

지난 6월 두 차례 인대할 때의 이야기로 일기에서 얻은 것을 베껴 보내어 한번 살펴보시도록 합니다. 종이에 기록하여 보여주신 내용 및 자화(子華 송병하(宋炳夏))가 전한 내용은 삼가 잘 알겠습니다.

우암에게 답하다 신유년(1681, 숙종7), 6월 일

答尤庵 辛酉六月日

여름이 된 이래로 일이 많아 겨를이 없어 오랫동안 문안하지 못하였습니다. 비록 거만해서 그런 것은 아니지만 지은 죄가 큽니다. 근래 바람 불고 날이 가문데 도체의 조섭은 어떠하십니까? 구구한 마음으로 지극히 그리워합니다.

저는 외람되게 아름다운 명령을 받아 공경히 대혼(大婚)의 예를 치렀습니다.[59] 분수를 헤아리면 황공하여 몸둘 바를 모르겠습니다. 올해 재이가 겹치는 현상은 예전에 없던 일인데, 참혹한 가뭄이 또 이 지경에 이르렀으니 두렵고 놀라워 어디까지 갈지 모르겠습니다. 중추부의 녹사(錄事)가 간다고 하는데 마침 더위를 먹어서 남의 손을 빌어 쓰느라 자세히 말씀드리지 못하니, 더욱 황송합니다. 삼가 살펴주시기 바랍니다. 신유년 6월 일

59 저는……치렀습니다 : 이 무렵 저자의 딸 인현왕후(仁顯王后)가 왕비로 책봉되었다. 《肅宗實錄 7年 5月 2日》

우암에게 답하다 계해년(1683, 숙종9) 4월 13일

答尤庵 癸亥四月十三日

아침부터 단비가 내려 가뭄 기운을 깨끗이 씻었습니다. 삼가 생각건대 도체의 조섭이 더욱 맑아지고 나아졌을 것이니 지극히 그리워하며 다행스럽게 여깁니다.

얼마 전 돌아오는 길에 동호주인(東湖主人)을 방문하여 정자를 빌렸으니, 아마 오늘 아침에는 이미 깨끗이 청소하고 선생을 기다리게 하였을 것입니다. 선생께서 언제쯤 옮겨 오실지 모르겠으니, 아울러 이렇게 여쭙습니다. 승석(承碩)〔강승석(姜承碩)〕 무리로 하여금 먼저 가서 살펴보게 하는 것이 어떻겠습니까? 그 정자 뒤에 산기슭이 있어 소요할 만하다고 하며, 강 앞까지는 열 걸음도 안 된다고 합니다. 이만 줄입니다. 계해년 4월 13일

우암에게 답하다 계해년(1683, 숙종9) 5월 2일

答尤庵 癸亥五月二日

얼마 전에 영천(靈泉)으로 목욕하러 갔다가 다시 만폭동(萬瀑洞)과 백천교(百川橋) 사이로 들어가셨다고 들었으니, 선생이 가신 곳을 바라보며 달려가고 싶은 마음만 간절합니다.

엊그제 화강(花江)으로 돌아오셨다는 소식을 들었는데, 아마도 신선 세계를 유람하신 뒤로 도체가 더욱 맑아지고 나아졌을 것이라 생각되니 구구한 마음에 지극히 기쁘고 위안이 됩니다.

성상께서 자리를 비우고 기다리시며, 또 시종신에게 선유하라는 명을 내리셨으니,[60] 오랫동안 지방에 머무를 수는 없을 듯합니다. 언제쯤 한양에 도착하실지 모르겠습니다. 그리운 마음에 답답합니다. 삼가 이렇게 인편에 의지하여 먼저 안부를 여쭙습니다. 이만 줄입니다. 계해년 5월 2일

60 또……내리셨으니 : 원문은 '又有近侍宣諭諭之命'인데, '諭' 1자를 연문으로 보아 번역하지 않았다.

우암에게 올리다
上尤庵

가뭄과 더위가 이처럼 혹심한데 도체의 조섭은 어떠하십니까? 선생께서 이미 동쪽으로 떠나 음성이 더욱 멀어졌으니, 바라보며 그리워하고 답답해 하는 마음을 어찌 견디겠습니까.

세도(世道)가 어지럽고 말이 많으니, 이는 참으로 오늘날 구제하기 어려운 폐습입니다. 그러나 선생의 거취가 어찌 여기에 달려 있겠습니까. 주상께서 한 해가 넘도록 부지런히 부르시며 정성과 예우가 모두 지극하였고, 선생께서 조정에 나오자 더욱 독실히 의지하였습니다. 비록 늙어서 관직에서 물러나겠다는 청을 반복하여 간절히 아뢰었기에 어쩔 수 없이 애써 따라주셨으나, 한양에 머무르며 자주 연석에 입시하는 것이 어찌 윗사람과 아랫사람이 서로 기대하고 서로 믿는 일이 아니겠습니까.

그간의 변괴가 이미 지극히 위태롭고 두려웠는데, 지금의 가뭄 재해가 또 이 지경에 이르렀으니, 나랏일을 생각하면 숨이 막힙니다. 삼가 생각건대 선생께서도 비록 황야에 물러나 있지만 필시 한밤에 잠을 이루지 못하며 마음 속으로 슬퍼할 것입니다. 앞으로의 진퇴를 어떻게 결정할지 모르겠지만 구구한 마음으로 지극히 간절히 바라는 것은 오직 동호(東湖)로 돌아와 머무르며 초하루에 조회하는 예를 펴는 것뿐입니다. 참람하고 망령된 말을 어찌 마음에 둘 수 있겠습니까마는 저절로 그만둘 수 없으니 몹시 황공합니다.

진휼하는 일이 한창 바빠서 수응하기가 몹시 번거롭습니다. 또 두통을 잃어 이제야 안부를 여쭈니 거의 숙소를 정하지 않았다는 대답[61]에 가깝습니다. 죄송한 마음 더욱 간절합니다. 이만 줄입니다.

61 숙소를……대답 : 379쪽 주57 참조.

우암에게 올리다 계해년(1683, 숙종9) 7월 13일

上尤庵 癸亥七月十三日

요즘 가을 날씨가 서늘해지는데 도체의 조섭이 신령의 도움으로 만복하시리라 생각하니 구구한 마음으로 지극히 그리워합니다. 저는 겸대한 여러 직임에서 모두 해직되어 심신이 조금 편안합니다. 다만 시대를 근심하는 일념은 한밤중에도 또렷하니 어찌하겠습니까.

용천(龍阡)의 지문(誌文)[62]은 삼가 하교대로 따르겠습니다. 원본에 산삭하고 수정한 문자를 다시 써서 지금 번조(燔造)하려고 합니다. 여러 해 경영한 끝에 완성할 가망이 있으니 몹시 다행입니다. 마침 아드님이 집으로 가는 편에 의지하여 감히 안부를 여쭙습니다. 이만 줄입니다. 계해년 7월 13일

62 용천(龍阡)의 지문(誌文) : 송시열이 지은 송준길의 묘지문(墓誌文)을 말하는 것으로 보인다.

우암에게 올리다 갑자년(1684, 숙종10) 8월 26일

上尤庵 甲子八月二十六日

가을 날씨가 추워지는데 근래 도체의 조섭은 어떠하십니까? 그리운 마음 더욱 간절합니다. 저는 조카의 장례를 치른 지 얼마 되지 않았는데 사위 이사하(李士夏 이만창(李晩昌)) 군이 갑자기 가벼운 병으로 세상을 떠났습니다. 어찌 상화(喪禍)가 이렇게 겹치고 혹독할 줄 생각했겠습니까. 놀라 통곡하며 몹시 애통해 하니, 심장과 간을 도려내는 듯합니다. 자애롭게 돌보시어 특별히 위문해 주셨는데, 지극히 상심하여 말로 형용할 수가 없습니다. 저는 상을 당하여 몸을 상한 나머지 온갖 병이 번갈아 침입하여 날마다 신음하느라 아무런 생각이 없습니다. 이 때문에 답장을 오랫동안 지체하였으니, 오만한 짓에 가깝습니다. 몹시 죄송합니다. 마침 이 인편에 의지하여 감사의 마음을 전하고 겸하여 안부를 여쭙습니다. 이만 줄입니다. 갑자년 8월 26일

별지에 하신 말씀은 삼가 잘 알겠습니다. 가형(家兄)과 의논하였더니, "이 일은 우의정이 이미 성상께 아뢰어 정식으로 삼았으니,[63] 조정의 체모에 있어서 어찌 또 없애도록 청할 수 있겠는가."라고 하였습니다. 제 생각에 관찰사가 절정(折定)하였으니 시가와 비교하면 비록 넉넉한 듯하지만, 이것은 조정에서 노인을 우대하는 은전이니, 본디 그 사이의

63 이……삼았으니 : 우의정 남구만(南九萬)이 송시열이 있는 고을로 하여금 달마다 술과 고기를 지급하도록 한 일을 말한다. 《承政院日記 肅宗 10年 5月 13日》

사소한 차이를 헤아려서는 안 됩니다. 관찰사가 정한 것이 마땅한 듯합니다. 가령 한결같이 하교대로 그 쌀의 수량을 줄여 술과 고기에 맞춘다면, 오늘날은 그래도 괜찮지만 만약 풍년을 만나면 장차 또 수량을 늘리겠습니까. 이는 몹시 자잘하니, 묘당에 번거롭게 청해서는 안 됩니다. 또 상소를 올려 줄이기를 청하는 것도 합당하지 않으니, 어떨지 모르겠습니다. 다시 생각하여 헤아려 말씀하십시오.

내전(內殿 인현왕후)께서 21일부터 편찮으신데 연달아 태(胎)를 안정시키는 약제를 -1자 빠짐- 이미 차도가 있었습니다. 그러나 남은 증세가 아직 다 없어지지 않았으니 근심하는 마음이 어찌 끝이 있겠습니까.

우암에게 올리다 병인년(1686, 숙종12) 11월 11일

上尤庵 丙寅復月十一日

얼마 전 아이가 돌아오는 편에 보내주신 답장을 받고서 몹시 기쁘고 위안이 되었습니다. 추위가 이미 심해졌는데 요즘 도체의 조섭은 또 어떠하십니까? 구구한 마음으로 지극히 그리워합니다. 저는 문을 닫고 병조리하는 외에 한 가지 일도 말씀드릴 만한 것이 없습니다. 동춘 선생[64]의 유고는 이미 선생의 감정(勘定)을 거쳤으니, 삼가 이대로 베껴 써서 도로 예문관에 보내 간행하도록 하겠습니다. 할 말은 많으나 이만 줄입니다. 병인년 11월 11일

일전에 아이가 문하에서 돌아오면서 회덕서원(懷德書院)과 연기서원(燕岐書院)의 일에 대한 선생의 말씀을 전해주었습니다. 이어서 둘째 형에게 보내주신 별지를 보니, 지극히 놀랍고 황송한 마음을 견디지 못하겠습니다. 스스로 생각건대, 저는 평소 견식이 없어 유림의 중요한 일에 대해서는 감히 함부로 논하지 않았으며, 사람들도 이러한 일을 묻지 않았습니다. 회덕서원의 경우는 향례(享禮)를 거행한 뒤 사람을 통해 그곳의 정해진 위차를 들었을 뿐이고, 연기서원의 경우는 위차가 어떠한지 애당초 듣지 못하였습니다. 무슨 이유로 사람들이 이렇게 말하는지 모르겠습니다.[65] 반복하여 생각해도 끝내 기억하지 못하겠으

64 선생 : 원문은 '先王'인데, 문맥을 고려하여 '王'을 '生'으로 바로잡아 번역하였다.

65 무슨……모르겠습니다 : 원문은 '不如緣何而人有所云云耶'인데, 문맥을 고려하여

니 괴이하고 의아합니다.

영릉(寧陵)을 봉심하였을 때 외람되게 신하들의 뒤를 따라 병석(屛石), 상석(裳石), 가석(駕石) 등을 보았는데 틈이 몹시 커서 온전히 붙은 곳이 하나도 없었습니다. 지대석(地臺石)은 안쪽으로 기울어진 것도 많았으니, 외면의 빗물을 잘 막기 어려울 듯하였습니다. 능 뒤의 지면은 지극히 평평하여 좌우로 점차 줄어드는 형세가 없으니, 장마가 내릴 때가 몹시 염려됩니다. 신민들의 추모하는 애통한 마음이 여기서 더욱 간절해집니다.

복명하던 날 성상께서 하교하시기를 '우리나라는 천릉(遷陵)한 일은 있어도 개봉(改封)한 일은 없다.'라고 하셨습니다. 능을 개봉하면 형세상 능 위에서 다시 흙을 쌓고 다져야 하는데, 일이 몹시 미안합니다. 병조 판서는 "천릉의 미안함은 크고 개봉의 미안함은 작으니 결코 천릉할 수 없습니다."라고 하였습니다.

성상께서 실록을 상고하라고 명하니, 실록에는 영릉(英陵), 희릉(禧陵), 정릉(靖陵), 목릉(穆陵)을 옮긴 일만 있는데 모두 풍수설에서 비롯되었습니다. 목릉을 개수한 일은 광해군 기유년(1609, 광해군1)에 있었는데, 개봉한 일은 비록 명백하지 않으나 병석을 배설(排設)[66]할 때 완평(完平 이원익(李元翼))이 의논을 주도하여 흙을 다졌습니다. 선조 무인년(1578, 선조11)에 효릉(孝陵)의 병석과 의물(儀物)을 처음 설

'如'를 '知'로 바로잡아 번역하였다.

66 배설(排設) : 원문은 '排役'인데, 문맥을 고려하여 '役'을 '設'로 바로잡아 번역하였다.

치할[67] 때도 흙을 다졌다고 합니다. 당시 수창한 문자가 《소재집(蘇齋集)》에 빠짐없이 실려 있는데, 실록에는 없으니, 그 이유를 모르겠습니다.

조(趙)의 상소[68]가 들어간 이후로 성상께서 그간 봉심한 신하들을 의심하십니다. 한쪽 편의 논의가 날마다 새롭게 들리는데 지금의 분위기가 이미 몹시 근심스러우니, 앞으로의 근심은 이루 말할 수 없습니다. 엊그제 성상께서 예관(禮官)을 인견하고 일관(日官)으로 하여금 구릉(舊陵)을 여는 길년(吉年)을 잡도록 하였는데, 내년이 길하다고 입계하였다고 합니다. 아직 천릉하겠다는 명은 없으나 필경 천릉으로 결정될 것입니다.

들으니 인산(因山)은 본혈(本穴)이 왜소한데 흙을 쌓아 널리 보충하여 풍성한 언덕으로 만들었다고 합니다. 석물이 기울고 틈이 생긴 것은 모두 외면에 보충한 흙 때문입니다. 지금 비록 땅을 다지고 개봉하더라도 형세상 바닥까지 뚫어 열고 아래에서부터 쌓아 위로 도달하기는 어렵습니다. 훗날 틈이 생기는 우환은 이전과 다르지 않을 듯하니, 끝내 만세토록 영원히 굳건하게 만드는 방법은 아닙니다. 천릉이 비록 몹시 중대하지만 그만둘 수 없을 듯합니다.

이 계책이 과연 정해진다면, 거리의 원근에 구애받지 말고 경기와 호서의 여러 곳에서 길한 땅을 널리 구하여 골라 써야 신민의 마음에

67 처음 설치할 : 원문은 '始役'인데, 문맥을 고려하여 '役'을 '設'로 바로잡아 번역하였다.

68 조(趙)의 상소 : 영릉(寧陵)에 이상이 있는데도 봉심한 신하들이 말하지 않았다고 비난한 조위봉(趙威鳳)의 상소를 말한다. 《顯宗實錄 14年 4月 11日》

유감이 없을 것입니다. 기해년(1659, 효종10)에 하루 거리 밖에서는 구하지 말라는 하교가 있었으나, 지금 다시 이와 같이 한다면 잡는 땅이 바라는 바에 부합하지 못할 듯하니 지극히 염려됩니다.

9일에 보내주신 편지는 노치(老峙)를 거쳐 전해 받았는데, 말씀하신 뜻은 잘 알겠습니다. 주자가 의장(議狀)에서 논한 내용은 예전에 삼가 읽었으니 감히 명심하지 않을 수 있겠습니까.

진산 군수 송시묵에게 주다 임진년(1652, 효종3) 12월 28일

與宋珍山時默 壬辰十二月二十八日

따로 심부름꾼을 시켜 답장을 보내주시니, 예우가 보통을 넘어 지극히 감사하고 송구한 마음을 말로 형용할 수 없습니다. 이어서 몸이 조금 편찮으셨다가 곧 편안해졌다는 것을 알았으니 더욱 몹시 위안이 됩니다. 앓고 있는 병이 아직 쾌차하지 않았는데 조만간 길을 떠나게 되었으니, 길에서 쓰러질까 미리 걱정이 됩니다.

말씀 중에 원 서(遠西)[69]로 나와 있겠다는 뜻이 있으니, 놀랍고 두려워 어쩔 줄 모르겠습니다. 충주(忠州)의 인편으로 전지(傳旨)를 받았으니, 여기서 소명에 나아가야 합니다. 선조의 분묘에 성묘하러 가는 것은 법을 벗어난 사적인 행차입니다. 어찌 관청에서 알아야 하는 일이겠습니까. 맞이하고 접대하는 것이 모두 시행해야 할 일이 아니니, 삼가 바라건대 이 일을 속히 중지하여 공적으로나 사적으로나 번거롭지 않도록 하는 것이 어떻겠습니까.

제가 따로 사람을 보내 문안을 여쭌 것은 당신이 멀리 떠나 서글픈 마음에서 나온 것이었는데, 도리어 먼 고을에 왕림하시느라 관가에 폐를 끼친다면 어찌 사사로운 마음과 분의에 감히 편안히 여길 수 있겠습니까. 다시 헤아려주시기 바랍니다. 이만 줄입니다. 임진년 12월 28일

69 원서(遠西) : 충북 제천의 원서면을 말하는 듯하다.

송 진산에게 주다 임인년(1662, 현종3) 섣달 그믐

與宋珍山 壬寅除日

편지를 보내주시어 객지에 있는 저를 위문하시니 성의에 감동하여 송구한 마음을 가눌 수 없습니다. 다만 편찮으신 몸이 아직 회복되지 못하였다고 하니, 다름이 아니라 날씨가 몹시 추워 그러한 것입니다. 삼가 바라건대 더욱 조섭해서 속히 회복하여 제 마음에 부응하십시오.

지난번 편지에 말씀드린 내용을 다행히 굽어살피시고 격례를 벗어난 번거로운 일을 중지하셨으니, 지금 제 발걸음이 몹시 가볍습니다. 받은 은혜가 실로 많으니 그 감격이 어떻겠습니까. 그러나 관원이 멀리서 왔으니 양식을 준다고 말씀하셨는데, 마음이 불안하여 처음에는 돌려드리려고 하였습니다. 다시 생각해보니 정으로 주는 마음에서 나온 것인데 굳이 사양하고 받지 않는 것 또한 의리상 감히 할 수 없는 일입니다. 그래서 삼가 이렇게 받았으니 더욱 황공하고 외람됩니다. 한 해가 이미 지났습니다. 새해에 복이 더욱 무성하며 몸이 강녕하고 복되시기 바라며 이만 줄입니다. 임인년 섣달 그믐

송 진산에게 주다 을사년(1665, 현종6) 5월 1일

與宋珍山 乙巳五月初一日

만났던 날은 바빠서 제 마음을 다 펴지 못하였으니 지금도 아쉽습니다. 요즘 정사를 보시는 기거가 만복하시리라 생각하니 구구한 마음에 그립습니다. 행조(行朝)[70]의 소식은 인편을 통해 자주 들었습니다. 목욕하신 뒤에 눈병과 종기가 차례로 쾌차하여 옥체가 전에 비해 나아졌다는 것을 알았으니, 근심이 기쁨으로 변하여 손뼉치고 발 구르는 마음을 가누지 못하겠습니다. 방금 우암(尤菴 송시열) 어른의 답장을 받으니 당신에게 보내는 편지가 있어 감히 이렇게 따로 보내드립니다. 밀봉한 글 속의 별유는 뜯어보고 다시 풀칠하였으니, 이는 어른의 명입니다. 이만 줄입니다. 을사년 5월 1일

70 행조(行朝) : 행조는 대궐 밖의 조정을 말하는데, 이 무렵 현종이 온양 온천(溫陽溫泉)으로 거둥하였기 때문에 이렇게 말한 것이다. 《顯宗實錄 6年 4月 17日》

송 진산에게 주다
與宋珍山

우재(尤齋 송시열)가 이미 행조(行朝)에 나아갔으니 중외에 기대하던 사람들이 과연 실망하지 않았습니다. 우리 왕께서 병이 낫는 기쁨과 여러 현인이 무리지어 나아가는 경사가 마침 이때 모였으니, 이는 종묘사직의 복입니다. 어가가 돌아오는 날은 12일에서 아직 변동이 없습니다.

정봉휘 도응에게 주다 정유년(1657, 효종8) 3월 10일

與鄭鳳輝道應 丁酉三月十日

얼마 전 충청도에서 돌아와 그간 보내주신 편지를 받았습니다. 또 당신이 서울 가까이 왔으나 경계할 일이 있어 사은하지 못하고 곧 다시 지례 돌아갔다고 들었습니다. 미관말직은 애당초 어진 이가 진퇴를 헤아릴 것이 아닌데 간혹 가난 때문에 벼슬하는 경우도 있으니, 당신이 뜻을 굽혔다는 것을 알겠습니다. 마침내 이 뜻이 어긋나고 말았으니, 친지의 마음으로 허전함을 견딜 수 있겠습니까. 또 얼굴을 볼 기회가 있다는 이유로 가르침을 받으려는 계획이 어긋났으니, 서글프고 한스러운 마음 더욱 간절하였습니다. 뜻밖에 멀리서 손수 쓰신 편지를 받으니 그리운 마음에 위안이 됩니다. 다만 말에서 떨어져 다치셨다고 하니 놀랍고 염려되는 마음이 그치지 않습니다. 깊은 못에 임하고 얇은 얼음을 밟는 듯이 조심하라는 교훈을 생각하니 크게 느낀 바가 있습니다. 어찌하여 조물주가 현인을 이렇게 곤경에 처하게 하는 것입니까. 더욱 한탄스럽습니다.

저는 그럭저럭 지내고 있습니다. 인정해주시는 분에게 무슨 말을 하겠습니까. 그런데 이렇게 관대하게 대해주시니 부끄러워 몸둘 바를 모르겠습니다. 바라보면 멀리 떨어져 있어 종유(從遊)하려는 소원을 이루지 못하니, 종이를 앞에 둔 채 갑절로 서글프고 암담합니다. 이만 줄입니다. 정유년 3월 10일

정봉휘에게 주다 정유년(1657, 효종8) 11월 26일

與鄭鳳輝 丁酉十一月二十六日

북쪽으로 온 뒤로 바라보면 까마득하니 어떻게 편지를 보내 문안할 수 있겠습니까. 또 어찌 옛친구를 간절히 유념하지 않은 적이 있겠습니까. 지금 추운 겨울에 어버이 모시는 기거가 만복하리라 생각하니 그리운 마음을 가눌 수 없습니다.

언뜻 들으니 근래 소명(召命)을 받고 상소를 올려 사양하였으나 윤허를 받지 못하였다고 하는데, 진퇴를 어떻게 결정할지 모르겠습니다. 저는 변방 먼 곳의 관원도 분수에 마땅합니다. 다만 관직은 내직과 외직에 관계없이 직분을 다하기가 지극히 어려워서 송구한 마음으로 세월을 보내고 있습니다.

형이 지금 우복(愚伏 정경세) 선생의 유집(遺集)을 간행한다고 들었는데, 공역이 언제쯤 끝날지 모르겠습니다. 대략 간소한 물건으로 만에 하나라도 돕고자 합니다. 부디 모두 마음으로 이해해 주시기 바랍니다.

정유년 11월 26일

정봉휘에게 주다 계묘년(1663, 현종4) 4월 13일

與鄭鳳輝 癸卯四月十三日

형이 남쪽으로 돌아갈 때 마침 시소(試所)에 있었기에 -1자 판독 불가- 작별하지 못하였습니다. 서글프고 한탄스러운 마음 어찌 끝이 있겠습니까. 초여름에 어버이 모시는 기거가 만복하시리라 생각하니 그리운 마음 더욱 간절합니다. 저는 병에 걸린 채 벼슬하느라 편안한 날이 없어 괴로우니 안타깝습니다.

형이 또 공조에 제수되었는데,[71] 진퇴를 어떻게 결정하실지 모르겠습니다. 어버이가 늙고 집이 가난하니 어쩔 수 없이 멀리 떠나려는 마음을 조금 굽히지 않을 수 없습니다. 부디 가까이 와서 은명에 사은하고 이어서 지방 수령의 자리를 얻어 떠나기를 바랍니다. 어떻게 생각하십니까? 이 말을 예전에 형에게 고하였는데 감히 다시 말씀드립니다. 공조 근처에는 근래 두환(痘患)이 없다고 합니다. 나머지는 만나서 이야기하기를 기다리고 이만 줄입니다. 계묘년 4월 13일

71 형이……제수되었는데 : 정도응은 이해 4월 11일 공조 좌랑에 제수되었다. 《承政院日記 顯宗 4年 4月 11日》

정봉휘에게 주다 갑진년(1664, 현종5) 12월 28일

與鄭鳳輝 甲辰十二月二十八日

뜻밖에 멀리서 편지가 와서 추위가 남은 이때 어버이 모시고 아이 돌보며 때맞추어 만복하다는 것을 자세히 알았으니 기쁘고 위안이 되는 마음을 어찌 말로 다하겠습니까. 저는 사명(使命)을 받들고 서쪽 변방으로 나갔다가 겨우 일을 마치고 돌아왔습니다. 그러나 먼 길에 몸을 상한 나머지 질병에 걸려 한창 문을 닫은 채 세월을 보내고 있으니 몹시 걱정입니다.

말씀하신 연시(延諡)에 관한 일은 이조(吏曹)에 여 원외(呂員外 여성제(呂聖齊)) 한 사람이 있을 뿐입니다. 예전에 형과 약속했고, 그의 뜻 역시 속히 시행하고자 하는데 단지 여 판서(呂判書 여이재(呂爾載))의 병이 심하여 곁을 떠날 수 없습니다. 다시 형세를 보아 결정하고자 합니다. 그의 우환이 조금 풀어지기를 기다렸다가 힘써 주선하겠으니, 만약 과연 허락을 얻는다면 기일에 앞서 저리(邸吏)를 따로 보내 알려드릴 생각입니다.

회천(懷川)의 편지는 방금 받았습니다. 희우(希友)가 이미 지하의 사람이 되었는데, 생각할 때마다 몹시 참담하니 어찌하겠습니까. 보내주신 생선은 감사합니다. 나머지는 새해를 맞이하여 경사가 늘어나기를 기원합니다. 병들어 쓰느라 이만 줄입니다. 갑진년 12월 28일

황주경 세정 에게 주다 을묘년(1675, 숙종1) 3월 3일

與黃周卿 世楨○乙卯三月三日

형이 벌을 받으리라는 것은 본디 예상하고 있었습니다. 그러나 엄한 명이 내렸다는 말을 들으니 놀라고 개탄하는 마음을 어찌 견디겠습니까. 오늘의 의리로 말하자면 형은 간언하지 않을 수 없습니다. 이 때문에 섬에 갇히더라도 마음은 편안할 것입니다. 지금 배소로 간 지 이미 여러 날이 되었을 것인데 길에서 고생한 나머지 체후는 상하지 않았습니까? 구구한 우려를 어찌 잠시라도 마음 속에서 놓은 적이 있겠습니까. 그러나 시골에 물러나 사느라 인편을 얻기가 쉽지 않아 아직까지 편지 한 통 보내어 인사를 묻지 못하였으니 더욱 한탄스럽습니다.

저는 처음에 여주(驪州)에서 살았으니, 선영이 가깝기 때문이었습니다. 근래 가흥(可興)의 강가 마을로 이사하여 가형(家兄)과 자주 단란한 모임을 가집니다. 이는 실로 십여 년 동안 바라면서도 얻지 못하던 것이니 몹시 다행입니다.

저는 지은 죄가 이미 큰데 견책이 내리지 않았습니다. 죄를 청하는 논의가 상소에서 자주 나오니, 밤낮으로 두려워하며 삼가 처분을 기다릴 뿐입니다. 형이 유배되어 마침 남 대간(南大諫)과 같은 곳으로 갔으니,[72] 아마도 우환 속에서 서로 어울리며 둘다 도움이 될 것입니다. 군자의 도는 곤경에 처할수록 더욱 형통하니, 감히 이렇게 되기를 바랍

72 남……갔으니 : 남 대간은 남이성(南二星)이다. 1674년(현종15) 7월 25일 진도에 유배되었다. 《顯宗實錄 15年 7月 25日》

니다. 얼굴을 뵐 길이 없으니 더욱 암담할 뿐입니다. 그저 때맞추어 더욱 몸을 아껴 구구한 저의 바람에 부응하시기 바랍니다. 이만 줄입니다. 을묘년 3월 3일

황주경에게 주다 을묘년(1675, 숙종1) 7월 24일

與黃周卿 乙卯七月廿四日

봄 무렵에 편지 한 통을 남 영(南令 남이성)의 유배지에 맡겨 당신에게 전하도록 하였는데, 오랫동안 답장을 받지 못하였으니, 아마도 중간에 없어져 그러한 듯합니다. 형이 변방에 유배된 지 거의 1년이 되었습니다. 찌는 듯한 남쪽 바닷가에서 이미 그 해독을 많이 입었을 것입니다. 가을 이후로는 체후가 어떠하십니까? 그립고 염려하는 마음을 잠시라도 놓은 적이 있겠습니까.

남 영은 이미 양이(量移)되었다고 하는데, 아마도 형은 바다의 섬에 외로이 갇힌 채 혈혈단신으로 이야기할 사람이 없으니 더욱 암담하여 마음을 가눌 길이 없습니다. 그러나 예로부터 곤경에 처한 사람은 모두 이와 같았으니 본디 말하기에 부족합니다. 우재(尤齋 송시열)는 남쪽 끝으로 옮겨진 데다 가시울타리까지 더하였으니, 결국 이 지경에 이를 줄 어찌 생각했겠습니까. 더구나 앞으로의 일을 알 수 없으니 그저 애통하고 개탄하는 마음 간절합니다.

저는 몹시 무거운 죄를 지었으나 지나치게 융숭한 은혜를 입어 시골에 물러나 살면서 요행히 몸을 보전하고 있습니다. 밤낮으로 두려워하며 감격하는 마음 어찌 끝이 있겠습니까. 말하고 싶은 내용은 멀리 있어서 자세히 말할 수 없으니, 그저 더욱 몸 보중하여 구구한 제 마음을 위로해 주시기 바랍니다. 을묘년 7월 24일

황주경에게 주다 병진년(1676, 숙종2) 1월 21일

與黃周卿 丙辰元月二十一日

지난 10월 보내주신 편지를 김 상사(金上舍)에게서 얻어보았는데, 지극히 놀랍고 위안이 되어 마치 다른 세상의 소식을 듣는 듯하였습니다. 해가 이미 바뀌었는데 외딴 섬에서 봄을 만나 조섭하는 체후는 어떠하십니까? 눈병은 지금까지 고통스럽습니까? 한결같이 그리워하고 염려하는 마음이 조금이라도 느슨해진 적이 있겠습니까. 단지 땅이 멀고 인편이 없어 소식이 뜸하니, 늘 아침 저녁으로 서글퍼하고 마음 아파할 뿐입니다. 저는 죄를 짓고 두려운 마음으로 칩거하고 있으나 그래도 편안히 지내고 있습니다.

봉산(蓬山 송시열)은 풍토병이 점차 심해져 얼굴을 살핀 사람들이 모두 모습이 더 이상 예전과 같지 않다고 말합니다. 밥과 반찬도 대지 못하여 늘 걱정이니, 늘그막에 감당할 바가 더욱 아닙니다. 여기에 근거하면 기력이 몹시 지치고 온갖 고생을 하는 상황을 상상할 수 있습니다. 추후에 논죄하는 화가 지하에까지 미쳤는데, 스승이 돌아가시고 남은 슬픔에 무고를 받는 원통함까지 겹쳤으니, 가슴을 치고 피눈물을 흘리며 차라리 살지 않고자 합니다. 홍 통진(洪通津 홍득우(洪得禹)) 등 여러 공이 글을 올려 변무하였다가 모두 원찬(遠竄)을 당하였으니 몹시 애통합니다. 제병(諸炳)[73]은 모두 편안합니다. 다만 지사(池查)[74]가

73 제병(諸炳) : 336쪽 주24 참조.

74 지사(池查) : 355쪽 주38 참조.

끝나지 않아 다시 심리하는 일이 있을 것이니, 심한 액운입니다. 연천(燕阡)으로 이장할 계책은 하루가 간절한데, 우재는 늘 흥룡산(興龍山)을 쓰라고 권하지만 제병은 남언호(南彦豪)가 폄훼한다는 이유로 따르지 않습니다. 이 일은 지금까지 정해질 기약이 없으니, 걱정이 어찌 끝이 있겠습니까.

《주서기의(朱書記疑)》는 제가 베껴 쓴 본이 하나 있으나 오자가 많아 보기 어렵습니다. 그러나 저희 집에서는 이 책을 펼쳐 읽고 있으니 멀리 보내기는 어렵습니다. 간절히 바라는 것은 노력하여 밥 잘 먹고 구구한 바람에 부응하는 것입니다. 이만 줄입니다. 병진년 6월 21일

황주경에게 주다 병진년(1676, 숙종2) 12월 21일

與黃周卿 丙辰十二月廿一日

세모에 추위가 지극히 심한데 이러한 때 체후는 어떠하십니까? 곤경에 처해도 마음은 형통하다는 의리에 스스로 힘쓰더라도 풍토병이 사람을 상하게 하기 충분하니, 일 년 넘게 섬에 있으면서 어떻게 견디고 있습니까. 멀리서 그리워하고 우려하는 마음을 견디지 못하겠습니다. 지난날 당한 일은 지극히 뜻밖의 괴이하고 경악스러운 일입니다. 다만 이후의 벌이 지금까지 시행되지 않았다고 하니, 이 또한 처음에 생각하지 못한 것입니다. 얼마 전 봉산(蓬山 송시열)의 편지를 받았는데, 형이 충암(冲菴 김정(金淨))이 되기를 바라지만 곤장을 맞을 수 없어 이미 옛사람에게 미치지 못하니, 그가 한 일을 전부 배울 필요는 없다고 하였습니다. 한바탕 웃을 일입니다.

저는 올가을에 노치(老峙)에서 5리 못 미친 곳에 집터를 잡았으니, 이른바 둔촌(屯村)-1자 빠짐-의 땅입니다. 가솔을 데려와 이미 거처를 정하였고, 둘째 형이 제서(堤西)로 들어와 노치의 옛 여막에 조카를 머물게 하였습니다. 형제와 자제들이 몹시 자주 모이니, 비록 우환으로 분주한 와중이지만 친지가 서로 어울리는 즐거움을 얻었습니다. 맏형은 올봄에 며칠 동안 코피를 흘려 거의 숨이 끊어졌다가 다시 소생하였습니다. 이어서 죽은 조카의 후사가 된 손자의 상을 당하였으니, 질병과 상사(喪事)로 병이 고질이 되고 몸이 상하였습니다. 가을 무렵 조금 소생할 기미가 있었으나 겨울이 된 뒤로 지극히 위독해졌습니다. 죄를 짓고 시골에 칩거하는 저는 문안할 방법이 없어 멀리서 근심하고 애태우며 마음을 가누지 못합니다.

동춘(同春) 선생의 면례(緬禮)는 이미 지난달에 흥룡(興龍)의 새 무덤에서 거행하였습니다. 지법(地法)이 어떠한지는 모르겠으나 와서 모인 문인과 친구들이 모두 좋다고 합니다. 또 마을과 몹시 가까워 인사가 매우 편리하니 실로 몹시 다행입니다. 추모하는 애통함과 의문(儀文)의 변고로 말하자면, 옛일에 감개하고 오늘날 참담하여 이루 말할 수 없는 점이 있습니다. 더구나 형이 법망에 걸려 끝내 무덤에 와서 한번 통곡하지 못하였으니, 아마도 슬프고 원통한 마음은 다른 사람보다 만 배나 될 것입니다. 어찌하겠습니까. 오랫동안 소식이 없어 답답한 마음을 견디지 못하였는데, 마침 문재(文哉 송병문(宋炳文))를 만나 이 편지를 부쳐 대신 전하기를 바랍니다. 과연 중간에 없어지는 일은 면하겠습니까. 할 말은 많으나 이만 줄입니다. 병진년 12월 21일

황주경에게 주다 경신년(1680, 숙종6) 2월 2일

與黃周卿 庚申二月二日

시골에 있으면서 한 해가 지나도록 편지를 받지 못했는데, 이렇게 멀리 유배되어 바라보니 더욱 아득하여 한번 안부를 물을 길이 없어 그저 서글프고 그리운 마음 간절할 뿐입니다. 지금 바닷가에 봄이 돌아왔는데 체후는 어떠하십니까? 예전에 앓던 눈병은 지금 이미 회복되었습니까? 가을과 겨울 사이에 둘째 형이 형쪽의 소식을 거듭 알려주어 제 마음에 조금 위안이 되었습니다. 저는 병든 몸으로 겨울을 났는데 다행히 목숨을 보전하고 있습니다. 객지의 서재에 별 일이 없어 마음대로 책을 보니, 어찌 몸과 마음에 유익함이 없겠습니까마는 그저 예전처럼 용렬하고 나약하여 노쇠한 지경에 이르러 스스로 분발할 수가 없으니, 부끄럽고 두렵습니다. 마침 관산(冠山)에 사람을 보내다가 이 인편에 의지하여 급히 써서 구구한 마음을 대략 펼칩니다. 경신년 2월 2일

황주경에게 주다 경신년(1680, 숙종6) 5월 25일

與黃周卿 庚申五月二十五日

저 민유중이 아룁니다. 얼마 전 노형께서 부인의 상을 당하였다는 소식을 들었습니다. 부부가 되어 함께 늙는 것은 고금에 드문 일이니 원래 어쩔 수가 없습니다. 그러나 유배지에서 부고를 들었기에 염습과 장례를 직접 하지 못하여 삶과 죽음이 갈라지는 사이에서 끝내 한번 영결하지 못하였으니, 이는 이치의 큰 변고입니다. 우러러 생각건대, 슬프고 참혹한 마음을 어떻게 가누고 계십니까? 계절이 한창 더운데 그곳에 오신 뒤로 체후는 또 어떠하십니까? 한결같이 그리운 마음이 그치지 않습니다.

6, 7년 이래로 사림의 원통함이 극에 달하였습니다. 얼마 전 역적이 법에 따라 처형되어 조정이 맑아지고 성상께서 깨우쳐 은택을 두루 베풀었습니다. 동춘(同春) 선생은 복관을 거쳐 사제(賜祭)를 받았고, 우재(尤齋) 선생은 양이(量移)를 거쳐 특별히 풀려났습니다. 억울한 자들이 통쾌히 신원되고 무고가 통쾌히 풀려 노형 및 유배된 여러 공들이 모두 은혜를 입어 서용되니, 오늘날 이처럼 성대한 일을 보게 될 줄은 생각지 못하였습니다. 우리 도의 다행이며 실로 나라의 경사에 관계되니 삼가 송축합니다.

저는 돌아온 지 얼마 되지 않아 제수하는 명이 거듭 내렸기에 감히 시골로 돌아가지 못하고 병든 몸을 일으켜 소명에 응하였습니다. 어리석은 제가 바삐 일하느라 날이 갈수록 몹시 지치니, 장차 쓰러지는 것을 면치 못할 것입니다. 두렵고 걱정스러운 마음을 이루 다 말할 수 있겠습니까.

노형께서 북쪽에서 돌아오시는 날도 머지 않을 것인데, 객지에서 사람과 말을 필시 빌리기 어려울 것이니, 이것이 걱정입니다. 할 말은 많으나 그저 만복하게 돌아오시길 바랍니다. 바빠서 이만 줄입니다.

경신년 5월 25일

황주경에게 주다 을축년(1685, 숙종11) 8월 8일

與黃周卿 乙丑八月初八日

선생의 유고 전질이 도착했으니 몹시 다행입니다. 삼가 소차(疏箚), 표장(表狀), 잡저(雜著) 11권을 홍문관으로 보냈으니, 주하(奏下)하기를 기다려 즉시 군재(郡齋)로 돌려보내 족보의 일을 완료하도록 하겠습니다. 삼가 성상의 하교를 들으니, 처음에는 홍문관으로 하여금 문원공(文元公 김장생)과 선생의 문집을 찾아 올리게 하였는데, 홍문관에서 먼저 《의례문해(疑禮問解)》, 《경서변의(經書辨疑)》, 《가례집람(家禮集覽)》을 가져다 명에 응하고, 문원공의 유고는 미처 바치지 못했다고 합니다. 이는 실로 세상에 드문 성대한 일이며 사문(斯文)에 몹시 다행입니다.

노선생의 유고는 며칠 전에 도로 승정원에 내리고, 이어서 예문관에 명하여 교정하고 간행하게 하였습니다. 이는 실로 세상에 드문 특별한 은전이니 사문에 몹시 다행입니다. 을축년 8월 8일

황주경에게 주다 을축년(1685, 숙종11) 8월 29일

與黃周卿 乙丑八月二十九日

따로 보내신 심부름꾼이 와서 삼가 문안 편지를 받았습니다. 근래 서늘한 날씨에 체후가 좋다는 것을 알았으니 몹시 기쁘고 위안이 됩니다. 제가 앓는 여러 병은 근래 조금 나은 듯하지만 허약한 몸이 점차 늙어가는 것은 이치이니 어찌하겠습니까. 그리고 생각건대 노형께서 가을 이래로 일이 많아 크고 작은 일에 수응하느라 필시 정신이 번거로울 것입니다. 한가로이 누워 병조리할 겨를이 없을 것이니 염려가 됩니다.

선생의 유고는 이미 내린 명이 있으니, 이 좋은 기회를 이용하여 속히 판각하는 것이 당연한 도리입니다. 다만 먼저 중초(中草)를 필사하여 그 오류를 바로잡고, 선생께 여쭈어 다시 산정(刪定)한 뒤에 교서관으로 보내어 간행해야 미진하다는 후회가 없을 것입니다. 그저 속히 완성하려고 급히 마쳐서는 안 되니, 그 형세는 어쩔 수 없이 이와 같을 뿐입니다.

경연 강의를 문집에 넣어야 한다는 말씀은 참으로 옳습니다. 일기 문자는 소차의 비답과 대조한 뒤 즉시 당신께 도로 바치겠습니다. 부디 여러 군자들과 상의하여 바로잡는 것이 어떻겠습니까. 예전에 미쳐 베껴 쓰지 못한 것은 승정원에 요청하여 편의대로 초록하여 이어서 올릴 계책으로 삼겠습니다. 둘째 형이 며칠 뒤 휴가를 청하고자 하니, 열흘 전에는 경내에 도착할 것입니다. 객지에서 만나는 기쁨을 미리 상상할 수 있습니다. 나머지 할 말은 많으나 이만 줄입니다. 을축년 8월 29일

황주경 세정 에게 답하다 병진년(1676, 숙종2)

答黃周卿 世禎○丙辰

일전에 보내주신 두 통의 편지는 삼가 이미 받았습니다. 저의 집안의 과거에 관한 일은 복이 가득차서 몹시 두려웠습니다. 이번에 당신의 말씀을 들었는데 경하하지 않고 경계하였으니, 사람을 덕으로 사랑하는 뜻에 몹시 감동하였습니다. 어찌 명심하기를 그만둘 수 있겠습니까. 노선생의 문집은 아이가 노형에게 전하였으니 판교(板橋) 어른께 교감(校勘)을 받는다면 몹시 다행이겠습니다. 지금 다시 교정하여 정본을 베껴 쓰고 있는데, 몇 달 내에는 쉽게 마치지 못할 듯합니다.

황주경에게 주다
與黃周卿

노선생 문집의 정본(正本)은 거의 다 베껴 썼고, 아직 하지 못한 것은 편지 두세 편 뿐입니다. 정본을 다 베껴 쓴 뒤에는 누차 교정하여 십분 정밀하게 만들어야 판각할 수 있으니, 이 일은 서둘러 마쳐서는 안 될 듯합니다. 저는 병이 많아 후아(厚兒 민진후)에게 전적으로 맡겼는데, 후아 역시 가주서의 일 때문에 집에 있는 날이 적어 정신을 집중하여 마치지 못하니 몹시 걱정입니다. 여러 권의 서찰은 예전에 형의 말씀에 따라 속히 바치고자 하였으나 비단 깨끗이 베껴쓰기를 마치지 못했을 뿐만 아니라 참고할 일이 있어 멀리 보내기 어렵습니다. 단지 비(碑), 장(狀), 잡저(雜著), 사(詞), 시(詩) 등의 권(卷)을 보내온 인편에 먼저 부칩니다.

《의례문해(疑禮問解)》와 《우복집(愚伏集)》에 실려 있는 강론한 문자 및 친구, 문인과 문답한 예절은 따로 몇 편으로 만들어 편지 권 아래에 붙이고자 하였습니다. 예전에 우재(尤齋 송시열) 선생께 여쭈었더니 역시 좋다고 하였습니다. 지금 막 베껴 쓰고 있는데, 이것은 세월이 많이 걸리지 않을 듯합니다. 이곳에 별유(別諭)도 약간이 있으니 이번에 함께 바칩니다. 이밖에도 필시 빠진 것이 있을 것인데, 만약 일일이 가져다 보시고자 한다면 《승정원일기》에서 베껴 쓰겠습니다.

이양이 지렴에게 주다 임술년(1682, 숙종8) 12월 14일

與李養以之濂 壬戌臘月十四日

길을 떠나신 지 거의 열흘이 다 되었는데[75] 지금쯤 고을에 도착하여 이미 아전과 백성을 만났을 것입니다. 추위를 무릅쓰고 고생하며 먼 길을 가신 뒤로 몸은 어떠합니까? 땅이 외지고 일이 적어 조리하기에 무방합니까? 성서(城西)에서 다시 만날 약속은 공무 때문에 이루지 못했습니다. 떠나시던 날 아이를 대신 보내어 불민한 잘못을 사죄하려 하였는데, 새벽에 떠나셨기에 뒤따라가서 뵙지 못하였으니 그저 부끄럽고 한스러워 비단 이별하는 마음이 서글플 뿐만이 아닙니다. 삼가 이렇게 인편을 통해 안부를 여쭙습니다. 할 말은 많으나 이만 줄입니다. 임술년 12월 14일

75 길을……되었는데 : 이지렴은 이해 11월 6일 청산 현감(青山縣監)에 임명되어 30일 대궐을 하직하였다. 《承政院日記 肅宗 8年 11月 6日・30日》

이양이에게 주다 임술년(1682, 숙종8) 12월 28일

與李養以 壬戌十二月二十八日

얼마 전 안부 편지를 올리려고 아드님께 맡겼으나 아직 전해 올리지 못했는데, 홀연 먼저 안부를 물으시니 감동과 부끄러움이 모두 깊습니다. 산골 고을에는 별 일이 없으니 편안히 심신을 수양할 수 있을 것입니다. 정사의 교화가 점차 펴져 사나운 풍속을 순종하게 만들고, 낮은 곳에 있으면서 저절로 성기성물(成己成物)[76]의 효과가 생기는 것이 구구한 마음으로 존경하고 사모하는 저의 소원입니다. 한 해가 다 지나가는데 가르침을 받지 못하니 그립고 서글픈 마음을 더욱 견디지 못하겠습니다. 삼가 새해에 복이 더하시길 기원합니다. 잣〔海松〕은 보내주신 대로 받았으니 감사합니다. 이만 줄입니다. 임술년 12월 28일

76 성기성물(成己成物) : 자신을 완성하고 타인도 완성하는 것을 말한다. 《중용》에 "성(誠)은 자신만 완성시키는 것〔成己〕이 아니요, 타인까지 완성해 주는 것〔成物〕이니, 자신을 완성시키는 것은 인(仁)에 속하고, 타인을 완성해 주는 것은 지(知)에 속한다." 하였다.

이양이에게 주다 을축년(1685, 숙종11) 1월 26일

與李養以 乙丑正月二十六日

어제 저녁에 들으니 영애(令愛)가 순탄하게 해산하여 아들을 낳기를 바라는 축원에 부응하였으니, 참으로 천리가 어긋나지 않아 석과(碩果)[77]가 징험되었습니다. 슬픔과 기쁨이 번갈아 간절하니 황홀하여 형용하기 어렵습니다. 해산한 뒤에 다른 병은 없으며 새로 낳은 아이는 건강합니까? 태양(胎養)[78]하여 허약해졌을까 걱정이니 이것이 염려됩니다. 이에 따로 사람을 보내어 문안합니다. 을축년 1월 26일

77 석과(碩果) : 《주역》〈박괘(剝卦)〉 상구효(上九爻)의 "큰 과일은 먹히지 않는다.〔碩果不食.〕"라는 말에서 인용한 것으로, 본디 양(陽)의 기운이 끊이지 않고 이어진다는 뜻인데, 여기서는 가문이 이어진다는 뜻으로 말한 듯하다.

78 태양(胎養) : 임신 기간 중에 건강 관리를 잘하여 태아 발육이 잘되도록 하는 일을 말한다.

이양이 지렴 에게 주다 을축년(1685, 숙종11)

與李養以 之濂○乙丑

그윽한 거처의 승경이 일단 속세에 찌든 사람의 눈에 들어오니 시원하여 사람을 놀라게 하여 오랫동안 마음에서 잊지 못합니다. 늦가을이 되기를 기다려 지팡이를 짚고 찾아갈 생각입니다. 주인과 함께 개울가를 배회하며 맑은 흥취를 실컷 얻고 돌아오는 것 또한 한 가지 좋은 일입니다. 이를 간절히 바랍니다.

황 괴산 세구에게 답하다

答黃槐山世耈

여기서 고을까지의 거리가 비록 멀지 않으나 당신에게 문안을 여쭐 길이 없으니 그리운 마음을 더욱 견디지 못하였습니다. 뜻밖에 따로 사람을 보내 편지를 전하여 부지런히 위문하니, 두터운 돌보심을 입었습니다. 근래 봄날이 따뜻한데 정사를 보며 만복하시다는 것을 알았으니 실로 갑절이나 기쁘고 위안이 됩니다. 우암 노인이 고개를 넘어 길을 떠나는 것은 실로 시운(時運)에 관계되니, 말해 무엇하겠습니까. 소장(消長)하는 이치는 극에 달하지 않으면 그치지 않을 것입니다. 만약 분분한 논의가 결국 여기에 이른다면 이 또한 다행이겠지만 기필할 수 없습니다.

저는 죄를 짓고 견책을 기다리는 중에 또 남에게 침척을 받았으니, 물러난 처지에도 오히려 여론이 놓아주지 않아 부끄럽습니다. 열흘 무렵 가흥(嘉興)의 강가 마을에 우거(寓居)하였고 가솔도 이미 데리고 왔습니다. 선영에 성묘한 뒤 때때로 가형(家兄)과 단란하게 즐기니, 이는 십여 년 동안 바랐지만 얻지 못한 것으로 몹시 다행이지만, 또한 보전하지 못할까 두렵습니다. 우습습니다. 나머지는 조만간 뵙고 이야기하기를 기다리며 이만 줄입니다.

황 괴산 세구에게 답하다

答黃槐山世耉

덕원(德源)에 갔던 인편이 오늘 아침에 비로소 돌아와 답장을 받았습습니다. 환후가 근래 제법 나아졌다고 하니 지극히 다행입니다. 제심부름꾼이 불을 피우지 못하는 모습을 목도하고서 돌아왔으니, 유배지에서 고생하는 모습을 여기서 상상할 수 있습니다. 이 또한 어찌하겠습니까.

황 괴산에게 답하다

答黃槐山

강가의 집이 어찌 사람 마음으로 바라는 것이 아니겠습니까마는, 설치할 땅이 없고, 지을 힘이 없습니다. 전하는 말이 과연 참된 소식이라면 역시 나쁘지 않으니, 한번 웃습니다.

황 괴산에게 답하다

答黃槐山

장마와 더위가 이처럼 혹독한데 정사를 보시는 기거는 어떠하십니까? 구구한 마음으로 그리워합니다. 얼마 전 요망한 사람의 무함을 받고 거의 뜻밖의 화를 당할 뻔 하였는데, 성상의 은혜를 입어 심문을 받는 일을 면하였으니, 감격하여 눈물을 흘리며 보답할 방법을 모르겠습니다. 경기 교외에서 대죄한 지 한 달이 지났는데, 엊그제 비로소 비를 맞으며 임시 거처로 돌아왔습니다. 여식이 등창을 앓아 지극히 위독하니 걱정스럽고 애타는 마음 절박합니다. 이만 줄입니다.

황 괴산에게 답하다

答黃槐山

우암 노인은 과연 장기(長鬐)로 이배(移配)되었고, 이배된 뒤에는 대각의 논의로 인하여 또 위리안치를 더하였습니다. 무더운 날씨에 천여리 길을 가느라 길에서 몸을 상할 것이니 이치상 온전하기 어렵습니다. 비록 다행히 도착하더라도 이번에 떠나면 어찌 살아서 돌아오기를 바라겠습니까. 또 듣기로 여론이 점차 심해져 더 무거운 법률로 처벌하라는 논의가 오래지 않아 나올 것이라 합니다. 덕원(德源)에서 영동(嶺東)을 경유하여 남쪽으로 돌아올 적에 직로(直路)에서 기다리던 친구들이 모두 실망하여 돌아왔습니다. 장성(長城)은 원주(原州)에서 뒤늦게 배소(配所)로 향하였습니다.

황 괴산에게 답하다

答黃槐山

우암 어른이 위리안치 된 뒤로 조사기(趙嗣基)가 더 무거운 법률을 적용해야 한다는 논의를 힘써 주장하지만 여러 사람의 논의는 우선 따르지 않고 있습니다. 조사기가 유필명(柳弼明)을 처형하고 종묘에 고하기를 청하였으나 이무(李袤)가 따르지 않고 인피하자 모두 체직되었습니다. 지금 들으니 조사기가 다시 대관(臺官)이 되었다고 하니 필시 새로운 논의가 있을 것입니다. 유필명은 사형을 감면하여 정의(旌義)에 정배되었고, 최신(崔愼)은 애당초 상소를 지어준 일이 없다고 공초를 바쳤는데, 면질(面質)하고 형추(刑推)하였으나 시종일관 해명하여 사천(泗川)에 정배되었는데, 윤휴(尹鑴)가 '최신이 예전에 이단하(李端夏) 영(令)에게 절교하는 글을 지었다.'라고 아뢰어 형벌을 더하여 유배 보냈다고 합니다.

언뜻 들으니, 지난날 인대(引對)할 때 승지 김만중(金萬重)이 아뢰기를, '근래 유생의 상소에서 선조(先朝 현종)를 비유할 수 없는 곳에 비유하였으니 일이 지극히 놀랍습니다.'라고 하였는데, 성상이 '봉입한 뒤에 내가 처리할 것이다. 그대가 어찌 감히 말하는가.'라고 하였고, 또 아뢰기를, '주자의 《논어》 주석은 만고의 세월 동안 존숭한 것인데 윤휴가 연석에서 읽지 말도록 청하였으니, 그가 어찌 감히 이와 같이 할 수 있습니까.' 하고, 또 '허목(許穆)이 김종일(金宗一)의 일을 아뢰면서 「정치가 어지러워진 뒤」라고 하였습니다. 어찌 감히 선조 때를 두고 정치가 어지러워졌다고 할 수 있습니까.'라고 하자 성상의 노여움이 크게 진동하여 전교가 지극히 엄격하였습니다. 김만중은 삭탈관작 되고 승지 송창(宋昌)이 대신 입시하였는데, 김만중이 벌을 받은 곡절을 몰라 여쭈었다가 또 의금부로 잡아다 가두라는 명이 내렸다고 합니다. 보신 뒤에 즉시 태워버리십시오.

이계주 단하에게 답하다 계묘년(1663, 현종4)

答李季周端夏 癸卯

형께서 북쪽으로 가신 뒤로 소식이 뜸해졌고, 저도 남쪽으로 내려왔으니 바라보면 더욱 아득하여 안부 편지를 보낼 길이 없었습니다. 뜻하지 않게 멀리서 손수 쓰신 편지를 보내주시니 다른 세상의 소식을 들은 듯합니다. 얼마나 위안이 되고 다행스럽겠습니까. 가을이 이미 다가왔는데 혹독한 더위가 그치지 않으니, 이러한 때 형의 체후는 어떠합니까. 장백산(長白山)의 눈은 원래 초가을의 일상사입니다. 갈옷을 버리고 갖옷을 찾을 날이 머지 않았으니, 더운 지방에서 찌는 듯 답답하게 고생하는 것보다 낫지 않겠습니까.

형의 비영(碑詠)을 아직 보지는 못했으나 아마도 필시 형이 한가로이 지낼 때의 웃음거리가 될 것이니, 몹시 부끄럽습니다. 그렇지만 형의 시구를 얻어 후세에 전해진다면 제 이름도 불후히 전할 것이니, 어찌 일곱 조각 침석(鍼石)에 새기는 것 뿐이겠습니까. 내려주신 은혜가 크니 즐겁게 웃습니다. 저는 재주가 부족하고 힘이 없는데 걸맞지 않는 직임을 맡고 있습니다. 분수에 따라 어리석게 지내니 그저 송구한 마음만 더합니다. 이만 줄입니다. 계묘년[79] 6월 29일

79 계묘년 : 원문은 '己卯'인데, 이 글 제목의 주석에 근거하여 '己'를 '癸'로 바로잡아 번역하였다.

이계주에게 답하다 병오년(1666, 현종7) 4월 17일

答李季周 丙午四月十七日

12일의 편지를 받은 뒤로 편지를 쓰지 못하였으니, 이는 바빠서 손수 쓸 겨를이 없었기 때문입니다. 근래 며칠동안 기거가 좋으십니까? 그리운 마음 더욱 깊어집니다.

저는 위로 성상을 그리워하고 아래로 교유하던 이들을 생각하여 행조(行朝)를 바라보며 밤낮으로 잊지 못합니다. 말씀하신 안정을 보존하는 이야기는 감탄을 이기지 못하겠습니다. 근심을 먼저하고 즐거움을 뒤로 한다는 옛사람의 마음을 형이 실로 얻었습니다. 만약 오늘날 윗사람과 아랫사람이 이 마음을 잊지 않는다면 어찌 걱정할 것이 있겠습니까. 원자(元子)를 보도(輔導)하는 자리는 그 책임이 돌아갈 곳이 있으니, 구구한 저의 소원은 형에게 깊이 바라지 않을 수 없습니다. 호서의 선비들도 엊그제 이미 상소를 올렸다고 하는데 상소의 내용은 어떻습니까? 베껴 보여주시면 다행이겠습니다.

밝으신 성상의 처분은 비단 한때의 사론(邪論)을 배척할 뿐 아니라 후세에 영원히 우환을 방비할 것입니다. 그런데 여러 선비들의 논의는 다시 변론하고자 하니, 너무 번거롭지 않겠습니까. 이곳에서도 이러한 논의가 없지 않으니 염려스럽습니다. 이만 줄입니다. 병오년 4월 17일

이계주에게 답하다 병오년(1666, 현종7) 4월 25일

答李季周 丙午四月二十五日

함경도 선비의 옷을 만나지 못하고 주었으니 미안합니다. 책을 간행해야 한다는 형의 말씀은 참으로 옳습니다. 받들어 주선하겠습니다. 병오년 4월 25일

이계주에게 답하다 정미년(1667, 현종8) 11월 16일

答李季周 丁未十一月十六日

병들고 게을러 불민한 탓에 서울로 보내는 편지를 쓰는 일이 드뭅니다. 비록 노형처럼 아끼는 사람에게도 문안을 여쭙는 일이 없었으니 항상 송구하고 부끄러웠습니다. 뜻밖에 형이 직임을 맡아 바쁜 와중에도 먼저 문안하는 편지를 보내주시니, 지극히 후한 돌봄을 입어 감탄이 그치지 않습니다.

저는 시골 집에서 병조리하고 있는데 분수에 있어서 몹시 편안하니, 비단 일시적으로 혐의를 멀리하려는 계책이 아닙니다. 그러나 누차 친구들의 편지를 받아보니 대부분 자취가 지나치게 드러난다고 말하였기에 몹시 두렵습니다. 존중씨(尊仲氏) 집사(執事)[80]가 몹시 가까운 곳에 있으면서 자주 편지를 보내 안부를 물으니, 쓸쓸한 가운데 실로 마음에 몹시 위안이 됩니다. 이만 줄입니다. 정미년 11월 16일

80 존중씨(尊仲氏) 집사(執事) : 이단하의 둘째 형 이신하(李紳夏)를 말하는 듯하다.

이계주에게 답하다

答李季周

서교(西郊)에서 가는 길을 전송해 주시니 부지런하고 후한 뜻에 몹시 감사합니다. 멀리서 여쭙건대, 혹독한 더위에 형의 체후는 어떠하십니까? 이별할 때의 서글프고 암담한 마음이 지금까지도 잊히지 않습니다. 저는 관청에서 지내며 겨우 병에 걸리는 것은 면하였습니다. 직분을 가만히 생각해보니, 상도를 따르며 구차하게 지내면 별 일이 없고, 만약 무언가 하고자 하면 하나하나 불편합니다. 인심[81]과 풍속이 무너지기가 극에 달하였으니, 그 형세는 참으로 수습하기 어렵습니다. 가장 괴로운 일은 날마다 경영하는 일이 대부분 재화에 관계된 것이니, 말하자면 부끄럽습니다. 형께서 전형하는 자리를 사직하려 한다고 알고 있었는데, 과연 계책을 이루었습니까? 이만 줄입니다.

81 인심 : 원문은 '入心'인데, 문맥을 고려하여 '入'을 '人'으로 바로잡아 번역하였다.

이계주에게 답하다 무오년(1678, 숙종4) 11월 13일

答李季周 戊午復月十三日

근래 추위가 혹독한데 조용히 조섭하는 체후가 만복하시리라 생각합니다. 홀로 산 지 이미 오래되고 올해가 다하려 하는데, 만나려는 소원은 아직도 기약이 없으니, 자나깨나 그리워하는 마음이 그칠 날이 있겠습니까. 가을 무렵 길을 떠난 뒤로 피로가 몹시 심하고 예전에 앓던 두통이 겨울이 되자 더욱 심해져 거의 하루도 편안한 날이 없습니다. 원래 늘그막의 일상적인 일이니 말하기에 부족합니다.

아뢸 말씀은 몇 자 빠짐 둘째 아들 진원(鎭遠)이 일곱 여덟 살 때부터 당신을 뵙고 지나칠 정도로 돌보아주고 아껴주는 은혜를 입었는데, 형님께서는 혹시 지금도 기억하십니까? 비록 일찌감치 가르쳐 예의의 방향을 알게 하지는 못하였으나, 어린아이가 이미 무상(舞象 15세)의 나이가 되었으니, 성인(成人)의 도를 요구하지 않으면 안 됩니다. 장차 이달 21일에 그 머리에 관을 씌울 것인데, 형님께서 방문하여 가르침을 주기를 바라므로 이렇게 말씀드립니다.

스스로 생각건대 용렬하고 형편없지만 형님께서 저와 함께 노닐고 우의가 두터웠던 적이 원래 하루이틀이 아닙니다. 지금 이 일로 당신에게 번거롭게 부탁하는 것 또한 덕을 사모하는 깊은 정성에서 나온 것이니, 아마도 비루하다고 물리치는 지경에 이르지는 않을 것입니다. 옛적 진후(鎭厚)의 관례를 치를 때 빈(賓)의 자리로 와 달라고 청하여 형님께 응낙을 받았는데, 곧 견책을 받아서 오지 못하였으니, 이것이 제가 한스럽게 여기던 것입니다.

형님께서 실천하지 못한 묵은 약속이 아직도 있습니다. 만약 성대한 은혜를 내려 오늘날 뒤늦게 부응하시어 아름다운 일이 순조롭게 이루어지고 중대한 예식에 차질이 없도록 해 주신다면 더욱 얼마나 감격스럽고 다행스럽겠습니까. 이렇게까지 간청하니 송구한 마음만 더합니다. 오직 너그럽게 헤아려 결정하시기를 기다립니다. 이만 줄입니다.

무오년 11월 13일

이계주에게 답하다 무오년(1678, 숙종4)

答李季周 戊午

아래의 별지와 함께 보냈다.

어제 보내주신 답장을 받았습니다. 지나치게 겸손한 덕을 지켜 빈(賓)의 자리에 임할 수 없다고 하셨습니다. 그러나 오랫동안 헤어져 있으면서 만나기 어려웠다는 점을 유념하여 병든 몸을 억지로 이끌고 왕림하겠다고 말씀하셨습니다. 기쁘고 다행스러운 마음 간절하여 밤낮으로 기다렸는데, 따로 보낸 편지가 갑자기 와서 몸이 불편하여 말씀에 부응하지 못한다는 것을 알았으니 그 아쉽고 허전한 마음을 이루 다 말할 수 있겠습니까.

삼가(三加)[82]의 예를 행하여 성인이 되는 것은 옛사람이 중요하게 여긴 것입니다. 비록 누추하고 가난하게 사느라 의식을 갖추어 예를 행하기는 부족하지만, 만약 이 때문에 그만둔다면 마음에 불편한 점이 있습니다. 제가 집사에게 바라는 것은 실로 이 때문입니다. 더구나 우리들은 시골에서 병을 앓느라 서로 왕래가 없었기에 항상 쓸쓸하다고 탄식하였습니다. 지금 저희 집의 좋은 일에도 예법에 따라 모이지 못한다면, 앞으로 어울리며 이야기하는 일을 어찌 쉽게 기약할 수 있겠습니까. 이렇게까지 말씀하시니 비록 감히 이전의 간청을 다시 드릴 수는 없지만, 날짜를 물려 잡아 기다리고자 하는데 어떨지 모르겠습니다.

82 삼가(三加) : 관례 때 관을 세 차례 바꾸어 쓰는 절차를 말한다.

방금 장산(長山)에 편지를 보내 청하였는데 화숙(和叔 박세채)에게 가벼운 한질(寒疾)이 있다고 하니, 그가 올 수 있을지 기필할 수 없습니다. 자설(字說)과 별지로 하신 말씀은 삼가 이미 잘 받았습니다. 집사의 돌보심이 지나치게 융숭하여 옛성인의 수기치인(修己治人)하는 큰 업적을 기원하고 권면하시고, 또 집안에서 받은 가르침으로 더욱 간곡히 경계하시니, 그 총애와 은혜가 큽니다. 감히 외워서 가르쳐 성대한 뜻을 끝까지 받들지 않을 수 있겠습니까. 이만 줄입니다.

날짜는 25일로 물리려고 합니다. 형님과 화숙이 함께 방문한다면 더욱 큰 다행일 것입니다. 다시 헤아려주시기 바랍니다.

이계주에게 답하다 무오년(1678, 숙종4) 11월 21일

答李季周 戊午復月二十一日

며칠 사이 추위가 조금 누그러졌는데 형님의 조섭하는 기거가 신령의 도움을 받아 만복하리라 생각하니 그립습니다. 어제 답장을 받고 삼가 보내온 심부름꾼에게 외람되게도 관례(冠禮)의 기일을 미루어 기다릴 것이니 방문해 달라는 뜻을 전하였는데, 아마 이미 들으셨을 것입니다. 당신께서 무어라 말씀하실지 모르겠습니다.

방금 장산(長山)의 답장을 받았습니다. 박우(朴友) 역시 예에 관한 일 때문에 경계한 일에 부응하지 못하였으니 아쉽고 허전하기가 이루 말할 수 없습니다. 지금 형님의 기력이 먼 길을 갈 수 있다면 은혜롭게 돌아보아 주실 수 있겠습니까? 이에 감히 따로 사람을 보내 정생(鄭甥)의 뒤를 따라가서 이전의 간청을 다시 말씀드립니다. 헤아려 결정하시기 바랍니다. 이만 줄입니다. 무오년 11월 21일

다만 생각건대, 형님의 병환이 아직 쾌차하지 않았는데 아우가 힘써 청하였기 때문에 억지로 움직여 부응하다가 몸이 상한다면 송구한 제 마음을 더욱 말할 수 없을 것입니다. 이 정성과 사랑을 헤아려 다시 헤아려야 마땅합니다.

이계주에게 답하다 기미년(1679, 숙종5) 3월 6일

答李季周 己未三月六日

봄날씨가 따뜻한데 요즘 조용히 조섭하며 몸에 복이 많으리라 생각합니다. 지난 번 아들의 관례를 치를 때 외람되게 집사께서 손님의 자리에 나오셨으니, 감격스럽고 다행스러운 마음을 어찌 다 말하겠습니까. 다만 제가 오래 병을 앓으므로 인사를 진작하지 못하여 댁으로 찾아가 후의에 사례할 수도 없고, 또 아이종이 부족하여 문안도 하지 못하였습니다. 예법은 주고받는 것인데 버려두고 거행하지 않았으니, 성대한 덕과 넓은 도량으로 비록 죄라고 여기지는 않겠지만 송구하고 부끄러운 마음이 풀리지 않습니다.

죄를 지은 미천한 신이 지나칠 정도로 관대한 은혜를 입었기에 대간의 어지러운 탄핵이 지금까지도 그치지 않고 있습니다. 지극히 황공하여 더욱 편안히 있지 못하겠습니다. 아마 형님께서도 똑같이 이러한 정경일 것입니다. 이만 줄입니다. 기미년 3월 6일

이계주에게 답하다

答李季周

아침에 보내주신 편지를 삼가 이미 받았습니다. 태형(台兄)은 비록 질환이 있으나 조용한 곳에서 조섭하고 우선 문서를 가까이 하느라 정신을 허비하지는 일은 하지 않고 있습니다. 제가 공안(貢案)을 점검하여 곡식의 종류와 쓸데없는 경비를 뽑아내기를 기다린 뒤 가부를 헤아려 보존하고 혁파하는 것이 마땅할 듯합니다. 지금 만약 일이 두서가 잡히지 않았는데 지레 돌아가기를 청하는 글을 올린다면 진퇴에 있어서 이치에 합당하지 않을 듯합니다. 다시 깊이 생각하고 절대 함부로 결정하지 말기 바랍니다. 내일 조용히 만나 이야기할 것이니, 우선 이렇게 편지를 보내 먼저 사례합니다. 이만 줄입니다.

이계주에게 보내다 계해년(1683, 숙종9)

與李季周 癸亥

가을 날씨가 서늘해지는데 지금 대감의 체후와 기거가 더욱 복되시리라 생각하니 구구한 마음으로 그리워합니다. 얼마 전에 보내주신 편지는 깊은 감동과 간곡한 우의에 부지런히 힘쓰는 마음을 특별히 담았습니다. 이번 여름 더위가 평년보다 몹시 뜨거워 예전에 앓던 병이 발작하여 오랫동안 신음하였으므로 오랫동안 답장을 쓰지 못하였습니다. 비록 거만하게 굴지는 않았으나 큰 죄를 지었는데, 태형(台兄)께서는 아마 이미 용서하셨을 것입니다.

제가 겸대한 여러 직임은 본디 사사로운 분의에 불안하여 한 해가 지나도록 누차 사직하였으나 허락을 받지 못하여 항상 송구하고 근심스러운 마음 간절하였습니다. 지금 언관에게 침척을 받아 차례로 해직되어 마치 몸에서 병이 떠난 것처럼 시원하니, 실로 몹시 다행입니다.

박(朴)의 상소에 나오는 '방종하고 방자하다.'라는 따위의 말[83]은 비록 지극히 놀랍고 두려우나 그는 나를 아는 사람이 아닙니다. 전해 들은 데서 나온 것도 있고 억측에서 나온 것도 있으니, 무슨 유감이 있겠습니까. 오직 제 몸에 돌이켜 반성하며 더욱 두려워하고 조심할 따름입니다. 그러나 제가 당한 일이야 본디 말할 것이 있겠습니까. 근래 이보다 걱정스러운 일이 있어 한밤중에 탄식하지만 어떻게 될지 모르겠습니다. 어떻게 생각하십니까? 이만 줄입니다.

83 박(朴)의……말 : 박은 박태유(朴泰維)이다. 그의 상소에 저자를 두고 '제멋대로 행동하며 돌아보지 않는다.〔恣行不顧〕'라는 말이 있었다. 《肅宗實錄 9年 6月 2日》

이계주에게 답하다 갑자년(1684, 숙종10)

答李季周 甲子

답장은 잘 받았습니다. 이를 통해 편안히 지내신다는 것을 알았으니 감동과 위안이 모두 깊습니다. 사창(社倉)의 사목(事目)은 빠짐없이 자세하니, 논의할 만한 부분이 없는 듯합니다. 다만 그 시행 여부는 미리 헤아리기 어렵습니다. 반드시 본청의 당상이 전념하여 담당한 뒤에야 그 성취를 다시 바랄 수 있을 것입니다. 태형(台兄)이 물러나 돌아간 뒤로 누가 이 법이 그저 시행되기만 하지 않도록 담당할지 모르겠습니다. 요점은 적임자를 얻는 데 달려 있으니, 제가 염려하는 것은 후자이지 전자가 아닙니다. 이만 줄입니다.

남중휘에게 보내다

與南仲輝

보내주신 편지를 받고 위안이 되었습니다. 제가 이미 형에게 응낙하였으니 어찌 감히 다른 뜻이 있겠습니까. 다만 처음에 형이 얼마 전에 겨우 휴가를 받았다는 사실을 모르고 함부로 허락한 것입니다. 5년에 한 번 가는 것[84]은 비단 법전에 실려 있을 뿐만 아니라 예전에 거듭 밝힌 하교가 있었으니, 승정원에서 어찌 감히 법을 어기면서 봉입하겠습니까. 또 제가 고향으로 돌아가 성묘할 생각이 간절하지 않은 것은 아니지만, 작년에 이미 상소를 올려 허락을 받았으므로 승정원에서 기한 내에는 거듭 올릴 수 없다고 물리친 것입니다. 비록 형에게서 격식을 깨뜨리고자 하더라도 할 수 있겠습니까. 이는 비단 형의 절박한 정세를 헤아리지 않아서도 아니고, 화를 옮기는 일도 아닙니다. 부디 양해하고 탓하지 않는 것이 어떻겠습니까. 이만 줄입니다.

84 5년에……것 : 《경국대전(經國大典)》 〈이전(吏典) 급가(給暇)〉에 성묘를 위한 휴가는 5년에 1차로 되어 있다.

남중휘에게 보내다

與南仲輝

보내주신 편지를 받고 잘 조섭하고 있다는 것을 알았으니 몹시 위안이 됩니다. 기후를 측정하는 직임[85]은 다른 관직과 다르고, 재이가 또 생겨서 윗사람과 아랫사람이 근심하고 두려워하는데, 이러한 때 인혐하고 출사하지 않는 것은 온당치 않은 듯합니다. 형세상 나와서 사은하고 직무를 수행해야 할 것 같은데 어떨지 모르겠습니다. 다만 형은 병을 앓느라 밤새 관측하기 어렵다는 점이 걱정입니다. 다시 생각해보기 바랍니다. 이만 줄입니다.

85 기후를 측정하는 직임 : 관상감 측후관(測候官)을 말한다. 남이성은 1665년(현종 6) 교리로 있으면서 측후관에 차임되었다.《藥泉集 卷26 叔父……行狀》

남중휘에게 보내다 경술년(1670, 현종11) 윤2월 14일

與南仲輝 庚戌閏二月十四日

조카가 오는 편에 손수 쓰신 편지를 기쁘게 받았는데, 그가 돌아갈 때 몹시 바빠 편지를 보내지 못했으니 지금까지도 아쉽습니다. 요즘 봄날씨가 따뜻한데 멀리서 더욱 잘 지내시리라 생각하니 구구한 마음에 위안이 됩니다.

저는 얼마 전 포악한 손님[86]을 겪어 온갖 고생을 하였는데, 분통한 마음이 지금에 이르러 더욱 격렬해집니다. 알 수 없는 것은 하늘의 도이니 어찌하겠습니까.

숙평(叔平)과 한번 이별하자 갑자기 이승과 저승으로 떨어졌으니,[87] 비참하여 마음을 가눌 수 없습니다. 덧없는 인생이 과연 이처럼 짧단 말입니까.

원회(元會)는 설령 이런 일이 있었다 하더라도 그 죄가 이 지경에 이르지는 않을 것입니다.[88] 더구나 대간의 상소에서 거론한 말은 참된 실상이 아니니, 비단 그 사람이 아까울 뿐만 아니라 거조가 잘못된 것도 작은 일이 아닙니다. 몹시 걱정스럽고 개탄스럽습니다.

86 포악한 손님 : 청나라 칙사를 말한다. 당시 민유중은 평안도 관찰사로 재직 중이었다.

87 숙평(叔平)과……떨어졌으니 : 숙평은 홍만형(洪萬衡)의 자이다. 이해 1월 14일 세상을 떠났다. 《老峯集 卷9 弘文館校理洪公行狀》

88 원회(元會)는……것입니다 : 원회는 김징(金澄)의 자이다. 371쪽 주54 참조.

둘째 형이 만리 길을 잘 다녀왔으니 일가의 다행한 마음을 말할 수 있겠습니까. 이만 줄입니다. 경술년 윤2월 14일

남중휘에게 보내다 임자년(1672, 현종13) 11월 18일

與南仲輝 壬子十一月十八日

역졸이 급히 오는 편에 15일 형님이 손수 쓰신 편지를 받아보고 근래 혹독한 추위에도 잘 지내신다는 것을 자세히 알았으니 몹시 위안이 됩니다. 회천(懷川)의 병환은 어제 저녁에 인편을 통해 들었는데, 13일에 감기가 덧나 정신을 수습하지 못한다고 합니다. 이 지경에 이르러 믿을 곳이 없을 듯하니, 절박한 근심을 어찌 다 말하겠습니까.

저는 서쪽으로 돌아온 뒤 공적인 일과 사적인 일이 연이어 생겨 즉시 관직을 그만두고 찾아뵙지 못하였습니다. 지난달[89] 열흘 무렵 휴가를 청하는 글을 올렸는데 지금까지 비답이 내리지 않았는데, 이처럼 위급한 소식을 들으니 더욱 마음을 가눌 수가 없습니다.

보내주신 종이는 인편이 있을 때마다 얻으니, 비단 일상생활에 긴요할 뿐만 아니라 간곡하고 두터운 뜻이 사람을 감복하게 만듭니다. 장계로 아뢴 내용은 감히 힘써 도와 백성의 근심을 풀지 않을 수 있겠습니까. 이만 줄입니다. 임자년 11월 18일

89 지난달 : 원문은 '前日'인데, 문맥을 고려하여 '日'을 '月'로 바로잡아 번역하였다.

남중휘 이성 에게 보내다 무오년(1678, 숙종4)

與南仲輝 二星○戊午

쏟아지는 은택을 사람이 막을 수 없어 바닷가의 외로운 신하가 다시 도성문으로 들어왔으니,[90] 멀리서 기쁜 소식을 듣고서 우리 임금의 관대한 덕을 삼가 칭송하였습니다. 더운 길에서 고생한 뒤로 몸은 상하지 않았습니까? 구구한 마음으로 그리워합니다. 어디로 돌아올 생각입니까? 만약 길이 멀지 않다면 필마로 가서 만나는 것도 실로 어려운 일이 아니니, 듣고 싶습니다. 많은 이야기를 어찌 다 하겠습니까. 살펴주시기 바랍니다.

90 바닷가의……들어왔으니 : 1674년(현종15) 남이성이 진도(珍島)에 유배되었다가 배천(白川)으로 이배되고, 이해 4월 사면받아 돌아온 일을 말한다.《藥泉集 卷26 叔父……行狀》

문정공유고

제3권

書서

정관재(이단상)에게 보낸 편지

與靜觀齋書

얼마 전 왕림해주신 일은 지금까지도 감격스럽고 다행스럽습니다. 지금 맑고 조용한 교외의 거처에서 고요하고 편안하게 지내시리라 생각하니 그리운 마음 갑절로 간절합니다.

저는 얼마 전 장례를 치르고 이곳에 칩거하고 있으니 더욱 견딜 수 없는 심정입니다. 지금 사관(史官)의 인원이 갖추어지지 않아 구차한 일이 많은데, 찾아 뵙고 상의하고 싶은 마음 간절합니다. 내일 형께서 만약 별다른 일 없이 집에 계신다면 일찌감치 찾아 뵙겠으니, 알려주시는 것이 어떻겠습니까? 감히 이렇게 심부름꾼을 보내 여쭙습니다. 삼가 편지를 올립니다.

정관재에게 보낸 편지

與靜觀齋書

보내주신 편지를 받고 기거를 알았으니 참으로 위안이 됩니다. 엊그제 호애(湖哀)[1]를 만나보고 이어서 사람을 위로할 곳이 있어 미처 찾아뵙지 못하였으니 한탄스럽습니다.

윤(尹)의 상소는 사관을 통해 내용을 대략 들었으나 아직 전체를 보지 못하였습니다.[2] 형께서 이미 얻었다면 제게 보내 보여주는 것이 어떻겠습니까? 그의 상소는 실성하고 질서 없는 말이라 하니, 도리어 성내기 부족합니다. 회천(懷川)으로 다시 가는 인편이 있습니까? 둘째 형은 요즘 더위를 먹었으니 4일 무렵으로 물러 행하고자 합니다. 그믐날 과연 들어오실 수 있겠습니까? 이만 줄입니다.

1 호애(湖哀) : 상을 당한 사람으로 추정되나 누구인지 알 수 없다.

2 아직 전체를 보지 못하였습니다 : 원문은 '尙未見全本本'인데, 문맥을 고려하여 '本' 1자를 연문으로 보고 번역하지 않았다.

정관재에게 보낸 편지

與靜觀齋書

형이 오신 지 며칠이 지나도록 아직 찾아가 이야기를 나누지 못하였으니, 이는 숙직이 계속되어 실로 여가가 없어 그렇기 때문입니다. 아침에 문안 편지를 받았으니 저를 후하게 돌봐주시어 몹시 감사합니다. 다만 조만간 떠나신다고 하니 서글퍼집니다. 제가 만약 그 전에 숙직에서 빠져나온다면 얼굴을 볼 기회가 있을 것입니다.

판서 대감의 병환은 근래 비로소 나아졌습니다. 우려하던 나머지 기쁘고 다행스러운 마음을 이루 말할 수 있겠습니까. 할 말은 많으나 만나서 이야기하기로 하고 이만 줄입니다.

정관재에게 보낸 편지

與靜觀齋書

형의 기거는 어떠하십니까? 그리운 마음 몹시 간절합니다. 제가 도성에 들어오던 날 곧바로 숙직에 들어갔는데 벗어날 기약이 없으니 괴롭고 근심스러운 일이 많습니다. 찾아 뵙고 여러 가지 이야기하고 싶은 마음이 어찌 조금이라도 해이해졌겠습니까마는, 일의 형세가 이와 같으니 아직까지 하지 못하고 있습니다. 크게 한탄한들 어찌하겠습니까.

공조 판서〔김좌명(金佐明)〕 대감의 일[3]은 결말이 나려면 아직도 멀었으니 공적으로나 사적으로나 우려하고 개탄하는 마음을 어찌 말할 수 있겠습니까. 늘 희장(希張 송광식(宋光栻))을 통해 형의 편지를 얻어 보았지만 바빠서 편지를 보내 문안할 겨를이 없고, 말씀드리고 싶은 이야기도 편지로 다할 수 없으니, 그저 답답할 뿐입니다.

기천(沂川 홍명하(洪命夏)) 대감이 당한 일은 갈수록 낭패입니다. 오늘 이행적(李行迪)이 격쟁(擊錚)하기까지 하여[4] 분란이 갈수록 심해지

3 공조……일 : 양영남(梁穎南)이 이일상(李一相)의 간찰을 위조하여 호남 수사(湖南水使) 이동현(李東顯)에게서 퇴역한 선박을 구입하였다. 이지익(李之翼)은 간찰이 위조된 사실을 모른 채 이일상을 탄핵했고, 이일상을 변호하는 신하들이 임금의 눈과 귀를 가린다고 비난하였다. 이때 이일상의 비난을 받은 홍명하(洪命夏)가 자초지종을 설명하다가 김좌명(金佐明), 이행일(李行逸) 등을 언급하였는데, 이들의 말이 서로 맞지 않아 대질심문하기에 이르렀다. 《顯宗實錄 2年 9月 15日, 12月 10日》

4 오늘……하여 : 이행적은 이행일(李行逸)의 아우이다. 홍명하와 이행일이 대질 심문을 받을 때 형을 위해 격쟁하였다. 《顯宗實錄 3年 6月 16日》

니, 조용한 날이 없습니다. 통탄스럽고 해괴합니다. 할 말은 많으나 만나서 하기로 하고 이만 줄입니다.

정관재에게 보낸 편지

與靜觀齋書

어제 형의 답장을 받으니 마치 모습을 접하는 듯하여 위안이 되고 기쁘기가 끝이 없습니다. 즉시 답장을 쓰려 하였으나 이조 판서가 도총부에 입직하였다는 말을 듣고 만나서 상의할 것이 있기에 바빠서 답장을 쓰지 못하였으니 송구하고 한탄스럽습니다.

이조 판서를 만나 옥사(獄事)를 분명히 변론하여 진정시키고 화해시키지 않을 수 없다는 뜻을 말하였더니, 그의 뜻 역시 제 견해와 똑같았습니다. 훗날 성상을 뵙고 함께 아뢰기로 약속하였습니다. 제 말은 비록 가벼우나 이처럼 큰 도움을 얻었으니 일의 체모가 몹시 좋습니다. 더구나 그가 해당 직분으로 아뢰면 그의 말은 다른 재상에 비할 바가 아니라서 또 반드시 이어서 돕는 자가 있을 것이니, 참으로 다행입니다. 다시 자세히 상의할 것입니다. 다만 그날 재생(裁省)[5]하는 일이 많아 조용히 이야기하지 못한 것이 염려됩니다.

남원(南原) 당숙의 일로 말하자면 판부(判府)의 '병(幷)' 자는 함께 들은 사람을 가리키는 듯하나 감히 분명히 알 수 없으니,[6] 입대하여

5 재생(裁省) : 경비를 줄이거나 세금을 감면하는 등의 조처를 말한다.

6 남원(南原)……없으니 : 남원 당숙은 남원 부사(南原府使)를 지낸 민광소(閔光熽)를 말하는 듯하다. 1661년(현종2) 이지익(李之翼)이 이일상(李一相)을 탄핵한 일에 연루되어 의금부로 잡혀와 심문을 받고 원정(元情)을 올렸는데, 현종의 판부에 "의논하여 천천히 처리하라."라는 말이 있었다. '병(幷)'자에 관한 말은 알 수 없다. 《顯宗實錄 2年 12月 19日, 3年 1月 16日》

직접 여쭌 뒤에 곧장 두 형이 한 말을 거론하고, 다시 따질 수 없다고 아뢸 것입니다.

이 편지는 보신 뒤에 즉시 태워버리고 절대 입에서 꺼내지 마십시오. 이러한 때에는 뜬소문이 돌아다니는 것이 여러 가지로 걱정됩니다. 제 말을 흘려 듣지 마시기 바랍니다. 제가 들어온 날, 처음에는 찾아뵈려 하였으나 번거롭고 혐의가 될 듯하여 그렇게 하지 못하였습니다. 서찰도 자주 보내고 싶지 않으니, 여기에는 의도가 있습니다. 할 말은 많으나 이만 줄입니다.

정관재에게 보낸 편지

與靜觀齋書

어제 저녁 희장(希張 송광식)에게 들으니 형이 부인의 병환 때문에 오늘 출발하였다고 합니다. 이러한 때 헤어지니 마음이 더욱 어떻겠습니까. 바라보며 근심하고 탄식하는 마음을 어찌 다 말하겠습니까.

일의 형세가 순탄하지 않아 거듭 기회를 잃었습니다. 그 사이에 문자로 아뢰고 또 만나서 아뢰고자 하였으나, 반드시 의금부의 좌기(坐起)를 한 번 하기를 기다린 뒤에야 구애되는 일이 없을 것입니다. 여러 사람의 논의는 대부분 이와 같습니다. 또 당숙의 일이 결말이 나지 않았으니 이것이 불편할 듯하여 지금까지 미루었습니다. 지금은 뜻밖에 이 관직에 올랐으니 더 이상 어쩔 수가 없습니다. 근래 여러 공과 두세 번 만나서 이야기하였는데, 여전히 앞의 이야기에 구애된다고 하였습니다.

의금부의 좌기는 7, 8일 전에는 연달아 구기(拘忌)가 있으니 필시 하지 못할 것입니다. 도목 정사(都目政事)를 한 뒤에는 이어(移御)하는 날이 가까우므로 양전(兩銓)이 모두 정사(呈辭)할 수 없다고 하니, 그 사이에 혹시 개좌할 수 있을 것입니다. 저는 매번 형이 사는 곳으로 찾아가 한번 조용히 만나 여러 가지 이야기를 하고 싶으나, 당숙의 공초(供招)에는 아무개가 형의 부탁을 받고 말을 바꾸기까지 하였다고 하였습니다. 당숙과 형은 면식도 없는데 사람이 하는 말이 여기에 이르렀습니다. 이 말을 들은 뒤로 통분하고 개탄하여 세상이 험하다는 것을 더욱 깨달았습니다. 편지로 묻는 것도 번거롭게 하고 싶지 않으므로 이렇게 오랫동안 보내지 않았으니 더욱 한스럽습니다. 돌아오는 날이 20일 무렵이라고 들었으니 여행길에 각별히 신중하시기 바랍니다. 이만 줄입니다.

정관재에게 보낸 편지
與靜觀齋書

형의 체후가 좋으리라 생각하니 구구한 마음으로 그리워합니다. 판서 대감은 과연 성상의 통촉을 받아 이전의 무고를 깨끗이 씻었으니 기쁘고 다행스러운 마음이 어찌 다만 사적인 감정 때문이겠습니까. 어제 정사 때문에 저녁 내내 대궐에 있었고, 지금은 집안에 제사가 있어 나와서 뵙고 기쁨을 전하지 못하니 아쉽고 한탄스러운 마음 어찌 끝이 있겠습니까.

형이 내일 임소로 돌아간다고 들은 듯한데 그러한지 모르겠습니다. 언제 출발할 것입니까? 관청에서 퇴근한 여가에 만약 찾아가 작별할 수 있다면 머무르신 곳으로 찾아 뵙고 여러 가지 이야기를 하고 싶은 마음 간절합니다. 이만 줄입니다.

수제(受弟)는 한 가지 병을 계속 앓고, 또 뜻밖의 일을 당했습니다. 형이 장차 돌아간다는 말을 들었는데 찾아가 뵙고 기쁨을 전하며 작별을 고하지 못하니 서글픈 마음 어찌 끝이 있겠습니까. 편안히 임소로 돌아가시기를 축원합니다. 병 때문에 따로 편지를 쓰지 못하니 더욱 한스럽습니다.

정관재에게 보낸 편지

與靜觀齋書

보내주신 편지를 받으니 멀리 떨어져 있던 마음에 몹시 위안이 됩니다. 다만 설사가 오랫동안 그치지 않고 연달아 대궐에 갇혀 숙직하고 있으니, 피로하고 괴롭기가 이루 말할 수 없습니다. 장관(長官)이 입시하여[7] 창졸간에 하문을 받았는데 먼저 김강(金鋼)의 일[8]을 꺼냈더니, 성상께서 가볍게 여기고 또 듣기 싫어하는 기색이 있었습니다. 그 사이의 이야기를 어찌 다 말하겠습니까. 좌영공(左令公)을 조만간 만날 것이니 반드시 자세히 전할 것입니다. 회천(懷川)의 편지도 전할 것입니다. 이만 줄입니다.

7 장관(長官)이 입시하여 : 원문은 '長官之人侍'인데, 문맥을 고려하여 '人'을 '入'으로 바로잡아 번역하였다.

8 김강(金鋼)의 일 : 김강은 경상도의 생원으로 이이(李珥)와 성혼(成渾)의 문묘 종사에 반대하는 상소를 올렸다. 《顯宗實錄 4年 6月 10日》

정관재에게 보낸 편지

與靜觀齋書

편지를 보내주시니 몹시 위안이 됩니다. 어제 다하지 못한 회포를 받들고 이어서 체후가 좋다는 것을 알았으니 그리운 마음에 몹시 부응합니다. 저는 삭출 여부를 면하였으니 한결같이 황공하고 위축되어 몸 둘 곳을 모르겠습니다. 며칠 동안 보다가 더 이상 견책이 내리지 않으면 교외로 가고자 합니다. 지나는 길에 들러 조용히 이야기하는 것이 어찌 바라는 바가 아니겠습니까. 더구나 이처럼 간곡히 말씀하시니 삼가 부응하도록 도모하겠습니다. 바빠서 이만 줄입니다.

정관재에게 보낸 편지 갑진년(1664, 현종5) 7월 29일

與靜觀齋書 甲辰七月二十九日

손수 쓰신 편지를 거듭 받고서 기거가 편안하시다는 것을 자세히 알았으니, 기쁘고 위안이 되는 마음을 형용할 수 없습니다. 저는 종기 난 곳이 아직 온전히 아물지 않았는데, 또 목구멍이 아파 여러날 신음하였는데 괴롭게도 나을 기미가 없습니다.

회천(懷川)의 인편이 방금 와서 선생의 기력이 아직은 지탱할 정도라는 것을 알았습니다. 그러나 몸이 상하였다는 것을 상상할 수 있으니 필시 우려가 적지 않을 것입니다. 위로하는 글을 부탁받았으니 즉시 전해드리겠습니다.

얼마 전 안성서원(安城書院)의 유생이 와서 말하기를, 장인(匠人)을 대접할 때 찬구(饌具)가 없어서는 안 되지만 달리 도움을 구할 곳이 없는데, 노형과 수원(水原) 영감[9]은 모두 본원(本院)의 유사(有司)이니 상의하여 도와달라고 하였습니다. 부디 속히 주선하신다면 다행이겠습니다.[10] 어떻습니까? 나머지는 바빠서 이만 줄입니다. 갑진년 7월 29일

서 영(徐令)이 며칠 전에 들어왔다고 합니다. 안부를 물어주시니 감사

9 수원(水原) 영감 : 당시 수원 부사(水原府使) 이정기(李廷夔)를 말하는 듯하다.

10 부디……다행이겠습니다 : 원문은 '幸須從速同旋'인데, 문맥을 고려하여 '同'을 '周'로 바로잡아 번역하였다.

합니다. 상소를 올린 일은 부득이한 데서 나온 것인데 끝내 들이지 못하였습니다. 곡절을 말하자면 깁니다. 치통이 한창 심하여 따로 편지를 보내지 못합니다.

정관재에게 보낸 편지

與靜觀齋書

형이 당한 낭패가 어찌 저희들이 수천 리 길을 떠난 정도에 그치겠습니까. 한양에 들어오는 즉시 찾아 뵙고 이야기를 나누려 하였는데, 연달아 제사가 있고, 또 일가의 여러 가지 질환 때문에 지금까지 하지 못하였으니 서글픈 마음 한창 간절하였습니다. 뜻밖에 형이 먼저 편지를 보내주시니, 후의에 감사하고 불민한 제가 부끄럽습니다. 저희들이 처음 돌아왔을 때는 아픈 줄 몰랐는데, 시일이 오래되자 점차 피로하여 지금 마주앉아 신음하고 있으니, 근심스럽고 괴롭기가 이루 말할 수 없습니다. 함경 감영[11]의 소식은 얼마 전 보름 무렵의 편지를 보니 이 마음에 조금 위안이 됩니다. 할 말은 많으나 병이 나으면 찾아 뵙고 말씀드리기를 기다리고 이만 줄입니다.

11 함경 감영 : 함경도 관찰사로 재직 중인 저자의 둘째 형 민정중(閔鼎重)을 말한다.

이유능(이단상)에게 답함 을사년(1665, 현종6) 10월 5일
答李幼能 乙巳十月初五日

남쪽으로 온 지 거의 1년이 되어갑니다. 평소 교유하던 이들이 모두 꿈에 나타날 정도로 그립지만 편지로 서로 문안하는 것도 오랫동안 하지 못하였으니, 정성이 부족해서가 아니라 일이 많아 겨를이 없었기 때문입니다. 지난 번에 형의 편지를 받고서 지금까지 답장을 지체하였는데, 뜻밖에 손수 쓰신 편지를 거듭 보내주시니 몹시 위안이 되고 다행스러우나 불민한 제가 더욱 부끄럽습니다.

경연에 부름을 받은 것은 여론의 답답함을 제법 풀어주었습니다. 다만 생각건대 고요한 흥취가 조금 흔들리는 것을 면치 못하리니, 염려가 됩니다. 사직 상소의 처분은 과연 어떻게 되었습니까? 동춘(同春 송준길) 선생은 조정에 계신 지 오래되었는데, 비록 공적으로는 몹시 기쁘지만 사적인 우려가 없지 않습니다. 형의 편지를 보니, 선생으로 하여금 돌아가려는 뜻을 애써 돌리게 하고자 하면서 형의 처신은 그렇지 않습니다. 어찌하여 남에게 바라는 일을 자신이 실천하지 않습니까. 함께 나아가고 함께 물러나면 넉넉히 여유가 있을 듯한데, 스스로 어떻게 헤아리고 있는지 모르겠습니다.

원자에게 진강(進講)한다는 경사스러운 소식이 널리 퍼졌으니, 우리나라의 영원한 복입니다. 북쪽을 바라보며 거듭 축원하지 않은 적이 없습니다. 임생(林生)이 편지를 남기고 지레 가서 만나지 못하였으니, 충청도에 도착하기를 기다렸다가 불러 볼 뿐입니다. 저는 날마다 바쁘게 지내지만 한 가지도 직책을 다한 것이 없습니다. 가을 이후로 한 일이라고는 백성에게 세금을 독촉한 것 뿐이니 몹시 고민입니다. 더구나 추위를 무릅쓰고 멀리 순행하느라 몸이 피로하고 괴로우니, 길 가는 고생을 견디지 못할 듯합니다. 혼자 근심하지만 어찌하겠습니까. 할 말은 많으나 길에 있느라 바빠서 다 말하지 못합니다. 삼가 살펴주시기 바랍니다. 을사년 10월 5일

이유능에게 답함 을사년(1665) 10월 6일

答李幼能 乙巳十月初六日

지난번에 인편으로 편지 한 통을 보냈는데 받아보시기가 늦어질 듯합니다. 저장(邸狀)을 보니 형이 이미 해직되었다고 하였습니다. 생각건대 이제부터 한가로운 정취가 더욱 초연하겠지만 조정을 위해 애석해하지 않을 수 없습니다. 저는 여러 날 먼 길을 가느라 이미 몹시 피로한데 추위가 두렵고 먼 길이 겁나 전혀 흥취가 없습니다.

영남(嶺南)의 시제(試題)에 관하여 무슨 괴이한 이야기가 있습니까? 인편을 통해 적어 보여주시면 다행이겠습니다. 세도(世道)가 여기에 이르러 어찌할 수가 없으니, 몹시 개탄스럽습니다.

빗접과 종이 묶음은 전라 감영에 분부하여 먼저 보내 혼구(婚具)를 보탭니다. 길에 있느라 바빠서 할 말은 많으나 이만 줄입니다. 을사년 10월 6일

이유능에게 답함 을사년(1665) 11월 29일

答李幼能 乙巳十一月二十九日

지난달 보내주신 답장은 길에 있을 때 받았는데 객지에서의 회포에 조금 위안이 되었습니다. 이어서 두 통의 편지가 먼 곳에서 와서 몹시 추운 날씨에 도를 지키며 정밀히 수양하고 신의 도움으로 만복하다는 것을 알았으니 다행스러운 마음 갑절로 간절합니다. 저는 바닷가를 두루 순행하고 이제야 전주(全州)로 돌아왔습니다. 길에서 지친 데다 찬바람을 쐬자 질병이 그 틈을 탔기에 문을 닫고 신음하니 몹시 걱정입니다.

동춘(同春) 선생이 시골로 돌아오신 뒤로 병환이 가볍지 않았는데, 겨우 나아졌으나 아직 쾌차하지 않았습니다. 한 번 조정에 나아가 그저 좋아하지 않는 자의 노여움만 더하고 나라에 도움이 되지 않았으니 개탄한들 어찌하겠습니까.

잘못을 깨달았다는 서 영(徐令)의 말은 과연 사실입니까? 그렇다면 어찌 다행스럽지 않겠습니까. 하지만 잘못을 깨달은 정도가 어떠한지 모르겠습니다.

도와드린 혼수가 몹시 적으니 한창 부끄러웠는데, 도리어 받고 사례하며 처음으로 대단한 솜씨라는 말을 들었으니 우습습니다. 지쳐서 누워 있다가 인편을 만나 억지로 쓰느라 이만 줄입니다. 나머지는 초례(醮禮)를 순조로이 치르기를 기원합니다. 삼가 바랍니다. 을사년 11월 29일

이유능에게 답함 병오년(1666) 7월 25일
答李幼能 丙午七月二十五日

사는 마을이 저자와 멀리 떨어져 있어 막 돌아와서는 안부를 물을 겨를이 없었는데, 뜻밖에 따로 심부름꾼을 보내 안부를 물으셨습니다. 가을 더위에 조용히 조리하는 기거가 편안하시다는 것을 알았으니, 지극히 위안이 되어 쌓인 회포가 홀연 트인 듯합니다. 저는 교대하는 기일이 늦어져 엊그제 비로소 들어왔습니다. 먼 길에 더위를 쐬었으나 병에 걸리는 것은 면했으니 다행입니다.

조사하는 일로 말하자면, 변고가 일어난 이래 이처럼 모욕하고 패만한 일이 있다는 말은 들은 적이 없습니다. 분통이 극에 달하여 곧장 죽고 싶습니다. 앞으로의 일이 과연 또 어떻게 될지 모르겠습니다. 둘째 형은 오랫동안 지방에 있으니 묘당의 논의는 필시 우연이 아닐 것입니다. 그러나 병을 앓는 사람에게 힘든 일이 날로 늘어나니, 몸을 상할까 걱정입니다. 형제가 헤어진 지 어느덧 3년이 되었는데, 또 올겨울이 지나도록 만나지 못했으니, 이것이 어찌 정리상 견딜 수 있는 일이겠습니까. 어찌하겠습니까. 오는 길에 두 선생을 찾아뵈었는데 체후가 모두 편안하였으니 몹시 다행입니다. 할 말은 많으나 만나서 하고 이만 줄입니다. 병오년 7월 25일

이유능에게 보낸 편지 정미년(1667) 1월 3일

與李幼能 丁未正月三日

만형이 파참(坡站)에서 도성으로 들어와 하루 머물고 오늘 아침 임소로 돌아갔습니다. 저는 쉬면서 여독을 풀고 틈을 보아 찾아 뵙고 이야기할 생각입니다.

영(嶺)의 일에 대한 처치가 어찌 명쾌하지 않겠습니까. 그러나 변론하여 배척할 때 더욱 표독을 부렸으니, 훗날 몹시 불쾌한 일이 있을 듯하여 몹시 염려됩니다. 지난 편지에 보여주신 글이 조금 본뜻을 잃었다는 말씀은 참으로 옳습니다. 호서 유생의 상소는 몹시 좋으니, 공경하여 심복하게 만듭니다. 형은 이미 보셨으리라 생각합니다.

해가 바뀌어 백 대감(伯大監)[12]의 초기(初期)가 벌써 지났으니, 옛일을 생각하며 그리워하느라 애통한 마음이 갑절로 더하리라 생각합니다. 체후는 손상되지 않았습니까. 구구한 마음으로 슬퍼하고 걱정합니다. 찾아 뵙고 가르침을 받으려 하였으나 병비(兵批) 때문에 정사를 너무 늦게 파하여 계획을 이루지 못하였습니다. 어제 또 입직하여 몸을 빼낼 길이 없었으니 비록 헤어진 지 이미 3년이 되었으나 보고 싶은 마음은 또렷하여 풀리지 않습니다. 그러나 이 몸이 괴롭게도 묶여 있어

12 백 대감(伯大監) : 이단상의 맏형 이일상(李一相)을 말한다. 1666년(현종7) 1월 1일 세상을 떠났다.《芝村集 卷23 伯父青湖府君墓誌》

당신이 한가로이 사는 곳에 한번 찾아가지도 못하고, 당신이 도성에 들어왔는데도 찾아가 인사를 이야기하지 못하였으니 몹시 한탄스럽습니다.

지난 번에 보내주신 편지는 삼가 이미 잘 받았습니다. 언행록은 집안에 간행한 것 1건이 있습니다. 저는 밤낮으로 일하느라 펼쳐볼 겨를이 없으니, 한번 보고자 하신다면 빌려드리기가 어찌 어렵겠습니까. 오늘 동쪽 시골집으로 나간다고 들었는데, 조용히 조섭하며 다복하시기를 바랍니다. 이만 줄입니다. 정미년 1월 3일

이유능에게 보낸 편지

與李幼能

북쪽의 일은 이미 끝났으니 갑절로 분통합니다. 이는 예전에 듣지 못한 일이니 그저 죽고 싶습니다.

오랫동안 떨어져 있다가 잠깐 이야기를 나누어 남은 회포가 또렷하였는데, 이렇게 손수 쓰신 편지를 받으니 조금 위안이 됩니다. 저는 내일 당성(唐城 남양(南陽))으로 출발하려고 합니다. 지금 어가가 돌아와 가까운 곳에 있다고 하니, 비록 가더라도 즉시 돌아올 듯합니다. 그렇지 않으면 조금 머물고자 합니다. 경옥고(瓊玉膏)를 시험삼아 써 보고 토하지 않으면 효험을 볼 기약이 있으니 몹시 다행입니다. 말씀대로 보내드리겠습니다. 성(成) 의원이 내일 일찍 이곳에 오면 복용법을 자세히 묻고 알려드릴 생각입니다. 나머지는 다시 찾아 뵙고 조용히 말씀드리기를 기다리겠습니다. 이만 줄입니다.

이유능에게 보낸 편지 정미년(1667) 7월 16일

與李幼能 丁未七月十六日

언뜻 듣기로 당신이 도성 동쪽으로 왔다고 하는데, 밤낮으로 골몰하느라 찾아뵐 길이 없었으니 서글프고 한스러운 마음 어찌 끝이 있겠습니까. 가뭄과 더위가 이처럼 혹독한데 조용히 조섭하는 기거는 어떠합니까? 어떤 이가 전하기를 내일은 도로 교외의 거처로 나갈 것이라 하는데, 그렇습니까? 저는 뜻밖에 지척을 받았는데 가벼운 죄가 아니지만 일의 형세에 쫓겨 묵묵히 직무를 수행하는 결과를 면치 못하였으니, 송구하고 부끄럽기가 또 어떠하겠습니까.

제(濟)의 일[13]은 조정에서도 난처하여 달리 좋은 방법을 강구하지 못하였습니다. 그저 마음 아파 눈물을 흘릴 뿐이니 어찌하겠습니까. 사직(社稷)에 배종(陪從)한 뒤 즉시 사면하려고 하는데, 형이 다시 서울집에 들어오기를 기다려 조용히 찾아 뵙고 이야기할 생각입니다. 함경 감영의 편지를 올립니다. 몹시 바빠 이만 줄입니다. 정미년 7월 16일

13 제(濟)의 일 : 표류해 온 중국인을 홍제원(弘濟院)으로 압송한 일을 말하는 듯하다.《顯宗實錄 8年 10月 3日》

이유능에게 보낸 편지

與李幼能

근래 이 전주(李全州) 형[14]이 심문을 받고 있어 날마다 의금부에 가서 안부를 묻고 있습니다. 단오가 이미 다가와 또 선영으로 가는 길을 떠나 급히 가느라 찾아 뵙고 이야기할 겨를이 없었으니, 한스럽고 서글픈 마음이 한창 간절하였습니다. 뜻밖에 형이 편지를 보내주시니 감사하고 위안이 되는 마음이 보통보다 갑절이나 됩니다. 다만 형이 병환을 앓아 근심하던 중에 또 가까운 친척의 상을 당하였다는 것을 알았으니, 놀랍고 한탄스러운 마음을 견딜 수 있겠습니까.

저는 내달 열흘 무렵에 돌아올 것입니다. 아마 그때 형이 미처 시골집으로 돌아가지 않았다면 동곽(東郭)에서 뵐 수 있을 것입니다. 남양 형(南陽兄 민시중(閔蓍重))이 이형(李兄)을 위문하러 어제 들어왔다가 지금 도로 나가려고 하는데 갈 길이 몹시 바빠서 찾아 뵙지 못한 다고 합니다. 가뭄 재해가 이처럼 극심하니, 이는 평범한 변괴가 아닙니다. 근심스럽고 다급한 마음만 간절하니 어찌하겠습니까. 이만 줄입니다.

14 이 전주(李全州) : 전주 부윤(全州府尹)을 지낸 이연년(李延年)을 말하는 듯하다. 말을 타고 관찰사가 머무는 곳에 곧장 들어갔다는 이유로 의금부에 잡혀왔다. 《顯宗實錄 8年 閏4月 10日》

이유능에게 보낸 편지 정미년(1667) 8월 2일

與李幼能 丁未八月初二日

오랫동안 소식이 없어 그리운 마음 더욱 간절하였는데 따로 사람을 시켜 편지를 보내주시어 근래 조용히 조섭하는 체후가 편안하고 복되다는 것을 알았으니 그리운 마음에 위안이 됩니다.

저는 누차 상소를 올린 뒤 어제 비로소 체직되었습니다. 그러나 앓고 있는 한질(寒疾)이 아직까지 낫지 않았으니 몹시 걱정입니다. 나라가 불행하여 이처럼 큰 흉년을 만났으니 우려가 한두 가지가 아닙니다. 장차 어찌하겠습니까. 남을 만나는 일이 드물어 조정의 조처가 어떠한지 듣지 못하였습니다. 영의정〔홍명하(洪命夏)〕 대감이 출사한 뒤에도 찾아 뵙지 못하였는데, 표류한 사람의 일은 다시 제기하지 않았다고 합니다.

맏형이 얼마 전 도성에 들어왔다가 곧 즉시 임소로 돌아갔습니다. 둘째 형은 이번 정사에서 비로소 신임자와 교대하였으나 돌아올 기약이 아득하니 답답하고 한탄스러운 마음을 이루 말할 수 있겠습니까. 보내온 편지는 인편을 찾아 잘 전할 생각입니다.

해윤(海尹 윤선도(尹善道))은 편안하게 시골에서 늙어죽을 사람이 되었으니, 앞으로 옹호하는 무리가 또 무슨 말을 하겠습니까. 병조 판서가 인혐하고 들어갔는데 과연 저희들의 일 때문인지 모르겠으나 자취는 그러합니다. 나머지는 조만간 만나서 이야기하기를 기다리고 이만 줄입니다. 정미년 8월 2일

이유능에게 보낸 편지 무신년(1668) 2월 3일
與李幼能 戊申二月三日

지난달 19일과 27일에 보내주신 두 통의 편지는 어제 저녁 서울의 인편으로 받았습니다. 요즘 따뜻한 날씨에 조리하는 체후가 좋다고 하니 구구한 마음에 위안이 되어 달려가는 마음을 견디지 못하겠습니다. 다만 뜻밖에 이처럼 관찰사의 직임에 임명되었는데[15] 비단 물러난 자취로 감히 맡을 수 없을 뿐만 아니라 정신과 근력이 돌연 줄어들어 실로 바쁜 업무를 감당하기 어렵습니다. 이 때문에 재차 사직 상소를 올리며 힘써 해직되기를 청하였으나 윤허를 받지 못하였으니 낭패하여 황공하고 근심스러운 마음을 어찌 형용할 수 있겠습니까. 지금 다시 글을 올리고자 하는데 끝내 체직되지 못한다면 그저 명을 받들어 공경히 부임해야 합당할 뿐입니다. 어찌하겠습니까.

홍 정승의 상[16]은 실로 국궁진췌(鞠躬盡瘁)의 슬픔이 있으니, 어찌 저희 사적인 감정으로만 통곡하는 것이겠습니까. 앞으로 사류는 더욱 의지할 곳이 없으니 어찌하겠습니까. 둘째 형은 지금 충주(忠州)에 머물러 있는데 병 때문에 조정으로 돌아오지 못하니 당신의 편지를 전해주겠습니다. 배를 타고 가서 모일 약속은 이루지 못할 듯합니다.

15 관찰사의 직임에 임명되었는데 : 저자는 이해 1월 22일 충청도 관찰사에 임명되었다. 《承政院日記 顯宗 9年 1月 22日》

16 홍 정승의 상 : 1667년(현종8) 12월 27일 홍명하(洪命夏)가 세상을 떠난 일을 말한다.

제가 만약 서울에 들어가는 것을 면치 못한다면 떠나기 전에 필마를 타고 찾아뵐 생각이지만 어찌 기필할 수 있겠습니까. 변 찰방(邊察訪)[17]을 만나지 못하여 한탄스럽습니다. 마침 송우(宋友)가 재소(齋所)로 가기에 그에게 의지하여 안부를 여쭙습니다. 이만 줄입니다.

무신년 2월 3일

17 변 찰방(邊察訪) : 당시 이인 찰방(利仁察訪 변국한(邊國翰)을 말하는 듯하나 미상이다.

이유능에게 보낸 편지 무신년(1668) 6월 7일

與李幼能 戊申六月七日

비가 오래 내리고 더위가 혹독하니 사람의 기운을 몹시 괴롭게 합니다. 멀리서 여쭙노니, 이러한 때 조용히 조섭하는 기거는 신의 도움을 받아 더욱 좋습니까?[18] 그리워하는 마음을 가누지 못하겠습니다.

저는 헤아리지 않고 중임을 맡아 병든 몸을 억지로 일으켜 먼 길을 왔습니다. 황정(荒政)이 겨우 끝나 몹시 지쳐 신음하며 시일을 보내느라 괴롭게도 생각이 없습니다. 사문(斯文)의 여러 어른이 모두 이곳에 있기에 자주 문하로 찾아가 말씀을 들으면 어리석은 자질에 행여 도움이 될 것입니다. 그러나 번거로운 사무에 얽매여 빠져나오지 못하여 처음의 바람과 크게 다르니, 그저 한탄할 뿐입니다.

우재(尤齋) 정승 어른은 일어날 뜻이 없고, 동춘(同春) 선생은 늙고 병들기가 점차 심해져 작년의 기력만 못하니 실로 걱정이 간절합니다. 진휼하는 일에 골몰하여 오랫동안 길에 있느라 안부를 묻지 못하였으니 항상 불민하여 부끄럽습니다. 이렇게 서울 인편을 통해 대략 안부를 여쭙습니다. 이만 줄입니다. 무신년 6월 7일

18 신의…좋습니까 : 원문은 '伸佑增福'인데, 문맥을 고려하여 '伸'을 '神'으로 바로잡아 번역하였다.

이유능에게 보낸 편지 정미년(1667) 10월 그믐

與李幼能 丁未十月晦日

사는 곳이 비록 멀지만 몸이 한가로워 일이 없으니 그래도 필마를 타고 어울릴 만한데, 연달아 질병에 걸려 감히 이렇게 할 생각을 하지 못합니다. 집에 심부름꾼이 부족하여[19] 따로 문안을 여쭙지도 못하였으니 늘 서글픈 마음이 들어 외롭다는 한탄을 견디지 못하겠습니다. 추위가 한창 심한데 이러한 때에 노형의 조용히 조섭하는 체후가 만복하리라 생각합니다. 저는 한결같이 신음하느라 다른 생각이 없습니다. 단지 따뜻한 방에 칩거하며 편안히 쉬고 있는데, 이를 통해 힘을 얻어 옛사람의 책에서 계발하는 바가 있는 것이 실로 구구한 바람입니다. 그러나 이것은 쉽게 말할 수 없으니 어찌하겠습니까.

둘째 형이 먼 변방에서 잘 돌아왔으니[20] 다행스러운 마음을 어찌 말하겠습니까. 가르침을 들을 길이 없으니 추위에 몸 보중하여 그리운 마음에 부응하길 바랍니다. 이만 줄입니다. 편지를 서울로 부쳤는데 중간에 없어지는 일은 면하겠습니까? 정미년 10월 그믐

19 집에 심부름꾼이 부족하여 : 원문은 '家之僕使'인데, 문맥을 고려하여 '之'를 '乏'으로 바로잡아 번역하였다.

20 먼……돌아왔으니 : 원문은 '絶寒好還'인데, 문맥을 고려하여 '寒'을 '塞'로 바로잡아 번역하였다.

이유능에게 보낸 편지 무신년(1668) 11월 12일

與李幼能 戊申十一月十二日

일이 많아 어지러워 오랫동안 편지를 보내지 못했습니다. 그러나 그리워하는 한결같은 마음은 해이해진 적이 없습니다. 뜻밖에 형의 편지가 멀리서 와서 세모에 추위가 심한데 조섭하는 체후가 맑고 복되다고 하니, 위안이 되는 마음을 형용할 수 없습니다.

사문(斯文)의 두 선생이 오랫동안 서울에 머물러 자주 강연에 입시하여 성상의 마음을 개발하고 학문을 날로 진보시키니, 저보(邸報)를 볼 때마다 기쁜 마음을 견디지 못하겠습니다. 노형께서 지금 소명을 받고 있다고 하는데, 진퇴를 어떻게 결정할지 모르겠습니다. 두 선생과 함께 성상 앞에서 주선하여 임금의 덕을 보충하는 것이 구구한 저의 바람이며, 형도 사양할 수 없으니 어떻게 하시겠습니까? 저는 일년 내내 바삐 지내느라 그저 질병만 더하였을 뿐이니, 공적으로나 사적으로나 부끄럽습니다. 선영에 도착하여 인편을 통해 안부를 여쭙습니다. 이만 줄입니다. 무신년 11월 12일

이유능에게 보낸 편지 무신년(1668) 12월 11일

與李幼能 戊申十二月十一日

눈이 쌓여 더욱 추운데 이러한 때 조섭하는 체후는 어떠하십니까? 멀리서 그리워하는 마음 더욱 간절합니다. 저는 날이 갈수록 지치고 병들어 장차 지탱하지 못할 것입니다. 그러나 사면하기가 쉽지 않으니 송구하고 근심스러우나 어찌하겠습니까.

조리하는 약재는 이번에 약간의 종류를 보내드립니다. 이것은 솜씨가 부족해서가 아니라 밑천이 없으니 어찌하겠습니까. 우습습니다. 《경서변의(經書辨疑)》는 나중에 간행하여 돌려드리겠습니다. 할 말은 많으나 병으로 신음하느라 겨우 씁니다. 이만 줄입니다. 무신년 12월 11일

이유능에게 보낸 편지 기유년(1669) 6월 2일

與李幼能 己酉六月二日

안동(安東)의 일로 말하자면 저는 상소를 올릴 필요가 없다고 생각합니다. 형이 이미 글을 올렸다고 들었는데, 아마도 부득이해서일 것이니, 참으로 괴로운 일입니다. 양문동(兩門冬) 각 1근을 말씀대로 보내드립니다. 이후로도 얻고자 하시면 다시 부응하도록 도모하겠습니다. 이밖의 향약(鄕藥) 재료 역시 알려주십시오.

승정원에 새로 발탁된 것은 당신에게 영광이 아닙니다. 성상의 뜻이 있는 곳을 엿보니 우연이 아닙니다. 삼가 조정을 위해 몹시 경하합니다. 진퇴를 과연 어떻게 하실지 모르겠습니다. 남은 추위가 가시지 않았는데 근래 조리하며 더욱 잘 지내십니까? 그리운 마음 더욱 간절합니다. 저는 두 가지 일을 모두 맡았는데 온갖 병이 번갈아 침노하니 결코 지탱할 형편이 아닙니다. 성은을 입어 본직을 사면하였으니 다행스러운 마음을 이루 말할 수 있겠습니까. 다만 앓고 있는 병이 점차 심해지고, 새로 부임하여 피로하고 또 일이 많아 안부를 여쭙지 못하고 그저 한결같은 마음으로 그리워할 뿐이었습니다.

뜻밖에 당신의 편지가 멀리서 와서 근래 무더위에 조섭하며 편안히 지낸다고 하니 이 마음에 지극히 위안이 됩니다. 동춘(同春) 선생은 결국 돌아갈 뜻을 막기 어려웠습니다. 시원하게 떠나는 모습이 어찌 사사로운 계획에 쾌적하지 않겠습니까마는, 이제부터 경연과 서연에 사람이 없으니, 훈도하는 책임을 누가 맡겠습니까. 당신의 고아한 뜻은 원래 이미 헤아리고 있었으나 누차 사양해도 허락을 받지 못했고, 심지어 격례를 벗어난 전교가 있었으니, 진퇴를 장차 어떻게 할지 모르겠습니다. 한 번 사은하고 한번 시강하고 조용히 사직하고 물러나는 것이 어떨지 모르겠습니다.

저는 여기에 와서 다행히 질병은 면하였습니다. 직책이 비록 중요하나 만약 상도를 따르고 구차하게 지내고자 한다면 별 일이 없고, 의욕적으로 큰일을 하려면 하나하나 지극히 난처하니, 이곳의 형세는 대략 이와 같습니다. 가장 괴로운 것은 요즘 경영하는 일이[21] 대부분 재물에 관계된 것인데, 옆에서 일을 담당한 자는 모두 저자의 모리배라는 점입니다. 그들이 물어보는 것은 모두 평생 알지 못하던 것인데, 부득이 억지로 수응하니, 이것이 어찌 우리가 즐거워하는 일이겠습니까. 더구나 소매를 왼쪽으로 여민 지 이미 오래되어[22] 인심이 크게 변하고 인륜이 각기 나뉘어 무너지고 어지러워져 구제하기 어려우니, 근심과 한탄이 끝이 없습니다. 할 말은 많으나 편지를 부치고 이만 줄입니다. 기유년 6월 2일

21 요즘 경영하는 일이 : 원문은 '日間經記'인데, 문맥으로 고려하여 '記'를 '紀'로 바로잡아 번역하였다.

22 소매를……오래되어 : 소매를 왼쪽으로 여민다는 것은 오랑캐가 되었다는 뜻인데, 여기서는 청나라의 지배를 받은지 오래되었다는 뜻이다.

이유능에게 보낸 편지 기유년(1669) 8월 그믐

與李幼能 己酉八月晦

제가 여러 해 외직에 있어 아이에게 문자를 가르치지 못하였습니다. 그러나 기질은 취할 만한 점이 있습니다. 동춘(同春) 선생이 매번 저를 만나면 '이 아이가 그대보다 훨씬 낫다.'라고 하였는데, 제가 '폄하가 너무 지나칩니다.'라고 변명하면 어르신이 늘 웃으셨습니다. 지금 형의 편지를 받으니 '아비보다 못하지 않다.'라고 하셨는데, 배를 잡고 웃는 마음 간절합니다. 근래 남운로(南雲路 남구만(南九萬)) 영의 편지를 보았는데, 역시 아비보다 낫다고 하였습니다. 사람이 제 자식을 사랑하는 마음은 제 몸보다 더하니, 어찌 다만 제 아비보다 낫기를 바랄 뿐이겠습니까.

혼사는 그의 나이가 아직 어리니 어찌 운운하는 곳이 있겠습니까. 얼마 전 호서의 사서(司書) 이재중(李載仲 이민채(李敏采))이 자기 형 금산공(錦山公)에게 딸이 있어 혼인을 의논하고자 한다고 하였습니다. 그러나 그 나이를 들으니 서로 맞지 않아 감히 허락하지 못하였습니다. 지금 형께서 여기에 뜻이 있으니, 우리 두 집안의 정의에 있어서 실로 듣기에 즐겁고 부탁하고 싶은 일입니다. 혼사를 미리 정하는 일은 옛사람이 경계하였으나 몇 년 뒤 피차간에 다른 뜻이 없다면 저절로 상의하여 할 것이니, 부디 헤아려주시는 것이 어떻겠습니까. 아이를 때때로 불러 가르치는 것도 좋습니다.

인삼(人蔘) 3냥, 황모필(黃毛筆) 10자루, 먹 10개를 바칩니다. 먹의 품질이 몹시 나빠 문방(文房)에 각별히 골라두기에는 적합하지 않으니 한탄스럽습니다.

얼마 전 형이 병중에 보낸 편지를 받아보았습니다. 오랫동안 길에 있으면서 번거롭게 수응하느라 편지를 보내지 못하였으니 송구하고 한스러운 마음을 어찌 견디겠습니까. 근래 조리하는 체후는 어떠하십니까? 치료한 지 이미 오래인데[23] 점차 나아지는 효험이 있습니까? 우려가 더욱 깊습니다. 저는 남에게 침척을 당하여 지금 상소를 올려 사면을 청하는 중입니다. 이로 인해 체직된다면 얼마나 다행이겠습니까마는, 그렇지 않다면 몹시 낭패이니, 이 때문에 걱정입니다.

삼아(三椏 인삼)는 올해 캐지 못하여 새로 마련하기가 어려울 듯합니다. 예전에 저장한 것을 지나치게 사용할 수 없으므로 우선 새로 나기를 기다리는 것이 어떻겠습니까? 형이 복용하는 약을 대지 못한다고 들었기에 여기 보내드립니다. 그러나 품질이 나쁘고 수량이 적으니 한탄스럽습니다. 바빠서 이만 줄입니다. 기유년 8월 그믐

23 치료한……오래인데 : 원문은 '宜藥已久'인데, 문맥을 고려하여 '宜'를 '醫'로 바로잡아 번역하였다.

이동보(이희조)에게 보낸 편지기유년(1669) 10월 3일

與李同甫書 己酉十月初三日

저는 머리를 조아리며 두 번 절하고 말씀드립니다. 사림이 불행하여 선친 부제학 영감〔이단상(李端相)〕께서 갑자기 세상을 떠나셨습니다. 부고를 받고 통곡하며 할 말을 모르겠습니다. 삼가……예조 판서에 이르렀습니다. 저는 직임을 맡아 지방에 있어 영전에 달려가 곡할 길이 없습니다. 지난 일을 생각하면 더욱 슬프고 한스러울 뿐입니다. 삼가 편지를 올립니다. 삼가 살펴주십시오. 기유년 10월 3일

이동보에게 보낸 편지 기유년(1669) 12월 26일

與李同甫書 己酉十二月二十六日

저는 머리를 조아리며 두 번 절하고 말씀드립니다. 세월이 흘러 어느덧 장사를 지냈습니다. 우러러 생각건대, 부여잡고 통곡해도 따라가지 못하는 효성스러운 생각이 어찌 끝이 있겠습니까. 해가 이미 저물어가는데 이러한 때 상을 당한 당신의 기력은 어떻습니까? 멀리서 걱정하고 그리워하는 마음 더욱 간절합니다.

예전에 만시(挽詩)를 부탁받았는데, 용렬하고 어리석은 저는 선대부 각하에게 사랑을 받아 교분이 보통에 비할 바 아니었습니다. 마침 이렇게 멀리 나와 직접 상엿줄을 잡지도 못하였으니, 애통한 마음을 쏟아내어 문자에 담고자 하는 마음이 어찌 끝이 있겠습니까. 그러나 젊어서부터 운문을 익히지 않았고, 또 형이 연경으로 가는 때[24]를 만나 따라서 의주까지 왔는데, 공적으로나 사적으로나 수응하는 일이 몹시 번거로워 할 수 없는 일을 더욱 억지로 할 수 없습니다.[25] 성대한 뜻을 저버렸으니 송구하고 한스럽기 그지없습니다. 원래의 종이도 감히 돌려드리지 못하고, 훗날 만나기를 기다려 드리겠습니다.

예전에 친지들의 상을 당하여 만사를 쓸 종이를 받으면 대부분 쓰지

24 형이……때 : 저자의 둘째 형 민정중은 이해 10월 18일 동지 정사(冬至正使)에 임명되었다. 《顯宗實錄 10年 10月 18日》

25 할……없습니다 : 원문은 '尤不能强所▣能'인데, 문맥을 고려하여 '不' 1자를 보충하여 번역하였다.

못하였으니, 이 역시 불민한 저의 죄입니다. 갑자기 청나라 사신이 온다는 소식을 듣고 지금 변방으로 출발하니, 괴롭고 근심스러운 마음을 어찌 말할 수 있겠습니까. 인편을 통해 문안 편지를 올리니 살펴주시기 바랍니다. 이만 줄입니다. 기유년 12월 26일

이동보에게 보낸 편지 경술년(1670) 12월 14일

與李同甫書 庚戌十二月十四日

인사는 생략합니다. 추운 세모에 멀리서 여쭙건대 이러한 때 상을 당한 당신의 기력은 어떻습니까? 멀리서 근심하고 그리워하는 마음을 가누지 못하겠습니다. 세월이 흘러 연제(練制)가 벌써 지났으니, 슬피 통곡하며 애통해하는 효성스러운 생각이 어찌 끝이 있겠습니까. 예전에 앓던 병은 지금 이미 쾌차하였습니까? 일이 많아 어지러워 오랫동안 안부를 묻지 못하였으니, 불민한 제가 몹시 한스럽습니다. 마침 이렇게 인편을 통해 안부를 여쭙습니다. 이만 줄입니다. 경술년 12월 14일

이동보에게 보낸 편지 신해년(1671) 1월 1일

與李同甫書 辛亥正月一日

상을 당한 당신이 세상을 떠난 영감께서 남긴 글을 한창 수집하고 있다고 들었으니, 더욱 서글픈 마음을 견디지 못하겠습니다. 이곳에 있는 편지는 두세 폭에 지나지 않는 듯하니, 상자에 보관한 것을 찾아 파발 편에 올려보내겠습니다. 서울 집에 보관한 것은 제법 많으나 찾아내기 어려울 듯하니, 체직되어 돌아가기를 기다려야 말씀대로 할 수 있을 것입니다. 감히 이렇게 답장을 올립니다.

저는 머리를 조아리며 두 번 절하고 말씀드립니다. 인편이 와서 상을 당한 당신이 보내준 편지를 받고 당신이 큰 병을 앓은 뒤 기력으로 버티고 있다는 것을 알았으니 구구한 마음에 위안이 됩니다. 세월이 흘러 어느덧 새해가 되었습니다. 슬피 통곡하며 애통해 하는 효성스러운 생각이 어찌 끝이 있겠습니까.

이곳에 와서 직분을 제대로 수행하지 못하여[26] 이처럼 전에 없던 기근을 만나 장차 백성의 목숨을 구제하지 못하게 되었으니, 밤낮으로 애태우고 근심합니다. 게다가 호서를 경략하는 일[27]은 사사로운 분의

26 이곳에……못하여 : 원문은 '此來無所塞眡'인데, 문맥을 고려하여 '眡'을 '職'으로 바로잡아 번역하였다.

27 호서를 경략하는 일 : 균전사(均田使)로 양전(量田)하는 임무를 말하는 듯하다. 원문은 '湖西經累之事'인데, 문맥을 고려하여 '累'를 '略'으로 바로잡아 번역하였다.

에 몹시 불안하여 세 번 사직소를 올렸는데, 이미 비국에 내려졌으나 아직 처분이 어떠한지 듣지 못하였으니 더욱 황공하고 근심스럽습니다.

늘 생각하니 그대의 집은 평소 가난하고 또 큰 흉년을 만났으니, 전(奠)을 올리는 절차에 간혹 예법을 갖추지 못할 것입니다. 그러므로 어려운 형편에 도움을 드리고자 생각하였는데 먼 곳에 있어 보낼 수가 없습니다. 이 뜻을 감히 김 판서 대감에게 언급하였는데, 당신의 심부름꾼이 왔으니 참으로 다행입니다. 제사에 쓸 물건 약간을 모두 기록하여 보냅니다. 살펴보고 받으시기 바랍니다. 할 말은 많으나 이만 줄입니다. 신해년 1월 1일

이동보에게 보낸 편지 신해년(1671) 5월 13일

與李同甫書 辛亥五月十三日

저는 머리를 조아리며 말씀드립니다. 방금 인편을 통해 7일에 상을 당한 당신이 보내주신 편지를 받았습니다. 고통스러운 가운데 병이 가볍지 않아 동호(東湖)로 옮겼는데 고생이 갑절로 심하다고 하니, 우려하는 마음을 어찌 다 말하겠습니까. 어리숙한 제가 오랫동안 직임을 맡아 지금 황정(荒政)을 만나 애태우고 근심하며 날을 보내고 있으니 아무런 생각이 없습니다. 1자 빠짐 기한이 이미 지나 머지않아 교대할 것이니 이것을 스스로 위안으로 삼습니다. 말씀하신 약재는 삼가 여기 보내드립니다. 다만 약소하여 다급한 요구에 부응하기 부족하여 한스럽습니다. 이만 줄입니다. 신해년 5월 13일

이동보에게 보낸 편지 신해년(1671) 9월 2일

與李同甫書 辛亥九月初二日

저는 머리를 조아리며 말씀드립니다. 인편이 와서 상을 당한 당신의 편지를 받고 당신의 기력이 버틸 만하다는 것을 알았으니 멀리 있는 제 마음에 위안이 됩니다. 세월이 흘러 재기(再期)가 어느덧 박두하였습니다. 슬피 통곡하며 따라죽고 싶은 효성스러운 생각이 망극할 것이니, 더욱 슬픕니다. 임기가 찼는데도 교대하지 못하고 또 이렇게 계속 있으니, 공적으로나 사적으로나 낭패스러운 처지를 어찌 다 말하겠습니까. 제수를 삼가 이렇게 보내드립니다. 살펴보고 받으시기 바랍니다. 지금 강변으로 순행을 가려고 하는데, 출발을 앞두고 바빠서 이만 줄입니다. 신해년 9월 2일

이동보에게 보낸 편지 임자년(1672) 1월 19일

與李同甫書 壬子正月十九日

인편이 와서 지난 겨울에 보내주신 편지를 받았으니 감사하고 위안이 됩니다. 멀리서 생각건대 새해 봄을 맞이하여 어버이 모시는 체후가 만복하리니, 그리운 마음 더욱 간절합니다. 저는 병들어 혼미하고 게다가 참혹한 상을 당하여 비통해 하고 신음하며 견딜 수가 없으니 어찌하겠습니까.

말씀하신 일은 즉시 시행하겠습니다. 그런데 지금 당신 노(奴)의 말을 들으니, 도망간 노비는 붙잡지 못했고 신공(身貢)을 거둔 것도 소략하다고 하니, 한탄스럽습니다. 돌아가는 인편에 편지를 씁니다. 이만 줄입니다. 임자년 1월 19일

이동보에게 보낸 편지 임자년(1672) 5월 22일

與李同甫書 壬子五月二十二日

인편을 통해 보내주신 편지를 받고 근래 병환을 앓아 오랫동안 회복하지 못한다는 것을 알았으니 구구한 마음에 우려가 됩니다. 저는 4년 동안 바쁜 곳에 있으면서 피로가 쌓여 병이 되어 봄과 여름 이래로 신음하며 날을 보내고 있습니다. 지금 비록 해직되었으나 여전히 날마다 수응하느라 조섭에 전념하지 못하니 몹시 걱정입니다. 구하신 약물은 이곳에도 부족하지만, 절박한 처지에 어찌 서로 돕지 않을 수 있겠습니까. 약소하게 바친 것이 있으니 살피고 받으시면 다행이겠습니다. 병들어 대신 쓰게 하고 이만 줄입니다. 임자년 5월 22일

이동보에게 보낸 편지 임자년(1672) 9월 6일

與李同甫書 壬子九月初六日

얼마 전에 편지를 받았는데 지금까지 감사하고 다행스럽습니다. 다만 병을 앓고 일이 바빠 오랫동안 답장을 미루었으니 불민한 제가 몹시 한스럽습니다. 지금 뜻밖에 보내주신 편지를 받으니 구구한 마음에 감사하고 위안이 됩니다.

혼사로 말하자면 외람되게도 비루하게 여기지 않고 굽어살펴 허락해 주시니, 감히 말씀을 따르지 않을 수 있겠습니까. 아이의 생년월일시를 속례에 따라 삼가 이렇게 써서 바칩니다. 점을 쳐서 다시 알려주시는 것이 어떻겠습니까. 이틀 동안 갑절로 몹시 바빠 답장이 너무 늦었으니 송구한 마음을 견디지 못하겠습니다. 헤아려주시기 바라며 이만 줄입니다. 임자년 9월 6일

이동보에게 보낸 편지 임자년(1672) 9월 15일

與李同甫書 壬子九月十五日

편지를 받고서 체후가 오랫동안 편찮으시다는 것을 알았으니 구구한 마음에 우려가 됩니다. 매번 한번 찾아 뵙고 조용히 이야기하려고 하였는데, 일이 많은 자리에 있느라 바빠서 1자 빠짐 지금까지 하지 못하였으니 불민하여 부끄럽습니다.

혼사를 이렇게 허락해 주시니, 실로 우리 집안의 다행입니다. 다만 말씀하신 내년 4, 5월도 너무 먼데, 하물며 10월 이후는 어떻겠습니까. 근세의 조혼(早婚)을 경계한 적이 있는데, 지금은 회천(懷川 송준길)의 병환이 오랫동안 위중하니 일가의 정리가 실로 절박합니다. 본디 올해가 가기 전에 관례를 치르고 혼인하여 어른을 뵙고자 하였으나, 그의 나이가 15세에 미치지 않아 감히 하지 못하고 해가 바뀌기를 기다렸다가 1, 2월 안에 혼례를 치르려고 하였으니, 참으로 부득이한 데서 나온 것입니다.

저의 집은 작년에 딸을 시집보냈는데, 일관(日官)이 길한 해와 길한 달이 아니라고 하였으나 속세의 금기에 구애받지 않고 과감히 시행하였습니다. 제 생각에는 먼저 인사의 편리 여부를 보아야 하니, 일관(日官)의 말을 전부 따를 필요는 없습니다. 부디 다시 헤아려 회답하시는 것이 어떻겠습니까. 2월이 과연 급박하다면 3월도 좋을 듯합니다. 이만 줄입니다. 임자년 9월 15일

이동보에게 보낸 편지 임자년(1672) 9월 27일

與李同甫書 壬子九月二十七日

어제 보내주신 편지를 받았으나 마침 일이 바빠 답장을 보내지 못하였으니 아쉽고 송구합니다. 지금 기거가 더욱 복되리라 생각하니 그리운 마음 더욱 간절합니다.

혼사에 대해 형편을 곡진히 헤아려 가까운 길일을 잡겠다는 성대한 뜻이 몹시 감사합니다. 다만 기일이 임박하여 예식이 군색하다고 말씀하시니 불안한 마음 되레 간절합니다. 그러나 앞으로 또 날을 물리고자 한다면 이곳에서는 필시 큰 낭패를 당할 것입니다. 당신께서는 무어라 말씀하시겠습니까. 회천(懷川)의 병환이 한결같이 위독하여 조금도 차도가 없다고 하니 걱정이 어찌 끝이 있겠습니까. 이만 줄입니다.

임자년 9월 27일

이동보에게 보낸 편지

與李同甫書

돌아오는 인편에 보내주신 두 통의 편지를 받으니 감사와 위안이 교차합니다. 지난번 편지에 내년 4월은 늦으니 정월에 치르고자 한다고 하였는데,[28] 이번에는 1월과 2월이 늦으니 올해가 가기 전에 치르고자 한다고 하였습니다. 저희 집의 절박한 형세를 그래도 양해해 주실 만한데 이번에 하신 말씀을 보니 자세히 알지 못한 듯하여 한탄스럽습니다. 즉시 찾아가 상의하고 싶지만 겸대한 직임에 대해 미처 사은숙배하지 못하여 감히 출입할 수가 없습니다. 내일 만약 도총부에 입직하면 빠져나오기가 더딜 듯하니, 비록 뵙고 싶어도 쉽지 않을 듯합니다. 다시 헤아리고 내일쯤 회답해 주시는 것이 어떻겠습니까? 손님을 마주하여 이만 줄입니다.

28 정월에……하였는데 : 원문은 '欲行正月月矣'인데, 문맥을 고려하여 '月'을 '日'로 바로잡아 번역하였다.

이동보에게 보낸 편지 임자년(1672) 11월

與李同甫書 壬子十一月

어버이 모시고 잘 지내시리라 생각합니다. 얼마 전 저의 답장에 혼사를 빨리 이루고자 하는 뜻을 자세히 말씀드렸는데 오랫동안 회답이 없어 몹시 답답하였습니다. 어제 일관(日官)을 불러 물었더니, 내년 봄 석달은 과연 구기(拘忌)가 있으니, 만약 4월이 멀다면 올해 12월에 길일을 잡을 수 있다고 하였습니다. 아이가 비록 15세가 되지 않았으나 어린아이도 아니며, 회천(懷川)의 병환이 계속 낫지 않고 근래 또 심해졌으니, 일가의 정리를 간절히 헤아리면 결코 내년 4월 이후까지 기다리기 어렵습니다. 이러한 형세를 헤아려 시험삼아 12월에 택일하는 것이 어떻겠습니까?

혼인할 때 필요한 도구들은 당신의 집이 청렴하고 검소하여 본디 속습을 따라 구비하지 않겠지만, 날짜가 몇 달 안으로 다가왔으니 모든 일을 제쳐놓고 예식을 거행해야 마땅합니다. 만약 이러한 따위의 자세한 절차에 구애된다면 더욱 당신에게 바라는 바가 아닙니다. 삼가 이렇게 번거롭게 전하고 헤아려 말씀하시기를 기다립니다. 이만 줄입니다.

이동보에게 보낸 편지 임자년(1672) 11월

與李同甫書 壬子十一月

밤낮으로 분주하여 오랫동안 안부를 여쭙지 못하여 한창 서글퍼하고 한스러워하였는데, 편지를 받고서 어제 저녁 헛걸음하셨다는 것을 알았으니 몹시 송구합니다. 회천(懷川)의 병환은 근래 감기 때문에 이미 십분 위독한 지경에 이르렀으니, 걱정스러운 마음 어찌 끝이 있겠습니까. 집안의 처자가 한창 경황없이 애태우는 중이니, 어느 겨를에 혼인을 생각하겠습니까. 한창 이렇게 알려드리고자 하였는데 마침 관청에 있어 몹시 바빠 역시 겨를이 없었습니다. 만나서 자세히 상의해야 하니, 내일 아침에 혹시 오실 수 있겠습니까. 마음이 흔들려 이만 줄입니다. 임자년 11월

요점은 병환이 만약 나아진다는 소식이 없으면 근심스럽고 다급하여 결코 혼례를 치를 수 없다는 것입니다.

이동보에게 보낸 편지 계축년(1673) 12월 27일
與李同甫書 癸丑十二月二十七日

보내주신 편지를 받으니 구구한 마음에 위안이 됩니다. 다만 체후가 조금 편찮으시다고 하니, 근래 추위가 혹심하여 병이 심해지기 쉬우니 더욱 보중하고 조섭하시기 바랍니다. 금은화(金銀花)를 찾아 보내드립니다.

회천(懷川)의 병환으로 말하자면 어제 19일의 편지를 보았는데, 열이 조금 내리고 쉰 목은 조금 나았으나 드시는 음식이 점점 줄어들고 기력도 점점 지친다고 하니, 지극히 걱정입니다. 다시 이후의 인편을 기다려 알려드릴 생각입니다. 이만 줄입니다.

상을 당한 뒤라 어지럽고 바빠서 인사에 겨를이 없었습니다. 찾아가 이야기를 나누지도 못한 데다 두 차례 편지를 받았으나 이 또한 답장하지 못하여 한창 송구하고 한스러운 마음 간절하였는데, 또 이렇게 안부를 물으시니 참으로 후의에 감사드립니다. 다만 대부인의 환후가 가볍지 않다고 하니, 염려를 견디지 못하겠습니다. 말씀하신 약탄(藥炭)은 이미 실어보내게 하였고, 앞으로도 추가로 보내드리겠습니다. 이만 줄입니다. 계축년 12월 27일

이동보에게 보낸 편지 갑인년(1674) 11월 13일

與李同甫書 甲寅十一月十三日

얼마 전 편지를 받았으나 마침 산릉(山陵)에 갈 일이 있어서 즉시 답장하지 못하였으니 지금까지도 송구하고 한스럽습니다. 요즘 체후의 조섭은 어떠하십니까? 그리운 마음 더욱 간절합니다.

혼사는 본디 미루어서는 안 됩니다. 더구나 세상사와 사람 일을 알 수 없으니 어떻겠습니까. 정월절(正月節 입춘)이 2월 초순에 오니, 만약 2월 10일 전에 길일을 얻는다면 매우 좋겠습니다. 역서(曆書)를 반포하기를 기다렸다가 즉시 택일하여 알려주시는 것이 어떻겠습니까. 평안도 관찰사 영공에게 방금 편지를 썼으니 답장이 오기를 기다려 알려드릴 생각입니다. 제가 앓던 병은 산릉에 간 뒤로 더욱 심해져 지금 몸져 누워 신음하니 걱정스럽습니다. 남의 손을 빌어 편지를 씁니다. 이만 줄입니다. 갑인년 11월 13일

이동보에게 보낸 편지 갑인년(1674) 12월 16일

與李同甫書 甲寅十二月十六日

추위가 갑자기 심해졌는데 근래 조섭하는 체후는 어떠하십니까? 구구한 마음으로 우려합니다. 인산(因山)의 예가 이미 지났으니 애통한 마음 망극합니다. 저는 어제 대각의 논의가 이미 나왔다는 말을 듣고 서호(西湖)로 물러나와 삼가 벌을 기다리고 있습니다. 바라보면 더욱 멀어져 찾아 뵙고 이야기할 길이 없으니 그저 서글프고 한탄스러운 마음 간절합니다.

얼마 전 일관과 상의하였더니 2월 2일이 길일에 합당하다고 하기에 방서(方書)를 살펴보니 과연 그러하였습니다. 이날로 혼례를 당겨 정하는 것이 어떨지 모르겠습니다. 앞으로의 인사는 미룰 수 없는 점이 있으니, 그저 간략하게 혼례를 치러야 합당할 뿐입니다. 부디 헤아려 회답해 주시기 바랍니다. 이만 줄입니다. 갑인년 12월 16일

이동보에게 보낸 편지 갑인년(1674) 섣달 그믐

與李同甫書 甲寅除日

강 너머로 찾아와 몹시 간곡히 위로해 주시고 또 이렇게 따로 사람을 시켜 편지를 보내주시니 돌보심을 입어 감사한 마음 참으로 깊습니다. 다만 체후가 조금 편찮으시다고 하니 염려가 됩니다. 저는 견책을 받아 파직되기를 기다려 즉시 도성을 나와서 시골로 가야 하는데, 대각의 글이 오랫동안 윤허를 받지 못하였으니 낭패하고 황송하여 앞으로 처신할 방법을 모르겠습니다. 그러나 기일을 앞두고 감히 작별하지 않을 수 있겠습니까. 새해에 어버이 모시며 복이 더하기를 바랍니다. 이만 줄입니다. 갑인년 섣달 그믐

이동보에게 보낸 편지 을묘년(1675) 1월

與李同甫書 乙卯正月

편지를 받고 조섭하며 편안히 지내시는 줄 알았으니 몹시 위안이 됩니다. 혼삿날은 어제 점장이 지씨(池氏)를 불러 물었더니 2월 22일이 길하다고 합니다. 또 점장이 홍씨(洪氏)에게 물었더니 역시 그러하였습니다. 이미 길일을 얻었으니, 달의 구기(拘忌)에 구애될 필요는 없습니다. 더구나 해의 운수가 몹시 길하니 어떻겠습니까. 오늘 일찍 이미 당신의 집으로 점장이 지씨를 보냈으니, 다시 물으시면 몹시 다행이겠습니다. 점장이 홍씨 역시 금명간 보내겠습니다.

다만 22일은 국휼(國恤)의 초기(初期)[29]와 가까우니, 어떨지 모르겠습니다. 구애되어 불안할 것까지는 없을 듯합니다. 대개 예전에 들으니 급한 일을 앞두고 혼례를 치르는 집은 날짜에 구애받지 않는 경우가 많습니다. 일생의 복록은 여기에 달려 있지 않습니다. 지금 인간사와 세상일을 알기 어려우니, 어찌 평상시의 규례를 용납하겠습니까. 4월은 몹시 멀어 기다리기 어려우니, 만약 다른 길일을 얻지 못한다면 2월 22일이 마땅할 듯합니다. 나머지는 조만간 만나서 다 이야기하기를 기다리며 이만 줄입니다. 을묘년 1월

29 국휼(國恤)의 초기(初期) : 효종비 인선왕후의 연제(練祭)가 이해 2월 24일이다.

이동보에게 보낸 편지 을묘년(1675) 1월 16일

與李同甫書 乙卯正月十六日

강가로 찾아와 주시니 몹시 간곡히 돌보아 주셨으나 조용히 이야기하지 못하여 한스럽습니다. 봄추위가 겨울보다 심한데, 이러한 때 어버이 모시고 조용히 지내는 체후가 어떠하십니까? 구구한 마음으로 그리워합니다.

저는 낭패를 당한 뒤로 몸 둘 곳이 없어 어쩔 수 없이 법을 어기고 나와 삼가 견책을 기다리고 있으니 황송하여 어쩔 줄 모르겠습니다. 혼사는 제가 비록 시골에 있지만 기일에 맞추어 예식을 치를 수 있으니 부디 염려하지 마십시오. 인편을 통해 안부를 여쭙습니다. 이만 줄입니다. 을묘년 1월 16일

이동보에게 보낸 편지
與李同甫書

혼사의 기일이 늦어졌다가 오랜 뒤에야 이루어져 결국 옛적에 말로 정한 뜻에 부응하였으니 지극히 다행입니다. 중간에 두 집안이 화란을 겪었으니 돌이켜 생각하면 서글프고 목이 메입니다. 아마 당신도 같은 마음일 것입니다. 마침 제가 지방에서 견책을 기다리고 있는 중이므로 초계(醮戒)하고 친영(親迎)하는 예법은 생략한 것이 많은 데다 시아버지를 뵙는 절차도 미루어지게 되었으니, 이 또한 뜻대로 되지 않는 인사입니다. 한탄한들 어찌하겠습니까.

인편이 와서 보내주신 편지를 받고 근래 따뜻한 날씨에 어버이 모시고 조용히 잘 지낸다는 것을 알았으니 구구한 마음에 위안이 됩니다. 아이의 성품이 민첩하지 않고 일찍 가르치지 않았는데, 지금 다행히 당신을 따르며 가르침을 듣게 되었으니 어리석음을 깨우치고 향할 곳을 알게 될 것입니다. 일에 따라 잘 인도하기만 믿을 뿐입니다. 저는 위축되어 시골에 엎드려 있으면서 두려운 마음으로 날을 보내고 있습니다. 만약 파직되면 조금이나마 속죄하겠지만 이 또한 기필할 수 없으니 더욱 근심스럽고 위축됩니다. 인편이 바빠 이만 줄입니다.

성혼(成婚)한 뒤에 신부를 한참 동안 만나지 못하였으니 비단 정리상 허전할 뿐만 아니라 인사에도 불편한 점이 있습니다. 육로로 보내기가 어렵다면 얼음이 녹기를 기다려 수로로 가는 것이 마땅할 듯합니다. 장차 어떻게 할 계획인지 모르겠습니다. 헤아려 알려주시면 다행이겠습니다.

이동보에게 보낸 편지 을묘년(1675) 3월 18일

與李同甫書 乙卯三月十八日

아이가 돌아오는 편에 손수 쓰신 편지를 받고 근래 따뜻한 봄날에 어버이 모시고 공부하며 잘 지낸다는 것을 알았으니 그리워하던 나머지 몹시 위안이 됩니다. 말씀하신 이전의 답장은 지금까지 받지 못했습니다. 필시 중간에 없어지고 말았을 것이니 몹시 한탄스럽습니다.

저는 지은 죄가 커서 여론이 놓아주지 않고, 전하는 이야기가 그치지 않고 생기고 있으니, 위축되어 그저 견책을 기다릴 뿐입니다. 영해로 귀양가는 것은 조만간의 일일 듯합니다. 신부가 시집으로 오는 일을 서두르지 않으려는 계획은 아니지만 이렇게까지 간곡히 말씀하시니 가을 무렵까지 조금 기다려도 늦지 않을 듯합니다. 감히 말씀을 따르지 않을 수 있겠습니까. 나머지는 바빠서 이만 줄입니다. 을묘년 3월 18일

이동보에게 보낸 편지 을묘년(1675) 4월 21일

與李同甫書 乙卯四月廿一日

인편을 통해 보내주신 편지를 받았으니 후의에 참으로 감사드립니다. 두 번이나 거처를 옮겼으니 객지의 고생을 알 만합니다. 또 몸이 한창 몹시 편찮다고 하니, 우려를 어찌 다 말하겠습니까. 저는 두풍을 치료하느라 연달아 뜸을 뜨다가 병이 덧나 신음하며 날을 보내고 있으니 근심스럽습니다.

아이가 절사(節祀)에 맞추어 서울에 들어가고자 하는데 종과 말이 갖추어지지 않아 계획대로 하기 어려울 듯하니 한탄스럽습니다. 서쪽의 소식은 근심을 견딜 수 없는데, 지금 또 들은 것이 있습니까? 덕원(德源)[30]의 병환은 조금 나아졌으니 참으로 다행입니다. 얼마 전 연석의 이야기는 제가 듣지 못하였습니다. 다시 알려주시기 바랍니다. 병으로 남의 손을 빌려 쓰고 이만 줄입니다. 을묘년 4월 21일

남(南)과 이(李)[31]가 비방하는 상소를 올린 뒤로 저는 위태롭기가 날이 갈수록 더욱 심해집니다. 더구나 북쪽에 유배간 사람이 돌아오기 전까지 어찌 감히 아무 일 없는 사람처럼 행세하겠습니까. 앞으로 있

30 덕원(德源) : 이해 1월 13일 덕원으로 유배된 송시열을 말한다.《肅宗實錄 1年 1月 13日》

31 남(南)과 이(李) : 송시열, 송준길, 이유태의 처벌을 청한 장령 남천한(南天漢)과 정언 이수경(李壽慶)을 말하는 듯하다.《肅宗實錄 1年 1月 2日》

을 국상(國祥) 때 비록 궐 밖으로 나아가 곡하지 않을 수 없으나, 이 때문에 결코 반열에 참석하기 어려우니, 궐 아래에서 곧장 시골집으로 돌아갈 것입니다. 설령 하루 이틀 머물더라도 곡하는 반열에 감히 참석하지도 못하고 대궐에 들어가 예전에 받은 자급에 사례하지도 못하였는데, 서울 집으로 물러나 있으면서 신부례(新婦禮)를 행한다면 사리상 지극히 온당하지 않습니다. 이로 말하자면 이르고 늦고를 막론하고 신부례는 시골집에서 행해야 합니다.

가을 이후로 날씨가 싸늘해져 배로 다니기 불편합니다. 더구나 세상사와 사람일을 알기 어렵습니다. 성혼한 지 반 년이 지났는데 아직도 시아버지를 만나지 못하였으니 인정과 예의에 있어서 허전한 마음을 견디지 못하겠습니다. 만약 변방의 근심이 과연 사실이라면 장차 어떻게 할 생각입니까? 이 일은 깊이 생각하지 않으면 안 됩니다. 만약 오는 10일에서 보름 사이에 뱃길로 보내 예를 행하고 한두 달 머무르다가 배를 타고 돌아간다면 피차간의 형세가 모두 편안할 듯한데, 어떨지 모르겠습니다.

속례(俗禮)에 사용하는 처음 뵐 때의 술과 음식 등의 물건은 모두 제거하고, 수모(首毋)를 데려오지 말며, 단지 여관에서 사배례(四拜禮)만 행하는 것이 간략하고 예법에 합당하여 조금도 미진한 점이 없습니다. 부디 생각하여 회답해 주시는 것이 어떻겠습니까. 이 편지는 불태우기를 더욱 간절히 바랍니다.

이동보에게 보낸 편지 을묘년(1675) 5월 26일

與李同甫書 乙卯五月廿六日

인편을 통해 보내주신 편지를 받고 어버이 모시는 근황이 때맞추어 좋다는 것을 알았으니 그리워하던 마음에 이루 말할 수 없이 위안이 됩니다. 저는 오랫동안 죄를 짓고 있다가 하늘처럼 덮어주는 관대한 은혜를 입었으니, 이번 견책은 오히려 가벼운 법에 속합니다. 허물을 반성하며 두려워하느라 몸둘 곳이 없습니다.

신부가 더위를 무릅쓰고 멀리 오는 것은 예전에 우려하던 일입니다. 앞으로 단란하게 모이는 일은 기약하기 쉽지 않습니다. 마침 아이가 며칠 뒤 서울에 들어가 제 누이를 데리고 올 것입니다. 만약 이를 계기로 함께 보낸다면 일의 형세가 편리할 것입니다. 속히 부응하시기 바랍니다. 나머지는 이만 줄입니다.

이동보에게 보낸 편지

與李同甫書

편지를 받고 위안이 되었습니다. 다만 도성에 들어온 지 오래지 않아 또 거처를 옮겼다고 하니 염려가 됩니다. 저는 다급히 달려왔는데 남은 두려움이 진정되지 않습니다. 오직 성은을 입고 감동하여 보답할 방법을 모르겠습니다.

신부례(新婦禮)는 동호(東湖)와 서빙고(西氷庫) 모두 안 될 것 없으니, 처소는 편의대로 하십시오. 13일도 편리할 듯하니 부디 다시 헤아리고 아이를 시켜 회답하는 것이 어떻겠습니까? 둘째 형은 형세상 가서 모이기 어렵습니다. 말씀하신 일은 놀라운 마음을 견디지 못하겠습니다. 무어라 하겠습니까. 13일로 이미 날을 정했으나 앞으로의 일은 그저 다시 보아 처리해야 합니다. 마음이 흔들려 이만 줄입니다.

이동보에게 보낸 편지 을묘년(1675) 6월 2일

與李同甫書 乙卯六月初二日

출발하는 날 편지를 보내주시니 간곡하고 후한 뜻에 몹시 감동하였습니다. 총총히 길에 오르느라 미처 답장을 써서 멀리 왕림해 주신 일에 사례하지 못하였으니, 불민하여 부끄럽습니다. 이후 더위가 갑절로 심해졌는데 근래 어버이 모시는 체후는 어떠하십니까? 구구한 마음으로 그리워합니다. 이번에 길을 떠났다가 겨우 거처로 돌아왔는데, 질병이 몹시 가볍지 않아 몹시 애가 탑니다. 우암 노인이 남쪽으로 옮기면서 영동(嶺東)으로 길을 잡아 중도에 뵙고 영결할 길이 없었으니, 개탄스럽고 한스러운 마음 어찌 끝이 있겠습니까. 아마 이 마음은 같을 것입니다. 인편에 맡기고 이만 줄입니다. 을묘년 6월 2일

이동보에게 보낸 편지 을묘년(1675) 7월 2일

與李同甫書 乙卯七月二日

가을 더위가 갈수록 혹심한데 어버이 모시는 체후가 어떠한지 멀리서 여쭙습니다. 구구한 마음으로 그리워합니다. 저는 더위와 습기로 계속 몸이 상하여 돌아온 뒤에 병이 나서 하루도 편안한 날이 없습니다. 이 때문에 편지를 받은 지 며칠이 지나도록 오랫동안 답장을 하지 못하였으니 송구하고 한스럽습니다. 남쪽의 소식은 까마득히 들리지 않으니 근심스럽고 답답한 마음을 어찌 견디겠습니까. 인편을 통해 안부를 여쭙고 이만 줄입니다. 을묘년 7월 2일

이동보에게 보낸 편지 을묘년(1675) 10월 11일

與李同甫書 乙卯十月十一日

저희 집안이 불행하여 또 조카의 장상(長殤)을 통곡하였습니다. 맏형이 노년에 이처럼 연달아 상을 당하였으니, 이것이 어찌 사람의 이치로 견딜 수 있는 일이겠습니까. 몹시 비통하여 마음을 가눌 수 없습니다. 위로해주시는 편지를 받으니 더욱 목이 메입니다. 추위가 점차 심해지는데 근래 어버이 모시며 어떻게 지내십니까? 그리운 마음입니다.

며느리는 물길로 추위를 무릅쓰고 겨우 도착하였습니다. 대단한 병에 걸리지는 않았으니 다행입니다. 다만 시골집이 외지고 누추하여 모든 일이 어렵습니다. 서울에서 나고 자라다가 갑자기 고생을 맛보니 행여 견디지 못할까 걱정입니다. 당신의 초가집을 짓는 일은 지금 이미 마쳤으니, 올해가 가기 전에 과연 가서 살 수 있겠습니까? 여기서는 몇 칸의 집을 지을 힘이 없으니 부럽습니다. 또 생각하니 머지 않아 날씨가 추워질 것인데 시골에 살려는 그대의 계획은 쉽게 이루지 못할 듯합니다. 조카의 장례가 이미 다가와 슬프고 마음이 어지러워 이만 줄입니다. 을묘년 10월 11일

이동보에게 보낸 편지 을묘년(1675) 11월 26일

與李同甫書 乙卯十一月廿六日

인편을 통해 보내주신 편지를 받고 엄동설한에 새 집에서 어버이 모시고 체후가 강녕하고 복되다는 것을 알았으니 위안이 됩니다. 저는 죽은 아내를 이장하는 일을 하느라 근래 제법 고생을 하였습니다. 모레는 또 광주(廣州)의 선영으로 출발할 것인데, 언 길에 운구하면 낭패를 당하기 쉬우니 이것이 걱정입니다. 신부가 객지의 거처에서 돌아와 갑자기 부엌일을 맡았으니 늘 수고를 끼칠까 염려하였는데 병 없이 잘 있으니 이루 말할 수 없이 다행입니다. 서울 소식은 전혀 듣지 못하였습니다. 추삭(追削)하는 논의가 나올 것이라 기다린 지 이미 오래인데, 비록 몹시 애통하지만 또한 어찌하겠습니까. 끝없는 걱정이 그칠 줄 모를 뿐입니다. 인편이 바빠 이만 줄입니다. 을묘년 11월 26일

이동보에게 보낸 편지 병진년(1676) 3월 3일

與李同甫書 丙辰三月三日

사람을 그리워하는 일념이 봄을 맞이하여 더욱 새롭습니다. 멀리서 편지를 보내주어 따뜻한 날씨에 어버이 모시는 근황이 편안하고 복되다는 것을 알았으니 갑절로 기쁘고 위안이 됩니다. 저는 얼마 전 죽산(竹山)에 들러 이장하고 어제 비로소 집으로 돌아왔습니다. 몇 달 사이에 거듭 고생하여 지쳐 신음하느라 거의 견딜 수 없으니 한탄스럽습니다. 다행히 아이의 병이 통곡하는 와중에도 다시 발작하지 않아 애타고 근심하는 마음이 누그러졌습니다.

당신 누이[32]가 친정으로 가려는 정리는 비록 간절하지만, 음식을 만들고 제사를 받드는 일이 오직 어진 며느리의 헤아림에 달려 있어 집안의 형세상 실로 말씀을 따르기가 어렵습니다. 양해해 주시면 다행이겠습니다. 침상에 누워 남의 손을 빌어 편지를 씁니다. 할 말은 많으나 이만 줄입니다. 병진년 3월 3일

32 당신 누이 : 저자의 아들 민진후와 혼인한 이희조의 누이를 말한다.

이동보에게 보낸 편지 병진년(1676) 3월 26일

與李同甫書 丙辰三月廿六日

봄이 다 가려고 하는데 이러한 때 어버이 모시고 더욱 복되게 지내리라 생각하니 구구한 마음에 그립습니다. 저는 어제 만형이 병들어 위독하다는 말을 듣고 다급히 길을 떠났는데, 평구(平丘) 선영 아래에 이르러 비로소 증세가 조금 나아졌다는 것을 알고 다행히 애타는 마음이 누그러졌습니다. 그러나 온전히 회복하려면 아직 멀었으니 우려가 어찌 끝이 있겠습니까. 돌아가는 일은 아직 언제가 될지 정하지 못하였습니다. 며칠 전 보내주신 답장은 시골에 있을 때 이미 받아보았으니, 몹시 위안이 됩니다. 지쳐서 신음하느라 찾아뵐 길이 없으니 우선 이렇게 심부름꾼을 보내 안부를 여쭙습니다. 이만 줄입니다. 병진년 3월 26일

이동보에게 보낸 편지 병진년(1676) 3월 29일

與李同甫書 丙辰三月廿九日

지난번에 왕림해 주셨는데 미처 사람을 보내 사례하기 전에 또 이렇게 따로 편지를 보내 안부를 물으시니 몹시 감사합니다. 저는 내일 모레 출발하고자 하는데 행색이 몹시 바빠 작별하러 가기 어려울 듯합니다. 서글프지만 어찌하겠습니까. 만약 다시 찾아와 주신다면 이야기를 다 할 수 있을 것입니다. 회포가 남았으나 이만 줄입니다.

이동보에게 보낸 편지 병진년(1676) 4월 1일

與李同甫書 丙辰孟夏初吉

지난 번에 찾아와 다정히 이야기를 나누고 게다가 즐겁게 술까지 마셨으니, 돌보아주시는 뜻을 감히 잊을 수 없습니다. 더구나 또 일찍 편지를 보내고 아름다운 시까지 보내주셨는데, 읊조린 뒤에 감사하는 마음 더욱 깊습니다. 다만 경계하고 권면하신 내용은 참으로 못난 제가 감히 감당할 수 있는 것이 아니니, 부끄럽고 송구합니다. 말씀하신 일은 돌아간 뒤 생각해보겠습니다. 조만간 찾아 뵙고자 하니 다시 이야기를 나눌 수 있을 것입니다. 회포가 남았으나 이만 줄입니다.

이동보에게 보낸 편지 병진년(1676) 4월 16일

與李同甫書 丙辰四月旣望

근래 날씨가 더워지는데 어버이 모시고 어떻게 지내십니까? 이별한 뒤로 서글프고 그리운 마음이 한결같이 또렷합니다. 병들고 못난 제가 고향집으로 돌아오니 아이의 산증(疝症)이 재발하여 위독합니다. 잠시 나아졌다 잠시 심해진 지 지금 십여 일이 되었는데 아직 낫지 않으니, 걱정을 이루 말할 수 있겠습니까. 인편을 통해 안부를 여쭙고 나머지는 우선 이만 줄입니다. 병진년 4월 16일

이동보에게 보낸 편지

與李同甫書

따로 편지를 보내주시니 감사합니다. 어버이 모시고 만복하게 지내시는 줄 알았으니 그리운 마음에 더욱 위안이 됩니다. 이번에 길을 떠나 어쩔 수 없이 지금까지 머물렀는데, 며칠이 지나면 돌아갈 것입니다. 그러나 앞으로의 일이 장차 어떻게 될지 모르겠으니, 밤낮으로 두렵습니다. 말씀하신 뜻은 잘 알겠습니다. 반복하여 생각해도 끝내 온당한 줄 모르겠으므로 우선 중지하였습니다. 나머지는 우선 이만 줄입니다.

이동보에게 보낸 편지 병진년(1676) 5월 8일

與李同甫書 丙辰五月初八日

근래 어버이 모시며 어떻게 지내십니까? 구구한 마음으로 그리워합니다. 예전에 편지를 인편으로 보냈는데, 이미 받아보셨습니까? 여기서는 아이의 산증(疝症)이 멎은 뒤 다시 발작하지 않습니다. 배 언저리에 응결된 기운은 절반 넘게 흩어져 사라졌으나 남은 독이 아직 커서 음식을 먹기 싫어하니 걱정을 이루 말할 수 있겠습니까. 그러나 그 기력과 증세를 보니 예전에 비해 훨씬 낫습니다. 점차 나아질 것이니, 종기가 생기는 우환은 결코 염려할 것이 못 됩니다. 괘념치 마시기 바랍니다. 앞으로 조리하는 일은 만약 병의 뿌리를 제거하지 못한다면 서울의 의원을 찾아가도 늦지 않을 듯합니다. 마침 서울로 가는 인편이 있어 소략하게 편지를 부칩니다. 이만 줄입니다. 병진년 5월 8일

이동보에게 보낸 편지 병진년(1676) 6월 1일

與李同甫書 丙辰六月初一日

인편을 통해 지난달 21일에 보내주신 편지를 받았으니 위안이 되고 다행스러운 마음을 이루 말할 수 있겠습니까. 더위와 비가 괴롭게도 그치지 않는데, 이러한 때에 어버이 모시고 어떻게 지내시는지 모르겠습니다. 구구한 마음으로 그리워합니다. 병들고 못난 저는 한결같이 겨우 지내고 있습니다. 아이는 먹고 자고 일어나 움직이는 것이 지금은 평상시와 같아졌습니다. 단지 배 언저리에 모인 기운이 아직 다 흩어져 없어지지 않았습니다. 약과 침은 모두 그만둘 수 없으나 무더위에 쑥뜸을 뜨니 지극히 견디기 어렵고, 입에 쓴 약도 위를 상하게 할까 걱정이니 근래는 우선 모두 정지하였습니다. 다만 편의대로 조리하여 원기를 북돋게 하였습니다. 시원한 가을이 되기를 기다려 치료할 방법을 다시 의논할 생각입니다.[33]

경기에서 의원을 찾는 것이[34] 시골집보다는 나을 듯합니다. 그러나 서울의 의원도 중병에 걸린 사람을 맡길 곳이 없고,[35] 또 집안의 형세가 서울도 아니고 시골도 아닌 의지할 곳 없는 곳에 안주하기 어렵습니다.

33 치료할……생각입니다 : 원문은 '更議宜治爲計'인데, 문맥을 고려하여 '宜'를 '醫'로 바로잡아 번역하였다.

34 경기에서……것이 : 원문은 '畿下就宜'인데, 문맥을 고려하여 '宜'를 '醫'로 바로잡아 번역하였다.

35 서울의……없고 : 원문은 '京宜亦無可托重病者'인데, 문맥을 고려하여 '宜'를 '醫'로 바로잡아 번역하였다.

그러므로 이미 종기가 생길 우려가 없으니 우선 더 이상 이런 엄두를 내지 않았습니다. 그러나 앞으로 한번 서울에 올라가 의원을 찾아 약을 묻는 일을[36] 어찌 하지 않을 수 있겠습니까. 마침 산에 있는 집에 있어 바빠 편지를 보냅니다. 할 말은 많으나 이만 줄입니다. 병진년 6월 1일

36 의원을……일을 : 원문은 '尋宜問藥'인데, 문맥을 고려하여 '宜'를 '醫'로 바로잡아 번역하였다.

이동보에게 보낸 편지 병진년(1676) 6월 26일

與李同甫書 丙辰六月廿六日

거듭 편지를 보내주시어 요즘 장마가 내리고 무더운 때에 어버이 모시고 기쁘게 지내는 여가에 공부 잘 하신다는 것을 알았으니 갑절로 간절히 위안이 됩니다. 병들고 못난 저는 산에 있는 집에서 더위를 피하며 그럭저럭 시일을 보내고 있습니다. 아이가 앓는 병은 보중익기탕(補中益氣湯)을 복용하니 원기가 점차 회복되고, 배 아래에 모인 기운도 부항을 떠서 이미 근원을 제거하였으니 지극히 다행입니다. 다만 앞으로 다시 병이 생기지 않을지 모르겠습니다.

신부가 근친하는 일은 원래 어려운 일이 아니지만 집안에 방해되는 자잘한 일이 없습니까? 가을 이후에 형세를 보아 하겠습니다. 인편이 있다고 하기에 바삐 편지를 씁니다. 할 말은 많으나 미처 다하지 못합니다. 병진년 6월 26일

이동보에게 보낸 편지 병진년(1676) 9월 15일

與李同甫書 丙辰九月十五日

동쪽으로 올라간 날 멀리서 재차 찾아와 주시니, 후한 돌보심에 참으로 감사드립니다. 배를 멈추고 취하여 이별하던 때를 돌이켜 생각하니, 돌아보며 서글퍼하지 않은 적이 없습니다. 추위가 점차 심해지는데[37] 어버이 모시고 어떻게 지내십니까? 물길이 바람에 막혀 이레가 지나서야 비로소 돌아왔는데, 몸이 시달려 피로하기가 이루 말할 수 없습니다. 게다가 막내 아이가 학질을 앓아 한 달이 넘도록 낫지 않으니 걱정 역시 심합니다. 어찌하겠습니까. 마침 서울로 들어가는 인편이 있어 급히 안부를 여쭙습니다. 이만 줄입니다. 병진년 9월 15일

37 추위가 점차 심해지는데 : 원문은 '霜寒漸{氵+緊}'인데, 문맥을 고려하여 '氵+緊}'을 '緊'으로 바로잡아 번역하였다.

이동보에게 보낸 편지 병진년(1676) 12월 4일

與李同甫書 丙辰十二月四日

회천(懷川)에서 돌아와서 10월에 보내주신 편지를 받았으나 지금까지 답장을 미루었으니 부끄럽고 한스러운 마음을 견딜 수 있겠습니까. 지금 한겨울이라 눈이 쌓이는데 어버이 모시고 만복하게 지내시리라 생각하니 구구한 마음으로 그리워합니다.

추위에 힘들게 움직이느라 지쳐 병이 났기에 산에 있는 집의 문을 닫고 날마다 신음하고 있으니 참으로 괴롭습니다. 동춘(同春) 선생의 장례가 이미 지났으니[38] 추모하는 슬픔을 더욱 견디지 못하겠습니다. 당신의 누이가 근친하러 가는 일은 원래 어렵지 않으나 부디 내년 가을이 되기를 기다려 다시 생각하여 알려주십시오. 아이는 길을 떠난 뒤에도 예전에 앓던 병이 발작하지 않았으니 실로 몹시 다행입니다. 인편을 통해 답장을 씁니다. 바빠서 이만 줄입니다. 병진년 12월 4일

38 동춘……지났으니 : 원문은 '同春先生襄奉已過'인데, 문맥을 고려하여 '奉'을 '事'로 바로잡아 번역하였다.

이동보에게 보낸 편지 정사년(1677) 5월 18일

與李同甫書 丁巳五月十八日

예전에 삼가 들으니 대부인께서 여러 날 편찮으시다고 하는데, 저는 병으로 몸이 상하여 치료를 어떻게 하는지 물을 겨를이 없었으니 몹시 죄송하였습니다. 인편을 통해 월초에 보내주신 편지를 받고서 어버이 병이 회복되어 더욱 복되게 모시고 지낸다 하니 기쁜 마음을 견딜 수 있겠습니까. 죽은 아이의 장례가 벌써 이미 지났는데 따라죽고 싶어도 그럴 수 없으니 찢어지는 마음이 어찌 끝이 있겠습니까.

아이가 어제 회천(懷川)에서 돌아와 말하기를, 우재(尤齋) 부인의 장례[39]를 열흘 이전에 지냈기에 그는 미처 모임에 가지 못하였다고 합니다. 필시 근심과 두려움에 쫓겨 날을 당길 수밖에 없었을 것입니다. 들으니 몹시 애통합니다. 할 말은 많으나 바빠서 이만 줄입니다. 정사년 5월 18일

제 병은 비록 나아졌으나 아직 병의 뿌리를 제거하지 못하여 때때로 발작하니 괴롭고 걱정스럽기가 이루 말할 수 없습니다. 근래의 소식을 들을 때마다 놀랍니다. 장차 어떤 지경에 이르겠습니까. 근심하고 탄식하는 마음 어찌 끝이 있겠습니까.

39 우재(尤齋) 부인의 장례 : 우재 부인은 송시열의 부인 한산 이씨(韓山李氏)를 말한다. 이해 3월 22일 세상을 떠났다.

이동보에게 보낸 편지 정사년(1677) 7월 7일

與李同甫書 丁巳七月七日

보내주신 두 통의 편지를 잇달아 받았으나 인편이 없어 답장을 지체하였으니 몹시 부끄럽고 한스럽습니다. 무더위가 가을 들어 더욱 혹독해지는데, 이러한 때 어버이 모시는 근황은 어떠하십니까? 구구한 마음으로 그리워합니다.

종묘에 고하자는 논의[40]가 처음 나왔을 때는 화를 장차 헤아릴 수 없었는데, 다행히 하늘 같은 성상께서 밝게 살피고 굳건히 고집하신 덕택에 죄를 지은 신하들이 아직까지 죽지 않고 있으니 관대한 은혜에 감사하는 마음이 끝이 없습니다. 그러나 이 일은 여러 해 계획한 것이니 주도면밀한 계획입니다. 필시 이루어지지 않았다고 해서 그만두지 않을 것이니, 끝내 과연 어떻게 될지 모르겠습니다. 처음에는 경기에서 석고대죄하려고 하였으나 조정의 명령에 막혀 출발하였다가 도로 중지하고 시골에 움츠리고 있으니 황공하여 몸둘 바를 모르겠습니다.

당신 누이의 근친은 누차 간곡한 부탁을 받았으니 감히 따르지 않을 수 있겠습니까. 아이가 장차 그믐과 초하루 무렵에 일 때문에 서울로 들어갈 것이니, 데리고 가게 하고자 합니다. 봉산(蓬山 송시열)의 소식을 오랫동안 듣지 못하였으니 몹시 답답합니다. 둘째 형님은 얼마 전

40 종묘에 고하자는 논의 : 1659년(효종10) 효종이 승하하였을 때 자의대비(慈懿大妃)의 복제(服制)를 기년복으로 해야 한다고 주장한 송시열의 죄를 종묘에 고해야 한다는 논의를 말한다.《肅宗實錄 2年 3月 7日》

독한 이질에 걸려 거의 7, 8일 동안 위독하였다가 겨우 나아졌습니다. 그러나 원기가 몹시 상하여 회복하려면 아직 멀었으니, 근심스럽고 애타는 마음 어찌 끝이 있겠습니까. 할 말은 많으나 인편에 부치고 이만 줄입니다. 정사년 7월 7일

아이를 통해 구림(鳩林) 상공[41]이 보내준 절구 한 수와 당신의 화답시를 받아보았습니다. 읊조리니 옛일을 생각하며 감개하는 마음을 견디지 못하겠습니다. 삼가 이렇게 차운하고 적어 올립니다. 평생 시를 이해하지 못하였으니 그저 한 번 살펴보시고 다른 사람들의 눈을 번거롭게 하지 마십시오.

41 구림(鳩林) 상공 : 김수항(金壽恒)을 말한다. 당시 영암(靈巖) 구림촌(鳩林村)에 유배 중이었다. 《宋子大全隨箚 卷7》

이동보에게 보낸 편지 정사년(1677) 8월 6일

與李同甫書 丁巳八月六日

인편을 통해 지난달 26일 손수 쓰신 편지를 받아보고 감사하는 마음과 함께 위안이 되었습니다. 근래 돌아가신 뒤로 어버이 모시고 조용히 지내며 복이 더하리라 생각합니다. 상을 당한 저는 물러나 살면서 황공한 마음으로 병을 짝으로 삼고 있으니 달리 무슨 말을 하겠습니까.

종묘에 고하자는 논의[42]가 나온 뒤로 성상께서 굳게 정하여 따르지 않겠다는 하교를 누차 내리셨습니다. 저들이 화를 더하려는 계획을 중지시킬 수도 있을 것입니다. 그러나 매번 유생의 상소를 통해 격동시키고 갑작스러운 덫으로 도발하니, 앞으로 성상의 뜻 또한 감히 믿을 수 없습니다. 어찌하겠습니까. 사돈집에 일이 있다고 들었는데 마친 뒤에는 도로 동교(東郊)로 나올 것입니까? 만나서 이야기를 나누지 못하니 그저 때맞추어 더욱 몸 보중하기 바랍니다. 답장을 올립니다.

정사년 8월 6일

당신의 누이가 근친하는 일은 해마다 한번 갈 필요가 없는데 매번 간곡한 부탁을 받으니 어기기 어렵습니다. 또 여식이 서울에 있어 오랫동안 병을 앓고 있으니, 장차 아이를 보내 데리고 오려고 합니다. 그러므로 이번 가는 길에 당신 누이를 배편으로 보내려고 하였습니다. 마침 조카가 선산의 절사(節祀)를 지내러 조만간 올라가려고 하므로 이를 통해

42 종묘에 고하자는 논의 : 530쪽 주40 참조.

출발시키면 일이 몹시 편리할 것입니다. 그러나 집안의 노비가 전부 나가서 돌아오지 않아 행차를 이룰 길이 없습니다. 둘째 형이 지난해에 두 번 갔는데, 마침 이때 더위와 습기에 몸이 상하여 병이 났습니다. 원래 부득이하고 절박한 행차가 아닌데, 몸이 심하게 상하여 묵은 병이 재발하면 피차에 끼치는 우려가 몹시 작지 않습니다. 힘써 만류하였으므로 감히 그 소원에 부응하지 못하니, 내년 봄에 날이 따뜻해지기를 기다려 보내겠습니다. 아마도 당신도 필시 이 점을 아쉬워할 것이니, 도리어 미안합니다.

이동보에게 보낸 편지 정사년(1677) 9월 20일

與李同甫書 丁巳九月二十日

인편을 통해 지난달 19일 보내주신 편지를 받고 몹시 위안이 되었습니다. 인편이 오는 사이에 이미 여러 날이 지났는데, 지금 늦가을에 어머님의 묵은 병은 신령의 도움으로 회복되고 조용히 조섭하는 체후는 더욱 복되리라 생각합니다. 멀리서 그리워하는 마음을 어찌 견딜 수 있겠습니까. 상을 당한 저는 외딴 산에 병들어 누워 겨우 목숨을 보전하고 있습니다. 비록 종묘에 고하자는 논의[43]가 이미 중지되었다고 들었으나 한결같이 황공한 마음이 어찌 감히 해이해지겠습니까. 더구나 중외가 동요하여 소란이 그치지 않았으니, 이를 이어 또 무슨 일이 생길지 모르겠습니다. 당신의 누이는 가을 이후에 비록 병을 앓았으나 심각한 지경에 이르지 않았습니다. 따뜻한 방에서 겨울을 나면 병이 조금 나을 것이니, 내년 봄에 근친해도 늦지 않을 듯합니다. 할 말은 많으나 편지를 부치고 이만 줄입니다. 정사년 9월 20일

43 종묘에 고하자는 논의 : 530쪽 주40 참조.

이동보에게 보낸 편지 정사년(1677) 12월 20일

與李同甫書 丁巳十二月二十日

저의 집안이 화를 거듭 당하여 형이 세상을 떠난 지 1년도 되기 전에 과부가 된 형수가 상을 치르다가 이어서 세상을 떠났습니다. 나란히 상을 당한 참혹함이 세상에 드무니, 무슨 죄가 쌓여 이 지경에 이른 것입니까. 놀랍고 애통하니 다시 무슨 말을 하겠습니까. 다만 위문하는 말씀을 받으니 슬프고 감격스러운 마음 참으로 깊습니다. 요즘 몹시 추운데 어버이 모시는 체후가 만복하시리라 생각합니다. 예전에 앓던 두풍(頭風)이 겨울이 되자 점차 심해지고, 고아가 된 조카는 이미 몸이 몹시 상하여 목숨이 위태로워 밤낮으로 부축하니 슬픔과 근심이 모두 간절합니다.

장례는 내년 1월 13일로 잡았는데, 언 땅이 풀리지 않아 일을 하기가 어려우니 더욱 걱정입니다. 얼마 전 멀리 외딴 골짜기로 찾아와 머물며 이야기를 나누시니, 오랫동안 외롭게 살다가 큰 은혜를 입었습니다. 상화(喪禍)가 이처럼 혹독하니 정신을 잃은 듯하여 편지 한 통을 보내어 후의에 사례할 겨를도 없었으니 불민하여 몹시 부끄럽습니다. 그래도 굽어살펴 용서해 주시겠습니까. 아이가 선영의 제사를 지내러 가면서 당신의 집에 들르고자 하므로 이를 통해 안부를 여쭙습니다. 할 말은 많으나 이만 줄입니다. 정사년 12월 20일

이동보에게 보낸 편지 무오년(1678) 2월 13일

與李同甫書 戊午二月十三日

얼마 전 아이가 돌아오는 편에 편지를 보내주시니 간곡하고 후한 뜻에 참으로 감사합니다. 봄날이 따뜻해지는데 어버이 모시는 체후가 더욱 복되리라 생각하니 구구한 마음으로 그리워합니다. 형수의 장례와 형의 연제(練祭)가 차례로 지났으니, 인사가 변하고 세월이 흘러 비통한 마음 간절하니 추모한들 어쩌겠습니까. 고아가 된 조카는 이미 지극히 몸이 상하여 기력이 위태롭고 시들한데 지금까지 온전히 지탱하고 있으니 실로 몹시 다행입니다. 앞으로의 걱정은 이루 말할 수 없습니다. 인편을 통해 안부를 여쭙습니다. 할 말은 많으나 이만 줄입니다. 무오년 2월 13일

며느리가 임신한 지 이미 예닐곱 달이 되었는데, 간절히 기대하던 중에 기쁘고 다행한 마음이 어찌 끝이 있겠습니까. 해산할 때가 되면 근친하게 하려는데, 다만 여러 날 배를 타고 가다가 몸이 상할까 걱정입니다.

이동보에게 보낸 편지

與李同甫書

인편을 통해 지난달 8일 보내주신 편지를 받았습니다. 간곡히 위로해 주시니 슬프고 감격스러운 마음을 견딜 수 있겠습니까. 지금 봄날이 따뜻하니 어머님의 편찮으신 체후는 신령의 도움으로 회복되고 간호하는 체후가 편안하고 복되리라 생각하니 구구한 마음으로 그리워합니다. 얼마 전 편지를 인편에 보냈는데 이미 당신에게 전해졌으리라 생각합니다. 상을 당한 저는 근래 찬바람을 맞아 두통이 재발하여 산에서 문을 닫고 날마다 신음하니 새해 봄의 좋은 흥취가 전혀 없습니다.

당신 누이의 근친은 처음에 윤달 20일 이후 출발시키고자 하였는데, 이번에 부탁을 받았으니 감히 부응하지 않을 수 있겠습니까. 비록 날짜를 미리 정할 수는 없으나 아이로 하여금 한식 묘제를 지내고 배를 찾아 데리고 가게 할 것입니다. 집안의 형편상 그 전에 주선하기 어렵기 때문입니다. 심의(深衣)는 멀어서 받지 못하였는데,[44] 만약 이 행차를 기다리면 이미 관례를 치렀을 것이니 어찌하겠습니까. 지난번 인편에 사탕(砂糖) 약간을 보냈습니다. 할 말은 많으나 바빠서 이만 줄입니다.

44 멀어서 받지 못하였는데 : 원문은 '遠莫丞投'인데, 문맥을 고려하여 '丞'을 '承'으로 바로잡아 번역하였다.

이동보에게 보낸 편지 무오년(1678) 3월 23일

與李同甫書 戊午三月廿三日

예전에 보내드린 답장은 이미 받아보셨으리라 생각합니다. 봄 장마가 여름 장마보다 심한데 근래 어버이 모시는 체후는 어떠하십니까? 예전에 어버이 병이 나아졌다고 들었는데, 지금은 이미 평소처럼 쾌차하셨습니까? 구구한 마음으로 그리워합니다. 저는 한가로이 지내는 중에 병을 앓는 기간이 대부분이니 참으로 한탄스럽습니다. 아이가 며느리를 데리고 떠났는데 물이 불어 배가 빠르니 오래지 않아 도착할 것입니다. 안개와 이슬을 맞으며 지체하는 고생을 면하니 다행이겠습니다. 몹시 바빠 이만 줄입니다. 무오년 3월 22일

이동보에게 보낸 편지 무오년(1678) 윤3월 그믐
與李同甫書 戊午閏三月晦日

지난 편지에 답장을 하지 못하였는데, 또 문안하는 편지를 받았습니다. 어찌 이리도 간곡한 후의로 돌보아주시는 것입니까. 감사하고 감사합니다. 요즘 날이 더워지는데 어버이의 병환은 나아지고 체후는 좋으리라 생각합니다. 구구한 마음으로 그리워합니다. 병들고 못난 저는 한결같이 그럭저럭 지내고 있습니다. 근래 둘째 형이 병에 걸려 몹시 위독하였습니다. 비록 이미 나아지고 있으나 완전히 회복되기는 더딜 듯하니, 우려가 간절합니다.

아이는 처음에 속히 돌아오게 하고 해산할 때 맞추어 다시 보내려고 하였으나 다시 생각하니 왕래가 촉박하여 몸이 피로할까 싶어 그로 하여금 그대로 당신 집에 머물게 하였습니다. 부디 아침 저녁으로 경계하여 깨우치고 지도하여 강습에 전념하게 해 주신다면 큰 은혜가 될 것입니다. 감히 이로써 번거롭게 부탁드립니다. 할 말은 많으나 이만 줄입니다. 무오년 윤3월 그믐날

이동보에게 보낸 편지 무오년(1678) 4월 22일

與李同甫書 戊午四月二十二日

7일에 보내주신 편지를 받은 뒤로 다시 편지를 받지 못하였습니다. 근래 가물고 더운데 어버이 모시고 어떻게 지내고 있습니까. 어버이 병환은 지금 이미 쾌차하셨습니까? 구구한 마음으로 그리워합니다. 저는 두풍(頭風)으로 인한 통증이 몹시 자주 발작하여 여름에도 여전히 문을 닫고 있으니 괴로운 상황을 아실 것입니다. 둘째 형은 병을 앓은 뒤 원기가 회복되지 않아 아직도 지쳐 있으니 몹시 걱정입니다.

아이가 오랫동안 당신 집에서 지내고 있으니 필시 당신이 번거롭게 깨우치고 지도하실 것입니다. 이전 편지의 부탁은 지극한 마음에서 나온 것으로 겉치레로 하는 말이 아닌데 어찌하여 이렇게 지나치게 겸양하십니까. 부끄럽고 송구합니다. 나물 뿌리를 씹는 것은 본디 서생의 본분입니다. 만약 기쁘게 이치를 따르게 한다면 고기맛과 같을 것이니, 몹시 큰 은혜가 될 것입니다. 그는 어떻게 생각합니까? 남의 손을 빌어 쓰느라 이만 줄입니다. 무오년 4월 22일

이동보에게 보낸 편지 무오년(1678) 5월 2일

與李同甫書 戊午五月初二日

가뭄의 재해가 극에 달하였습니다. 근래 혹독한 더위에 어버이 모시는 근황은 어떠하십니까? 어버이의 병환은 이미 회복되었으리라 생각하니 구구한 마음으로 그리워합니다. 저는 항상 두풍(頭風) 때문에 고생하여 쾌차하는 지경을 보지 못했습니다. 둘째 형은 병치레한 뒤로 지쳐서 지금 침상에 누워 있으니 말할 만한 생각이 없습니다.

아이가 오랫동안 당신 집에 머물고 있으니 만약 많이 읽고 많이 터득하게 하신다면 실로 당신의 은혜일 것입니다. 이를 간절히 바랍니다. 당신 누이가 해산할 때는 이미 지났는데 분만하였다는 소식을 듣지 못하여 몹시 답답합니다. 아이가 빨리 돌아올지 늦게 돌아올지는 오직 이를 보아 할 것입니다. 그는 필시 오래 머무는 것을 근심할 것인데, 이미 머물렀다가 지레 돌아오는 것은[45] 처음의 뜻이 전혀 아닙니다. 그러므로 형세를 보아 거취를 정하게 하였습니다. 바삐 쓰고 이만 줄입니다. 무오년 5월 2일

45 이미……것은 : 원문은 '旣留經還'인데, 문맥을 고려하여 '經'을 '徑'으로 바로잡아 번역하였다.

이동보에게 보낸 편지 무오년(1678) 5월 14일

與李同甫書 戊午五月十四日

인편이 와서 그간 보내주신 두 통의 편지를 함께 받고서 근래 어버이 모시고 편안하고 복되게 지낸다는 것을 알았으니 기쁘고 위안이 됩니다. 병들고 못난 저는 예전처럼 그럭저럭 지내고 있습니다.

당신 누이가 해산할 때가 이미 지났으나 시일을 넘겨 분만하는 일은 세상에 많이 있습니다. 만약 건강하고 병이 없다면 무슨 걱정이 있겠습니까. 가뭄 끝에 비가 내렸는데 전혀 충분하지 않아 농가에서 모내기하기 어려워하는데 경기 땅도 그렇습니까? 척박한 땅에서 농사를 짓는 어려움을 옛사람이 이미 말하였으니, 무슨 어려움이 이와 같겠습니까. 아이가 지금까지 머물고 있으니 필시 선(善)을 보고 많은 도움이 되었을 것입니다. 매번 지나치게 겸양하시는 말씀을 들으니 전혀 바라던 바가 아닙니다. 더욱 유념하시기 바랍니다. 이만 줄입니다. 무오년 5월 14일

이동보에게 보낸 편지 무오년(1678) 5월 28일

與李同甫書 戊午五月二十八日

지난 편지는 이미 받아보셨습니까? 지금 더위가 혹독한데 어버이 모시고 만복하리라 생각합니다. 당신 누이는 별 탈 없이 분만했고, 또 아들을 낳기를 바라는 소원을 이루었으니 일가 사람들이 몹시 기뻐하며 모여서 경하합니다. 50세에 비로소 손자를 보았으니 사람 마음이 그렇지 않을 수 있겠습니까. 예전에 어리석은 아이의 강독을 권면하도록 부탁하였는데, 이번에 어린 아이를 돌보아달라고 부탁드리니 또 장차 어떻게 생각하시겠습니까. 우습습니다. 인편을 통해 안부를 여쭙고 이만 줄입니다. 무오년 5월 28일

이동보에게 보낸 편지 무오년(1678) 7월 19일

與李同甫書 戊午七月十九日

아룁니다. 얼마 전 아이가 돌아오는 편에 보내주신 편지를 받았으니, 안부를 묻는 내용 외에 돌보아주시는 말씀이 또 몹시 간곡하니 감사하고 위안이 됩니다. 요즘 가을 날씨가 더운데 어버이 모시고 어떻게 지내십니까? 당신의 종백부(從伯父) 판서 어르신이 갑자기 돌아가셨다고 들었습니다.[46] 친애하는 마음이 돈독하였으니 비통하여 어찌 견디겠습니까. 저도 깊은 교분을 생각하니 지극히 애도하는 마음을 견디지 못하겠습니다.

저는 어버이 잃은 몸으로 의지할 데 없어 오직 막내 고모 조 낙정(趙樂靜 조석윤(趙錫胤)) 부인이 많은 연세에도 무탈하여 다행으로 여겼는데, 홀연 부고를 받았으니 애통한 마음 어찌 끝이 있겠습니까. 죄를 지은 몸으로 서울에서 멀리 떨어져 지내느라 모시지 못한 지 지금 5년이 되었습니다. 노인의 그리운 마음이 누차 서찰에 드러났는데, 매번 이를 생각하면 마음이 편치 않았습니다. 미처 뵙지 못하였는데 인사가 갑자기 변하여 영원히 저승과 이승으로 갈라졌으니, 따라갈 수 없어도 어쩔 수 없습니다. 슬픔과 한을 품으니 더욱 억제하기 어렵습니다.

조씨의 선영은 금천(金川)에 있습니다. 발인하는 날에 맞추어 상차(喪次)로 달려가 곡하고 이어서 장사지내는 곳에 가서 일을 마치고

46 당신의……들었습니다 : 이희조의 종백부 이은상(李殷相)이 이해 7월 2일 세상을 떠난 일을 말하는 듯하다.

돌아오려고 합니다. 이번에 길을 갈 때 만약 유양(維楊 양주(楊州))으로 길을 잡는다면 다시 직접 만나서 오랫동안 떨어져 지낸 회포를 한 번 펼 수 있기를 바랍니다. 인편을 통해 답장을 씁니다. 할 말은 많으나 이만 줄입니다. 무오년 7월 19일

둘째 형이 사직 상소를 올려 스스로 논열하였으니, 실로 사적인 분의상 그만둘 수 없는 일입니다.[47] 모욕을 당하는 것은 애당초 걱정하지 않았는데, 삭탈로 그쳤으니 오히려 너무 가벼워 몹시 괴이합니다. 이(李)와 채(蔡) 두 사람의 상소[48]는 마침 동시에 화의 풍랑을 일으켜 성상을 동요시켰습니다. 비단 이어서 북쪽으로 유배되었을 뿐만 아니라 또 선비들을 사면하라고 이미 내린 명령을 마침내 중지시켰으니 개탄한들 어찌하겠습니까.

저의 서툰 시구가 벽을 더럽힐까 두려워 예전에 편지 끝에 적어 보냈는데, 몹시 간곡히 말씀해주시니 감히 종이를 바꾸어 깨끗이 써서 성대한 뜻을 따르지 않을 수 있겠습니까.

지난 겨울 머물러 작별하며 지은 시는 단지 상자에 넣고 집에서 감상하려 하고 감히 못생긴 여인이 찡그림을 본뜨는 짓을 하지 않으려 하였는데, 지나치게 책면하시니 부끄럽고 송구합니다. 우선 기다렸다가 추후에 전하겠으니 양해해 주시기 바랍니다. 골짜기에 흉년이 들었

47 둘째……일입니다 : 민정중이 이해 6월 12일 판중추부사를 사직하는 상소를 올려 윤휴(尹鑴)를 비난하며, 그를 천거한 자신에게 죄가 있다고 말한 일을 가리킨다. 《肅宗實錄 4年 6月 12日》

48 이(李)와……상소 : 송시열을 옹호하는 상소를 올린 진사 이동형(李東亨)과 생원 채하징(蔡河徵)을 말하는 듯하다. 《肅宗實錄 4年 6月 29日, 7月 2日》

으니 경기와 비교해도 별 차이가 없습니다. 앞으로의 계책이 까마득하여 손쓸 수가 없습니다. 둔곡(屯穀)을 바꾸는 일에 대한 말씀은 비록 좋으나 여기에 채물(債物)이 없으니 도모할 길이 없습니다. 어찌하겠습니까.

이동보에게 보낸 편지 기미년(1679) 1월 11일

與李同甫書 己未正月十一日

따로 보낸 심부름꾼이 와서 편지를 받아보고 새해에 어버이 모시고 만복하며 체후가 좋다는 것을 알았으니 구구한 마음에 그립습니다. 얼굴을 뵙고 축하하지 못하여 한스럽습니다. 상을 당한 저는 평소 담병(痰病)이 있었으나 큰 병에 이르지는 않았는데, 지난 겨울에 흉격 사이에 응결되어 배와 옆구리가 아프고 당기며 피부에 두드러기가 났습니다. 이 때문에 위장이 상하여[49] 먹는 음식이 줄어든 지 한달 남짓이 되었습니다. 날마다 중완(中脘)에 침을 맞았는데 근래 다행히 나아졌으나 원기가 지극히 지쳐 완전히 회복되기가 쉽지 않습니다. 괴롭지만 어찌하겠습니까.

아이의 행차가 지체되니 산길이 눈에 막힌 줄 알겠습니다. 밤낮으로 온갖 걱정을 하고 있습니다. 화관(華冠)은 이미 지난 인편으로 부쳐 보냈는데 미처 받아보시지 못하여 번거롭게 찾게 만들었으니 한탄스럽습니다. 단지 소식을 접한 것이 다행입니다. 할 말은 많으나 이만 줄입니다. 기미년 1월 11일

49 이……상하여 : 원문은 '以致冒敗'인데, 문맥을 고려하여 '冒'를 '胃'로 바로잡아 번역하였다.

이동보에게 보낸 편지 기미년(1679) 8월 13일

與李同甫書 己未八月十三日

시골에 있을 때 거듭 편지를 받고서 권면하고 위로하는 뜻에 참으로 감격하였습니다. 미처 답장을 보내지 못했는데 엄한 명이 이미 내려 다급히 고개를 넘었으니 돌아보면 까마득하였습니다. 그런데 인편을 통해 또 편지를 보내주시니 지극히 기쁘고 위안이 되어 다시 당신을 만난 듯 황홀하였습니다. 어찌 이리 후한 은혜를 베푸는 것입니까.

저는 죄를 짓고 견책을 기다린 지 오래입니다. 영해로 귀양 가는 것은 분수에 참으로 마땅하니, 한결같이 황공하여 더 이상 할 말이 없습니다. 여관에 우두커니 있으면서 하루종일 조용히 지내니, 병조리하고 책 보는 것 외에는 마음에 두는 일이 하나도 없어 한가롭고 조용히 지내는 맛을 더욱 잘 알겠습니다.

둘째 형과 갈림길에서 한번 작별하고 곧 천리 떨어지게 되었는데, 땅이 몹시 외져 왕래할 인편이 없으니, 따로 사람을 보내 문안하지 않으면 소식을 들을 길이 없습니다. 밤낮으로 그리워하니 그저 언덕에 올라 형을 그리워하는 마음만 간절합니다. 또한 어찌하겠습니까.

날씨가 점차 싸늘해지니 어버이 모시고 즐겁게 지내며 신령의 도움으로 복이 더하기 바랍니다. 풍편(風便)에 의지하여 답장을 보냅니다. 할 말은 많으나 이만 줄입니다. 기미년 8월 13일

태인(泰仁)[50]이 예전에 절선(節扇)을 보내며 안부를 물었는데, 여기 보내는 답장을 번거롭지만 전해주시면 다행이겠습니다. 이곳의 풍토

는 미처 경험하지 못하여 좋은지 나쁜지 아직 알 수 없습니다. 다만 외지고 바다에 가까워 산기와 안개가 늘 떠 있고 날씨가 흐린데 때때로 북쪽에서 바람이 일어나 온갖 구멍이 노하여 소리치고 천지를 뒤흔듭니다. 바람을 맞으면 반드시 몸이 상할 것이니 두렵고 괴로운 것은 이 때문입니다.

아이는 시골집에 있으면서 예전처럼 그럭저럭 지내고 있습니다. 다만 웅손(雄孫)의 태독(胎毒)[51]이 몹시 심하다고 하니 걱정입니다. 경기의 흉년이 몹시 심하다고 들었는데 앞으로 어떻게 할 계획입니까. 몹시 걱정입니다. 합계(合啓)가 그치지 않는데 성상께서 비답을 내려 한결같이 따르지 않고 있으니, 믿는 것은 하늘이 정한 운명이 끝내 사람을 이기는 것입니다. 묵묵히 기도할 따름입니다. 유 승지(兪承旨)의 시골집에도 답장을 전해주시는 것이 어떻겠습니까?

50 태인(泰仁) : 태인 현감(泰仁縣監) 이봉조(李鳳朝)를 말하는 듯하다. 이희조의 사촌이다.

51 태독(胎毒) : 젖먹이의 몸이나 얼굴에 진물이 흐르며 허는 증상이다.

이동보에게 보낸 편지 기미년(1679) 9월 24일

與李同甫書 己未九月二十四日

지난번 편지에 답장을 보내자마자 또 보내주신 편지를 받았습니다. 잇달아 편지를 받으니 산하가 가로막고 있는 줄도 모르겠습니다. 편지에 감사하는 마음을 어찌 다 말하겠습니까. 지금 추운 날씨에 어버이 병환은 회복되셨고 조용히 지내며 복이 더하리라 생각하니 구구한 마음에 위안이 됩니다.

죄를 지은 저는 타지에서 병을 앓으며 분수에 따라 그럭저럭 지내고 있습니다. 후아(厚兒 민진후)가 어렵사리 와서 만나니, 오래 떨어져 있던 회포에 몹시 위안이 됩니다. 가을 환곡 일에 쫓겨 겨우 십여 일 머물다가 돌아갔으니 이 때문에 한탄스럽습니다.

며느리의 근친을 어찌 허락하지 않을 수 있겠습니까. 다만 손자 아이의 태독(胎毒)이 몹시 심하여 오랫동안 낫지 않고, 또 보아하니 추위가 머지 않아 주선하며 왕래하기 어려울 듯합니다. 만약 내년 봄에 편의를 보아 물길로 간다면 육지로 갈 때 사람과 말을 준비하기 어려운 것에 비하면 형세상 쉬울 듯합니다. 어떨지 모르겠습니다. 몹시 바빠 이만 줄입니다. 기미년 9월 24일

이동보에게 보낸 편지 경신년(1680) 3월 20일

與李同甫書 庚申三月二十日

인편을 통해 편지를 받고 새해에 잘 지내신다는 소식을 받아 기쁩니다. 다만 편지를 보내신 지 이미 오래되어 봄이 다 지나려 하는데 근래 어버이 모시고 어떻게 지내십니까? 멀리서 그리워하는 일념이 그치지 않습니다. 죄를 지은 저는 겨울 무렵 비로소 담수(痰嗽)[52]를 앓았는데 봄이 되자 점차 더하여 지금은 밤낮으로 번갈아 심하여 줄어들 기세가 전혀 없습니다. 어떤 이는 풍토가 빌미가 되었다고 하는데, 역시 내버려 둘 뿐입니다.

얼마 전 둘째 형이 2월에 보낸 편지를 받아보았는데, 먹고 자는 일은 아직 별 탈이 없다고 하니, 언덕에 올라 형을 바라보는 마음에 조금 위안이 됩니다. 시골집의 자제들은 전염병을 앓다가 소생하였으니 참으로 몹시 다행입니다. 그러나 흩어져서 아직 모이지 않았으니 아직도 걱정스럽습니다. 또 최손(最孫)의 배꼽 종기가 아직 낫지 않았다고 하고, 지난해부터 젖이 모자라 밥을 주는데, 어린아이가 밥을 먹으면 지나치게 배가 불러 병이 나는 경우가 많으니 몹시 염려됩니다. 후아(厚兒)는 병을 앓았으나 기력이 길을 떠날 만하니, 아마 그믐 전에 이곳에 도착할 것입니다. 보내온 심부름꾼이 돌아간다고 하는데 마침 손에 담핵(痰核)이 생겨 남의 손을 빌어 쓰느라 회포를 다 말하지 못하

52 담수(痰嗽) : 위 속에 있는 습담(濕痰)이 폐로 올라올 때는 기침이 나고, 가래가 나올 때는 기침이 그치는 병이다.

니. 용서하시기 바랄 뿐입니다. 경신년 3월 20일

편지를 다 썼는데 집안 인편이 마침 와서 지난 그믐에 보내주신 편지를 받았습니다. 이를 통해 근래 조용히 지내며 편안하고 복되다는 것을 알았으니 그리워하던 마음에 몹시 위안이 됩니다. 퇴우(退憂) 정승이 골짜기로 들어갔다고 하니,[53] 이제부터 소식이 더욱 아득할 것입니다. 얼마나 서글프겠습니까.

방금 홍생(洪甥)[54]이 보낸 편지를 보니, 안악(安岳) 영공이 황주(黃州)의 행관(行館)에서 갑자기 세상을 떠났다고 합니다.[55] 경악스럽고 애통한 마음을 어찌 말하겠습니까. 근래 친지들이 거의 다 죽었으니 이것이 무슨 운수입니까. 세상 사는 즐거움이 더욱 없으니 어찌하겠습니까. 이미 앞의 편지에 말하였으니 다시 자세히 말하지 않습니다.

53 퇴우(退憂)……하니 : 퇴우 상공은 김수홍(金壽興)이다. 1679년(숙종5) 송상민(宋尚敏)의 옥사로 송시열의 죄를 더하자 가족을 데리고 가릉(嘉陵) 골짜기로 들어갔다. 《芝村集 卷26 大匡輔國崇祿大夫……行狀》

54 홍생(洪甥) : 저자의 매부 홍만형(洪萬衡)의 아들 중 하나로 보이지만 알 수 없다.

55 안악(安岳)……합니다 : 안악 영공은 안악 군수(安岳郡守) 홍주국(洪柱國)이다. 연경에서 돌아오는 사신을 맞이하러 황강(黃岡)에 갔다가 1680년 3월 8일 세상을 떠났다. 《迂齋集 卷9 禮曹參議知製教洪公行狀》

이동보에게 보낸 편지 경신년(1680) 6월 28일

與李同甫書 庚申六月廿八日

지난번에 몸이 갑자기 몹시 편찮아지셨다고 들었는데, 일이 많은 곳에서 몹시 바빠 비록 따로 사람을 보내 문안하지는 못하였으나 늘 퇴우(退憂 김수흥) 기부(記府 정승)에게서 경중이 어떠한지 탐문하였는데, 보내주신 편지를 받고서 우선 신령의 도움으로 화락하고[56] 병이 나아졌다는 것을 알았으니, 오래 걱정하던 나머지 기쁘고 다행한 마음을 견디지 못하겠습니다. 지금 덥고 장마가 내리는데 조용히 조리하며 복이 더하리라 생각합니다. 저는 묵은 피로가 아직 풀리지 않았는데 억지로 직무에 응하고 있으니 도움이 되지 않고 그저 낭패만 더하고 있습니다. 어찌하겠습니까.

얼마 전 시골에서 보낸 편지를 받았는데 아이와 며느리가 모두 잘 있다고 하니 몹시 기쁩니다. 오래 쌓인 회포를 만나지 않으면 다 말하기 어려우니, 쾌차한 뒤에 혹시 도성 안으로 들어가면 찾아 뵙고 이야기를 나누려 합니다. 근래에는 무슨 약을 복용합니까? 얻기 어려운 재료를 말씀해주시기 바랍니다. 할 말은 많으나 이만 줄입니다. 경신년 6월 28일

배〔生梨〕는 장원서(掌苑署)에 보관한 것이 부족하여 다시 보내드리지

56 신령의 도움으로 화락하고 : 원문은 '伸佑愷悌'인데, 문맥을 고려하여 '伸'을 '神'으로 바로잡아 번역하였다.

못하여 답장을 지체하였으니 한탄스럽습니다. 정(鄭) 의원은 만나지 못했으니 정리상 불안한 점이 있기 때문입니다. 그렇지만 그에게 무슨 애증이 있겠습니까. 훈약(訓藥)의 직임에서 애당초 쫓아낸 일이 없으니, 내의(內醫)[57]의 선발을 어찌 막을 생각이 있겠습니까. 그의 이 말은 비록 두려움에서 나온 것이지만 그의 진퇴에 제가 어찌 관여하겠습니까. 공론에 맡길 따름입니다.

57 내의(內醫) : 원문은 '內宜'인데, 문맥을 고려하여 '宜'를 '醫'로 바로잡아 번역하였다.

이동보에게 보낸 편지 경신년(1680) 7월 2일

與李同甫書 庚申七月初二日

얼마 전에 답장을 보냈는데 이미 받아보셨습니까? 어제 아우님이 전해준 편지를 받고서 오랫동안 조섭하여 체후가 편안해졌다는 것을 알았으니 위안이 되고 다행스러운 마음을 어찌 말하겠습니까. 다만 일이 바빠 여가가 없어 아우님을 만나 이 회포를 조금 털어놓지 못한 것이 한스럽습니다.

약 재료는 말씀하신대로 찾아 보냅니다. 앞으로 만약 필요한 것이 있으면 감히 도와드리지 않겠습니까. 병들고 못난 제가 어리숙하여 성상의 뒤를 따르기에 근력이 이미 견디지 못합니다. 하물며 터럭만큼이라도 직분을 다하여 청명한 교화를 돕기를 바랄 수 있겠습니까. 부끄럽고 두렵습니다.

아이와 며느리는 아직 잘 지낸다고 합니다. 다만 웅손(雄孫)의 배꼽 종기가 재발하였으니, 형세를 보아 올라오게 하고자 합니다. 빈 섬은 다시 보내드리겠으니 사람과 말을 보내 가져가시기 바랍니다. 지금 대궐 아래에 있어 바빠서 이만 줄입니다. 경신년 7월 2일

이동보에게 보낸 편지 경신년(1680) 7월 6일

與李同甫書 庚申七月初六日

손수 쓰신 편지를 거듭 받고 근래 적절히 조리하여 체후가 더욱 건강하시다는 것을 알았으니 한량없이 기쁘고 위안이 됩니다. 병들고 못난 저는 한결같이 어리숙한데 아직 쓰러지는 일은 면하였으니 다행입니다.

어떤 이가 우재(尤齋) 선생이 이미 지난달 20일 무렵 화양(華陽)으로 거처를 옮기셨다고 합니다. 얼마 전 따로 사람을 보내 문안하였으나 물 때문에 길이 막혀 돌아오지 않아 산속의 소식을 전혀 듣지 못하였으니 서글프고 답답한 마음을 이기기 어렵습니다. 자화(子華 송병하)가 지금 서울에 머물고 있으니, 우선 그의 형이 오기를 기다리겠습니다. 보내온 사람이 돌아간다고 하기에 몹시 바빠 이만 줄입니다. 경신년 7월 6일

이동보에게 보낸 편지 경신년(1680) 10월 25일

與李同甫書 庚申十月廿五日

예전에 보내주신 편지를 받고 오랫동안 답장을 쓰지 못하였는데, 또 이렇게 손수 쓰신 편지를 보내주시니 감사하고 부끄러운 마음 모두 깊습니다.

돌아가신 부제학 합하를 추증하는 은전[58]은 실로 사림의 간절한 기대에 부응합니다. 은혜로운 명을 들은 뒤로 슬픔과 기쁨이 갑절로 간절하였으나 업무가 몹시 바빠 편지 한 통을 올려 먼저 사적인 정성을 펴지도 못하였으니 몹시 불민합니다. 도성에 들어와 잠시 머무른다는 것을 알았으니, 감히 여가를 틈타 찾아 뵙고 이야기를 나누지 않을 수 있겠습니까. 이만 줄입니다. 경신년 10월 25일

58 돌아가신……은전 : 부제학은 이단상(李端相)이다. 1680년 이조 참판에 추증되었다.《靜觀齋集 年譜 卷2》

이동보에게 보낸 편지 경신년(1680) 11월 22일

與李同甫書 庚申十一月二十二日

국상(國喪)을 당하였으니 애통하기 끝이 없습니다.[59] 다시 무슨 말을 하겠습니까. 근래 추위가 몹시 혹독한데 조용히 지내시는 체후는 어떠하십니까? 그리운 마음 더욱 깊습니다. 저희 집이 불행하여 상(喪)이 이어졌습니다. 늘그막에 정을 쏟을 곳이라곤 오직 무릎 위에 안은 아이 뿐이었습니다. 그 기골이 범상치 않아 아꼈는데, 열흘 동안 만나지 못하다가 갑자기 부고를 받으니 경악스럽고 비통하여 마음이 찢어집니다.

병든 몸으로 일이 바빠 항상 근력이 미치지 못할까 걱정하였는데, 큰 슬픔을 당한 뒤로 또 돈장(敦匠)의 직임[60]을 맡아 밤낮으로 바쁘니 더욱 지탱하기 어렵습니다. 바쁘고 근심스럽지만 어찌하겠습니까. 우환에 골몰하여 오랫동안 문안하지 못하였기에 이렇게 따로 사람을 보내어 구구한 마음을 대략 전합니다. 이만 줄입니다. 경신년 11월 22일

59 국상(國喪)을……없습니다 : 이해 10월 26일 인경왕후(仁敬王后)가 승하하였으므로 이렇게 말한 것이다.

60 돈장(敦匠)의 직임 : 저자는 당시 국장도감 제조를 맡고 있었다. 《肅宗實錄 6年 10月 27日》

이동보에게 보낸 편지 신유년(1681) 5월 29일

與李同甫書 辛酉五月廿九日

동교(東郊)의 많은 사람 모인 곳에서 잠시 모습을 접하였으나 이야기를 나누지 못하였기에 서글프고 한스러운 마음 그치지 않았는데, 편지를 보내주시니 이 마음에 조금 위안이 됩니다. 지금 어버이 모시고 공부하는 근황이 좋으리라 생각합니다. 저는 며칠 동안 더위를 먹었다가 겨우 조금 나아졌는데, 먹고 마시기가 여전히 평소만 못하니 걱정입니다. 조만간 도성에 들어가기를 기다려 만나서 여러 가지 이야기를 하겠습니다. 이만 줄입니다. 신유년 5월 29일

이동보에게 보낸 편지 신유년(1681) 10월 14일

與李同甫書 辛酉十月十四日

따로 안부를 묻는 편지를 받고서 이를 통해 며칠 동안 몹시 추운데 어버이 모시고 조용히 잘 지낸다는 것을 알았기에 그리운 마음에 위안이 됩니다.

아이가 바라는 것은 참방(參榜)에 불과하였는데, 어찌 장원을 차지할 줄 생각했겠습니까.[61] 다행스러운 마음 깊지만 분수를 넘어 두렵습니다. 삶과 죽음, 기쁨과 슬픔으로 말하자면 인사의 큰 변고이니, 이를 생각하면 더욱 어떻게 마음을 가누겠습니까. 이렇게 하시는 말씀을 받으니 슬픔이 갑절로 간절합니다. 나머지는 조만간 도성에 들어가 이야기하고, 이만 줄입니다. 신유년 10월 14일

61 아이가…… 생각했겠습니까 : 저자의 아들 민진후(閔鎭厚)는 이해 생원시에 장원으로 합격하였다.

이동보에게 보낸 편지 임술년(1682)

與李同甫書 壬戌

날마다 바빠서 관청에서 물러나오는 여가가 드뭅니다. 아침에 사람을 통해 문안 편지를 받고서 당신이 도성에 들어왔다는 것을 알았으니 몹시 놀랍고 기뻐 속히 찾아 뵙고 이야기를 나누려 하였으나 괴롭게도 몸을 빼내지 못하였으니 한탄한들 어찌하겠습니까. 거듭 편지를 보내주시니 감사합니다. 며칠 동안 머무르겠다는 뜻을 알았으니 틈을 기다려 만나기를 도모한다면 다행이겠습니다. 글씨 쓰는 사람은 말씀대로 내일 정해 보내겠습니다. 이만 줄입니다. 임술년

이동보에게 보낸 편지 임술년(1682)

與李同甫書 壬戌

보내주신 편지를 받고서 송애(宋哀)의 병세가 더욱 심해졌다는 것을 알았으니 염려를 견디지 못하겠습니다. 얼마 전 조금 나아진다고 들었는데 어찌 갑자기 이 지경에 이른 것입니까. 말씀하신 생복(生鰒)은 집에 보관한 것이 없어 급한 요구에 부응하지 못하니 지극히 한탄스럽습니다. 이만 줄입니다. 임술년

이동보에게 보낸 편지 임술년(1682)

與李同甫書 壬戌

편지를 받고서 송애(宋哀)의 병세가 나아지고 있다는 것을 알았으니 몹시 다행입니다. 삼료(蔘料)는 4전(戔)만 보내드립니다. 근래 송 아산(宋牙山 송병하(宋炳夏)) 딸의 병이 위독하여 연달아 인삼탕을 썼으므로 보관한 것을 이미 다 썼으니 한탄스럽습니다. 임술년

이동보에게 보낸 편지 계해년(1683)

與李同甫書 癸亥

편지를 받고서 대부인의 병환이 가볍지 않다는 것을 알았으니 놀랍고 염려가 됩니다. 말씀하신 약삼(藥蔘)은 마침 5전 정도를 얻었기에 보내드립니다. 이것은 몹시 적어 차로 한번 달이기에도 부족할 듯하니 지극히 한탄스럽습니다. 몹시 바빠 이만 줄입니다. 계해년

이동보에게 보낸 편지 병인년(1686) 1월 16일

與李同甫書 丙寅元月旣望

새해가 되었는데 멀리서 어버이 모시고 정사하며 신령의 도움을 받아 만복하시리라 생각하니 기쁘고 그립습니다. 저는 병에 걸린 채 겨울을 나면서 한결같이 신음하다가 봄이 되었는데도 좋은 일이 없으니 한탄스럽습니다. 항상 편지를 보내 문안하고 싶었지만 자잘한 일 때문에 하지 못하였습니다. 지금 인편이 있다고 들었기에 간략히 이렇게 안부를 여쭙습니다. 이만 줄입니다. 병인년 1월 16일

학교를 일으키고 가르침을 베풀어 많은 선비들을 권면하신다고 들었습니다. 과연 점차 떨쳐 일어나 성취를 이루는 효과가 있겠습니까? 알고 싶습니다. 새 달력 2건은 부칠 인편이 없었기에 이제야 보내드립니다. 너무 늦었으니 몹시 한스럽습니다.

이동보에게 보낸 편지 정묘년(1687) 1월 29일

與李同甫書 丁卯正月二十九日

이별한 뒤 편지를 보내 안부를 여쭙고자 하였으나 병 때문에 하지 못하였습니다. 인편이 와서 보내주신 편지를 받아보고 새해 봄에 어버이 모시고 만복하시며 정사하는 체후가 건강하다는 것을 알았으니 위안이 되는 마음을 이루 형용할 수 없습니다.

지금 백성이 굶주리기는 먼 곳이나 가까운 곳이나 똑같습니다. 어떻게 경내의 백성을 구제하여 살리고 있습니까. 멀리서 애타는 마음으로 정신을 소모하실 것이라 생각하니 염려가 됩니다. 저는 묵은 병이 근래 겨우 조금 나아졌으나 피로가 쌓여 아직 회복되지 않고 한결같이 지쳐 있으니 몹시 근심스럽고 한탄스럽습니다.

보내주신 묘하게 만든 납촉(蠟燭)과 산에서 나는 진귀한 음식은 잘 받았으니 더욱 감사합니다. 손자 아이는 별 탈 없습니까? 염려를 놓지 못합니다. 살펴주시기 바랍니다. 정묘년 1월 29일

이동보에게 보낸 편지 병진년(1676) 4월 25일

與李同甫書 丙辰四月廿五日

인편을 통해 보내주신 답장을 받고 근래 어버이 모시며 편안하고 복되게 지내신다는 것을 알았으니 그리운 마음에 위안이 됩니다. 여기는 아이가 병을 앓았는데 보름 무렵에 나아졌으나 배 언저리에 응결된 기운이 점차 굳고 커져 당기고 있습니다. 처음에는 종기가 생기는 증상과 비슷하여 연달아 약물을 썼는데, 비록 뚜렷한 효과는 없었으나 조금 줄어드는 조짐이 있습니다. 다만 음식을 먹기 싫어하고 원기가 줄어들었으니 이것이 몹시 걱정입니다. 내일 무렵 또 인편이 있을 것이니 증세를 보아 알려드릴 생각입니다. 이만 줄입니다. 병진년 4월 25일

조씨 어른의 답장은 보내주신대로 왔습니다. 병든 아이는 오늘 아침을 먹은 뒤 조금 나아졌으니 다행입니다. 의원을 찾아 경기 가까운 곳으로 갈 생각을 한 지 오래입니다. 지금 힘들게 길을 떠나면 비단 병이 덧날까 걱정될 뿐만 아니라 이곳에도 약을 의논할 의원이 있으니, 다시 그 증세를 보다가 혹시 점차 심해지는 지경에 이르면 올라가기로 결심하고자 합니다. 그러나 이미 고름이 생길 우려가 없고 조리한 지 오래이니 나아질 것입니다. 병든 아이는 어제부터 조금 나아지고 먹는 것도 조금 많아졌습니다. 복부의 굳은 곳은 점차 풀어지고 기력도 나아져 앉고 눕기가 제법 편합니다. 이제부터 소생하기를 바랄 수 있을 것입니다. 26일

큰형님께
上伯氏

제가 해남(海南)에 들른 것은 종인(宗人)의 집에 가기 위해서였습니다. 모임을 열고 파하였는데, 그때 종인을 통해서 영암(靈巖) 민계선(閔繼善)의 집에 아직도 선대의 신주를 봉안하고 있다는 말을 들었습니다. 영암에 가서 또 종인을 만나니 그의 말이 앞서와 같았습니다. 그래서 계선 씨의 집에 갔더니, 계선은 60세 노인이었습니다. 물어보았더니,

"단양 군수(丹陽郡守) 휘 준원(俊源)의 신주는 세대가 이미 오래되었으나 아직도 봉안하고 있습니다. 예전 갑자년(1624, 인조2)에 진의(振衣) 어른〔민여임(閔汝任)〕이 금성 현감(錦城縣監)으로 있을 때 동종(同宗)이라는 이유로 몹시 친애하였으므로 한달에 서너 번 뵈었습니다. 하루는 족보를 펴고 말씀하시기를 '족보에는 비록 빠져 있지만 휘 준원에게 아들 셋이 있으니, 장남은 정(精), 차남은 휘가 수(粹), 삼남은 미(敉)이다. 휘 수(粹)는 집의를 지낸 휘 충원(冲源)의 후사가 되었으니, 나와 그대의 세파는 멀리서 나뉘지 않았다.' 라고 하였습니다. 또 그가 제물을 가지고 사당에 와서 제사를 지내고 갔습니다. 그러므로 그때 비로소 알았습니다."

하였습니다. 저는 즉시 사당에 전알(展謁)하였으니, 설령 방친(旁親)이라도 뵙고 절하는 것이 본디 마땅하기 때문입니다. 더구나 그가 전한 이야기가 몹시 명백하여 서글픈 마음을 견딜 수 없었습니다. 집안에 기억하는 사람이 없고 족보에도 실리지 않았지만 그가 하는 말이 이와

같으니, 내년 봄에 제물을 가지고 다시 사당에 알현하는 것이 어떨지 모르겠습니다. 일가 사람들과 두루 의논하여 알려주십시오.

민계선이 여름 무렵 편지를 보내어 매안(埋安)하는 예의를 의논하였으나 이 일은 언급하지 않았습니다. 지금 그 전에 말하지 않았던 이유를 물었더니,

"처음에 진의 어른을 통해 알았으므로 당신의 집에서도 알 것이라 생각하였으므로 과연 말하지 않았습니다."

하였습니다. 제가 이어서 묻기를,

"유수 선조의 신주는 어떤 이가 전하는 말에 따르면 남호(南湖)의 종인 집에 봉안하였다가 매안한 지 오래되지 않았다고 하는데 그러한가?"

하니, 그가 답하기를,

"이것은 군수 선조의 신주가 잘못 전해져서 그런 것입니다."

하였습니다. 또 말하기를,

"휘 준원의 묘소가 통진(通津) 위곡(位谷)에 있으므로 우리 조부가 살아 있을 때 늘 묘제를 지냈습니다."

하였습니다. 그의 조부는 사인 덕봉(德鳳)입니다. 위곡의 묘소 역시 속히 가서 찾아보고 묘표를 살펴보는 것이 어떻겠습니까? 만약 표석이 있다면 알 수 있을 것입니다. 표석이 있는지 없는지 계선 씨는 모릅니다.

큰형님께

上伯氏 似是庚戌

경술년(1670)인 듯하다.

둘째 형의 별지를 보내드립니다. 하루 사이에 두 곳에서 제사를 지내면 성의에 전념이 부족하고 제수에 정결이 부족하니, 변통해야 마땅합니다. 《가례(家禮)》에 "설날 하루 전에 제사를 지낸다."라고 하여 명백한 근거가 있고 물린다는 말은 없으니 비록 어려운 듯하지만, 묘제의 경우는 "3월 상순에 택일한다."라고 하였으니, 비록 속절(俗節)의 당일에 제사를 지내지 않고 이튿날로 물려 지내더라도 역시 길일을 택하는 뜻이니 무방할 듯한데 어떠한지 모르겠습니다. 헤아려 말씀해주시기 바랍니다. 다만 일이 중대하니, 형님이 인편을 통해 회천(懷川) 어른〔송준길〕께 의논하는 것이 더욱 온당합니다. 결단하여 처리하기를 다시 바랍니다. 경술년인 듯하다.

큰형님께 기유년(1669) 8월 1일

上伯氏 己酉八月初吉

선산의 제물에 대한 기록을 보내드립니다. 그곳에서 갖추어 보낸 품목도 베껴 써서 보여주시기 바랍니다. 이곳에 어물과 과일이 없어 값을 보내니 마음이 몹시 편치 않습니다. 피차가 보낸 물건을 알아보고 미리 요량하고자 해서입니다. 기유년 8월 1일

큰형님께 기유년(1669) 9월 16일

上伯氏 己酉九月十六日

중양절에 죽령(竹嶺)에서 보내주신 편지를 받았습니다. 한 뿌리에서 나온 형제가 모여 훈(塤)과 지(篪)처럼 어울리는 즐거움[62]을 생각하니 멀리서 그리워하는 애틋한 마음을 견디지 못하겠습니다. 옛사람이 이른바 '한 사람이 부족하다.'[63]라는 말은 참으로 먼저 내 마음을 알았던 말입니다. 지금은 이미 감영으로 돌아오셨을텐데, 먼 길을 달린 뒤에 기거는 어떠하십니까. 삼가 염려가 됩니다. 저는 오늘 또 강변으로 순행을 출발하였습니다. 돌아오는 날은 내달 보름 무렵이 될 듯합니다. 이만 줄입니다. 기유년 9월 16일

62 훈(塤)과……즐거움 : 훈과 지는 악기의 이름으로 소리가 조화를 이루므로 형제의 우애를 비유한다.

63 한 사람이 부족하다 : 다른 형제들은 다 모였는제 자기만 빠졌다는 말이다. 왕유(王維)의 〈구월구일억산동형제(九月九日憶山東兄弟)〉에 나오는 "멀리서도 알겠네 형제들 높은 곳에 올라, 두루 수유 꽂을 때 한 사람이 부족할 줄.〔遙知兄弟登高處, 遍插茱萸少一人.〕"라는 구절을 인용한 것이다.

큰형님께 기유년(1669) 9월 29일

上伯氏 己酉九月廿九日

지난밤 꿈에 형님을 모시고 조용히 담소하였는데, 깨어나니 서쪽과 남쪽으로 멀리 떨어져 있어 서글퍼 마음이 좋지 않았습니다. 방금 18일에 보내주신 편지를 받았는데, 가묘를 모시고 무사히 도착하였고 집안 사람들도 모두 잘 있다고 하니 지극히 기쁘고 다행스러운 마음을 견디지 못하겠습니다.

저는 희천(熙川)을 거쳐 4일에 중령(重嶺)을 넘어 잔도(棧道)에 올라 지금 강계부(江界府)를 향하고 있습니다. 다행스러운 것은 몸에 질병이 없다는 점입니다. 유능(幼能 이단상)의 상은 애통한 마음이 그치지 않습니다. 그가 남긴 상소를 읽으니 더욱 눈물을 금치 못하겠습니다. 최우(崔佑)가 상을 당한 일도 몹시 슬픕니다. 이만 줄입니다.

기유년 9월 29일

큰형님께 기유년(1669) 10월 1일

上伯氏 己酉十月初一日

이미 겨울이 되었는데 이러한 때 기거는 어떠하십니까? 그리운 마음 가누지 못합니다. 저는 어제 강계(江界)에 도착했고 내일 만포(滿浦)로 떠납니다. 흉년이 들어 백성이 곤궁하니 일마다 난처합니다. 걱정을 어찌 다 말하겠습니까.

평산(平山) 두성(斗城) 선산의 석물(石物)은 이달 13일 다시 세우고 겸하여 봉분을 수리하였으니 감히 이렇게 알려드립니다. 이곳에는 글씨를 잘 쓰는 유생이나 하리가 없어 본받을 곳이 없으니, 몹시 걱정입니다. 합천(陜川) 박 사간(朴司諫) 비석의 글씨를 몇 본 인출하여 보내주시는 것이 어떻겠습니까? 이것은 등한한 부탁이 아니니 다시 바라건대 명심하여 시행해주십시오. 이만 줄입니다. 기유년 10월 1일

큰형님께 기유년(1669) 10월 9일

上伯氏 己酉十月九日

겨울이 시작되었는데 근래 체후는 어떠하십니까? 그리운 마음 가눌 수 없습니다. 내일 제사를 지낸 뒤 필시 순행을 출발할 것인데, 먼 길을 가는 수고를 어떻게 견디겠습니까.

저는 강계(江界), 위원(渭原), 이산(理山)을 거쳐 지금 벽동(碧潼)에 도착하였습니다. 가는 곳마다 시재(試才)한 무인(武人)의 부류가 제법 많으니, 만약 2, 3년이 지나면 습속을 이룰 수 있을 것입니다.

입암(立巖 민제인(閔齊仁)) 선조의 제영시 중에 문집에 빠진 것 약간 편을 습득하였으니 조만간 기록해 보내겠습니다. 문집의 말미에 덧붙이면 좋을 듯합니다. 이만 줄입니다. 기유년 10월 9일

큰형님께 기유년(1669) 11월 1일

上伯氏 己酉十一月初一日

둘째 형이 27일에 이곳에 와서 머물고 있으니, 단란하게 모인 즐거움을 어찌 다 말하겠습니까. 다만 의주(義州)에서 헤어질 때 장차 어떻게 마음을 가누겠습니까. 술을 경계하라는 말씀을 감히 잊어버리고 소홀히 한 것은 아니지만 어느덧 이틀 동안 취하였다가 지금부터 1자 빠짐 다시 술을 끊겠습니다. 기유년 11월 1일

큰형님께 기유년(1669) 11월 21일

上伯氏 己酉十一月廿一日

비석의 전자(篆字)는 제가 비록 재주 없으나 혹시 남에게 억지로 요구를 받는다면 선조를 위한 일에 힘을 다하지 않을 수 있겠습니까. 다만 둘째 형은 다른 사람의 필적을 얻는 것이 집안 자제가 쓰는 것보다 나은 듯하다고 하는데, 어떨지 모르겠습니다. 헤아려 다시 말씀해주시기 바랍니다. 기유년 11월 21일

큰형님께 기유년(1669) 12월 2일

上伯氏 己酉十二月二日

전자(篆字)를 시험삼아 행을 배열하여 보내는 것이 어떻겠습니까? 예전에 동춘 선생의 말씀을 들으니 자손 중에 글씨를 잘 쓰고 전서를 잘 쓰는 사람이 스스로 선조의 비갈(碑碣)을 써야 마땅하다고 하였습니다. 저는 비록 졸필이지만 억지로 힘써 쓰겠습니다. 기유년 12월 2일

큰형님께

上伯氏

경술년(1670) 2월인 듯하다.

일선(一善)[64]이 비록 침학하고 공갈을 하였으나 끝내 대단한 말은 하지 못하였습니다. 지급한 것이 병오년(1666)에 비하면 3분의 1이니, 비록 그 욕심을 채우지는 못하였지만 다른 말도 없었습니다. 이는 그의 속셈을 억제하여 두려워 그치게 만든 효과입니다.

64 일선(一善) : 청(淸)나라 통관(通官) 이일선(李一善)을 말한다. 본디 조선 사람이었으나 청나라에서 조선 관련 업무를 담당하여 온갖 폐단을 저질렀다. 《顯宗實錄 10年 7月 23日》

큰형님께

上伯氏

경술년(1670) 2월인 듯하다.

오늘 침학과 공갈이 조금 그쳤으니, 평양(平壤)이 가깝기 때문입니다. 그러나 그의 친족이 만나러 오면 번번이 오지 말라고 경계하였으니, 발각되어 관찰사가 법을 적용할까 두려워서라고 합니다. 그 유감과 시기를 알 만합니다. 이상은 경술년 2월인 듯하다.

큰형님께 경술년(1670) 윤2월 14일

上伯氏 庚戌閏二月十四日

이달 2일, 7일, 8일에 손수 써서 보내주신 편지 3통을 받고서 사신 가는 여가에 체후가 만복하시다는 것을 자세히 알았으니 기쁘고 위안이 되는 마음을 견디지 못하겠습니다. 둘째 형은 먼 길에서 돌아왔는데 크게 상한 곳은 없으니 일가의 다행입니다. 주(周 민진주(閔鎭周))가 또 아들을 낳았으니, 사적인 경사가 더욱 큽니다.

묘표(墓表)의 큰 글씨에 대한 제 주장으로 말하자면 '공(公)' 자는 뺄 수 없습니다. '공(公)' 자와 '휘(諱)' 자를 모두 큰 글씨로 쓰면 후대 사람이 필시 두 글자를 휘로 오인할 것입니다. '휘'자를 작게 쓰는 것이 높여 부르는 방도라서가 아닙니다. 옛 묘표에는 모두 '공' 자가 없으니, 이는 옛 풍속입니다. 예법에 무방하다면[65] 빼더라도 무슨 상관이겠습니까. 다시 생각하여 처리하시기 바랍니다. 이만 줄입니다.

65 예법에 무방하다면 : 원문은 '無訪於禮'인데, 문맥을 고려하여 '訪'을 '妨'으로 바로잡아 번역하였다.

큰형님께 경술년(1670) 3월 24일

上伯氏 庚戌三月廿四日

원회(元會)의 일은 동춘 선생이 아뢴 일로 인하여 뭇사람의 시기를 더욱 촉발하였고, 어른도 이 때문에 돌아가기로 결심하였으니, 세도가 지극히 개탄스럽습니다. 어찌하겠습니까. 경술년 3월 24일

큰형님께 경술년(1670) 5월 4일

上伯氏 庚戌五月四日

얼마 전 가랑비가 내려 농민이 늦게서야 파종하였는데, 싹이 나자 가뭄 재해가 또 참혹하여 지금 20여 일이 되었으니 전혀 가망이 없습니다. 나이 마흔에 올해 같은 가뭄은 보지 못했으니, 실로 나라의 운수와 관계되어 우려를 형용할 수 없습니다. 경술년 5월 4일

큰형님께 경술년(1670) 5월 5일

上伯氏 庚戌五月五日

입암(立巖 민제인(閔齊仁)) 선조의 문집을 지금 도내의 여러 고을에 나누어 보관하고자 하니, 속히 많이 인쇄하여 보내주시는 것이 어떻겠습니까. 모두 43개 고을입니다. 권말의 연호를 생략하면 다른 염려는 없을 것입니다. 경술년 5월 5일

큰형님께

上伯氏

경술년(1670) 5월인 듯하다.

입암 선조의 사당의 신주를 지금 진천(鎭川) 황간(黃澗) 댁으로 모시고 올 것입니다. 부디 회양(淮陽)의 극인(棘人)에게 편지를 보내 물어보고 그 발인하는 날짜를 알아내어 친족 중에 한 사람을 정해 보내 서울로 모셔 오십시오. 잠시 종가에 임시로 안치하였다가 이곳에 통보하면 이곳에서 관원을 보내 진천으로 모시고 오겠습니다. 인사가 여기에 이르렀으니 슬픔을 견디기 어렵습니다.

큰형님께 경술년(1670) 8월 2일

上伯氏 庚戌八月二日

지난 편지에 거취를 물으셨는데 저는 특별한 견해가 없습니다. 우리 형제는 직질이 모두 높아 내직으로는 나란히 판서가 되고 외직으로는 함께 평안도와 경상도의 관찰사를 지냈으니, 참으로 이미 복록이 지나치고 넘치는 우려가 있습니다.

근래 보니 벼슬아치들 사이의 모습이 예전과 다릅니다. 회 영(會令)은 비록 억울하게 연좌되어 말하기 부족하지만, 여파가 미치지 않는 곳이 없어 둘째 형님이 낭패를 당하게 만들었으니 세도가 더욱 두렵습니다. 기미를 아는 옛날의 군자는 필시 오늘을 기다리지 않았을 것이니, 이는 실로 스스로 반성할 부분입니다.

더구나 관찰사 직임은 반드시 조정의 신임을 받아야 임금의 은택을 베풀고 직책을 다할 수 있습니다. 그런데 자취가 외롭고 위태로우며 조정에 도와줄 사람이 없으니 무슨 일을 할 수 있겠습니까. 이곳에 와서 더럽게 물든 습속을 억제하고 사사로운 이익을 도모하는 길을 막으니 번갈아 비방을 초래하였습니다. 만약 오랑캐가 사단을 일으키면 조정의 논의는 필시 지나치게 줄였다고 책망할 것이고, 게다가 좋아하지 않는 사람이 근거없는 말을 지어낼 것입니다. 이지익(李之翼)이 올라가서 오랑캐가 두려워 수레를 버리고 걸어갔다는 이야기를 거짓으로 떠들어 듣는 사람들을 속였으니 우습고도 통탄스럽습니다. 또 보건대 일선(一善) 무리가 몹시 싫어하고 꺼리니, 앞으로 또 이와 같은 응접이 있다면 어떻게 고생을 견디겠습니까.

저는 감영으로 돌아온 뒤 모든 일을 정돈하고 형세를 보아 병을 아뢸 생각입니다. 형님이 이른바 '보답하지 못한 은혜가 있고 떠나야 할 의리는 없다.'라는 말씀은 참으로 옳습니다. 형님의 처신은 저와 다르니, 같을 필요가 없습니다. 돌아갈 마음을 먹지 말고 직무에 전념하는 것이 어떻겠습니까? 옛사람이 추위와 더위로 비유한 것[66]은 참으로 이 때문입니다.

66 추위와……것 : 진퇴를 스스로 결정해야 한다는 말이다. 송(宋)나라 주진(朱震)이 호안국(胡安國)에게 관직의 거취를 묻자 "관직을 떠나고 나아가고 말하고 침묵하는 기미는 사람이 먹고 마시는 것과 같으니, 배고픈지 배부른지 추운지 따뜻한지 반드시 스스로 헤아려야 한다."라고 하였다. 《宋史 卷435 儒林列傳 胡安國》

큰형님께 경술년(1670) 9월 23일

上伯氏 庚戌九月廿三日

늘 공무의 여가에 옛적 한이불을 덮던 즐거움을 생각합니다. 관직의 영예가 집에서 지낼 때만 못하니, 각기 외물에 이끌린 것이 한탄스럽습니다. 어찌하겠습니까. 경술년 9월 23일

큰형님께 경술년(1670) 10월 16일

上伯氏 庚戌十月十六日

서로 멀리 떨어져 있으니 매번 사람을 보내고 돌아오기 전까지는 병으로 몸이 상할까 걱정하여 마음이 불안합니다. 양식은 도와주지 않을 수 없습니다.

큰형님께

上伯氏

경술년(1670) 11월인 듯하다.

저희 집 딸의 혼사는 12월과 1월이 모두 길한 달입니다. 그러나 중우(仲羽 이숙(李翻)) 영공은 9월에 서제(庶弟)의 상을 당하여 10월에 이미 장례를 지냈습니다. 복제(服制)로 말하자면 비록 기년상이지만 경중의 구별이 없지 않으니, 장례가 지나서 혼례를 행하면 온당치 않은 듯합니다. 지난날 둘째 형과 미태(美台 윤선거(尹宣擧))가 받은 비방이 지금까지도 그치지 않는데, 이것은 비록 미태가 상을 당하였을 때와 현격히 다르지만 예가(禮家)의 논책이 있을까 두려워 우선 감히 스스로 결정하지 못하였습니다. 중우 영공의 뜻은 반드시 시행하고자 합니다. 중우 영공의 아들은 올해 나이가 열일곱이라 이미 장성하였고, 저희 집 역시 동춘 선생의 나이가 많아 반드시 내외 손주들의 혼인을 빨리 보고자 합니다. 정세는 모두 몹시 절박하지만 주저하며 감히 결정하지 못하고 있는데, 형님의 뜻은 어떠한지 모르겠습니다. 헤아리시기 바랍니다. 경술년 11월인 듯하다.

큰형님께

上伯氏

경술년(1670) 12월인 듯하다.

저희 집 딸의 혼사는 이미 이달 16일로 정하였습니다. 이 영(李翎 이숙(李翻))이 기년복을 입고 있으나 조금 가벼운 복입니다. 예법에는 비록 미안하다고 하지만 대단하지 않고, 또 나라의 제도에 따르면 장례 지내기 전까지만 혼인을 금지합니다. 또 사대부 집안에서 모두 시행하니, 입을 놀리는 사람도 비방을 지어낼 수 없을 듯합니다. 다만 장자(長者)는 필시 완벽하기를 요구하는 말씀이 있을 것입니다.

서모가 돌아가셨으니 선산 가까운 곳으로 돌아가 장사지내는 것이 대체는 마땅합니다. 다만 서모의 모친이 간청하여 그대로 그 산에 장사 지냈습니다. 대대로 제사 지내는 정처(正妻)가 아니라는 말씀과[67] 비록 천한 사람이라도 제사 지내고 남은 음식으로 제사하지 않는다는 형님의 말씀이 몹시 옳습니다. 경술년 12월인 듯하다.

67 대대로……말씀과 : 원문은 '非譎家世祭'인데, 문맥을 고려하여 '譎'을 '嫡'으로 바로잡아 번역하였다.

큰형님께 신해년(1671) 설날

上伯氏 辛亥元朝

변방에서 또 새해 봄을 맞이하였으니 언덕에 올라 형을 그리워하는 마음을 더욱 견디지 못하겠습니다. 지난 15일 보내주신 편지를 받았는데, 혼례를 무사히 치렀으니 다행입니다. 신랑은 장차 오래 머물 것입니까? 저는 날마다 아들과 사위에게 독서와 작문을 시키는데 몹시 흥취가 있습니다. 다만 직명에서 체직되지 못하면 혼인한 딸을 그대로 데리고 있을 수 없을 듯하니, 일이 몹시 난처합니다. 형님은 장차 어떻게 하실 생각입니까? 이만 줄입니다. 신해년 설날

큰형님께 신해년(1671) 5월 19일

上伯氏 辛亥五月十九日

중국에서 만든 난삼(襴衫) 2건, 복두(幞頭) 2건, 대(帶) 1건을 인편을 통해 계수 주인(界首主人)[68]에게 올려보내고 그로 하여금 감영으로 전달하게 하였습니다. 난삼은 판자 사이에 넣어 굳게 감싸고, 복두와 대는 갑에 넣고 봉하여 보냈습니다. 신해년 5월 19일

68 계수 주인(界首主人) : 서울에 있으면서 지방 관청의 일을 맡아보는 사람을 말한다.

큰형님께 신해년(1671) 7월 21일

上伯氏 辛亥七月卄一日

진휼을 마친 지 이미 오래되어 돌아갈 생각이 날로 간절하였는데 뜻밖에 잉임되었으니 지극히 낭패입니다. 글을 올려 사면을 청하고 싶은 생각이 간절하지만, 외직을 싫어하고 내직을 구하는 자취의 혐의가 없지 않으므로 우선 이렇게 주저하며 감히 하지 못하고 있습니다. 신해년 7월 21일

큰형님께 신해년(1671) 8월 6일

上伯氏 辛亥八月六日

이곳 향교에서 매년 선비 30원을 모아 오로지 강독과 제술에 힘씁니다. 그러므로 관아(觀兒)와 유생들이 함께 과시(科詩)를 지었습니다. 그 중에 3편을 그에게 베껴 쓰게 하여 올리니, 살펴보시는 것이 어떻겠습니까? 신해년 8월 6일

큰형님께 신해년(1671) 12월 11일

上伯氏 辛亥十二月十一日

지난번 편지는 이미 도착하였습니까? 멀리서 생각하니 부고를 들으신 뒤로 지극한 슬픔을 가누기 어려울 것입니다. 멀리서 바라보며 비통해하니 오장이 끊어지는 듯합니다. 형님의 기력이 몹시 지쳐 보는 사람들이 모두 걱정하니, 아우들의 절박한 염려를 어찌 다 말하겠습니다. 죽은 사람은 그만이거니와 이로 인해 지나치게 슬퍼하여 행여 병세가 심해진다면 돌아가신 부모님의 마음을 위로할 길이 없습니다. 삼가 바라건대 절제하고 너그러이 여기고 더욱 조섭하는 것이 어떻겠습니까? 밤낮으로 애태우다가 감히 이렇게 거듭 말씀드립니다. 이만 줄입니다. 신해년 12월 11일

큰형님께 임자년(1672) 3월 19일

上伯氏 壬子三月十九日

이달 30일 기제(忌祭)의 제물을 준비하여 보내드리니, 기록한대로 살펴보고 받으시기 바랍니다. 어제와 오늘 잇달아 서장관(書狀官)의 상가[69]에 갔으므로 제물을 직접 봉하지 못하고, 단자 역시 감히 서명하지 못합니다. 이만 줄입니다. 임자년 3월 19일

69 서장관(書狀官)의 상가 : 동지사 서장관 정적(鄭積)의 상가를 말하는 듯하다. 정적은 북경에서 돌아오는 길에 사망하였다.《承政院日記 顯宗 13年 3月 8日》

큰형님께 임자년(1672) 4월 28일

上伯氏 壬子四月卄八日

근래 중기(重記)를 작성하고 있으니 부탁하는 손님이나 부탁하는 편지가 오면 절대 보내지 마시고 편지를 보내 통과시키지도 않는 것이 어떻겠습니까. 이미 혼금(閽禁)을 설치하였습니다. 임자년 4월 28일

큰형님께 임자년(1672) 11월

上伯氏 壬子至月

날마다 바빠서 오랫동안 편지를 올리지 못하였으니 불민하여 몹시 송구합니다. 밤사이 기거는 어떠하십니까? 아이의 병은 차도가 생긴 뒤로 더 심해지지 않았습니까? 우려하는 마음 간절합니다.

계주(季周) 영공은 지어올린 영안위(永安慰) 치제문(致祭文)에 기휘에 저촉되는 말이 있다는 이유로 성상의 하교가 지극히 엄격하였으며 심지어 잡아다 국문하라는 명까지 내렸으니 놀랍고 두려운 마음 어찌 끝이 있겠습니까.[70]

관아(觀兒)의 혼례는 이달 15일이 길한데, 관례를 마친 뒤 비로소 사당에 알현하면 그날 망참례(望參禮)는 때가 늦을 듯하니, 이것이 몹시 미안합니다. 하루 사이에 술과 과일을 두 번 차려 올리는 것도 번거로운 듯합니다. 관례를 치르고 알현할 때는 술과 과일을 사용하지 않습니까? 사흘 전에 사당에 고하는 예가 있는데 아이의 병이 쾌차하지 않으면 아마 형님께서도 필시 서울에 들어가기 어려울 듯하니, 이것이 걱정입니다. 다시 헤아려 말씀하시는 것이 어떻겠습니까? 이만 줄입니다. 임자년 11월

70 계주(季周)……있겠습니까 : 계주는 이단하(李端夏)의 자이다. 그가 영안위 홍주원(洪柱元)의 치제문을 지어올렸는데, 홍주원을 한껏 칭찬하며 인조가 그를 우대한 것처럼 서술함으로써 당론을 부각시켰다는 이유로 국문을 받았다.《顯宗實錄 13年 11月 1日》

큰형님께 임자년(1672) 12월 3일

上伯氏 壬子十二月三日

어제와 오늘은 어쩔 수 없다는 것을 알고 태평하게 처신하니 마음이 조금 안정됩니다. 괘념치 마시기 바랍니다. 임자년 12월 3일

큰형님께 계축년(1673) 1월 17일

上伯氏 癸丑正月十七日

길에서 형님이 호조에 발탁되었다는 소식을 들었으니 일가의 영광을 이루 말할 수 없습니다. 그러나 이처럼 복록이 가득찼으니 근심과 두려움 또한 절실하여 벌벌 떨려 감히 편안히 있을 수 없습니다. 계축년 1월 17일

둘째 형님께 임술년(1682)

上仲氏 壬戌

인혐하는 일은 상소로 해야지 차자로 해서는 안 됩니다. 그러나 아침에는 조어(措語)가 간략하였으므로 차자를 사용하였습니다. 김 정승이 상소를 올려 견책을 청했다고 하는데, 일의 체모에 있어서 차자를 사용하면 온당치 않을 것입니다. 재계(齋戒) 때문에 승정원에 보류해 두었으니 아직 고쳐 올릴 수 있습니다. 헤아려 말씀하시기 바랍니다.

어제 저녁 의주(義州)의 장계가 올라왔는데 사신 행차가 이미 10일에 심양(瀋陽)에서 귀로에 올랐으며, 15일 무렵 의주에 도착할 것이라 합니다. 반가운 소식이 먼저 왔으니 기쁘고 기대하는 마음을 어찌 견디겠습니까. 이역에서 바람과 이슬을 맞으며 길을 가느라 몹시 고생하였을 것인데, 시달린 뒤에 체후가 어떠하신지 모르겠습니다. 염려하는 마음 더욱 간절합니다. 의주에 도착하면 반드시 서둘러 돌아와 일정을 헤아려 주시기 바랍니다. 조카들을 데리고 개성에 나아가 기다렸다가 길가에서 맞이하는 것이 구구한 계획입니다. 임술년

둘째 형님께 경술년(1670) 7월 3일

上仲氏 庚戌七月三日

방금 서울의 인편을 통해 17일에 보내주신 편지를 받고서 근래 몸이 편치 않다는 것을 알았으니 지극한 염려를 견디지 못하겠습니다. 다만 거처가 편안하고 고요하여 조섭하기에 적절하고 편리하니, 이것이 다행입니다. 저는 간언하는 직임에서 사직소를 올린 뒤 또 병장(病狀)을 올렸으니, 오늘 내일 사이에 필시 체직될 것입니다. 체직되면 즉시 필마를 타고 선영 아래로 달려가고자 합니다.

큰형님은 엊그제 도목 정사에서 이조의 낭청으로 옮겨 임명되었으니, 사사로운 계획이 하나하나 낭패입니다. 한탄스럽지만 어찌하겠습니까. 여주(驪州)에 집을 정할 계책은 반복하여 생각하니 가장 편리하고 온당합니다. 형님은 장차 어느 곳에 살고자 하십니까? 시골에 있으면서 또 함께 살지 못하니, 일생에 무슨 즐거움이 있습니까? 제천이든 여주이든 감히 한결같이 가르침을 받들지 않겠습니까. 오직 얼굴을 뵙고 말씀드리기를 기다려 계책을 정할 뿐입니다. 이만 줄입니다.

별지에 말씀하신 스스로 처신하는 의리는 도리에 몹시 합당합니다. 다만 비답을 받은 뒤 그대로 선영에 있는 것은 편안하지 않은 듯합니다. 음죽(陰竹)과 여주(驪州) 사이로 나아가 다시 죄를 청하는 글을 올리는 것이 어떨지 모르겠습니다. 오늘의 일은 비록 몸을 추슬러 물러나더라도 끝내 한 골짜기에 편히 눕기 어려울 것이니, 장차 어찌하겠습니까. 큰형님의 거취는 스스로 헤아리는 것이 좋으니, 곁에서 만류해서

는 안 됩니다. 어떻게 생각하십니까? 저는 며칠 뒤 병으로 글을 올릴 것입니다. 경술년 7월 3일

문정공유고

제4권

소차 疏箚

두 번째 소[1]

再疏

삼가 아룁니다. 신이 무거운 죄를 지었는데 요행히 형벌을 피하였으니, 아래로는 사사로운 분의가 부끄럽고 위로는 공론이 두려워 상소를 올려 스스로 탄핵하고 엄한 견책을 공손히 기다렸습니다. 그런데 성상의 도량이 하늘 같아 특별히 포용해주시고 온화한 말씀을 내려 직임을 살피라고 하유하셨습니다. 신은 은혜에 감동하고 허물을 반성하며 황공한 마음이 갑절로 간절하여 더욱 몸둘 바를 모르겠습니다.

신이 삼가 생각건대 양전(量田)은 국가의 대사입니다. 국가의 제도에 20년마다 한 번 시행하게 하였으나[2] 화란을 겪은 뒤로 조야에 일이 많았으니 여기에 겨를이 없었습니다. 그러다가 30년 뒤에야 비로소 폐지되었던 법을 거행하니, 할 일이 많고 몹시 힘들다는 점을 누군들 모르겠습니까. 그러나 조정에서 오랫동안 의논하여 과감히 시행한 것

1 두 번째 소 : 이 글은 1670년(현종11) 저자가 평안도 관찰사로 재직 중에 올린 것으로 보인다. 저자는 1669년(현종10) 균전사(均田使)로 충청도 지역에 양전(量田)을 실시하였는데, 이로 인해 물의를 빚자 사직을 청하였다. 평안도 관찰사로 재직하며 양전을 이유로 처음 사직한 상소가 《승정원일기》 현종 11년 10월 24일 기사에 보인다.

2 국가의……하였으나 : 《경국대전(經國大典)》 〈호전(戶典) 양전(量田)〉에 "전지(田地)는 6등급으로 나누고 20년에 한번 다시 양전하여 전적(田籍)을 만든다."라고 하였다.

은 그 이익이 먼 훗날까지 가고 은택이 백성에게 미치니, 일시적인 폐해는 돌볼 겨를이 없기 때문입니다. 그러니 이는 참으로 만부득이한 일입니다.

농사짓는 어리석은 백성들은 항상 땅은 없는데 세금만 남았다는 점을 병통으로 여기다가 일단 명령이 내렸다는 소식을 듣자 바람에 흔들리듯 물결이 쏟아지듯 모두 '이 일은 어진 정치를 미루어 행하려는 데서 나왔으니 우리를 모질게 대하려는 것이 아니다.'라고 하며 오직 그 적폐가 혹시라도 제거되기를 바랄 뿐이었습니다. 조정에서 시행하는 뜻과 백성이 기대하는 마음이 이처럼 간절하였으니, 결코 어리석은 신이 그 사이에서 주선하며 책임을 다할 수 있는 일이 아니었습니다. 그런데 애초에 헤아리지 않고 함부로 담당하였으니, 낭패를 당하는 우환을 당하는 것은 이치상 당연합니다. 이것은 본디 신의 죄입니다.

그리고 신이 명을 받고 분주히 일한 지가 처음부터 끝까지 4개월입니다. 계획과 지휘가 한 가지라도 신에게서 나오지 않은 것이 없습니다. 그러나 토지 등급의 높고 낮음을 매긴 것이 반드시 전부 그 실정에 맞지는 않고, 토지 모양의 넓고 좁음을 측량한 것이 전부 그 법에 부합하지는 않습니다. 결국 토지에서 나오는 세금 또한 반드시 각기 적절하게 경중이 나누어지지는 않았으니, 착오가 있으면 누가 그 책임을 지겠습니까. 이 또한 신의 죄입니다.

더구나 신은 오랫동안 시골에 있었기에 여론을 대충 알고 있습니다. 가난한 백성이 고생하고 세력 있는 집안이 겸병한 상황을 평소 눈으로 보고 마음 아파하였습니다. 그러므로 경계를 바로잡고 백성의 부역을 균등히 하고자 이를 자세히 살펴 반드시 그 허실을 캐내지 않은 적이 없습니다. 이 때문에 백성은 비록 편하다고 여기더라도 세력 있는 무리는 이 법을 더욱 불쾌하게 여겨, 신이 재직하던 날 원망하고 비방하는 소리가 이미 견딜 수 없이 자자하였습니다. 신이 떠난 뒤로 법을 능멸하고 사욕을 부리기를 더욱 거리낌없이 하고, 뜬소문을 선동하여 끝까지 가지 않으면 그만두지 않았습니다. 결국에는 대각이 논박하고 묘당에서 의심하여 좋은 법이 장차 시행되려다가 갑자기 중지되어 사방에서 보고 듣는 사람들이 나라의 체모가 전도되었다고 논의하게 만들었으니, 신의 죄는 여기에 이르러 만 번 죽어도 속죄하기 어렵습니다. 그런데도 총애와 영광을 훔치며 오랫동안 관찰사 자리에 있으니 법도가 문란해지고 염우가 사라졌습니다. 어찌 맑은 조정에 거듭 누를 끼치는 일이 아니겠습니까.

그리고 신은 여기에 대해 삼가 개탄스러운 점이 있습니다. 양전(量田)이 지나치게 엄격하다는 말은 청주(淸州)에서 처음 나왔고, 이어서 충원(忠原 충주)에서 나왔습니다. 지금 또 들으니 여러 고을에서 모두 균등하지 않다고 한다고 합니다. 일을 마치고 한 해가 지난 뒤이니 이익과 병통의 실상이 남김없이 드러나는 것이 참으로 마땅합니다. 그러나 그 원망과 비방이 생기는 곳은 대부분 본래는 세금이 가벼웠는데 지금은 무거워지고, 예전에는 누락되었는데 새로이 드러난 곳이니, 세력 있는 자들이 불편하게 여긴다는 것을 여기서 알 수 있습니다. 만약 모든 사람을 기쁘게 해 주고자 토지마다 세금을 가볍게 해 준다면, 천하에 이러한 도리는 없습니다.

이렇게 하는 이야기를 비록 전부 헛소문으로 치부하고 전부 저지하려는 것이라고 의심할 수는 없으나, 양전에 관한 일은 실로 국가의 대계와 관련이 있으니, 시행하고 그만두는 데는 모두 신중히 해야 마땅합니다. 어찌 여러 고을에 분부하여 민심을 알아보아 원통하고 불편하다는 곳은 따로 바로잡아 한 도의 전정(田政)이 경중이 마땅해지고 균등해져 차이가 없게 만들지 않고, 지금 이전의 성과를 전부 버리고 백성의 힘을 아끼지 않고서 겨우 정안(正案)을 완성하자마자 곧 다시 양전하라고 명하여 마치 도장을 새겼다가 도장을 녹인 것[3]처럼 할 수 있겠습니까. 이는 신이 이해할 수 없는 일입니다. 혹시 조정에서도 이 점에 대해 천 번 생각하다가 한 번 잘못하는 것을 면하지 못한 듯합니다. 신은 몹시 어리석어 말을 가릴 줄 몰라 견책을 청하는 글에서 이렇게까지 함부로 논의하였으니 더욱 죽을 죄를 지었습니다.

삼가 바라건대, 밝으신 성상께서는 신이 저지른 죄가 작지 않다는 점을 살피고, 신이 편안히 있기 어려운 정세를 헤아려 속히 신을 삭직하고, 이어서 신의 죄를 다스려 호서 백성에게 답하고 나라의 기강을 엄격히 하신다면 천만다행이겠습니다.

3 도장을……것 : 한 고조(漢高祖)가 역이기(酈食其)의 간언에 따라 육국(六國)의 후손을 왕으로 봉하고자 도장을 새기게 하였는데, 장량(張良)이 반대하자 그 도장을 녹여 없애게 한 일을 말한다.《史記 卷55 留侯世家》 여기서는 결정된 정책을 금방 바꾼다는 뜻이다.

세 번째 소
三疏

삼가 아룁니다. 신의 정세가 낭패스러워 참람하고 외람됨을 피하지 않고 위태롭고 간절한 심정을 거듭 아뢰어 성상을 번거롭게 하였으니, 속히 견책을 시행하여 사람들의 말에 답해야 마땅하다고 여겼습니다. 그런데 뜻하지 않게 온화한 비답을 잇달아 내려 직임을 살피라고 하유하셨으니, 신은 황공하고 부끄러워 더욱 몸둘 바를 모르겠습니다.

아, 직임을 맡으면 그 책임을 다하려고 생각하는 것이 신하의 당연한 직분입니다. 신이 비록 불민하나 또한 이 뜻을 들었습니다. 오직 지혜가 시무를 알기에 부족하고 재주가 일을 해결하기에 부족하여 명을 받들어 시행하는 사이에 걸핏하면 시의를 놓치고 마침내 온 도의 농지 경계가 경중이 도치되게 하였습니다. 세력 있는 자들의 원망은 위로 국가로 돌아가고, 법관의 심문은 아래로 수령에게 미쳤는데 으뜸가는 죄를 지은 신이 태연히 직임을 맡고 있습니다. 비록 성상의 도량이 관대하여 법을 시행하려 하지 않으시나, 신만 홀로 마음 속으로 부끄럽지 않겠습니까.

또 생각건대, 농지의 경계를 정하는 법은 본디 부역을 균등히 하여 백성을 구제하려는 것이니, 조정의 이번 일은 애초에 좋지 않은 것은 아니었습니다. 그러나 신이 그르치는 바람에 여러 사람의 비방을 야기하고, 심지어 시기를 기다려 다시 양전(量田)하라는 명을 내리기까지 하였습니다. 그 일이 백성을 병들게 하고 나라를 해친다는 사실을 이미 알고서 다시 양전하기를 추후에 논의하였다면, 일을 맡은 신하가 어찌 죄가 없겠습니까.

지금 신이 저지른 죄는 실로 작은 잘못이 아니며, 맡고 있는 직명 또한 보통 관직에 비할 바 아닙니다. 죄를 짓고도 요행히 벌을 면하고 수치를 품은 채 염치 없이 자리를 차지하니, 형벌이 문란해지고 염우도 무너졌습니다. 신의 몸은 비록 불쌍할 것 없으나 나라의 체모는 어찌하겠습니까. 신은 이 일이 생긴 뒤로 자나깨나 불안하여 가슴이 무너지는 지극한 심정이 그치지 않아 다시 이렇게 피를 토하며 슬피 호소하니 용서받지 못할 죽을 죄를 지었습니다.

삼가 바라건대, 천지 부모와 같은 성상께서는 간절한 심정을 자세히 살펴 특별히 신을 파직하고, 이어서 신의 죄를 다스리신다면 공적으로나 사적으로나 몹시 다행이겠습니다.

더한 품계를 사양하는 소[4]

辭增秩疏

삼가 아룁니다. 신은 외람되게 성은을 입어 중요한 번방을 지키는 임무를 맡았으나 재주가 부족하고 생각이 얕아 하는 일마다 어리숙하여 성상의 근심을 조금이라도 풀어드리는 데 실로 터럭만큼도 보탬이 되지 못하였기에 밤낮으로 두려워하며 삼가 견책을 기다렸습니다. 얼마 전 조정에 사람이 부족한 탓에 신을 잘못 천거하여 변방에서 발탁하여 형조 판서로 불렀습니다. 신은 명을 받고서 놀라고 두려워 달아나고 싶어 어쩔 줄 몰랐습니다. 이어서 전지를 특별히 내려 본직에 잉임하게 하셨으니, 위임이 무겁기가 보통을 훨씬 넘어서며 남달리 표창하는 영광이 화려한 곤복(袞服)보다 더하였습니다. 비록 이미 시험하여 성과가 없었는 데도 여전히 장래의 효과를 요구하셨습니다. 신이 비록 지극히 어리석으나 분의를 대충 알고 있으니, 감히 특별한 은혜에 감격하여 죽음으로 보답하기를 기약하지 않겠습니까.

다만 격례를 벗어난 자급이 그대로 내렸으니, 명분도 없고 의리도 없어 참람하기가 막심합니다. 신이 처음에 듣고서 부끄럽고 두려워 몸둘 곳이 없는 듯하여 바야흐로 스스로 논열하여 명을 거두기를 바라

4 더한……소 : 이 글은 1671년(현종12) 11월 17일 저자가 평안도 관찰사로 재직 중 가자(加資)를 사양하며 올린 상소이다. 저자는 이해 10월 4일 형조 판서에 임명되었으나 23일 다시 평안도 관찰사로 유임하고 가자는 그대로 주라는 명이 내렸다. 이에 저자가 사양하는 상소를 올린 것이다. 《승정원일기》에는 비답만 실려 있다. 《承政院日記 顯宗 12年 10月 4日·23日, 11月 17日》

고자 하였습니다. 과연 대각의 글이 나왔는데 몹시 분명하게 논열하였으니, 정해진 법을 무너뜨릴 수 없고 나라의 체모를 구차하게 만들 수 없다는 점을 여기서 알 수 있습니다. 그러나 전하께서는 억지로 어기고 따르지 않아 청명한 정사에 누를 끼쳤으니, 신은 삼가 경악하며 어쩔 줄 모르고 몸둘 바를 모르겠습니다.

벼슬은 덕 있는 이에게 주는 것이고, 상은 공 있는 이에게 보답하는 것이니, 옛날의 현명한 임금은 여기에 신중을 다하지 않은 적이 없었습니다. 전하께서 즉위하신 이래로도 관직을 몹시 아껴서 적임자가 아닌 이에게 함부로 준 적이 없었습니다. 지금 신이 누차 성상의 부림을 받아 이미 여러 차례 시험하였으니, 용렬하고 쓸모없는 실상은 이미 인재를 알아보는 성상의 감식안을 피하지 못한 지 오래입니다. 그런데 하루아침에 이유없이 갑자기 비상한 은총을 내리신 이유는 무엇입니까.

더구나 신이 임무를 받아 서쪽으로 온 지 이미 3년이 되었습니다. 그러나 덕스러운 뜻을 펴서 어려운 백성을 구제하지 못하여 온 도 안에 그간 굶어죽고 전염병에 걸려 죽은 자가 이어져 몇백 명인지 모르겠습니다. 만약 조정의 기강이 평소 엄격하고 상벌이 평소 엄격하였다면 유사(有司)의 논의는 필시 신을 용서하지 않았을 것입니다. 그런데 지금 죄를 지은 몸으로 은혜를 입어 공도 없이 상을 받아 관례와 순서를 뛰어넘어 품계가 정경(正卿)에 준하니, 요행을 바라는 조짐이 신에게서 시작되어 사방에서 보고듣는 사람들이 조정의 잘못을 남몰래 논의합니다. 신의 죄는 여기에 이르러 더욱 피할 곳이 없습니다.

신은 이 명령을 들은 이래로 이리보나 저리보다 위축되고 자나깨나 편치 못하여 마치 가시방석 위에 앉아 있는 것 같습니다. 가슴이 무너지는 지극한 마음에 어쩔 수 없이 염치없이 글을 올려 성상을 번거롭게 해 드립니다. 삼가 바라건대, 밝으신 성상께서는 굽어 살펴 신에게 새로 주신 자급을 특별히 개정하게 하여 관직을 중시하고 미천한 신의 분의를 편안하게 해 주신다면 공적으로나 사적으로 다행이겠습니다.

더한 품계를 사양하는 소[5] 두번째 소

辭增秩疏 再疏

삼가 아룁니다. 신이 분수에 넘치는 은혜를 입어 명목 없이 품계가 올라 대각의 비난을 초래하고 조정에 누를 끼쳤으니, 반성하면 부끄럽고 두려워 마치 무거운 죄를 저지른 것 같습니다. 위태롭고 간절한 심정을 외람되게 아뢰어 내리신 명을 거두시길 바랐는데, 삼가 성상의 비답을 받으니 청을 윤허하지 않으시고, 심지어 "경은 어찌하여 지나치게 혐의하는가."라고 하교하셨습니다. 신은 황공하고 답답하여 더욱 몸둘 곳이 없습니다.

신이 삼가 생각건대 관직의 순서는 그 등급이 엄격하여 규례를 벗어나고 순서를 뛰어넘어 주는 일은 몹시 드뭅니다. 특이한 공적이 없는데 비상한 은전을 베푼다면, 보고 듣는 사람들이 모두 놀라고[6] 비방이 번갈아 일어날 것입니다.[7] 신처럼 용렬하고 누추한 자는 본디 쓸만한 실상이 없으나, 애초에 사람이 없었기 때문에 너무 빠르게 승진하였습니다. 현재의 직임에 잉임되고서도 오히려 높은 자급을 외람되게 받았습니다. 그간의 은혜는 모두 보통의 격식을 넘어서니, 공론이 만족하지

5 더한……소 : 이 글은 1671년(현종12) 12월 5일 가자를 환수하도록 청하며 올린 상소이다. 《승정원일기》에는 비답만 실려 있다. 《承政院日記 顯宗 12年 12月 5日》

6 보고……놀라고 : 원문은 '觀聽俱駿'인데, 문맥을 고려하여 '駿'을 '駭'로 바로잡아 번역하였다.

7 비방이……것입니다 : 원문은 '譏謗交與'인데, 문맥을 고려하여 '與'를 '興'으로 바로잡아 번역하였다.

않는 것도 참으로 마땅합니다. 이와 같은데도 전하께서 사람들의 말을 돌아보지 않고 억지로 품계를 주고, 신도 명을 어기는 것이 두려워 염치없이 받는다면, 조정이 벼슬과 상을 참람하게 내리는 일이 이보다 심한 경우가 없을 것이며, 사대부가 염치를 지키는 기풍이 땅을 쓴 듯 없어질 것입니다. 신이 비록 형편없으나 또한 심성이 있으니, 차마 한때의 총애와 영광을 탐내어 스스로 명예를 잃을 수는 없습니다. 또 어찌 감히 신 때문에 성상의 덕에 누를 끼치고 나라의 체모를 손상하겠습니까.

거듭 생각건대, 신은 일찍 과거 급제를 훔쳐 두 조정의 큰 은혜를 독차지하였습니다. 청요직을 남김없이 역임하고, 근래 6, 7년 사이에는 세 도(道)의 관찰사를 맡았으며, 품계가 참판에 올랐으니, 요행이 이미 극에 달하고 분수를 이미 넘었습니다. 오늘날 받은 품계로 말하자면 더욱 꿈에도 생각지 못한 것입니다. 천지와 귀신은 가득찬 것을 싫어하니, 복이 지나치면 재앙을 받는 것이 이치상 당연합니다. 비단 신의 위태로운 마음이 얇은 얼음을 밟는 것보다 더할 뿐만 아니라, 성상께서 미물을 불쌍히 여겨 곡진히 소원을 이루어주시는 뜻도 아닙니다. 신은 은혜에 부끄럽고 의리가 두려워 낭패가 갈수록 심해져 어쩔 수 없이 실정을 다 아뢰어 거듭 지엄하신 성상을 번거롭게 해 드리니, 참람한 죄는 실로 만 번 죽어 마땅합니다.

삼가 바라건대, 밝으신 성상께서는 굽어살펴 신에게 새로 준 자급을 속히 개정하도록 하여 미천한 신의 분의를 편안케 해 주신다면 더없이 다행이겠습니다.

더한 품계를 사양하는 소[8] 세번째 소

辭增秩疏 三疏

삼가 아뢰옵니다. 신이 염치없이 글을 올려 재차 지엄하신 성상을 번거롭게 해 드렸기에 참람한 죄가 한창 절실하여 엎드린 채 기다리고 있었습니다. 그런데 자애로우신 성상께서 관대하게 용납하여 견책을 내리지 않으시며 온화한 비답을 내려 신에게 사양하지 말라고 하유하셨습니다. 신은 융숭한 돌봄을 받아 감격하는 마음이 비록 깊으나, 자신의 분수를 살펴보니 황공하기가 더욱 심합니다. 스스로 생각건대, 형편없는 소신의 평소 언행이 군부에게 믿음을 받기 부족하여 그간 피를 토하며 간절히 아뢴 말이 한갓 예의를 갖추고 꾸며서 겸양한 결과가 되고 말았으니, 마음 속으로 스스로 슬플 뿐만 아니라 천지처럼 큰 성상께도 유감이 없을 수 없습니다.

벼슬과 상이 세상을 가다듬는 도구가 되려면 윗사람이 함부로 베풀지 않고 아랫사람이 분에 넘치게 훔치는 일이 없어야 합니다. 그리하여 듣는 사람이 미혹되지 않고 여러 사람이 모두 믿은 다음에야 한 시대를 권면할 수 있습니다. 만약 그렇지 않아 점진적이지 않게 요행으로 등급을 뛰어넘고 남모르게 갑자기 오르며, 명분 없이 명령하고 의리 없이 받는다면 사람들이 어찌 그르다고 하지 않겠습니까. 그르다고 하는데도 부끄러운 줄 모른다면 그 사람은 본디 말할 것도 없으나 위에 있는

8 더한……소 : 이 글은 1671년(현종12) 12월 20일 가자를 환수하도록 청하며 올린 상소이다. 《승정원일기》에는 비답만 실려 있다. 《承政院日記 顯宗 12年 12月 20日》

사람 또한 어떻게 사람들에게 해명하겠습니까.

지금 신이 받은 자급은 애초에 일반적인 법을 뛰어넘어 준 것이고, 또 명분과 의리도 없는데 그대로 차지하였습니다. 대각의 공론이 누차 간쟁하였으나 받아들여지지 않았고, 미천한 신이 재차 사양하는 글을 올렸으나 성상의 마음을 돌리지 못하였습니다. 성상의 덕에 누가 되고 정사에 잘못이 되니, 실로 작은 일이 아닙니다.

아, "벼슬을 받고도 사양하지 않으니 결국은 망하고 말 것이다."라고 하였으니, 시인이 경계한 바가 절실합니다. 사양하지 않는다는 비난은 부끄러워할 줄 모르는 데서 시작하고, 망하는 화는 제 몸을 잃는 데서 끝나므로 옛날의 군자는 염치를 중시하고 벼슬을 가볍게 여기지 않은 적이 없었습니다. 신처럼 어리석은 자가 어찌 감히 옛사람처럼 되기를 기약하겠습니까마는, 한 조각 수오지심(羞惡之心)은 남들과 똑같이 타고났습니다. 은혜를 탐내어 제몸을 잊고, 수치를 모르고 달게 받는 일은 의리상 감히 할 수 없으며, 성조(聖朝)에서 신하를 책려하는 방도도 아닙니다.

삼가 생각건대, 생명을 가진 것들이 하늘과 땅처럼 낳아주고 길러주시는 성상께 모두 길러지고 있으니, 만약 미물이라도 쓰러지고 낭패를 당하여 제 본성을 잃는다면, 어찌 큰 교화의 흠이 되지 않겠습니까. 삼가 바라건대, 밝으신 성상께서는 곡진히 헤아려 신에게 새로 준 자급을 속히 개정하라고 명하여 함부로 상을 주지 않으며 물흐르듯 간언을 따르는 미덕을 밝히신다면 천만다행이겠습니다.

더한 품계를 사양하는 소[9] 네 번째 소

辭增秩疏 四疏

삼가 아룁니다. 신은 근래 받은 은혜로운 명을 반한(反汗) 받지 못하여 한결같이 부끄럽고 두려워 감히 편안히 있을 수가 없었습니다. 세 번 소장을 올려 속마음을 이미 다 말하였으니, 구구하고 절박한 마음을 하늘처럼 덮어주시는 성상께서 불쌍히 여기실 것이라 생각하였습니다. 그런데 성상의 전지를 받고 보니 윤허하지 않으시고, 심지어 "아무 생각 없이 한 것이 아니니 안심하고 사양하지 말라."라고 하유하셨습니다. 신은 황공하고 위축되어 이리저리 보아도 몸둘 곳을 모르겠습니다.

아, 신이 목석이 아니니 어찌 성상께서 아무 생각 없이 한 것이 아니라는 점을 모르겠습니까. 아무 생각 없이 한 것이 아니므로 비단 미천한 신이 분의상 감히 염치없이 받들 수 없을 뿐만이 아닙니다. 여론을 놀라게 하고 조정의 논의에서 배척을 받은 것이 실로 이 때문입니다. 당초 대간이 열 번 계사를 올리고서야 그만둔 것은 원래 그만둘 만하여 그만둔 것이 아닙니다. 그 의도는 신이 스스로 처신하도록 하려고 지나치게 핍박하고자 하지 않고 대략 엄격한 공론을 보였을 뿐입니다. 그런데 전하께서는 대간의 계사를 체례상의 사소한 일로 여기시며 억지로 고집하고 허락하지 않으셨습니다. 또 신이 그간 피를 토하며 간절히 아뢴 말을 빈말로 꾸며서 겸양하는 것이라 여겨 아직까지 윤허하지

9 더한……소 : 이 글은 1672년(현종13) 1월 27일 가자를 환수하도록 청하며 올린 상소이다. 《승정원일기》에는 비답만 실려 있다. 《承政院日記 顯宗 13年 1月 27日》

않으시니, 신은 삼가 의아하게 여깁니다.

신이 비록 형편없으나 그 직임을 말하자면 관찰사의 중임입니다. 요행히 명분 없는 품계를 훔치고 스스로 영예롭게 여기며 부끄러운 낯으로 구차하게 받아 수령과 군사, 백성의 위에 임한다면, 사람들은 필시 떠들썩하게 천한 자라고 지목할 것이니, 어찌 신의 마음에 부끄럽지 않겠습니까. 훗날 조정으로 돌아가 또 이 품계를 밟고 올라가서 외람되게 경(卿)의 반열에 낀다면, 나라의 체모가 또 얼마나 손상되겠습니까.

신의 나이가 이미 쉰에 가깝고 조정에 선 지 또 20여 년이 되었는데, 재신의 반열에 있는 신하가 남에게 비난을 받고서 그대로 그 직임에 있는 것은 본 적이 없습니다. 심지어 대간의 비난을 꺼리지 않고 명예를 아까워하지 않으면서 격례를 벗어나 감당할 수 없는 자급을 외람되게 받았다는 말은 더욱 듣지 못하였습니다. 그런데 하루아침에 신부터 처음으로 "사양하지 않으니 결국은 망하게 될 것이다."라는 시인의 경계를 어기고, 맑은 조정에서 염치를 잊는 풍조를 열었으니, 신은 이에 삼가 부끄럽고 이어서 개탄스럽습니다. 정세가 곤궁하여 스스로 가눌 수가 없어 주별을 무릅쓰고 다시 성상을 번거롭게 해 드리니, 신의 죄는 여기에 이르러 실로 만 번 죽어 마땅합니다.

또 신은 타고난 기운이 허약하여 평소 담병(痰病)을 자주 앓았습니다. 최근 6, 7년 사이에 두풍(頭風)과 담화(痰火)가 항상 주된 질환이 되었으니, 한번 조섭을 잘못하면 여러 증상이 곧장 나타나 평소 신음하는 날이 많고 건강한 때가 전혀 없습니다. 매번 실상을 자세히 아뢰어 중임에서 해직되기를 청하려 하였으나 거듭 기근을 당하고 시절의 어려움이 망극하여 감히 스스로 편의를 도모할 생각을 하지 못하고 억지로 직임을 살핀 지 지금 이미 오래입니다.

얼마 전 의주(義州)로 달려가다가 마침 날씨가 갑자기 추워져 몸을 심하게 상하여 하루 사이에 죽을 뻔하다가 겨우 살아났습니다. 땀을 내고 조금 진정되자 무사히 들것에 실려 길을 떠나기를 바랐으니, 이는 동행한 신하들도 목도한 것입니다. 감영으로 돌아온 뒤 비록 조리하였으나 병의 근원이 이미 깊고 점차 심해져 머리가 깨질 듯이 아프고 담화가 더욱 치성합니다. 기침을 하면 가슴과 옆구리가 당겨 숨을 쉴 수가 없고, 현기증이 나서 정신이 어지러워 보고 듣지 못하여 침상에 누워 있으니 장차 지탱하기 어려울 듯합니다. 청나라 사신이 돌아갈 날이 머지 않았는데, 이러한 병세로는 결코 일어나 움직여 대응할 가망이 없습니다. 이러한 때 이 직임은 잠시도 비울 수 없으니, 공적으로나 사적으로나 낭패하여 몸둘 바를 모르겠습니다.

삼가 바라건대, 밝으신 성상께서는 굽어살펴 신의 본직과 새로 준 자급을 모두 개차하라 명하여 어리석은 신의 분의를 편안케 해 주시고 나랏일을 다행스럽게 해 주소서. 신은 지극히 간절하게 바라는 마음을 견디지 못하겠습니다.

빈객을 사직하는 소[10]

辭賓客疏

삼가 아룁니다. 신은 외람되게도 용렬하고 누추한데도 지나치게 큰 은혜를 입어 관찰사 직임에서 해면되자마자 부르는 전지가 멀리서 내렸습니다. 조정으로 들어와 형조의 장관이 되어 판서의 반열에 올랐으니, 총애와 영광이 분수를 넘어 보답할 길이 없기에 밤낮으로 두려워하며 밝으신 성상께서 발탁하신 은혜를 저버릴까 걱정하였습니다. 그런데 뜻하지 않게 이번에 빈객으로 새로 제수하는 명이 잘못하여 신에게 내렸습니다. 신은 명을 듣고 두려워 더욱 몸둘 바를 모르겠습니다.

신이 삼가 생각건대 국가가 인재를 얻기 어려운 것이 어느 직임인들 그렇지 않겠습니까마는, 동궁을 보도하는 직임은 더욱 중요합니다. 예로부터 여기에 선발된 자는 모두 학식이 해박하고 명망과 실상이 모두 뛰어난 사람이었습니다. 어찌 신처럼 허술한 자가 자리가 빈 틈을 타서 그 사이에 낀 적이 있었겠습니까.

또 신은 평소 한미한 집안 출신으로 태평성대를 만나 일가 형제가 모두 높은 반열에 올랐기에 항상 두려워하며 깊은 못에 임하고 얇은 얼음을 밟는 듯이 여겼습니다. 더구나 빈객은 단지 4원 뿐인데, 신의 형이 이미 한 자리를 맡고 있습니다. 신이 또 뜻밖에 차지하게 되었으니 비단 복이 극에 달하여 귀신이 엿볼까 두려울 뿐만 아니라 정사의

10 빈객을 사직하는 소 : 이 글은 1672년(현종13) 윤7월 23일 저자가 좌부빈객을 사직하며 올린 상소이다. 《承政院日記 顯宗 13年 閏7月 23日》

체모에 있어서도 몹시 온당치 않습니다. 신은 안으로 사적인 분의를 살피고 밖으로 공론이 두려워 황송하여 주저하고 있으니, 감히 염치없이 명을 받들어 맑은 조정에 누를 끼칠 수 없습니다.

삼가 바라건대, 밝으신 성상께서는 신의 간절한 말이 꾸며서 겸양하려는 의도에서 나오지 않았다는 점을 살피고 신이 겸대한 좌부빈객의 직임을 특별히 체직하도록 허락하신다면 공적으로나 사적으로나 다행이겠습니다.

대사헌을 사직하는 소[11]

辭大司憲疏

삼가 아룁니다. 신이 경(卿)의 반열에 이름을 올리고 형조에서 근무하고 있으나 어리숙하여 시위소찬(尸位素餐)할 뿐, 터럭만큼도 직분을 다하지 못하였습니다. 비록 성상께서 넓은 도량으로 관대히 용납하여 견책하지 않으셨으나, 어리석어 직분을 제대로 수행하지 못한다는 점은 신도 알고 있으니, 밤낮으로 벌벌 떨며 오직 밝으신 성상을 저버릴까 두려워하고 있습니다. 그런데 뜻하지 않게 이번에 잘못된 은혜가 또 내려서 신에게 감당할 수 없는 직임을 제수하였습니다. 신은 놀랍고 부끄러워 더욱 몸둘 바를 모르겠습니다.

신이 삼가 생각건대, 공론을 주장하고 조정의 기강을 진작시키는 것이 대각(臺閣)의 직책입니다. 장관으로 말하자면 직임이 더욱 중요하니, 국가가 사람을 고를 적에는 여기에 더욱 신중해야 합니다. 그간이 직임을 맡은 신하들을 낱낱이 헤아려보면 대부분 한 시대의 인망 있는 인물이었으며, 적임자 아닌 사람을 잘못 임명하여 관직을 가볍게 만든 적이 없었습니다. 신처럼 형편없는 자는 예전에 언관의 말석에 있었으나 한 마디 말을 아뢰거나 한 가지 일을 바로잡아 성상의 귀와 눈을 맡은 직분을 다하지 못하였습니다. 지금 자리가 빈 틈을 타서 함부로 우두머리 자리를 차지하였으니, 놀란 여론이 장차 무어라 하겠

11 대사헌을 사직하는 소 : 이 글은 1672년(현종13) 10월 24일 저자가 대사헌을 사직하며 올린 상소이다. 《承政院日記 顯宗 13年 10月 24日》

습니까.

지금 재해가 거듭되고 하늘의 노여움이 한창 심합니다. 유랑하는 백성이 모이지 않아 나라의 근본이 쓰러지게 되었고, 언로가 열리지 않아 임금의 도가 더욱 위태롭습니다. 그리하여 크고 작은 일을 소홀히 하여 기상이 나약하고 모든 행위가 흩어졌으니[12], 마치 물에 나루가 없는 것과 같습니다. 비록 충실하고 정직하여 윗사람과 아랫사람이 신임하고 감복하는 사람이 맡더라도 임금의 마음을 바로잡고 임금의 덕을 바로잡으며 공론을 넓히고 무너진 기강을 정돈하기 어렵습니다. 하물며 신처럼 용렬하고 나약하여 전혀 가당치 않은 자는 어떻겠습니까. 신이 비록 염치를 잊고 총애를 탐내어 억지로 반열에 나아가고자 하더라도 관직을 욕되게 하고 조정에 수치를 끼치는 것은 어찌하겠습니까. 이것이 신이 분의를 헤아려 감히 염치 없이 명을 받들기 어려운 이유입니다. 삼가 바라건대, 밝으신 성상께서는 특별히 살펴 속히 신을 체직하신다면 공적으로나 사적으로나 다행이겠습니다.

12 모든 행위가 흩어졌으니 : 원문은 '百爲判渙'인데, 문맥을 고려하여 '判'을 '泮'으로 바로잡아 번역하였다.

해직되어 선영에 가서 성묘하기를 청하는 소[13]

乞解職往省先墓疏

삼가 아룁니다. 하늘이 비록 높이서 듣지만 사람이 바라면 반드시 따르고, 공론이 비록 엄격하지만 사정을 펼 수 있습니다. 신에게 절박하고 위태로운 사정이 있어 참람됨을 피하지 않고 하늘처럼 어질게 덮어주시는 성상께 감히 이렇게 애처로이 호소하니, 신의 죄는 만 번 죽어 마땅합니다.

삼가 생각건대, 신은 기유년(1669, 현종10) 여름에 평안도 관찰사의 직임을 맡았다가 올가을에 명을 받아 조정으로 돌아왔습니다. 나랏일에 얽매여 부모의 묘소를 살피지 못한 지 이미 4년이 되었습니다. 신의 구구한 소원으로 어찌 일찌감치 휴가를 청하여 추석 제사에 맞추어 돌아가 돌아가신 어버이를 사모하는 마음을 펴고자 하지 않겠습니까. 그러나 처음에는 형조의 업무가 바쁘고 맡은 지 얼마 되지 않았으므로 분의를 생각하면 겨를이 없었습니다. 그러다가 본직을 맡자 즉시 규례대로 휴가를 청해야 마땅하였으나, 신이 약방의 직임을 맡고 있으므로 옥체를 조섭하시는 중에 감히 번거롭게 해 드릴 수 없어 지극한 마음을 억누르고 묵묵히 세월을 보냈습니다. 만약 다시 잘못하여 두 달이 지나면 곧 5년이 되니, 생각이 여기에 미치면 마음이 답답합니다. 효성으로 나라를 다스리는 성상께서도 필시 불쌍히 여기실 것입니다.

13 해직되어……소 : 이 글은 1672년(현종13) 12월 30일 형조 판서로 있으면서 성묘하기를 청하며 올린 상소로 보인다. 《承政院日記 顯宗 13年 12月 30日》

충주(忠州)와 서울의 거리가 비록 몹시 멀지는 않으나 직임을 맡은 채로 사사로이 나가는 것은 일의 체모상 온당치 않습니다. 약방의 직임으로 말하자면 하루도 잠시 비워서는 더욱 안 됩니다. 삼가 바라건대, 성상께서는 곡진히 살펴 신의 본직과 겸대한 내의원 제조, 지의금 등의 직임을 모두 체직하도록 허락하여 사정을 펴도록 해 주신다면 더없이 다행이겠습니다.

본직과 겸대한 직임에서 해직을 청하는 소
乞解本職及兼帶疏

삼가 아룁니다. 신은 지나칠 정도로 큰 은혜를 입어 사헌부의 장관을 맡았으나 나약하여 걸맞지 않다는 점은 실로 잘 알고 있습니다. 그러나 다시 제수하신 초기에 마침 복계(啓覆)하는 때를 만나 엄한 소명에 쫓겨 억지로 반열에 나아갔으니, 신이 이 직임을 감당할 수 있다고 여겨서가 아니었습니다.

직임을 맡은 이래로 한 가지 말을 아뢰거나 한 가지 일을 논하여 성상의 귀와 눈을 맡은 책임을 다하지 못하여 위로는 성상의 돌보심을 저버리고 아래로는 직책을 방기하였으니 부끄럽고 위축되어 참으로 몸둘 바를 모르겠습니다. 총애와 벼슬이 분수를 넘자 앙화(殃禍)가 갑자기 닥쳐 참혹한 상을 당하고 질병이 침노하였습니다. 두풍(頭風)으로 아프고 담화(痰火)가 올라오며 기침의 증상과 현기증의 기운이 밤낮으로 번갈아 일어나 점차 위독해져 자리에 누워 가물가물하니 생기가 없습니다. 얼마 전 패초한 일은 오로지 국청의 좌기 때문이었으니, 신이 비록 모질고 어리석으나 어찌 일의 체모가 엄중하다는 것을 몰랐겠습니까. 그러나 미천한 신의 질병이 한창 심하여 끝내 공경히 나아가지 못하였습니다. 기강을 바로잡는 자리에 있으면서 가장 먼저 명을 어기는 죄를 저질렀으니, 신의 죄는 여기에 이르러 실로 만 번 죽어 합당합니다.

그리고 생각건대 신은 허술하고 노둔하여 경전과 역사의 학문에 조금도 공을 들이지 않았습니다. 경연에서 보도하는 책임을 맡고 서연에서 돕는 자리에 선발되는 것이 어찌 터럭만큼이라도 신에게 근사한 점이 있겠습니까. 단지 조정에 사람이 부족하고 자급이 앞서기에 전형(銓衡)이 전도되어 제수하는 명을 잘못 내려 마치 규례대로 제수해야 하는 것처럼 여겨서 그런 것입니다. 여론이 욕하고 비웃는 것이야 본디 말할 겨를도 없거니와, 스스로 반성하면 어찌 부끄럽지 않겠습니까. 더구나 이 두 가지 직임은 신의 형 아무개가 모두 이미 겸대하고 있습니다. 신이 또 뜻밖에 차지하였으니 한 집안에 두 사람이 동시에 나란히 차지하는 것입니다. 정사의 체모로 헤아리면 어찌 이와 같을 수 있겠습니까.

신이 얼마 전 빈객을 맡았을 때 사사로운 분의상 불안하다는 점을 외람되게도 성상 앞에서 직접 아뢰었는데, 대신도 신이 힘껏 사양하는 것이 실정에서 나왔다고 말하였습니다. 그러자 자애로운 성상께서 곡진히 유념하여 특별히 청을 허락하셨으니, 신은 아랫사람을 제몸처럼 여기는 전하의 인지한 마음에 감동하여 항상 마음 속에 명심하였습니다. 그런데 얼마 지나지 않아 잘못된 은혜가 거듭 내려 신이 지난날 진심으로 간청한 것이 끝내 헛된 겸양으로 귀결되었으니, 신은 참으로 황공하여 어쩔 줄 모르며 성의가 얕음을 더욱 한스러워하였습니다.

지금 신의 재주가 감당하기 어렵다는 점은 위에 아뢴 바와 같고, 사사로운 분의가 불안하다는 점은 전에 비해 더합니다. 조정의 잘못이 되고 관직을 욕되게 하기는 더욱 심합니다. 해와 달처럼 밝으신 성상께서는 신이 스스로 논열하기를 기다리지 않아도 필시 전부 통촉하실 것입니다. 신이 이같은 낭패를 당하니 위축되어 몸둘 바를 몰라 어쩔 수 없이 다시 이렇게 호소하여 시종일관 낳아주고 길러주는 은혜를 입고자 합니다.

삼가 바라건대, 밝으신 성상께서는 곡진히 살펴 신의 본직과 겸대한 지경연, 우빈객 등의 직임을 속히 해직하소서. 이어서 신이 명을 어기고 나아가지 않은 죄를 다스려 조정의 신하들을 가다듬으신다면 공적으로나 사적으로나 다행이겠습니다.

호조 판서를 사직하는 소[14]

辭戶曹判書疏

삼가 아룁니다. 신이 오랫동안 형조를 맡았으나 직무를 다하지 못하여 밤낮으로 두려워하며 공경히 견책을 기다렸습니다. 그런데 뜻하지 않게 잘못된 은혜가 또 내려와 호조로 옮겨 제수되었으니, 놀랍고 두려워 마치 깊은 골짜기에 떨어진 듯합니다.

신이 삼가 생각건대, 호조 판서는 실로 나라의 살림을 담당하니 경비가 남고 모자라며 백성이 이롭고 병드는 것이 모두 적임자를 얻는지 여부에 달려 있습니다. 반드시 식견과 재주가 있어야 그 선발에 응할 수 있습니다. 신처럼 허술하고 졸렬한 자가 어찌 터럭만큼이라도 이 직임에 근사한 점이 있겠습니까.

얼마 전 재해가 거듭되고 여러 해 기근이 들어 저축이 이미 고갈되고 양식을 대지 못하고 있습니다. 초가집의 가난한 백성은 여전히 세금 징수를 원망하여[15] 위태롭게 당장 지탱하기 어려운 형세가 있으니, 재물을 생산하여 나라를 풍족하게 하는 방도가 지금 시급합니다. 비록 적임자를 얻어 맡기더라도 아래로 백성의 어려움을 풀고 위로 국가의 비용을 구제하기를 바라기 어렵습니다. 신처럼 재주 없는 자는 비록

14 호조……소 : 이 글은 1673년(현종14) 4월 30일 호조 판서에 임명되자 사직하며 올린 상소이다.《承政院日記 顯宗 14年 4月 30日》

15 여전히……원망하여 : 원문은 '猶以徵欽爲怨'인데, 문맥을 고려하여 '欽'을 '斂'으로 바로잡아 번역하였다.

힘을 다해 억지로 애써 만분의 일이라도 직임을 다하고자 하더라도 끝내 할 수 없다는 것을 분명히 알 수 있습니다. 할 수 없는 줄 알면서도 염치없이 명을 받들면 필경 아무 계획 없이 나랏일을 망칠 것이니, 어찌 비단 신이 낭패를 당하는 데서 그치겠습니까.

또 신은 타고난 기운이 허약하여 정신과 기억력이 본디 남만 못합니다. 얼마 전 상을 치렀기에 몸이 더욱 상하였으니, 사람을 만나면 그 얼굴을 잘못 알아보고 말을 하면 앞뒤를 완전히 잊어버립니다. 사람이 일에 대응하는 것은 정신 뿐인데, 혼미하기가 이와 같으니 비록 돈과 곡식의 총액을 채우고 문서를 살피고자 하더라도 어떻게 할 수 있겠습니까. 만약 신이 터럭만큼이라도 쓸만한 재주가 있고 주선하여 일을 처리할 형편이 된다면, 지금처럼 재해를 만나 경계하고 두려워하며 신하들을 신칙하는 때에 어찌 감히 예의를 갖추고 꾸며서 겸양하여 스스로 명을 어기고 불충한 죄를 저지르겠습니까. 삼가 바라건대, 밝으신 성상께서는 어리석은 신의 간절한 마음을 굽어살펴 신에게 제수한 직명을 속히 체직하여 공적으로나 사적으로나 다행하게 해 주소서.

병을 이유로 해직을 청하는 소
引疾乞解疏

삼가 아룁니다. 신은 참혹한 상을 당한 나머지 질병이 여러날 동안 낫지 않아 치료가 급하고 직책을 방기하는 것이 두려워 염치 없이 정고(呈告)하고 해직되기를 청하였습니다. 그런데 뜻하지 않게 조리하고 직임을 살피라는 명이 상례를 넘어서 나왔으니, 신은 융숭한 은혜를 떠받들고 미천한 분의를 굽어살피며 감격하고 두려워 어쩔 줄 모르겠습니다.

삼가 생각건대 신이 불행하여 몇해 전에 처음으로 두풍(頭風)과 담궐(痰厥)의 증상이 생겼으니, 바람과 추위, 더위와 습기를 쐬거나 음식과 움직임으로 몸이 상하면 번번이 발작합니다. 발작하면 반드시 위태롭고 괴로우니 오랫동안 치료한 뒤에야 겨우 멈추니, 이는 평생의 고질병입니다.

호조의 직임은 평소 바쁜 곳으로 일컬어지는데, 맡은 지 오래지 않아 마침 천릉(遷陵)하는 중대한 예식을 만났습니다. 마련할 것이 많고 문서가 번잡하기가 평소의 갑절이나 되니, 결코 신처럼 나약한 자가 감당할 수 있는 것이 아닙니다. 그러나 인산(因山)에서 공손히 일하는 것을 감히 사양하지 못하고 죽음을 무릅쓰고 분주히 움직이며 억지로 수응하였으니, 기혈이 암암리에 삭고 질병이 몰래 늘어난 지 이미 오래입니다. 지금 안으로 슬픔과 근심이 쌓이고 밖으로 찬바람을 쐬자 때를 타고 기승을 부려 전보다 심하게 발작하니, 머리와 목의 통증이 계속 오가고, 심하면 마치 무거운 물건으로 위에서 짓누르는 듯하여 고개를 들고 싶어도 할 수 없습니다. 현기증이 자주 나서 혼미하여 인사불성이고, 이어서 구역질이 나며 담화가 위로 올라와 기침이 멎지 않습니다. 왼쪽 가슴과 옆구리가 당겨서 아파 돌아눕기도 어렵습니다. 이러한 병세로는 비록 힘을 내어 나아가고 싶어도 할 수가 없습니다. 침상에 몸져누워 오랫동안 직무를 방기하였으니, 병중에도 황공하여 마치 무거운 죄를 저지른 것 같습니다.

또 신은 얼마전 대왕대비전 탄신일의 문안 모임에 비단 신병(身病)이 이와 같을 뿐만 아니라 집안에 구기(拘忌)하는 질병이 있는데 그친지 오래지 않아 감히 지엄한 대궐에 다가갈 수 없어 끝내 나아가 참석하지 못하였습니다. 근신(近臣)이 올린 상소의 내용을 삼가 보건대 반열이 드문드문하여 나라의 기강이 쇠퇴했다고 개탄하였으니, 더욱 지극히 두려운 마음을 견디지 못하겠습니다. 신이 질병 외에도 저지른 죄가 여기에 이르렀으니, 나라의 법으로 논하면 실로 만 번 죽어 마땅합니다. 삼가 바라건대, 밝으신 성상께서는 신의 본직과 겸대한 직임들을 속히 체직하소서. 그리고 신이 문안에 참여하지 않은 죄를 다스려 조정 신하들을 가다듬으신다면 공적으로나 사적으로나 몹시 다행이겠습니다.

천릉으로 받은 상을 사양하는 소[16]

辭遷陵賞加疏

삼가 아룁니다. 신이 얼마 전 전지를 받으니, 신이 예전에 산릉도감 제조를 맡았다는 이유로 정헌대부의 품계를 더하라는 명을 내리셨습니다. 신은 부끄럽고 황공하여 몸둘 바를 모르겠습니다.

신이 삼가 생각건대, 선왕의 능침을 다시 잡아 면례(緬禮)를 거행하니, 온나라의 신민이 모두 슬피 통곡하며 분주히 달려와 난수(灤水)가 조정에 있는 모습을 다시 보았습니다.[17] 신처럼 형편 없는 자가 성고(聖考 효종)를 섬기며 은혜를 가장 많이 입었는데, 승하하신 지 오래되어 따라죽고 싶어도 그럴 수 없었습니다. 힘과 정성을 다하여 큰일에 유감이 없게 하려는 마음이 어찌 보통 사람만 못하겠습니까. 명을 받들어 공경히 일하고 인원을 채워 따라다니면서 하늘의 영령에 힘입어 겨우 일을 마쳤으니, 실상을 따지는 정사로 논하자면 실로 터럭만큼도 기록할 만한 공로가 없습니다. 지금 미루어 상전을 시행하고 품계를 높이는 영예를 잘못 내려주니, 스스로 살펴보면 이렇게 된 이유를 모르겠습니다.

일을 하라고 명하면 힘을 다하는 것은 신하의 당연한 직분이니, 하지

16 천릉으로……소 : 이 글은 1673년(현종14) 12월 3일 영릉(寧陵)을 천장할 때 천릉도감 당상의 공로로 받은 가자를 사양하며 올린 상소이다. 《承政院日記 顯宗 14年 12月 3日》

17 난수(灤水)가……보았습니다 : 162쪽 주241 참조.

못하는 것은 죄입니다. 가령 신이 임무를 맡아 부지런히 일하여 일을 그르치지 않았더라도 당연한 직분을 다한 데 불과할 뿐이니, 죄를 면하면 충분합니다. 무슨 상을 논할 것이 있겠습니까. 더구나 능역(陵役)이 겨우 끝나 1년도 되지 않았는데, 설치한 상설(象設)에 앞으로 흠이 없을지는 미리 헤아리기 어렵습니다. 조정의 체모로는 본디 갑자기 은혜를 반사(頒賜)해서는 안 되고, 신의 사사로운 분의에 있어서 더욱 어찌 감히 염치없이 받을 수 있겠습니까. 신이 이렇게 요행으로 상을 받으니 이리보나 저리보나 지극히 부끄럽고 다급하여 어쩔 수 없이 지엄하신 성상을 번거롭게 해 드립니다.

삼가 바라건대, 밝으신 성상께서는 곡진히 살펴 이미 내린 명을 속히 거두어 미천한 신의 분의를 편안케 해 주시고 나라의 체모를 중시하신다면 공적으로나 사적으로나 몹시 다행이겠습니다. 신은 지극히 간절하고 두려운 마음을 견디지 못하겠습니다.

도감으로 받은 상을 사양하는 소[18]

辭都監賞加疏

삼가 아룁니다. 신이 얼마 전에 들으니 조정에서 고사에 따라 여러 도감의 상전을 미루어 시행하였는데, 신의 이름도 그 속에 있었으며 품계를 올리라는 명을 내리기까지 하셨다고 합니다. 신은 부끄럽고 황공하여 몸둘 바를 모르겠습니다.

신이 삼가 생각건대, 하늘이 재앙을 내려 나라에 큰 슬픔이 생겼으니, 중외의 신료들이 슬피 울부짖으며 분주히 움직여 각기 제 할 일을 다하였습니다. 신이 일을 감독하라는 명을 받고서 지극히 엄숙하고 지극히 공경하는 곳에 정성을 다하여 유감이 없고자 생각하는 것은 본디 직분상 당연히 해야 하는 일입니다. 어찌 터럭만큼이라도 기록할 만한 공로가 있겠습니까. 큰일을 치렀는데 견책이 내리지 않았으니 모두 천지처럼 낳아주고 길러주는 성상의 덕택입니다. 이를 명분으로 삼아 총애와 영광을 훔치는 일은 비단 사적인 분의상 감히 할 수 없을 뿐만 아니라 벼슬과 상으로 세상을 권면하는 방도에 있어서도 너무 지나치지 않겠습니까.

더구나 신은 지나친 은혜를 입어 갑자기 경(卿)의 반열에 올랐으나 먼지만큼도 보탬이 되지 못하고 한갓 죄만 쌓였기에 항상 두려운 마음을 품고서 그저 융숭한 돌보심을 저버릴까 걱정하였습니다. 불행히

18 도감으로……소 : 이 글은 1674년(현종15) 7월 7일 산릉도감 제조의 공로로 받은 가자를 사양하며 올린 상소이다. 《承政院日記 顯宗 15年 7月 7日》

지난해에 한 품계가 오르고 올해 또 한 품계가 올랐으니, 요행으로 차지한 것이 이미 극에 달하고 분수를 이미 지나치게 넘어섰습니다. 가득찬 것을 싫어하는 귀신의 이치가 몹시 분명하고, 복이 지나치면 재앙이 생기는 것이 필연적인 인사입니다. 근심과 두려움이 더욱 깊어져 먹고 자기도 편안하지 않으니, 옛사람이 이른바 얇은 얼음을 밟고 깊은 골짜기에 서 있는 듯하다는 말도 신의 마음을 비유하기 부족합니다. 신이 이처럼 잘못된 은혜를 입으니 이리보나 저리보나 지극히 부끄럽고 다급하여 어쩔 수 없이 죽음을 무릅쓰고 어질게 덮어주시는 성상께 슬피 호소합니다.

삼가 바라건대, 자애로우신 성상께서는 간절한 심정을 곡진히 헤아려 새로 준 자급을 거두어들여 미천한 신의 분의를 편안케 해 주시고 나라의 체모를 중시하신다면 공적으로나 사적으로나 천만다행이겠습니다. 신은 지극히 간절히 바라는 마음을 견디지 못하겠습니다.

예를 논의한 뒤 엄한 하교를 받고 당상들과 연명으로 견책을 청한 소[19]

議禮後承嚴教與諸堂聯名請譴疏

삼가 아룁니다. 신들이 삼가 성상의 비답을 보니 다 읽기도 전에 황공하고 벌벌 떨려 곧장 땅을 뚫고 들어가고 싶지만 그럴 수가 없었습니다. 신들은 모두 몽매한 식견으로 갑자기 예를 의논하라는 명을 받고서 그저 예경(禮經)의 주석에 근거하여 함부로 아뢰었으니, 참람하고 외람된 죄는 본디 피하기 어렵습니다. 지금 이렇게 신하로서 차마 들을 수 없는 하교를 받았으니, 모두 신들이 불충하고 형편 없기 때문에 초래한 것입니다. 이러한 죄명을 지니고서 하루라도 천지 사이에 살아 있을 수는 없습니다. 이에 감히 물러나 대궐 아래에 엎드려 석고대죄하며 명을 기다립니다. 삼가 바라건대, 신들을 속히 형관에게 내려 나라의 법을 바로잡으소서. 신들은 지극히 위태롭고 떨리는 마음을 가누지 못하겠습니다.

19 예를……소 : 이 글은 1674년(현종15) 7월 15일 김수항(金壽恒) 등과 함께 대죄하며 올린 상소이다. 《顯宗實錄 15年 7月 15日》

예를 논의한 뒤 엄한 하교를 받고 견책을 청한 두 번째 소[20]

議禮後承嚴敎請譴第二疏

삼가 아룁니다. 오늘날 예를 잘못 논의한 것은 신과 정승의 죄가 실로 같습니다. 그런데 유배하라는 명이 가장 먼저 정승에게 내렸기에 놀랍고 부끄러워 몸둘 바를 몰라 성 밖에서 석고대죄하며 공손히 견책을 기다린 지 여러 날이 되었습니다. 이번에 삼가 들으니, 대신이 차자를 올려 신하들을 불러 직임을 살피게 하라고 청하였는데, 성상의 비답에 '이미 처분을 정하였는데 여전히 대명한다고 하니, 이는 임금을 진실하게 섬기는 의리가 아니다.'라고 하교하셨다고 합니다. 신은 더욱 황공하여 어쩔 줄 모르겠습니다.

삼가 생각건대, 신은 신하가 되어 불충하여 이처럼 천지 사이에 용납받기 어려운 죄명을 지녔으니, 비록 만 번 주륙을 당하더라도 허물을 메우기 부족합니다. 그저 차례대로 유배하여 정승과 그 벌을 똑같이 받은 뒤에야 사사로운 마음이 조금이나마 편안해질 것입니다. 그런데 성상께서 지나치게 너그러이 용서하여 국법이 굽혀져 펴지지 않으며, 심지어 임금을 섬기는 의리로 꾸짖는 하교를 분명히 내리셨습니다. 신의 죄는 여기에 이르러 한층 더 심해집니다.

또 생각건대, 빈청(賓廳)에서 모여 의논할 때 신이 예경(禮經)을

20 예를……소 : 이 글은 1674년(현종15) 7월 22일 도성 밖에서 대죄하며 자의대비(慈懿大妃)의 복제를 논한 일로 유배된 김수홍(金壽興)과 같은 벌을 받도록 청한 상소이다. 《顯宗實錄 15年 7月 22日》

근거로 삼아 주석의 뜻을 함부로 논하였고, 마지막의 계사도 신이 집필하였으니, 신이 저지른 죄는 실로 동참한 신하들보다 큽니다. 그런데 결국 은혜를 잊고 앞장서서 말한 죄가 오직 정승에게만 돌아갔으니, 형벌이 너무 문란하지 않겠습니까. 신이 비록 형편없으나 그래도 요행히 죄를 면하는 것이 부끄러운 줄 압니다. 이리보나 저리보나 두렵고 부끄러워 오장이 무너지는 듯하니, 어쩔 수 없이 죽음을 무릅쓰고 스스로 논열하여 주벌을 청합니다. 삼가 바라건대, 밝으신 성상께서는 속히 유사(有司)에게 명하여 일체 감죄(勘罪)하게 하여 나라의 법을 엄하게 하신다면 천만다행이겠습니다. 신은 지극히 황공하고 떨리는 마음을 견디지 못하겠습니다.

예를 논의한 뒤 엄한 하교를 받고 견책을 청한 세 번째 소
議禮後承嚴教請譴三疏

삼가 아룁니다. 신이 얼마 전 위태롭고 간절한 심정으로 성상의 위엄을 범하며 대신과 함께 유배해 달라고 청하였습니다. 밝으신 성상께서 신의 죄상을 통촉하고 신의 정세를 헤아려 속히 지시를 내려 차등 없이 벌을 주실 것이라 여겼는데, 성상의 비답을 받고 보니 억지로 인혐할 수 없다고 하교하셨습니다. 신은 생각이 틀려 놀라고 두려워 어쩔 줄 모르겠습니다.

이번에 예를 의논한 죄는 대신과 신하들이 애당초 차이가 없었습니다. 그런데 엄한 말씀으로 준엄히 배척한 뒤 어떤 이에게는 유배하는 형률을 내렸으며, 어떤 이에게는 견책을 시행하지 않고 또 출사하여 직무를 수행하라고 명하셨으니, 어리석은 신으로서는 거조가 상도에 어긋나 의혹이 없을 수 없습니다. 성상의 뜻은 동참한 사람이 많아 비록 전부 죄를 줄 수는 없으나 저지른 죄가 무거우니 전부 사면할 수도 없으므로 우선 대신의 죄를 바로잡아 신하들에게 경계를 살짝 보이려는 것이 아니겠습니까. 이는 장차 신하들을 염치를 잊고 수치를 잃는 지경으로 내몰아 더 이상 의리로 책망하지 않으려는 것입니까. 신처럼 형편 없는 자는 염치로 스스로를 가다듬은 적이 없으니, 전하에게 이러한 처분을 받는 것이 본디 마땅합니다. 그러나 관자(管子)가 이른바 '예의염치(禮義廉恥) 네 가지 기강이 펴지지 않으면 나라가 멸망한다.'라는 경계를 유념하지 않으십니까.

더구나 신이 처음에 대신과 함께 성상의 앞에 입시하여 직접 성상의 하교를 받들었습니다. 그러다가 누차 의논하여 아뢰면서 함부로 경문(經文)의 뜻을 인용하여 함께 상의하였으니, 앞의 상소에서 이른바 신하들보다 죄가 많다고 한 것이 바로 그 실상입니다. 그런데 각별히 용서하시고 여전히 법을 시행하지 않으시니, 형벌이 문란하기가 이보다 심한 일은 없습니다. 신이 만약 염치 없이 요행으로 벌을 면한 것을 달게 여기며 아무 일 없는 사람처럼 태연히 있는다면, 이 또한 임금을 의리로 섬기는 방도가 아닙니다. 이에 감히 번거롭게 해 드리기를 피하지 않으며 죽음을 무릅쓰고 거듭 호소합니다.

삼가 바라건대, 밝으신 성상께서는 속히 나라의 법을 거행하여 일체 감률하여 조정이 형벌을 잘못 시행하였다는 비난이 없도록 하신다면 천만다행이겠습니다. 신은 지극히 황공하고 다급한 마음을 견디지 못하겠습니다.

빈접사로 서쪽으로 내려갈 때 본직과 겸대한 직임들에서 해직을 청한 소

以儐使西下時乞解本兼諸職疏

삼가 아룁니다. 신이 죄를 저지르고 견책을 기다리는 중에 외람되게 빈접사에 특별히 차임하는 명을 받았습니다. 일신의 염의를 돌아볼 겨를이 없어 고개를 들고 길에 올랐으니 더욱 황공하고 부끄럽습니다.

그리고 생각건대, 호조는 일이 많고 바쁜 곳인데 신이 위축되어 엎드려 있느라 사무를 거행하지 못한 지 지금 여러 날이 되었습니다. 사신이 곧 올 것이기에 신이 또 멀리 나가니, 책응할 여러 가지 일이 실로 몹시 걱정입니다. 헛되이 직임을 지닌채 다녀올 수 있을 리가 결코 없습니다. 더구나 신이 겸대하고 있는 긴요한 직임도 비어 있게 내버려 둘 수 없습니다. 삼가 바라건대, 밝으신 성상께서는 신의 본직과 겸대한 비국 제조, 총융사, 빈객 등의 여러 직임을 우선 개차하여 공적으로나 사적으로나 편하게 해 주소서. 신은 지극히 황공하고 간절히 바라는 마음을 견디지 못하겠습니다.

곽세건과 조감이 상소하여 비난한 일로 인하여 인혐하고 해직을 청한 소[21]

因郭世楗趙瑊疏詆引嫌乞解疏

삼가 아룁니다. 신민이 복이 없어 큰 슬픔을 당하였습니다. 깊은 은혜와 두터운 덕에 뒤늦게 보답할 길이 없으니, 오늘날 다할 수 있는 것은 오직 슬픔을 머금고 분주히 움직여 정성을 다해 일을 하는 것 뿐입니다. 이밖에는 한 몸의 사사로운 분의를 말할 겨를이 없습니다. 그러나 신은 정세상 너무도 불안한 점이 있어 끝내 침묵하기 어려우니, 이에 감히 상중에 계신 지엄하신 성상께 번거롭게 아룁니다.

삼가 생각건대, 신이 예전 선조(先朝 현종) 때 함부로 예제(禮制)를 논하였는데, 그 저지른 죄를 따지자면 애당초 차이가 없었으나 동참한 정승만 홀로 유배되고 신처럼 형편없는 자에게는 견책이 내리지 않아 예전처럼 직임을 맡았으니, 신은 낭패스럽고 위축되어 몸둘 곳이 없어 누차 견책을 청하는 글을 올리고 공경히 감률하는 명을 기다렸습니다. 그런데 갑자기 선조께서 승하하여 따라죽고자 하여도 그럴 수 없었으니, 위태롭고 다급하던 구구한 마음으로 비록 다시 호소하고자 하더라도 이미 할 수가 없습니다. 그저 가슴을 치고 피눈물을 삼키며 하늘에 사무치는 애통한 심정으로 지금과 옛일을 생각하니 더욱 마음을 가눌

21 곽세건과……소 : 곽세건은 1674년(숙종즉위년) 9월 25일 송시열에게 현종의 지문(誌文)을 짓도록 한 명을 거두어 달라고 상소하였으며, 조감은 같은 달 29일 국상의 절차와 산릉에 문제가 있다고 상소하였다. 《肅宗實錄 卽位年 9月 25日 · 29日》

수가 없었습니다.

얼마 전 삼가 곽세건(郭世楗)과 조감(趙瑊)의 상소를 보니, 신은 놀라고 두려워 어쩔 줄 모르다가 이어서 부끄러워하였습니다. 곽세건이 유현(儒賢)을 무함하고 아울러 빈청에서 의논하여 아뢴 신하들까지 언급하면서 어떤 이는 예를 무너뜨리고 종통을 어지럽혔다고 지목하였고, 어떤 이는 다른 논의를 고집하여 성상의 하교를 거역하였다고 지목하였습니다. 또 뿌리와 지엽이 되는 자들에게 국법을 끝까지 시행하지 못하였다고 말하였으니, 그의 의도를 보면 비록 수범(首犯)과 종범(從犯)의 차이는 있으나 오로지 송(宋) 아무개〔송시열〕을 공격하여 반드시 헤아릴 수 없는 곳에 빠뜨리려는 것이었습니다.

기왕 '다른 논의를 고집하여 성상의 하교를 거역하였다.'라고 하였다면, 그 죄가 어찌 예를 무너뜨리고 종통을 어지럽힌 자보다 못하겠습니까. 뿌리와 지엽을 막론하고 국법을 끝까지 시행하지 못하기는 마찬가지입니다. 이를 가지고 신의 죄를 다스린다면 유배하고 주살하더라도 그 만분의 일도 채우기 어렵습니다. 관대한 은혜가 너무 지나쳐 지금까지 요행히 벌을 피하였는 데도 분의가 두려워 근심과 슬픔이 망극한 날 감히 사직하지 못한 채 마치 아무 일 없는 사람처럼 행동하였으니, 신이 실로 스스로 부끄러운데 다른 사람들은 무어라 하겠습니까. 비난을 당하는 것은 본디 마땅합니다.

조감의 상소에 한 말은 참으로 신이 염치를 무릅쓴 실상을 배척한 것이니, 신은 받아들여 죄로 여겨야 마땅합니다. 무슨 말로 변명하겠습니까. 신의 죄명이 몹시 무거워 국법을 끝까지 시행하지 못하였다는 논의가 있고, 관직을 탐내어 떠나지 않으면서 고개를 들고 공무를 수행한 책임이 있으니, 형벌이 어그러지고 염치가 사라졌습니다. 처음으로 청명한 다스림을 시행하는 성상께 누를 끼쳤으니 실로 사소한 일이 아닙니다. 신의 죄는 여기에 이르러 더욱 피할 곳이 없습니다.

삼가 바라건대, 밝으신 성상께서는 신의 다급하고 간절한 심정을 살펴 먼저 신을 삭직하고 이어서 신의 죄를 다스려 나라의 법을 엄숙히 하고 사람들의 말에 답하신다면 공적으로나 사적으로나 몹시 다행이겠습니다. 신은 지극히 두렵고 간절히 바라는 마음을 견디지 못하겠습니다.

병을 이유로 해직을 청한 차자
引病乞解箚

삼가 아룁니다. 신은 무거운 죄를 지었으니 법에 있어서 용서받을 수 없습니다. 비록 두 조정의 관대한 은혜를 입어 엄한 주벌은 피하였으나 한결같이 황공하여 자나깨나 편치 않습니다. 다만 새로 화란을 당하여 중대한 예식을 마치지 못하였기에 근심과 슬픔에 쫓기고 분의가 두려워 견책을 청하는 글을 감히 다시 올리지 못하고, 돈장(敦匠)[22]의 직임을 감히 사양하지 못하였습니다. 심지어 정승이 유배되고 유현이 쫓겨났는데도 감히 스스로 죄상을 드러내어 진퇴를 함께 하지도 못하였습니다. 신이 비록 형편없으나 어찌 한 조각 수치스러운 마음이 없겠습니까. 참으로 오늘날 신하가 다해야 할 일은 오직 슬픔을 머금고 분주히 움직여 힘을 다해 일하여 하늘에 사무치는 애통한 마음을 조금이나마 펴는 것이며, 한 몸의 사사로운 분의는 돌아볼 겨를이 없기 때문입니다. 그러므로 억지로 참고 염치를 무릅쓴 채 구차히 오늘에 이르렀습니다. 그러나 정신이 꺾이고 근력이 남김없이 지친 지는 이미 오래입니다.

불행히 6, 7일 전부터 한기와 열기가 번갈아 일어나고 가슴과 배가 답답하였습니다. 처음에는 우연히 감기에 걸렸다고 생각하여 염려하지 않았는데, 이어서 얼굴빛이 누렇게 뜨고 온몸이 타는 듯 열이 났습니다. 배고픈지 배부른지도 알지 못하여 식음을 거의 전폐하였으니,

22 돈장(敦匠) : 장인을 감독한다는 뜻으로, 여기서는 국장도감 제조의 직임을 말한다.

비록 억지로 먹더라도 곧 토해냅니다. 게다가 담화(痰火)가 올라오고 기침이 멎지 않으며 머리와 눈이 어지러워 혼미하여 인사불성입니다. 이것은 예전에 앓던 황달 증상이 지금 몸이 거듭 상한 나머지 재발한 소치이니, 증세가 고질이 되어 하루가 다르게 심해져 지쳐서 몸져 누워 있으니 결코 짧은 시일 내에 회복될 형편이 아닙니다. 하물며 조정에 나와 공무를 수행하며 사무를 수응하기를 바랄 수 있겠습니까.

지금처럼 슬픔이 망극한 날에 미천한 신의 질병으로 상중에 계신 지엄하신 성상을 번거롭게 해 드리는 것이 외람되어 감히 할 수 없다는 것을 잘 알고 있으나, 신의 본직과 겸대한 여러 직임은 모두 긴요한 것이니, 잠시라도 일을 그만둘 수 없습니다. 병으로 관아에 나아가지 못한 지 이미 며칠이 지났으니, 직분을 방기한 죄는 번거롭게 해 드린 죄보다 더합니다. 이에 감히 죽음을 무릅쓰고 슬피 호소합니다.

삼가 바라건대, 자애로우신 성상께서는 곡진히 살펴 현재 신의 본직과 겸대한 직명을 모두 사면하도록 허락하여 때맞추어 조리하여 위태로운 목숨을 잇게 해 주신다면 공적으로나 사적으로나 몹시 다행이겠습니다.

병을 이유로 해직을 청한 차자 두 번째 차자
引病乞解箚 再箚

삼가 아룁니다. 신이 오랫동안 몸이 상한 나머지 병이 갑자기 심해져 분주히 움직이며 수고를 다하는 일조차 할 수 없으니, 지극히 두렵고 근심스러워 외람됨을 피하지 않고 위태롭고 간절한 심정을 아뢰어 감히 체직되기를 바랐습니다. 그런데 성상께서 비답을 내려 윤허하지 않으시고 '조리하고 직임을 살피라.'라고 하유하기까지 하셨습니다. 신은 감격하고 두려우니 오직 명을 받들기에 겨를이 없어야 합니다. 다만 생각건대, 신이 예전부터 앓던 증상은 근원이 이미 깊은데, 지금 재발하니 전보다 심합니다. 습기와 열기가 속에 쌓여 낯빛이 누렇게 뜨고 막힌 기운이 배와 가슴에 가득하여 구역질이 번갈아 나고 숨도 가쁩니다. 낮에는 배고픈 줄 모르고 밤에는 눈을 붙이지 못하는데, 의원이 여러 날 치료하였으나 조금의 효험도 없었습니다. 원기가 지쳐 거의 스스로 일어날 수 없으니, 비록 힘을 내어 반열에 나아가고자 하더라도 형세상 할 수 없습니다.

지금 대소신료가 모두 다급히 통곡하며 자기 직분을 부지런히 수행하며 큰일에 스스로를 다할 방법을 생각하고 있습니다. 신이 어떤 사람이길래 뒤늦게 보답하는 의리를 전혀 몰라 그저 스스로의 편의를 도모할 생각을 품겠습니까. 숨이 끊어지기 전에는 분의가 지엄하니, 직분을 방기하는 것도 죄이고 병을 말하는 것도 죄입니다. 기운을 내어 억지로 움직여 긴급한 사무에 응하고자 하지 않는 것은 아니지만, 현기증이 가장 심하여 정신이 어지러워 조금이라도 수응하면 곧 혼절해 쓰러집니다. 이러한 증세로는 더욱 공무를 수행할 가망이 없으니, 신의 정경은 슬프다고 하겠습니다.

만약 신이 직임을 그만두고 조금 쉬었다가 하늘의 영령에 힘입어 다시 일어나 사람노릇을 한다면 죽기 전에는 병든 몸을 채찍질하여 돈장(敦匠)의 말석에서 주선하여 하늘에 사무치는 망극한 슬픔을 조금이나마 펴는 것이 실로 구구한 신의 지극히 간절한 소원입니다. 삼가 바라건대, 천지 부모 같은 성상께서는 각별히 불쌍히 여겨 신의 본직과 겸대한 비국, 총융사의 직임을 속히 체직하신다면 공적으로나 사적으로나 다행이겠습니다.

병을 이유로 해직을 청한 차자 세 번째 차자

引病乞解箚 三箚

삼가 아룁니다. 신이 병으로 직무를 수행하지 못하여 위태롭고 간절한 심정을 외람되게 아뢰고, 재차 상중에 계신 지엄하신 성상께 호소하였으니, 번거롭게 해 드리고 외람된 죄를 피하기 어렵다는 것을 알고 있습니다. 그런데 성상께서 관대한 도량으로 견책을 내리지 않으시고 온화하고 간곡한 비답이 보통을 넘었으니, 신은 참으로 감격스럽고 황공하여 몸둘 곳을 모르겠습니다.

아, 지금 백성이 곤궁하고 재물이 고갈된 때에 호조의 직임을 잠시도 비울 수 없다는 것은 참으로 성상의 말씀과 같습니다. 더구나 중대한 예식을 마치지 못하여 일이 한창 많은데 지금이 어찌 이 직임을 맡은 사람이 태연히 병을 말할 수 있는 때이겠습니까. 잠시 비우는 것도 안 되는데, 오래 비울 수 있겠습니까. 신이 외람되게 나라의 계획을 맡았다가 이처럼 큰 슬픔을 당하였으니, 비록 마땅하게 주선하여 만분의 일이나마 보답하지는 못하더라도 인원을 채우고 반열을 따라 힘을 다해 분주히 일하는 것 또한 신이 직분을 다하는 길입니다. 만약 미천한 신의 병이 고질이 되지 않았다면 사가로 물러나 엎드린 채 오랫동안 직무를 방기하는 것은 실로 의리상 감히 할 수 없는 일입니다.

다만 신이 앓고 있는 병은 한때의 감기에 비할 바 아니니, 근원이 깊고 재발하였으며 기운이 허하여 움직이기 어렵습니다. 춥기도 하고 덥기도 하여 식음을 전폐하고, 담화(痰火)가 극성하고 기침이 멎지 않습니다. 현기증이 가장 고통스러워 어지럽고 멍하여 마치 안개 속에 떨어진 듯하니, 고개를 들고 앉아 있을 수 없다는 점은 지난 상소에 아뢰었습니다. 해직되어 치료하고 돈장(敦匠)의 말석에서 충성을 다하는 것이 신의 진심에서 우러나온 지극히 간절한 소원입니다.

그간 성상께서 하교를 내려 미천한 신을 불쌍히 여겨 신으로 하여금 안심하고 조리하게 하셨으니, 천지 같은 성상께서 낳아주고 길러주는 은혜가 이처럼 지극하였습니다. 그러나 한결같이 낫지 않고 병세가 심해지니, 비록 억지로 일어나 직임을 살피고자 하더라도 결코 가망이 없습니다. 하루 병조리하면 하루 관직을 방기한 죄를 더하니, 낭패스럽고 근심스러워 어쩔 줄 모르겠습니다. 아프면 부모를 부르는 것이 사람의 마음이니, 어쩔 수 없이 다시 다급한 심정을 모두 아뢰어 지엄한 성상의 위엄을 저촉합니다.

삼가 바라건대, 자애로우신 성상께서는 곡진히 살펴 신의 본직과 겸대한 비국과 총융사 등의 직임을 속히 체직하여 신이 때맞추어 조리하여 남은 목숨을 잇게 해 주신다면 더없이 다행이겠습니다.

국장도감 제조 및 총융사에서 해직을 청한 소[23]

乞解國葬都監提調及摠戎使疏

삼가 아뢰니다. 신은 병이 고황에 들어 날로 심해지고 있습니다. 성상께서 미천한 신을 불쌍히 여겨 특별히 사직을 윤허하여 신으로 하여금 짐을 내려놓고 병조리할 수 있게 해 주셨습니다. 죽은 사람을 살리고 뼈에 살을 붙여준 것 같은 은혜는 신이 분골쇄신하더라도 보답할 수 없으니, 지극히 감격하여 그저 눈물 흘릴 뿐입니다. 다만 신이 겸대한 직임은 법에 따라 개차되어야 하고 오랫동안 비웠으니 체직되어야 합니다. 이에 감히 염치 없이 거듭 아뢰어 살펴주시기를 바랍니다.

호조의 장관이 으레 국장도감 제조를 겸한다는 말은 《국조오례의(國朝五禮儀)》에 실려 있으니, 모든 필요한 물건은 크고 작고를 막론하고 모두 호조에 요구해야 하기 때문입니다. 반드시 겸하여 관장하게 한 것은 실로 의도가 있으니, 삼정승이 수시로 번갈아 맡으면서 법식에 구애되지 않는 총호사와는 다릅니다. 지금 신이 이미 호조에서 체직되었는데 도감의 직임을 그대로 겸하고 있는 것은 규례에 근거가 없습니다. 그런데 조정에서 아직까지 처분하지 않으니, 신은 삼가 의아하게 여깁니다. 더구나 중대한 예식을 아직 마치지 못하여 수응할 일이 한창 많으니, 현재 임명된 관원에게 옮겨 제수하여 일을 마치도록 하는 것이 더욱 마땅합니다. 신이 꾸며서 겸양하는 것이 아니라 나라의 예에 있는

23 국장도감……소 : 이 글은 1674년(숙종즉위년) 11월 25일 국장도감 제조 및 총융사를 사직하며 올린 상소이다. 《承政院日記 肅宗 卽位年 11月 25日》

바이니 결코 그만둘 수 없습니다.

또 신이 지난날 누차 차자를 올려 번번이 총융사의 직임을 함께 체직하도록 청하였으나 번거롭고 외람될까 두려워 감히 그 이야기를 다하지 못하여 성상께서 허락하지 않으셨으니, 신은 이에 대해 더욱 황송합니다. 신은 서생이라 군사에 어두운데, 뜻밖에 빈자리를 채우다보니 이 직임을 잘못 맡았습니다. 신의 재주와 분수로 감당할 수 없는 실상을 선조(先朝)께 자세히 아뢴 적이 두 번이나 되는데, 얼마 전 국휼(國恤)을 당한 이래로 감히 이를 이어 힘껏 사양하지 못하고 지금에 이르렀습니다. 1년 동안 시위소찬(尸位素餐)하여 하는 일마다 아득하고, 심상한 대오(隊伍)의 법조차 분명히 알지 못하니, 나머지는 또 어찌 말할 수 있겠습니까.

지금 관할하고 있는 장초군(壯抄軍)이 번갈아 숙위한 지 이미 두 달이 지났습니다. 그러나 신에게 병이 있는 탓에 점검하고 기예를 시험하는 일을 매번 장관(將官)으로 하여금 대신 행하게 하였습니다. 이름은 주장(主將)이지만 한 번도 군문(軍門)에 몸소 나아가지 못하였으니, 신이 직임을 다하지 못하였다는 점을 여기서도 알 수 있습니다. 지금처럼 어렵고 일이 많은 때에 헛된 직함을 외람되게 지닌 채 스스로 편의대로 쉬면서 한 가지 일이라도 조금이나마 책임을 다하지 못하여 위로는 위임하신 중대한 뜻을 저버리고, 아래로는 직분을 방기한 죄를 재촉하니, 신의 죄는 여기에 이르러 더욱 피할 길이 없습니다.

삼가 바라건대, 밝으신 성상께서는 굽어살피시어 신이 맡고 있는 국장도감 제조 및 총융사의 직임에서 모두 해직해 주신다면 공적으로나 사적으로나 다행이겠습니다. 신은 지극히 두렵고 간절히 바라는 마음을 견디지 못하겠습니다.

대계가 정지된 뒤 부절을 바치고 지레 돌아가며 올린 소[24]

臺啓停後納符徑歸疏

삼가 아뢰옵니다. 신이 함부로 전례(典禮)를 논하다가 죄를 짓고 견책을 기다린 지 오래입니다. 처음에는 선대왕의 하늘 같은 도량으로 특별히 형벌을 굽히는 은혜를 입었고, 이어서 전하께서 몹시 어질고 성대한 덕으로 지난 잘못을 기록하지 않고 각별히 관대히 용서해 주셨습니다. 신이 은혜를 입고 위엄을 두려워하며 감격하고 황공한 마음이 속에서 조금이라도 해이해진 적이 있겠습니까. 그러나 신이 일찌감치 사사로운 분의로 인혐하고 공법의 처벌을 받겠다고 청하지 못한 것은 그저 돈장(敦匠)의 명을 받았고 중대한 예식을 마치지 못하여 정리상 차마 할 수 없고 분의상 감히 할 수 없었기 때문입니다.

지금 대각이 글을 올려 탄핵하고 신하로서 지을 수 있는 지극한 죄를 덮어씌웠으니, 법에 따라 다스리면 유배되거나 주살당하더라도 만 분의 일조차 속죄하기 부족합니다. 전하께서는 그런데도 파직하라는 청을 따르지 않으시어 한창 제기된 논의가 조금도 펴지지 못하게 하시고, 용서할 수 없는 죄를 끝내 요행히 면하게 해 주셨습니다. 조정이 형벌을 잘못하기가 이보다 큰일이 없으니, 이 또한 신의 죄입니다.

신처럼 형편 없는 자가 비록 성상께서 거듭 살려주시는 은혜를 입어 목숨을 보전하였으나, 덮어쓴 죄명이 실로 천지 사이에 용납받기 어려

24 대계가……소 : 이 글은 1675년(숙종1) 1월 11일 총융사를 사직하며 올린 상소이다.《承政院日記 肅宗 1年 1月 11日》

운 것이니, 자취를 감추고 스스로 버려지는 것이 분의상 마땅합니다. 영예를 탐하여 다시 나아갈 생각을 어찌 할 수 있겠습니까. 이리보나 저리보나 위축되어 몸둘 곳을 모르겠습니다. 어쩔 수 없이 염치 없이 스스로 논열하고 시골로 물러나가 엄한 벌을 기다립니다. 받아놓은 총융사의 밀부(密符)는 감히 그대로 지니고 지방으로 나갈 수 없으므로 삼가 이렇게 봉하여 바칩니다.

삼가 바라건대, 밝으신 성상께서는 먼저 신을 삭직하라고 속히 명하시고 이어서 신의 죄를 다스려 여론을 통쾌하게 하고 나라의 법을 엄하게 해 주소서. 신은 지극히 두렵고 다급한 마음을 견디지 못하겠습니다.

본직과 겸대한 직임들에서 해직하고 내린 상을 거두어달라고 청한 소[25]

乞解本兼諸職仍收賞加疏

삼가 아룁니다. 신은 무거운 죄를 짓고 정세가 위태로워 글을 올려 스스로 탄핵하고서 부절을 바치고 지레 나갔습니다. 명을 어긴 죄를 피하기 어렵다는 것을 스스로 알았기에 시골에서 석고대죄하며 엄한 명을 삼가 기다렸습니다. 뜻하지 않게 성상께서 하늘처럼 넓은 도량으로 특별히 관대하게 용서하고 은혜로운 비답을 내리셨는데 말씀이 간곡하였습니다. 신은 황송하고 두려워 눈물이 마구 흘러 더욱 몸둘 곳이 없습니다.

신이 삼가 생각건대, 조정에서 한창 예를 의논한 것이 잘못되었다며 그 연원을 추궁하여 멀리 유배하고 뒤늦게 삭직하며 삭탈하라는 논의가 차례로 나와 미치지 않는 곳이 없습니다. 그간 이 일을 말한 신하들은 이미 모두 쫓겨나 벌을 받았습니다. 더구나 신은 양사의 탄핵하는 글에 죄상이 낭자하니, 응당 받아야 하는 엄한 형률이 있고 터럭만큼도 용서할 방도가 없습니다. 그런데 견책이 시행되지 않고 직명이 여전히 그대로 있으니, 사리로 따져보면 어찌 이런 일이 있겠습니까. 나라의 법은 몹시 엄격하니 끝내 굽힐 수 없고, 여론이 몹시 준엄하니 끝내 거스를 수 없습니다. 전하께서 비록 미천한 신을 불쌍히 여겨 저지른

25 본직과……소 : 이 글은 1675년(숙종1) 1월 17일 좌참찬으로 재직 중 체직을 청하며 올린 상소이다.《承政院日記 肅宗 1年 1月 17日》

죄를 각별히 덮어주고자 하더라도 할 수 없으며, 신이 비록 명예와 의리를 망각하고 조정에서 고개를 들고자 해도 차마 할 수 없습니다.

아, 전하께서 신에게 들어오라고 하유하시고 신에게 직임을 살피라고 권면하셨습니다. 신이 비록 형편없으나 어찌 임금의 명령을 어길 수 없고 직무를 방기할 수 없다는 것을 모르겠습니까. 그러나 천지 사이에 용납받기 어려운 죄명을 덮어썼으니 감히 은혜로운 전지를 받들고 관청에서 부지런히 일할 수 없어 천지처럼 낳고 기르는 어진 성상을 스스로 멀리하니, 신의 죄는 여기에 이르러 실로 만 번 죽어 마땅합니다.

더구나 새로 주신 자급은 상전(賞典)에서 나온 것으로 비록 견책을 청하는 글에서 감히 사양할 수는 없으나 죄를 저지른 신이 함부로 차지할 수도 없습니다. 삼가 바라건대, 밝으신 성상께서는 위태롭고 간절한 심정을 굽어살펴 신의 본직과 겸대한 경연, 춘추관, 비변사, 진휼청, 승문원, 관상감, 선공감, 장원서의 제조와 총융사 직임에서 모두 해직하며, 새로 준 자급도 환수하라고 명하소서. 이어서 신이 제멋대로 나가고 명을 어긴 죄를 다스려 조정 신하들을 가다듬으신다면 공적으로나 사적으로나 다행이겠습니다.

본직과 겸대한 직임들의 해직을 청한 소

乞解本兼諸職疏

삼가 아룁니다. 신은 시골에 물러나 있으면서 명을 어긴 죄가 쌓여 얼마 전 글을 올려 스스로 논열하고 국법에 따라 처벌을 받기를 청하였습니다. 그런데 성상의 비답이 온화하고 간곡하여 신에게 올라와 직임을 살피라고 하유하셨습니다. 이어서 질병이 위중하여 나아갈 수 없다고 현(縣)과 도(道)를 통해 글을 올려 조정에 알렸더니, 은혜로운 전지가 내려 또 조리하고 올라오라고 하셨습니다. 성상께서 예전에 벼슬한 신하를 버리지 않으시고 여전히 낳고 기르는 거대한 교화 속에 함께 두고자 하시니, 신이 비록 지극히 어리석으나 어찌 감동할 줄 모르겠습니까.

그러나 그 융숭하고 남다른 총애는 미천한 신이 받들 수 있는 것이 아닙니다. 지금 여론이 갈수록 더욱 소란하고 정세는 갈수록 더욱 위태로우니, 공경히 명을 받고 분주히 일하는 것은 할 수 없습니다. 우러러보며 두려워하고 이리보나 저리보나 위축된 지가 하루이틀이 아닙니다. 이에 감히 위태로운 심정을 전부 드러내어 다시 엄한 벌을 청하니, 신의 죄는 만 번 죽어 마땅합니다.

삼가 생각건대, 신이 신하가 되어 불충하여 큰 죄를 저질렀으니, '임금을 속이고 무도하다.'라는 죄목에 이르러 극에 달하였습니다. 법을 집행하는 관원의 논의는 늠름하여 꺾을 수 없는데, 전하께서는 지나치게 포용하여 주벌을 시행하지 않아 신으로 하여금 목숨을 보전하고 벼슬을 보전하게 하시니, 신에게는 다행이지만 어떻게 말한 사람의 마음을 통쾌하게 하겠습니까. 더구나 밀부를 바치고 제멋대로 나가는 것은 큰 죄인데, 전하께서는 가벼운 잘못처럼 여기시고 또 따지지 않고 그대로 두셨습니다.

아, 신이 그간 저지른 죄는 머리카락을 뽑아도 헤아리기 어렵습니다. 전하께서는 시종일관 곡진히 옹호하여 마치 부모가 자식에 대해 은혜로 의리를 덮는 것처럼 하십니다. 이와 같은 처분은 비단 국법을 무너뜨릴 뿐만 아니라 성상의 덕에 누를 끼치고 듣는 사람들을 놀라게 하기 충분하니, 뒤늦게 죄를 따져 다스리기를 청하는 논의가 상소 사이에 자주 나오는 것이 마땅합니다. 신의 죄상으로 삼은 것을 보면 모두 신하의 몹시 간특한 짓으로 천지 사이에 용납받을 수 없는 것입니다. 사람이 하는 말이 망극하기가 어찌 여기에 이르렀단 말입니까. 신이 이러한 죄명을 덮어썼으니 이치상 인간 세상에 스스로 서기 어려워 선영으로 돌아와 외딴 마을에 자취를 감추었습니다. 예전에 인선왕후(仁宣王后)의 대련(大練)을 맞이한 날에 조정 신하들의 뒤를 따라 슬픈 마음을 펴지도 못하였고, 오늘 어가가 거둥하여 산릉에 전알하는데도 감히 배위(陪衛)하는 반열에 나아가 참석하지 못하니, 이와 같은 신하가 있은들 오래 전에 죽은 것만 못합니다.

신은 죄를 짓고 견책을 기다리는 중이니 본디 관원 명부에 이름이 끼는 것은 합당하지 않습니다. 더구나 의정부의 서벽(西壁)은 평소 지체가 중대한데 염치없이 그대로 차지하는 이치는 더욱 없습니다. 나라의 체모에 있어서 응당 차례로 논박하는 일이 있을 것이니, 신이 함부로 사직해서는 안 됩니다. 그러나 오랫동안 직함을 갖고 있어 맑은 조정에 치욕을 끼치니, 사사로운 분의상 감히 편안히 있을 수도 없습니다. 두렵고 다급하여 끝내 침묵하지 못하니, 참람한 죄는 더욱 피할 길이 없습니다.

삼가 바라건대, 밝으신 성상께서는 특별히 살펴 신의 본직과 겸대한 지춘추, 비변사, 진휼청, 승문원, 관상감, 선공감, 장원서 제조의 직임을 일체 해직하소서. 이어서 신의 죄를 다스려 조정의 기강을 엄숙히 하신다면 공적으로나 사적으로나 몹시 다행이겠습니다. 신은 지극히 두려워 떨리고 격렬하고 간절하게 바라는 마음을 견디지 못하겠습니다.

소명을 중지할 것과 본직과 겸대한 직임들의 해직을 청한 소[26]

乞寢召命仍解本兼諸職疏

삼가 아룁니다. 신이 이달 3일에 4월 1일에 내리신 성상의 전지를 공경히 받으니, '경은 지금 비국 당상의 직임을 맡고 있으니 한결같이 시골에 물러나 있어서는 안 된다. 매번 본사(本司)의 좌목(座目)에 지방에 있다고 현록(懸錄)하니 일이 몹시 온당치 않다. 경은 속히 올라와 직임을 살피라.'라고 하였습니다. 신은 북쪽을 바라보며 머리를 조아리고 두려워 어쩔 줄 몰랐습니다.

명을 받들면 공손히 나아가고, 직무를 맡으면 힘을 다하는 것이 신하의 당연한 절개입니다. 신이 비록 어둡고 어리석으나 어찌 이 의리를 모르겠습니까. 다만 저지른 죄가 깊고 무거워 여론에 용납받지 못하고 처지가 위태로워 감히 조정에 편안히 있을 수 없기에 직임을 방기하고 시골로 물러나 숨었습니다. 엄한 분의를 누차 어기고 명을 어긴 벌을 앉아서 재촉하였으니, 이것이 어찌 사사로이 일신의 편의를 도모해서 그런 것이겠습니까. 그 형세가 참으로 너무도 부득이해서입니다.

삼가 생각건대, 신이 젊어서 송시열(宋時烈)의 문하에서 종유한 지 이제 20여 년이 되었습니다. 단지 그의 학문이 순정하고 실천이 독실하며 임금을 사랑하는 충성과 세상을 부지하는 대의만 알았을 뿐, 오늘날

26 소명을……소 : 이 글은 1675년(숙종1) 5월 15일 저자가 우참찬으로 재직 중 올린 상소이다. 《肅宗實錄 1年 5月 15日》

의 말과 비슷하게 그가 권력을 탐하여 나라를 그르친 것은 보지 못하였습니다.

예경(禮經)의 심오한 뜻으로 말하자면 신은 그 한 조각도 엿보지 못하였으나,[27] 예전에 소가(疏家)의 4종에 대한 설[28]을 함부로 고수하여 그것이 이치에 어긋난 잘못으로 귀결되는 줄도 깨닫지 못하였습니다. 빈청(賓廳)에 모여서 의논하던 날에도 감히 그 어리석고 편협한 소견을 숨기지 않아 끝내 헤아릴 수 없는 지경에 빠지고 말았으니, 신의 죄를 따지자면 어찌 당초 헌의(獻議)한 송시열보다 못하겠습니까. 송시열이 이미 죄를 지은 우두머리로 변방에 유배되었으니, 신이 저지른 죄는 이치상 홀로 면하기 어렵습니다.

예로부터 송시열과 같은 죄를 지은 사람은 그의 문도와 교유하던 사람도 모두 연좌되어 같은 벌을 받았습니다. 지금 신은 오랫동안 형벌을 피하고 여전히 직명을 지니고 있으니, 국법으로 헤아리면 어찌 어긋나지 않겠습니까. 이 때문에 그간 상소하여 송시열의 죄를 논하는 자들 중에는 신을 빼고 말한 경우가 없었습니다. 심지어 왕안석(王安石)과 여혜경(呂惠卿)에 견주기까지 하였으니,[29] 신이 비록 수치를 모르더라

27 신은……못하였으나 : 원문은 '臣雖未能窺其一班'인데, 문맥을 고려하여 '班'을 '斑'으로 바로잡아 번역하였다.

28 소가(疏家)의……설 : 《의례(儀禮)》 〈상복전(喪服傳)〉 가공언(賈公彦)의 소(疏)에 나오는 승중(承重)하더라도 3년복을 입을 수 없는 네 가지 경우를 말한다. 송시열은 효종이 이중 하나인 '체이부정(體而不正)'에 속한다고 보았으므로 자의대비의 복제가 기년복이 되어야 한다고 주장하였다.

29 심지어……하였으니 : 이해 2월 19일, 남천한(南天漢)이 상소하여 저자와 민정중(閔鼎重)은 송시열의 심복으로서 마치 여혜경과 왕안석의 관계와 같다고 비난하였다.

도 이처럼 큰 모욕을 받고서 어찌 감히 고개를 들고 다시 맑은 조정에 설 수 있겠습니까.

얼마 전 견책을 청한 상소에서 나아가기 어려운 의리를 대략 아뢰었으니 밝으신 성상께서 비록 유사(有司)에게 회부하는 법을 뒤늦게 시행하지는 않더라도 장차 관원 명부에서 삭제하여 오랫동안 벼슬아치의 수치가 되게 하지는 않을 것이라고 함부로 생각하였습니다. 그런데 뜻하지 않게 하늘처럼 넓은 도량으로 매번 관대히 용서하시고 비답의 말씀이 온화하고 간곡하여 융숭한 총애를 베푸시니, 성상의 덕이 이 때문에 더럽혀지고 신의 죄는 이 때문에 더욱 깊어질 것입니다. 여론이 놀라고 연석에서 탄핵이 뒤따라 나오며 전하는 이야기에는 신하로서 차마 들을 수 없는 말까지 있습니다. 신이 비록 온 집안 사람들과 함께 주륙을 당하더라도 신의 죄를 가리기 부족합니다. 그저 신이 모질게 죽지 않고 아직도 천지 사이에 살아 숨쉬고 있는 것이 한스러울 뿐입니다.

더구나 이번에 특명으로 부르신 것은 더욱 드문 은혜인데, 평범한 규례를 뛰어넘어 죄를 지은 신에게 잘못 내리셨습니다. 윤음의 내용을 사방이 모두 외고, 한창 논의가 생기니 여러 사람의 입이 두렵습니다.[30] 전하께서는 신 때문에 이전에 이미 은혜를 더럽히고 뒤에 또 명을 욕되게 하여 거듭 청명한 정사에 누를 끼쳤으며, 중외의 비난을 잔뜩 불렀으니, 이 또한 신의 죄입니다. 형편없는 신이 시종일관 보전해 주시는

《肅宗實錄 1年 2月 19日》

30 여러……두렵습니다 : 원문은 '象口可畏'인데, 문맥을 고려하여 '象'을 '衆'으로 바로잡아 번역하였다.

성상의 은혜를 입었는데 여전히 훈도하고 일으켜 주시니, 융숭하고 후한 덕에 감사하는 마음을 견디기 어렵습니다. 그러나 분의를 헤아리고 죄가 두려워서 끝내 감히 염치없이 명을 받들 수 없기에 두렵고 다급하여 어쩔 수 없이 위태로운 심정을 남김없이 아뢰었습니다. 참람하고 외람되기가 여기에 이르렀으니 더욱 죽을 죄를 더하였습니다.

또 신이 삼가 들으니, 대관(臺官)이 근래 이성시(李聖時)의 일 때문에 억울함을 호소하며 인피하였는데, '도신(道臣)이 날조하였다.'라고 말하였습니다. 그가 이른바 도신이란 바로 신입니다. 신은 이성시와 평소 친분이 없으니 그가 어미를 잘 섬겼는지 여부는 신이 본디 알 수가 없습니다. 얼마 전 신이 전라도 관찰사에 임명되었을 때 이성시가 마침 진산 군수(珍山郡守)였는데, 어미를 데려온 지 오래지 않아 어미가 갑자기 지레 돌아갔는데, 분통해서 문을 나와서는 멈추지 않고 가버렸습니다. 고을 사람들이 모여서 구경하고 길 가던 사람들이 놀라며 모두들 '며느리와 시어미가 이렇게까지 싸운다.'라고 하였는데, 도내에 모두 자자하게 전파되었습니다. 도사 권두추(權斗樞)에게 물어보니, 그가 들은 이야기도 그러하였습니다.

당시 신은 이미 해직되어 애당초 아뢰고자 하지 않았는데, 권두추가 '이성시는 죄가 불효에 관계되니 머물러 교대하게 하여 안렴(按廉)하는 체모를 손상해서는 안 됩니다.'라고 하였으므로 그 말을 간략히 하여 아뢰어 파직시켰는데, 곧 의금부로 잡아다 심문하라는 명이 조정에서 나왔다고 들었습니다. 지금 대관은 신이 마침 무거운 죄를 저질러 온갖 악행이 귀결되었으니 이 기회를 틈타 침척하고, 또 신을 모함하여 이성시를 위하고자 하니, 어찌 그리 심한 것입니까. 날조한 죄는 법률상 가볍지 않으니, 신은 이에 더욱 감히 태연히 있을 수 없습니다.

삼가 바라건대, 밝으신 성상께서는 신이 낭패한 실상을 불쌍히 여기고 신의 위태로운 마음을 헤아려 속히 소명을 중지하고 신의 본직과 겸대한 여러 직임을 모두 해직하소서. 이어서 신이 그간 저지른 죄를 다스려 나라의 기강을 엄숙히 하신다면 공적으로나 사적으로나 몹시 다행이겠습니다. 신은 지극히 황공하여 떨리고 격렬하고 간절하게 바라는 마음을 견디지 못하겠습니다.

사정을 아뢰고 해직을 청한 소
陳情乞解職疏

삼가 아뢰니다. 신이 무거운 죄를 짓고 멀리 남쪽 지방에 유배되었는데, 늙고 병들었기에 살아 돌아갈 생각을 끊었습니다. 그런데 하늘처럼 덮어주시는 자애로운 성상께서 미천한 신을 불쌍히 여겨 여러 사람의 노여움을 억지로 거스르고 특별히 사면해 주어 신이 온전한 목숨으로 고향으로 돌아가게 해 주셨으니, 낳아주고 길러주신 은택이 살아서나 죽어서나 갚기 어렵습니다. 돌아온 지 얼마 되지 않아 예전처럼 수용하시고 판서의 반열에 끼워넣고 경연의 직임으로 총애하시니, 총애가 융숭하여 보통의 관례를 훨씬 뛰어넘었습니다. 신은 감격하고 황홀하여 저절로 눈물이 떨어져 참으로 이렇게 된 이유를 알 수 없었습니다.

신이 비록 형편없으나 역시 분의를 알고 있으니, 어찌 대궐에 나아가 공경히 사은하고 공손히 명을 받들고 싶지 않겠습니까. 하물며 역모가 몰래 일어나 중외의 사람들이 모두 분노하는데 하늘의 도움에 힘입어 죄인이 주살되고 유배되어 하늘의 토벌이 이미 끝났습니다. 신이 이러한 때에 더욱 조정 신하들이 하례하는 반열에 참석하여[31] 종묘사직의 무궁한 경사를 우러러 송축해야 마땅합니다.

다만 생각건대, 신은 6, 7년 사이에 허물이 산처럼 쌓였습니다. 그간

31 조정……참석하여 : 원문은 '人參廷紳獻賀之班'인데, 문맥을 고려하여 '人'을 '入'으로 바로잡아 번역하였다.

신을 논죄한 자들이 번번이 천지 사이에 용납받기 어려운 죄를 덮어씌우고 신하로서 차마 들을 수 없는 말을 하였으니, 모욕이 이미 지극하며 수치가 이미 깊습니다. 비록 성상께서 옛신하를 잊지 않고 다시 죄를 씻어주고 흠을 털어주고자 하시더라도, 신이 어찌 감히 더러운 자취로 염치없이 반열에 나아가 위로 맑은 조정을 더럽히고 아래로 사람들의 비난을 재촉하겠습니까. 신이 거만해서가 아니라 염의를 돌아보면 그러한 것입니다.

또 신이 지금 앓고 있는 담병(痰病)은 해를 넘기면서 고질이 되었습니다. 기침이 번갈아 심해지고 목소리가 평소와 달라졌으며, 조금만 움직여도 곧 혼절하여 쓰러집니다. 위태로운 정세는 따질 것도 없이 이 병세만으로도 실로 부지런히 힘을 다할 가망이 없습니다.

신은 제수하는 글을 받은 뒤로 영예가 두려움이 되어 진퇴유곡(進退維谷)이라 위축되어 어쩔 줄 몰랐습니다. 만약 또 은명을 받고서도 오랫동안 지체하며 일찌감치 실정을 아뢰지 않는다면, 명을 어긴 죄는 더욱 피할 수 없습니다. 이에 감히 피를 토하며 슬피 호소하여 주벌을 받기를 청합니다. 삼가 바라건대, 밝으신 성상께서는 굽어살펴 신의 본직과 겸대한 지경연, 장원서 제조의 직임을 모두 해직하여 신으로 하여금 은혜를 머금고 죄를 두려워하며 분의를 지키고 의리를 편안히 여겨 천지의 화육 속에 용납받도록 해 주신다면 더없이 다행이겠습니다. 신은 지극히 두렵고 간절히 바라는 마음을 견디지 못하겠습니다.

호조 판서를 사직하는 소[32]

辭戶曹判書疏

삼가 아룁니다. 신이 저지른 죄가 큰데 지나치게 융숭한 은혜를 입어 공조에 제수하고 경연에 임명한 일이 모두 뜻밖에 나왔습니다. 명을 듣고는 놀라서 진퇴유곡(進退維谷)이라 감히 현(縣)과 도(道)를 통하여 위태롭고 다급한 간청을 지레 아뢰었습니다. 그러나 상소가 올라가지 않고 은혜를 거듭 베풀어 호조로 옮겨 제수하고 전지를 선포하여 부임하라고 재촉하였습니다. 신이 분의를 헤아리니 감히 시골에 물러나 있을 수 없어 병든 몸을 이끌고 길을 떠나[33] 경기에 왔습니다. 삼가 들으니, 예전에 올린 상소에 이미 비답을 내리셨는데 성상의 하유가 온화하고 간곡하여 지난 일을 허물하지 않고 신으로 하여금 속히 올라오게 하였습니다. 신은 황송하고 두려워 더욱 어쩔 줄 모르겠습니다.

삼가 생각건대, 신의 죄상이 남의 상소에 올라 사람들의 이목에 전파되었으니 덮어둘 수 있는 작은 흠이 아니며, 성상께서도 통촉하고 계실 것입니다. 어찌 신이 한두 마디로 스스로 논열하기를 기다리겠습니까. 그간 논죄한 자들은 반드시 신을 종묘사직에 극악한 죄를 지은

32 호조……소 : 이 글은 1680년(숙종6) 5월 15일 호조 판서를 사직하며 올린 상소이다. 저자는 이달 5일 호조 판서에 임명되었다. 《승정원일기》에는 상소 내용의 일부와 비답이 실려 있다. 《承政院日記 肅宗 6年 5月 5日 · 15日》

33 병든……떠나 : 원문은 '秩病作行'인데, 《승정원일기》 숙종 6년 5월 15일 기사에 근거하여 '秩'을 '扶'로 바로잡아 번역하였다.

사람에 비견하고자 하였으나, 매번 성상께서는 관대한 도량으로 각별히 용서해 주시어 요행히 형벌을 면하여 목숨을 보전하였습니다. 신이 원통함을 품고도 아뢰지 못하고, 은혜를 머금고 죽고자 한 지가 이미 오래입니다. 더구나 또 유배지에서 돌아오게 하신 초기에 벼슬로 얽매고 총애하여 역마로 부르시니, 포용하고 용서함이 지극히 융숭합니다. 신이 비록 모질고 어리석으나 타고난 본성이 있으니, 큰 은혜에 감격하여 분골쇄신으로 보답하기를 생각하는 것은 저절로 멈출 수 없습니다. 만약 씻기 어려운 잘못과 억지로 나가기 어려운 형세가 없다면 참으로 분주히 직무를 수행하기에 겨를이 없을 것입니다. 어찌 감히 괴롭게 사양하고 애처롭게 호소하여 스스로 명을 어기는 죄를 저지르겠습니까.

다만 용서하기 어려운 큰 죄를 덮어쓰고 세상에 드문 특이한 은혜를 입었는데, 예전에 국법을 굽혔고 나중에는 또 조정의 기강이 문란해졌습니다.[34] 비록 자애로운 성상께서 각별히 덮어주더라도 여러 사람의 노여움을 막기 어려우니, 소문이 퍼지는 곳에서 몰래 논의하고 분개하는 사람이 어찌 없겠습니까. 신이 스스로 반성하니 부끄러움과 두려움이 번갈아 절실하여 비록 낭패를 꺼리지 않고 고개를 들고서 반열에 나아가고자 하더라도 할 수가 없습니다. 참으로 두려운 것은 의리이며 중요한 것은 수치이기 때문입니다.

재정을 관장하는 호조의 관직은 신이 예전에 빈 자리를 채워 근무한 곳입니다. 재주가 허술하고 식견이 얕아 평소 나라를 넉넉히 하고 백성

34 나중에는……문란해졌습니다 : 원문은 '朝改又紊於後'인데, 문맥을 고려하여 '改'를 '綱'으로 바로잡아 번역하였다.

을 풍족히 하는 방도에 어두워 2년 동안 시위소찬(尸位素餐)하며 한 가지 일이라도 조금이나마 직임을 다한 것이 없어 두 조정에서 맡기신 성대한 뜻을 저버렸으니, 이제 와서 생각하면 송구하여 속죄할 길이 없습니다. 지금은 나이가 많고 고질병이 들어 정력이 고갈되었으니, 돈과 곡식을 출납하고 문서를 채우는 일은 이미 힘이 닿지 못할까 걱정입니다. 더구나 하는 일이 여기에만 있지 않으니 어떻겠습니까. 그 직임을 논하자면 몹시 중대하고 바쁘며, 그 사람을 말하자면 이미 시험해 보았으나 효과가 없었습니다. 모르겠습니다만 전하께서는 미천한 신에게 무슨 취할 점이 있다고 다시 이렇게 그릇된 은혜를 내리신 것입니까.

신은 위축되어 걱정하고 두려워하다가 죄를 자인하며 사정을 아뢰니, 곁으로 직책이 어떠한지를 언급해서는 안 됩니다. 사람을 알아보는 성상의 안목으로 혹시 통촉하지 못한 점이 있어 여전히 신을 두고 이 직임을 다시 맡을 만하다고 여기시는 것인지 걱정입니다. 신 역시 엄한 명에 쫓겨 스스로 헤아리지 못하고 마침내 염치 없이 명을 받아 나랏일을 거듭 그르친다면, 죄가 더욱 무거워질 것이니 장차 어떻게 해명하겠습니까. 이에 감히 참람하고 외람됨을 피하지 않고 지엄하신 성상께 위태로운 심정을 남김없이 아뢰니 더욱 두렵습니다.

삼가 바라건대, 밝으신 성상께서는 굽어살피고 특별히 불쌍히 여겨 신의 본직과 겸대한 경연, 선혜청, 장원서 등의 직임을 체직하도록 허락하여 시종일관 낳아주고 길러주는 은택을 온전히 베푸신다면 천만다행이겠습니다. 신은 지극히 간절히 바라는 마음을 견디지 못하겠습니다.

인혐하고 사직하는 소
引嫌辭職疏

삼가 아룁니다. 신이 삼가 대사성 남이성(南二星)이 전지(傳旨)에 응하여 올린 상소를 보니, 옛적 충청도 대동미(大同米)를 추가로 징수하고, 올 여름 이전곡(移轉穀)의 탕척을 허락하지 않았으며, 근래 삼남의 공물가(貢物價)를 줄여주지 않았다는 이유로 담당한 신하를 논척하였는데, 말뜻이 몹시 준엄하였습니다.

신은 그간 선혜청의 직임을 겸대하면서 쌀을 추가로 거두고 공물값을 줄이는 일에 대해 외람되게 동료를 따라서 실로 그 논의에 관여하였습니다. 그 근본을 따져 말하자면, 대동법이 비록 좋은 법이지만 시행하기에 완전히 좋지는 않아 20여 년 동안 시행하면서 막히고 불편한 점이 있었습니다. 이 점을 헤아려 대략 변통한 것은 민생을 보전하려는 계책에서 나온 것이니, 늘리기도 하고 줄이기도 하는 것[35]은 원래 사리상 부득이한 것입니다. 각 고을에 이전한 곡물의 경우, 실제 수량을 조사해 내기를 기다리지 않고 가을에 거두어들이기 전에 지레 탕척을 허락하는 것은 일의 체모에 있어서 온당치 않습니다. 그러므로 역시 어리석은 소견을 성상께 아뢰었으니 애당초 막고자 해서가 아니었습니다.

근래 조정에 여가가 없어 이러한 따위의 일을 모두 미처 강구하여 시행하지 못하였으니, 지레 허락하고서[36] 그 말을 실천하지 못하기보

35 늘리기도……것 : 원문은 '或憎或減'인데, 문맥을 고려하여 '憎'을 '增'으로 바로잡아 번역하였다.

다는 조용히 헤아려 처리하는 것이 마땅하여 낫습니다. 그러나 남이성이 이미 이것으로 신을 허물하였으니, 신이 어찌 말을 허비하며 스스로 해명하겠습니까.

또 신이 삼가 들으니 얼마 전 연석에서 정승이 아뢴 일로 인하여 허질(許秩)을 의금부로 잡아다 심문하고 유석창(柳錫昌)을 도로 가두어 엄하게 형신하라는 명을 특별히 내리셨다고 합니다. 신은 이에 또 옥사를 자세히 살피지 못하고 상언(上讞)이 마땅치 않은 죄를 지었기에 지극히 황공하여 더욱 어쩔 줄 모르겠습니다. 신이 호조에 근무하면서 덕스러운 뜻을 끝까지 펴서 민심을 위로하지 못하여 급기야 도성이 동요하고 먼 지방이 실망하게 만들었으며, 의금부의 장관으로 있으면서 법률을 분명히 살펴 탐관오리를 엄히 조사하지 못하여 중죄를 저지른 자가 형벌을 피하고 공범이 빠져나가게 만들었으니, 신의 식견이 혼미하고 지혜가 얕기 때문입니다. 여러 직임을 잘못 맡아 한 가지도 책임을 다하지 못하여 직분을 제대로 수행하지 못한 잘못이 일에 따라 드러났으니, 나라의 법에 있어서 견책을 받아야 마땅합니다.

삼가 바라건대, 밝으신 성상께서는 굽어 살펴 신의 본직과 선혜청, 의금부의 겸임을 속히 체직하소서. 이어서 신이 그간 저지른 죄를 다스리신다면 공적으로나 사적으로나 다행이겠습니다. 신은 지극히 두렵고 간절히 바라는 마음을 견디지 못하겠습니다.

36 지레 허락하고서 : 원문은 '經許'인데, 문맥을 고려하여 '經'을 '徑'으로 바로잡아 번역하였다.

병조 판서를 사직하는 소[37]

辭兵曹判書疏

삼가 아룁니다. 신이 호조를 맡아서는 재주가 부족하고 식견이 얕아 부역을 공평히 하고 재물을 관리하여 백성의 부담을 줄이고 나라를 풍족하게 하는 방도에 조금도 보탬이 되지 못하였습니다. 그리고 이번에 큰 슬픔[38]을 당하여 경비가 방대한 데도 일에 따라 계획하여 흠의(廞儀)[39]를 조발(調發)하는 비용을 채우지도 못하였습니다. 성은을 잊고 직분을 저버린 것이 본디 이미 많기에 밤낮으로 두려워하며 그저 견책을 기다릴 뿐이었습니다. 그런데 뜻하지 않게 새로 제수하는 명이 갑자기 내려 병조의 장관으로 옮겨 제수하였으니, 놀랍고 황공하여 더욱 어쩔 줄 모르겠습니다.

삼가 생각건대, 나라의 운수가 몹시 불행합니다. 기근이 겹쳐 백성의 원망이 이미 극에 달하였고, 역적을 제거하자마자 하늘의 경고가 또 참혹합니다. 사람들이 두려워하며 조만간 화란이 일어날 것처럼 여깁니다. 지금 급할 때를 대비하는 계책은 오직 군사를 주관하는 관원에게 달려 있습니다. 만약 사람을 가려 맡기지 않으면 어렵고 위태로운 상황을 구제할 수 없어 결국 반드시 낭패를 당하게 될 것이니, 그 임무

37 병조……소 : 이 글은 1680년(숙종6) 12월 15일 저자가 병조 판서에 임명되었을 때 올린 것으로 보인다. 《承政院日記 肅宗 6年 12月 15日》

38 큰 슬픔 : 인경왕후(仁敬王后)의 승하를 말한다.

39 흠의(廞儀) : 장례의 의장 행렬을 말한다.

가 중대하고 어렵기가 평소의 만 배나 됩니다. 신이 어떤 사람이기에 이러한 때에 감히 성상의 발탁에 응하여 이처럼 분수에 맞지 않는 직책을 차지하겠습니까.

신이 비록 경의 반열을 채우고 있으면서 묘당의 논의에 참여하였으나, 군국(軍國)의 중대한 계책에 대해서는 평소 통달하지 못하였습니다. 이름을 알고 얼굴을 아는 무변(武弁)으로 말하더라도 몹시 드무니, 크고 작은 관직에 의망하고 차임할 적에 또 어떻게 재주에 따라 조용하여 서울과 지방의 장사들의 바람에 부응할 수 있겠습니까. 비단 신이 스스로 걸맞지 않다는 점을 알 뿐만 아니라 조정에서 사람을 신중히 선발하는 방도에 있어서 더욱 이처럼 함부로 제수해서는 안 됩니다.

신은 망극한 은혜를 받아 몸이 가루가 되더라도 사양하기 어려우니, 만에 하나라도 보탬이 될 수 있다면 어찌 감히 헛된 말로 겸양을 꾸며 위로 성상을 속일 수 있겠습니까. 오직 분수에 넘치고 재주와 힘에 한계가 있으니, 반복하여 생각해도 끝내 함부로 맡기 어렵습니다. 이에 감히 주벌을 피하지 않고 간절한 사정을 외람되게 아룁니다.

삼가 바라건대, 밝으신 성상께서는 위태로운 심정을 굽어살펴 이미 내린 명을 속히 거두어 병권을 중시하고 나랏일을 구제하신다면 공적으로나 사적으로나 몹시 다행이겠습니다. 신은 지극히 두려워하며 간절히 바라는 마음을 견디지 못하겠습니다.

세 차례 추가로 휴가를 받은 뒤 해직을 청하는 소[40]

三告加由後乞解疏

삼가 아룁니다. 신이 병으로 휴가를 청하며 누차 지엄하신 성상을 번거롭게 하였으니, 참람하고 외람된 죄를 본디 피할 수가 없습니다. 그러나 여전히 이를 계기로 해직되어 일을 그르치는 죄를 면하고자 하였습니다. 뜻하지 않게 휴가를 더 주라는 명이 보통의 격례를 벗어나 나왔으니, 신은 참으로 황공하여 어쩔 줄 모르겠습니다.

삼가 생각건대, 병조 판서는 국가의 중임이니, 본디 신처럼 형편없는 자가 맡을 수는 없습니다. 처음 명을 받았을 때는 분의가 엄하고 두려워 비록 감히 힘써 사양하지 못하였으나, 재주가 부족하고 식견이 얕아 성상께서 맡기신 성대한 뜻을 받들 길이 없어서 몹시 두려웠습니다. 그저 도목 정사가 지나면 반드시 사면하려고 생각하고 있었으니, 오랫동안 분에 넘치는 직임을 차지하는 것은 실로 신이 마음으로 감히 편안히 여기는 바가 아니었습니다.

또 신이 앓고 있는 가래와 기침으로 목이 쉬는 증상은 이미 고질병이 되었습니다. 수고가 쌓이면서 점차 더하고 추위를 겪으면서 더욱 심해져 정신과 근력이 날로 소모되고 있으니, 중임을 맡아 번거로운 업무를 수응할 가망이 결코 없습니다. 단자를 올리고 인혐하고 들어가는 것이 비록 규례에 따른 형식인 듯하지만, 실은 병이 많고 무능함을 스스로

40 세……소 : 이 글은 1681년(숙종7) 2월경 저자가 병조 판서로 재직 중 올린 것으로 보인다.

알고서 끝내 직임을 감당하기 어려워 그러는 것입니다. 더구나 지금 군포를 변통하는 책임[41]이 신이 맡고 있는 병조에 있는데, 신이 일처리를 더디게 하는 바람에 강구하여 계품하지 못하여 대신이 글을 올려 논책하게 만들었습니다. 직분을 제대로 수행하지 못하기가 이 지경에 이르렀으니 부끄럽고 황송하여 몸둘 바를 모르겠습니다.

삼가 바라건대, 밝으신 성상께서는 위태롭고 간절한 심정을 굽어 살펴 신의 본직과 겸대한 직임들을 속히 체직하신다면 공적으로나 사적으로나 다행이겠습니다. 신은 지극히 황공하여 벌벌 떨리는 마음을 견디지 못하겠습니다.

41 군포를 변통하는 책임 : 당시 군포의 승수(升數)와 척수(尺數)를 줄이자는 논의가 있었으므로 이렇게 말한 것이다. 《肅宗實錄 7年 2月 13日》

도감의 상으로 내린 가자를 사양하는 소[42]

辭都監賞加疏

삼가 아룁니다. 신민이 우리 성스러운 왕비를 잃은 지 지금 몇 달이 지나[43] 벌써 장례를 치렀으니 슬피 통곡하는 마음 모두 간절합니다. 더구나 신은 돈장(敦匠)[44]을 마친 뒤 추모할 곳이 없으니, 개탄스럽게도 뒤따라 죽지 못하는 애통함이 어찌 끝이 있겠습니까. 그런데 이번에 뜻밖에 외람되게 도감의 인원을 채웠다는 이유로 염치없이 상을 받아 품계가 오르는 대상에 들어갔으니, 비통하고 부끄러워 어쩔 줄 모르겠습니다.

삼가 생각건대, 군부에게 명을 받고 다급히 일하러 달려가는 것은 본디 신하의 직분상 당연한 것입니다. 상례로 말하자면 옛사람이 이른바 반드시 성실히 하고 반드시 신중히 해야 하는 것[45]이니, 큰일에 스스로 다하고자 하는 마음은 또한 똑같이 타고난 인륜입니다. 이 일을

42 도감의……소 : 이 글은 1681년(숙종7) 3월 18일, 저자가 인경왕후 국장도감 제조를 맡은 공으로 받은 가자를 사양하며 올린 것이다. 《承政院日記 肅宗 7年 3月 18日》

43 신민이……지나 : 1680년(숙종6) 10월 26일 인경왕후(仁敬王后)가 승하한 일을 말한다.

44 돈장(敦匠) : 장례에 관한 일을 감독하는 것을 말한다.

45 옛사람의……것 : 《예기》 〈단궁 상(檀弓上)〉의 "상을 당하면 사흘만에 빈(殯)을 하는데, 시신과 함께 관에 넣는 물건은 반드시 성실히 하고 반드시 신중히 하여 후회가 없도록 해야 한다.〔喪三日而殯, 凡附於身者, 必誠必信, 勿之有悔焉耳矣.〕"라는 말을 인용한 것이다.

잘못하면 그 죄가 크니, 비록 일을 망치는 지경에 이르지 않았으나 애당초 기록할 만한 공적은 없습니다. 그런데 이를 명분으로 삼아 잘못 내린 상을 부끄러워하지 않고 태연히 받으면서 자기에게 공로가 있다고 여긴다면, 비단 사사로운 분의상 감히 할 수 없을 뿐만 아니라 국가가 세상을 가다듬는 방도에 있어서도 지나친 은혜를 베풀어 요행을 바라는 길을 열어서는 안 됩니다.

또 신은 용렬하고 형편없어 남보다 훨씬 못한데, 여러 조정의 큰 은혜를 과분하게 입어 일찌감치 경재(卿宰)의 자리에 오르고 갑자기 높은 반열에 올랐으니, 분수에 넘치기가 이미 극에 달하였습니다. 지금 공로 없이 상을 받아 또 한 품계를 더하였으니, 이는 실로 신이 평생 꿈에서도 생각지 못하던 것입니다. 하늘의 도는 가득찬 것을 미워하고 귀신의 이치는 가득찬 것을 시기하니, 복이 지나쳐 재앙이 생기는 것은 반드시 닥칠 인사입니다. 신은 이에 놀랍고 두려워 마치 깊은 연못과 얇은 얼음을 앞에 둔 것 같습니다. 정세가 근심스럽고 다급하여 어쩔 수 없이 어질게 덮어주시는 성상께 우러러 호소합니다.

삼가 바라건대, 밝으신 성상께서는 신의 위태롭고 간절한 심정이 꾸며서 겸양하는 데서 나오지 않았다는 점을 살피시고 새로 내린 자급을 도로 바로잡으라고 속히 명하여 나라의 체모를 중시하고 미천한 신의 분의를 편안케 해 주신다면 공적으로나 사적으로나 다행이겠습니다. 신은 지극히 두렵고 간절히 바라는 마음을 견디지 못하겠습니다.

대계가 정지된 뒤 상으로 내린 가자를 거듭 사양하는 소
臺啓停後申辭賞加疏

삼가 아뢰니다. 신들이 받은 상은 일반적인 법을 넘어서는데, 명이 내린 초기에 사양하였으나 허락을 받지 못하였습니다. 비록 몹시 지엄하신 성상께 쫓겨 염치 없이 받았으나, 황송하고 불안한 마음은 날이 갈수록 심해지니 본디 남이 말하기를 기다릴 필요가 없었습니다.

대각에서 쟁집하는 이유는 벼슬을 중시하고 일의 체모를 보존하기 위해서인데, 성상께서 윤허하여 따르지 않으시어 마침내 이미 나온 논의를 세 번 아뢰고 중지하였습니다. 아래로는 공론이 시행되지 않아 여론이 놀라고, 위로는 잘못 내린 상을 고치지 않아 조정에 누를 끼쳤으니, 신들이 비록 지극히 형편없으나 한 조각 수오지심(羞惡之心)이 있어 참으로 감히 요행히 벼슬을 훔친 것을 영광으로 여겨 스스로 염의(廉義)를 잃을 수는 없습니다. 나라의 체모에 있어서는 여러 사람의 마음을 억지로 거스르며 그대로 지나친 자급을 주어 거듭 사방의 비난과 비웃음을 받아서는 더욱 안 됩니다. 소명이 내렸기에 어쩔 수 없이 궐 아래로 왔으나 이리보고 저리보아도 부끄러워 어쩔 줄 몰라 번거롭고 외람됨을 피하지 않고 다시 이렇게 호소합니다.

삼가 바라건대, 밝으신 성상께서는 신들의 위태롭고 다급한 심정을 살펴 새로 내린 자급을 도로 거두어들이라고 속히 명하여 상전을 중시하고 여론에 답하신다면 공적으로나 사적으로나 몹시 다행이겠습니다.

봉작을 받은 뒤 겸대한 직임들의 해직을 청하는 소[46]

封爵後乞解兼帶諸任疏

삼가 아룁니다. 신은 본디 한미한 집안의 미천한 사람으로 모든 것이 남만 못합니다. 요행히 과거에 합격하여 여러 조정의 은혜와 지우를 과분하게 입고 청요직을 두루 거쳐 갑자기 경재(卿宰)의 반열에 올랐습니다. 오늘날에 이르러 만 번 죽고 살아난 목숨을 거두어 다시 살려 주는 인(仁)을 베푸시니, 이것이 어찌 신이 일찍이 바라던 일이겠습니까. 삼가 반성하건대, 이미 분수를 넘어 항상 두려워하며 실로 복이 지나쳐 재앙이 생길까 우려하였습니다. 그런데 천만 뜻밖에 외람되게 대혼(大婚)의 명을 받들고 봉작하는 은전을 받기까지 하였으니, 놀랍고 두려워 영예가 두려움이 되어 몸둘 바를 모르겠습니다.

신이 겸대한 직임은 병조 판서의 중임인데, 이미 성상께서 나라의 체모를 깊이 유념하여 즉시 체차하도록 허락하셨으니, 신의 미천한 분의에 있어서 감사하고 다행스러운 마음을 견디기 어렵습니다. 그러나 경연의 지사와 선혜청, 승문원 제조 등의 직임은 신이 미처 스스로 논열하지 못한 탓에 아직까지 처분이 내리지 않았습니다. 하루라도 그대로 겸대하는 것이 마치 바늘 방석 위에 앉은 듯하니, 그 송구하고 위축된 마음이 또 어떻겠습니까. 이에 감히 새로 내린 명에 공경히

46 봉작을……소 : 1681년(숙종7) 3월 26일, 대내(大內)에서 삼간택(三揀擇)을 거행하여 저자의 딸을 간택하고, 저자를 여양부원군(驪陽府院君)으로 삼았다. 이 글은 이해 4월 3일에 올린 것이다.《承政院日記 肅宗 7年 4月 3日》

사은하는 날 외람되게 간절한 마음을 아룁니다.

삼가 바라건대, 밝으신 성상께서는 속히 고사를 따라 신이 겸대한 여러 직임을 모두 사면하여 공적으로나 사적으로 다행스럽게 해 주소서. 신은 지극히 두려워하며 기원하는 마음을 견디지 못하겠습니다.

소명을 어긴 뒤 죄를 자인하는 소[47]

違召後引罪疏

삼가 아룁니다. 지진의 변고가 며칠 사이에 거듭 일어나 성상께서 몹시 놀라시며 수신하고 반성하여 변고를 없앨 방도를 찾으셨습니다. 심지어 2품 이상을 부르라고 명하는 일까지 있었으니, 오늘날 조정에 있는 신하가 누군들 성대한 마음을 공경하고 우러르며 공경히 덕음을 받들지 않겠습니까. 다만 신은 마침 더위를 먹어 엄한 소명을 받고 나아가지 못하였으니, 명을 어긴 죄를 실로 피할 수 없습니다. 삼가 바라건대, 밝으신 성상께서는 속히 신을 파직하고 신의 죄를 다스리소서. 지극히 두려워하며 죄를 기다리는 마음을 견디지 못하겠습니다.

47 소명을……소 : 1681년(숙종7) 5월 2일, 숙종은 지진으로 인해 시임, 원임대신 및 육경, 삼사의 장관, 2품 이상을 모두 패초하라는 명을 내렸으나 저자는 참석하지 못하였다. 이 글은 이달 5일에 올린 것으로 보인다. 《承政院日記 肅宗 7年 5月 2日・5日》

겸대한 직임들을 거듭 사직하는 소[48]

申辭兼帶疏

삼가 아룁니다. 신이 겸대한 경연 지사, 선혜청과 승문원의 제조는 나라의 체모에 있어서 그대로 구차하게 차지할 수 없습니다. 지난번 본직으로 나와서 사은한 날에 고사를 인용하여 위태롭고 간절한 심정을 외람되게 아뢰었으니, 비록 참람한 죄를 짓더라도 사직하는 뜻을 이루고자 하였습니다. 그런데 성상의 비답을 받고 보니 지나칠 정도로 타이르면서 신에게 직임을 살피라고 권면하시고, 또 비국에 당상으로 특별히 차임하라는 명을 내리셨습니다. 사직한 일은 윤허하지 않으시고, 이미 체직된 직임은 도로 제수하게 하셨으니, 밝으신 성상께서 어찌 이렇게까지 헤아리지 않으시는 것입니까.

신은 낭패가 더욱 심하여 황공하여 몸둘 바를 모르겠으니, 본디 연달아 글을 올려 번거롭게 호소하여 반드시 사면받기를 기약해야 마땅합니다. 다만 육례(六禮)의 길일이 차례로 박두하였기 때문에 명을 받고 일을 하느라 비록 감히 구구한 사적인 분의로 거듭 성상을 번거롭게 하지 못하였으나 어찌 하루라도 신의 마음이 편안한 적이 있겠습니까.

삼가 생각건대, 나라에서 관직을 설치한 것은 원래 정해진 제도가 있어 한계가 몹시 엄격합니다. 이를 어기면 민심이 복종하지 않고 반드시 비방을 받으니, 이는 본디 신중히 하지 않을 수 없는 것입니다. 더구나 경연은 임금의 덕을 성취할 책임이 있고, 비변사는 나라의 기무

48 겸대한……소 : 이 글은 1681년(숙종7) 5월 19일에 올린 것으로 추정된다.

를 주관하며, 선혜청은 여러 도의 세금을 관리합니다. 승문원은 비록 한가한 관서라고 하나 일의 체모가 자별합니다. 만약 신이 위엄있는 명에 쫓겨 예전처럼 그대로 맡는다면, 신의 죄를 지척하는 자는 장차 '자취를 피하지 않고 조정의 정사에 관여한다.'라고 할 것이 분명합니다. 신의 입이 석 자라도 어떻게 해명하겠습니까. 이로 인하여 위로 전하의 맑고 밝은 다스림에 누를 끼치고 사방의 사람들로 하여금 그 거조를 몰래 논의하게 한다면, 그 손해가 어찌 비단 신의 한 몸의 죄에 그치겠습니까.

스스로 생각하기에 이와 같으므로 몇 달 전부터 금화전(金華殿)[49]의 강연에 한 번도 나아가지 않았고, 비변사의 모임에도 한 번도 나아가지 않았으며, 선혜청과 승문원의 경우에도 문서에 관여한 적 없습니다. 앞으로도 계속해서 직임을 방기한다면 비록 십 년 동안 그대로 맡더라도 나랏일에 무슨 도움이 되겠습니까.

신이 명을 업신여기고 편의를 도모하는 것이 아니라 스스로 처신하는 도리가 반드시 이와 같은 뒤에야 의리에 부합하고 분수에 편안하기 때문입니다. 신이 지난 상소에서 아뢴 말은 몹시 소략하여 그 실정을 다하지 못하였기에 성상께서 의례적인 겸양으로 여겨 즉시 처분하지 않도록 만들었습니다. 신은 이에 부끄럽고 두려운 마음이 번갈아 쌓이고 답답한 마음을 가누기 어렵습니다. 끝내 어질게 덮어주시는 성상을 멀리하지 못하여 감히 다시 피를 토하며 간절한 심정을 아뢥니다.

삼가 바라건대, 자애로운 성상께서는 각별히 불쌍히 살펴 신이 겸대한 직임들을 모두 사면하도록 허락하여 나라의 체모를 보존하고 사적

49 금화전(金華殿) : 한 성제(漢成帝)가 강론하던 곳인데 여기서는 경연을 말한다.

인 분의를 편안케 해 주소서. 신은 지극히 두려워하며 기원하는 마음을 견디지 못하겠습니다.

겸대한 직임들을 거듭 사직하는 소[50] 두 번째 상소
申辭兼帶疏 再疏

삼가 아룁니다. 신은 근래 더위를 먹어 연달아 복통 증세가 있었습니다. 홀연 어제 저녁에 증세가 변하여 갑작스러운 설사가 되어 오늘까지도 그치지 않아 지쳐 몸져 누워 지탱하지 못할 듯합니다. 뜻하지 않게 빈청의 계사로 인해 소명이 재차 내렸으나, 신이 앓고 있는 병이 한창 위중하여 제힘으로 공경히 나아갈 수가 없어 그대로 명을 어기는 죄를 재촉하였으니, 지극히 황송하여 몸둘 곳이 없습니다.

이어서 삼가 생각건대, 신은 비변사와 선혜청 등의 직임을 결코 예전처럼 그대로 맡을 수 없습니다. 이보다 앞서 아뢸 적에 말을 다하지 않은 것이 아닌데 윤허를 받지 못하였습니다. 어찌 밝으신 성상께서 미천한 신의 사사로운 분의를 아직 다 굽어살피지 못하여 그런 것이겠습니까. 신은 낭패하고 위축되기가 이에 이르러 더욱 심해집니다. 나라의 체모의 중대한 한계로 헤아리면 분명히 끝내 감히 넘어설 수 없는 점이 있습니다. 신이 비록 이로 인하여 엄한 벌을 받더라도 참으로 달게 여길 것입니다.

군국(軍國)의 직무로 말하자면 감히 맡을 수 없다는 점을 스스로 알고 있으니, 그 한계가 이미 정해져 있기 때문입니다. 신의 이 말은 실로 진심에서 나온 것이니, 어찌 차마 터럭만큼이라도 거짓으로 꾸며 하늘의 해와 같은 성상을 속이겠습니까. 삼가 바라건대, 자애로운 성상

50 겸대한……소 : 이 글은 1681년(숙종7) 5월 25일에 올린 것으로 추정된다.

께서는 위태롭고 간절한 심정을 특별히 헤아려 신이 겸대한 경연 지사와 비변사, 선혜청, 승문원의 제조 직임을 속히 체직하고, 이어서 신이 명을 어긴 죄를 다스려 공적으로나 사적으로나 다행하게 해 주소서. 신은 지극히 두렵고 떨리는 마음을 가눌 수 없습니다.

사정을 아뢰고 은혜를 청하는 소[51]

陳情乞恩疏

삼가 아룁니다. 신은 구구한 사정이 있는데 스스로 억누를 수가 없어 규례를 넘어서고 분수를 어기며 감히 이렇게 아뢰니, 삼가 바라건대, 밝으신 성상께서는 헤아려 주소서.

삼가 생각건대, 신의 증조 증 이조 판서 신 여건(汝健)은 아들이 없어 그 아우 증 정랑 여준(汝俊)의 둘째 아들 기(機)를 후사로 삼았으니, 바로 신의 조부입니다. 신의 조부는 일찍 과거에 급제하여 선조(宣祖)와 인조(仁祖)를 차례로 섬기고 관직이 부윤에 이르렀습니다. 신의 증조 또한 추은(推恩)을 받아 참판에 추증되었습니다. 그러다가 신의 형 정중(鼎重)이 정승에 임명되자 또 은례(恩例)로 이렇게 추가로 증직되었습니다. 그러나 신의 생증숙조(生曾叔祖) 여준은 법규에 구애되어 함께 추증을 받지 못하였으니, 나를 낳아준 덕에 조금도 보답할 길이 없습니다. 그 후손된 한이 어찌 끝이 있겠습니까.

지금 신이 조정에서 녹봉을 훔쳐 외람되게 높은 반열에 올랐으나, 삼대의 추증이 이미 일상적인 격식을 채웠기에 받게 된 은례를 더 이상 쓸 곳이 없습니다. 예전에 들으니 송(宋)나라 고사에서는 은택에 관계된 일을 소원대로 시행하도록 허락하였다고 합니다. 범중엄(范仲淹)의 경우에는 길러준 노고가 있다는 이유로 친족이 아닌 사람에게 추증하

51 사정을……소 : 이 글은 저자가 1681년(숙종7) 6월 13일에 올린 것이다. 《承政院日記 肅宗 7年 6月 13日》

도록 청하였습니다.[52] 신이 증숙조에 대해 비록 후사로 나간 후손으로서 감히 본친(本親)을 사사로이 여길 수는 없으나, 낳아주고 길러준 근본을 미루어보면 어찌 선조에게 보답이 전혀 없어서야 되겠습니까. 더구나 소원대로 옮겨 시행해주는 고사가 분명히 있으니, 성조(聖朝)에서 자애로운 은혜를 특별히 미루어 추증하는 은전을 증숙조 신 여준에게 옮겨 사용하도록 허락하여 신으로 하여금 먼 조상을 추모하는 지극한 정성을 이루게 해 주신다면 더없이 다행이겠습니다. 신은 지극히 황공하고 두려운 마음을 견디지 못하겠습니다.

52 범중엄(范仲淹)의……청하였습니다 : 범중엄의 모친은 범중엄의 부친이 세상을 떠나자 주문한(朱文翰)에게 개가(改嫁)하였는데, 훗날 범중엄이 주문한의 추증을 요청한 일을 말하는 듯하다.

소명을 어긴 뒤 겸대한 직임들을 거듭 사직하는 소
違召後申辭兼帶疏

삼가 아룁니다. 신이 얼마 전 세 차례 위태롭고 다급한 심정을 아뢰며 겸대한 여러 직무에서 해직되기를 빌었습니다. 그러나 허락을 받지 못하고, 또 감히 연달아 상소하여 괴로이 호소할 수도 없었으니, 비단 성상을 번거롭게 해 드리는 것이 두려웠을 뿐만 아니라 행여 반한(反汗)하는 하교가 성상의 결단에서 나오기를 바랐기 때문입니다. 그리고 묘당의 신하들도 필시 신을 위하여 어전에 들어가 고하여 잘못된 거조를 속히 바로잡을 것이라 여겼습니다. 그런데 삼가 며칠을 기다려도 처분이 내리지 않고, 이번에 빈청의 모임으로 인하여 특지(特旨)로 소명을 내리시며 따뜻하고 간곡하게 타이르셨으니, 미천한 신에게 권면하는 말씀이 보통을 훨씬 뛰어넘었습니다. 신이 병으로 나아가지 못하자 재차 부르라고 명하시며 남다른 예의로 대우하셨으니, 신이 비록 형편없으나 어찌 성상의 뜻을 모르겠습니까. 그러나 제멋대로 혐의하여 거듭 명을 어기는 죄를 저질렀으니, 편안히 있기 어려운 정세가 도리어 몸에 있는 질병보다 심하기 때문이었습니다.

이른바 나라의 체모와 사사로운 분의에 대해서는 신이 이전의 차자에 본디 이미 다 말하였으니, 다시 거듭할 필요가 없습니다. 오직 오활한 견해로 반드시 사직하기를 기약하였기에 비록 누차 하교를 받더라도 끝내 감히 외람되게 받을 수 없으니, 필부의 뜻도 오히려 지키는 바가 있다는 것을 알 수 있습니다. 지금 만약 다시 천천히 살피지 않고 한결같이 억지로 다그쳐 세월이 지나도록 윗사람과 아랫사람이 서로 버틴다면, 규례를 뛰어넘고 은혜를 더럽힌다는 비난이 장차 맑은 조정의 누가 될 것이 분명합니다. 신이 더욱 힘써 사양할수록 신의 죄는 더욱 커져 필경 낭패가 이루 말할 수 없을 정도일 것입니다. 이와 같다면 성상께서 어질게 덮어주시고 아랫사람을 제몸처럼 대하는 방도에 부족한 점이 있지 않겠습니까.

또 삼가 생각건대, 신은 묵은 병이 점차 고질이 되고 노쇠하기가 이미 심하니, 벼슬하기를 견디기 어렵다는 것을 안 지 오래입니다. 지난번에는 나라에 일이 많아 감히 병을 말하지 못하고 오직 분주히 일하는 말단적인 절개로 만에 하나라도 보답할 바탕으로 삼았습니다. 하늘의 도움에 힘입어 비록 낭패는 면하였으나 일년 내내 바삐 일한 나머지 몸이 지치고 쇠하기가 전보다 심하여 실로 힘을 쓸 가망이 없습니다. 만약 성상께서 각별히 불쌍히 여겨 그 소원을 이루어 주시고 직무로 번거롭게 하지 않아 한가로이 살면서 병조리하여 미천한 목숨을 조금 연명한다면, 하늘과 땅처럼 낳아주고 길러주신 덕은 신이 결초보은하더라도 갚지 못할 것입니다. 신은 은혜를 저버리고 죄를 저질러 황공하고 위축되어 몸둘 곳이 없으니, 이에 감히 실정을 모조리 드러내어 지엄하신 성상께 아룁니다.

삼가 바라건대, 자애로운 성상께서는 신의 본직과 겸대한 여러 직임을 속히 체차하고, 이어서 신이 명을 어긴 죄를 다스려 조정의 신하들을 가다듬으신다면 공적으로나 사적으로나 몹시 다행이겠습니다. 신은 지극히 두렵고 떨리는 마음을 가누지 못하겠습니다.

겸대한 직임들을 거듭 사직하는 차자[53]

申辭兼帶箚

삼가 아룁니다. 신이 며칠 전 성상 앞에 입시하여 위태롭고 간절한 심정을 외람되게 아뢰었습니다. 그 말이 비록 사사로운 분의에 속하나 그 일은 실로 나라의 체모에 관계됩니다. 삼가 자애로우신 성상께서 자세히 헤아리고 필시 신이 말을 마치기를 기다리지 않고 청을 따라주실 것이라 생각하였습니다. 그런데 삼가 성상의 하교를 받으니 간곡하게 일깨워주시며 더욱 부지런히 권면하였습니다. 신이 비록 반복하여 아뢰었으나 끝내 받아들여주지 않으셨기에 사가(私家)로 물러나니 황공하고 부끄러운 마음이 모두 간절하고, 성의가 얕아 군부에게 믿음을 받지 못하여 한스러웠습니다.

성인이 개물성무(開物成務)[54]하는 이유는 만물로 하여금 각기 제자리를 얻고 제 분수를 편안히 여기게 하려는 것이니, 그 화육(化育)의 공로가 천지와 같습니다. 그렇지 않으면 사물이 제 실정을 얻지 못하고 이치가 통하지 않습니다. 지금 신은 겸대한 여러 직임에 대해 이미 자취에 혐의가 있어 감히 스스로 편안히 있을 수 없으니, 반드시 사직하고야 말려는 것은 의리가 몹시 분명합니다. 그런데도 여전히 아랫사

53 겸대한……차자 : 이 글은 1681년(숙종7) 7월 13일에 올린 것이다. 《承政院日記 肅宗 7年 7月 13日》

54 개물성무(開物成務) : 만물의 속성을 드러내 밝혀 천하의 일을 성취시킨다는 뜻으로, 《주역》 〈계사전 상(繫辭傳上)〉에 나온다.

람을 제몸처럼 여기는 성상의 어진 보살핌을 받지 못하였으니, 제자리를 얻게 하였다고 할 수 없습니다. 성상께서는 신의 정세가 끝내 위태롭다는 것을 아시고 신이 그간 간절하고 다급하게 호소한 것을 보면서도 고식적이고 임시적으로 반한(反汗)하는 명을 오랫동안 내리지 않으셨으니, 그 분수를 편안하게 하였다고 할 수 없습니다. 이와 같으니, 개물성무하는 도리와 어찌 크게 어긋나지 않겠습니까.

또 신이 지난 역사를 두루 보니, 외척으로서 국정에 관여한 자는 없었습니다. 오직 우리나라의 옛 전례에 비록 한두 가지 말할 만한 것이 있으나 먼 옛날의 일이라 그 자세한 내용은 알 수가 없습니다. 선묘조(宣廟朝) 이후로 법제가 이미 완성되어 제한이 엄격하니, 고금의 연혁이 각기 시의에 적합하였다는 것을 알 수 있습니다. 오늘날 성상께서 준수해야 하는 것은 참으로 여기에 있습니다. 그렇다면 조정에서 신을 처리하고 신이 스스로 처신하는 방법이 의당 어떠해야 하겠습니까. 이미 규례를 넘어서 외람되게 제수하였는데, 또 이어서 분수를 넘어 함부로 받는다면, 신이 남의 비난을 받는 것이야 본디 말하기 부족하지만 성상의 덕에 누가 되지 않겠습니까. 이 때문에 차라리 명을 어긴 죄를 받을지언정 감히 공경히 명을 받들고 분주히 일할 수는 없으니, 구구한 이 마음은 그저 전하를 아낄 뿐입니다. 어찌 제 몸을 아껴 그런 것이겠습니까.

신이 네 차례 상소와 차자를 올리고 한 번 어전에 올라 속마음을 남김없이 아뢰었습니다. 그러나 매번 은혜로운 하유를 받을 때마다 한결같이 굳게 거부하시니, 신의 낭패하고 궁박한 처지는 갈수록 심해집니다. 방금 들으니 대신과 재신들이 지금 빈청에 모였다고 하는데, 분수를 헤아리고 의리가 두려워 또 나아가지 못하였습니다. 죄가 여기에 이르렀으니 더욱 황송합니다.

삼가 바라건대, 밝으신 성상께서는 다시 살펴 신이 겸대한 경연 지사와 비변사, 선혜청, 승문원 제조 등의 직임을 모두 체직하시고, 신이 그간 저지른 죄를 다스려 조정의 기강을 엄숙히 하신다면, 공적으로나 사적으로나 몹시 다행이겠습니다.

겸대한 직임들을 거듭 사직하는 차자 두 번째 차자

申辭兼帶箚 再箚

삼가 아룁니다. 신이 외람되게 여러 직임을 맡은 지 어느덧 다섯 달이 지났습니다. 그간 올린 사직하는 글이 간절한 정도에 그치지 않았으나 자애로우신 성상께서 헤아리지 않고 아직도 허락하지 않으시니, 신의 낭패스럽고 근심스러운 마음을 이미 이루 다 말할 수 없었습니다. 그런데 얼마 전 옥당의 차자를 삼가 보니, 그가 아뢴 말 역시 신이 예전에 스스로 논열한 내용을 벗어나지 않았습니다. 그렇다면 비단 미천한 신의 사사로운 분의가 본디 이와 같이 해야 합당할 뿐만 아니라, 맑은 조정의 공적인 의리를 더욱 잘 알 수 있습니다.

지금 신이 자취의 혐의를 피하지 않고 비난을 받는 것도 꺼리지 않으며 구차하게 그대로 있으면서 예전처럼 자리를 차지한다면, 이는 염우를 잊고 수치를 잃은 사람입니다. 이와 같은데도 일을 도모하고 계책을 헤아려 만에 하나라도 보탬이 되기를 요구한다면 어찌 어긋나지 않겠습니까. 용렬한 신은 본디 조정에 영향을 미치기 부족하지만, 오직 관직을 사양하고 받고 떠나고 나아가는 일은 실로 나라 체모의 득실과 관계되니, 성상께서도 깊이 유념하고 처리해야 하는 것입니다. 신의 정세가 위축되어 다시 이렇게 슬피 호소합니다.

삼가 바라건대, 천지 부모와 같은 성상께서는 각별히 불쌍히 여겨 신이 겸대한 경연 지사와 비변사, 선혜청, 승문원 제조 등의 직임을 모두 사면하여 나라의 체모를 보존하고 사람들의 말에 답하신다면 더없이 다행이겠습니다.

진휼청 당상을 사직하며 올린 두 번째 차자[55]

辭賑恤堂上再箚

삼가 아룁니다. 신이 위태롭고 간절한 심정을 누차 아뢰었으나 오랫동안 윤허를 내리지 않으시어 헛되이 여러 직임을 맡고 있으면서 한갓 직무를 방기한 죄만 쌓였습니다. 도망칠 길이 없고 낭패가 갈수록 심하여 다급한 마음을 어질게 덮어주시는 성상께 다시 아뢰려고 생각하였으나 번거롭게 해 드리는 것이 두려워 이 또한 감히 하지 못하였습니다. 뜻밖에 이번에 대신이 진휼청 당상 1원을 추가로 설치하도록 건의하여 신의 이름을 채워넣었습니다. 일반적인 규례를 벗어난 일이라 마음 속으로 놀랍고 의아하여 그 이유를 모르겠습니다.

지금 나라의 운수가 불행하여 여러 해 흉년이 들었습니다. 팔도가 굶주리고 저축이 고갈되어 국가의 비용을 대고 백성의 목숨을 구제할 길이 없으니, 몹시 애통하다고 하겠습니다. 황정(荒政)을 강구하는 것이 참으로 급선무인데 관리하는 책임이 신에게 맡겨졌으니, 묘당에서 행여 헤아리지 못하여 거듭 이처럼 잘못된 조처를 내린 듯합니다.

진휼청은 선혜청, 비변사와 그 직임의 중요성 및 조정 정사에 관여하는 정도가 피차 같습니다. 만약 이전에는 힘껏 사양하다가 나중에는 함부로 받아서 그 사이에서 구별하여 취사선택한다면, 사리로 따져보아도 어찌 이런 일이 있겠습니까.

신은 외척으로 있으면서 분수를 지키고 의리가 두려워 오직 돈녕부

55 진휼청……차자 : 이 글은 1681년(숙종7) 9월 19일에 올린 것으로 추정된다.

의 산직으로 때때로 조하에 참석하길 바랄 뿐입니다. 이밖에는 실로 다른 생각이 없으니, 성상께서도 나라의 대체를 깊이 생각하고 혐의를 멀리 끊어 사무를 신에게 맡기지 말아 청명한 교화를 밝히시기 바랍니다. 이와 같이 한다면 일이 순조롭고 이치에 맞으며 조처가 합당하여 사방에서 듣는 사람들이 의론할 수 없을 것입니다. 어찌 비단 미천한 신이 사적으로 다행스럽게 여길 뿐이겠습니까. 신의 정세가 위축되어 감히 다시 슬피 호소합니다. 참람하기가 여기에 이르렀으니 죄는 만 번 죽어 마땅합니다.

삼가 바라건대, 자애로우신 성상께서는 신이 그간 말씀드린 간절한 사정을 살피고 각별히 불쌍히 여겨 신이 겸대한 경연, 승문원, 비변사, 선혜청, 진휼청 등의 직임을 모두 사면하여 나라의 체모를 보존하고 사적인 분의를 편안케 해 주신다면 더없이 다행이겠습니다.

진휼청 당상을 사직하며 올린 차자[56] 세 번째 차자

辭賑恤堂上箚 三箚

삼가 아룁니다. 신이 외람되게 외척의 자리에 있어 자취의 혐의에 스스로 구애를 받아 누차 사사로운 분의를 아뢰며 여러 직무에서 해직되기를 빌었습니다. 그러나 미천한 정성이 닿지 않아 성상께서 더욱 들어주지 않으시니, 몇 달을 끌면서 윗사람과 아랫사람이 서로 버텼습니다. 신이 비록 형편없으나 어찌 나랏일을 걱정하지 않고 한갓 헛된 겸양만 숭상하겠습니까. 구구하고 어리석은 마음에 여전히 지키는 바가 있어서 그러한 것입니다.

얼마 전 삼가 들으니, 성상께서 대신의 말에 따라 신이 맡았던 경연청과 승문원의 직임을 특별히 체직하셨습니다.[57] 신은 우리 임금과 우리 정승이 이치를 따르고 뜻을 통하여 이처럼 사람으로 하여금 제자리를 찾고 제 분수를 편안히 여기게 하여 기뻐하였습니다. 이를 미루어 간다면 신이 예전에 힘써 사양하였으나 허락을 얻지 못한 일도 필시 차례로 허락하여 장차 호소를 일삼을 필요가 없을 것입니다.

그런데 얼마 안 되어 또 진휼하는 일이 한창 급하다는 이유로 갑자기 패초하여 직임을 살피게 하라는 하교가 있었습니다. 신은 놀라고 두려

56 진휼청……차자 : 이 글은 1681년(숙종7) 10월 7일에 올린 것이다. 《承政院日記 肅宗 7年 10月 7日》

57 성상께서……체직하셨습니다 : 1681년(숙종7) 9월 25일 영의정 김수항(金壽恒)의 청으로 저자를 지경연, 승문원 제조에서 체직하고 진휼청 당상의 업무에 전념하도록 한 일을 말한다. 《承政院日記 肅宗 7年 9月 25日》

워 몸둘 곳을 몰랐습니다. 스스로 분의를 돌아보니 엄한 소명을 감히 누차 어길 수 없어 비록 이미 억지로 공경히 나와 이전에 명을 어긴 죄를 사죄하였으나, 염치 없이 나와 직임을 수행하는 것은 신의 평소 생각이 아닙니다.

국가의 비밀스러운 업무에 참여하고 여러 도의 세금을 총괄하는 것은 모두 중대한 국정이고, 굶주린 백성을 진휼하는 일로 말하자면 더욱 오늘날의 급선무입니다. 가감하고 계획하는 사이에 관여하고 응대하는 일이 어딘들 미치지 않겠습니까. 이로 말하자면 그 직책이 중요하기가 실로 비변사나 선혜청과 차이가 없으니, 해당 관사의 제조로만 볼 수 없음이 분명합니다.

더구나 비변사의 직임을 염치 없이 맡을 수 없다는 점은 지난번 옥당이 차자를 올리고 아울러 경연에서 논한 것이 몹시 자세하니, 나라의 체모가 손상되고 공론이 비난한 지 본디 이미 오래입니다. 지금 경연에서 이미 체직하고서 억지로 이 직임을 맡게 한다면 조정의 조처가 앞뒤가 어긋나는 결과를 면하지 못할까 두렵습니다. 신이 저 직임을 사양하고 이 직임을 받는 것도 의리상 몹시 터무니없으니, 장차 어떻게 사람들의 말에 해명하겠습니까. 이것이 신이 분수를 굳게 지키며 한결같이 사양하며 끝내 감히 명을 받들지 못하는 이유입니다.

신은 부모처럼 자애로운 성상을 믿고 아랫사람을 제몸처럼 어질게 대하는 은혜를 바라며 거듭 이렇게 실정을 남김없이 아뢰어 위로 지엄하신 성상을 번거롭게 해 드렸으니, 지극히 외람되며 저지른 죄가 커서 낭패하고 위축되어 더욱 몸둘 바를 모르겠습니다. 삼가 바라건대, 밝으신 성상께서는 다시 헤아려 신이 겸대한 비변사, 선혜청, 진휼청 등의 직임을 속히 체직하신다면 공적으로나 사적으로나 다행이겠습니다.

금위영 제조 및 기타 겸대한 직임들을 사직하는 차자[58]

辭禁衛提調及他兼帶箚

삼가 아뢰니다. 신이 얼마 전 삼가 정목(政目)을 보고서 신을 금위영 제조로 삼았기에 지극히 놀랍고 위축되는 마음을 견디지 못하였습니다. 신은 예전에 여러 관사의 제조를 맡은 것이 나라의 체모에 있어 온당치 않은 바가 있기에 누차 상소와 차자를 올려 아뢰고 거듭 면대하여 아뢰며 간곡히 호소하고 힘써 사양한 지 거의 일년이 되었으나 허락을 받지 못하였습니다. 요행히 정승이 아뢴 일로 인하여 경연청과 승문원의 직임에서 해직되는 데 그쳤고, 비변사로 말하자면 비록 감히 다시 호소하지는 못하였으나 한번도 조당(朝堂)에 나아간 적이 없었습니다. 의리를 두려워하고 분수를 지키는 것은 신의 입장에서 당연하지만, 정해진 법으로 논하자면 어찌 명을 어긴 죄를 면할 수 있겠습니까. 이번에 제수하는 명은 더욱 생각지도 못한 것입니다.

삼가 들으니 조정에서 금위영을 설치한 의도는 재정을 관리하고 문서를 받들어 시행하게 하고자 할 뿐이라고 합니다. 이 직임은 군사를 맡은 사람과는 차이가 있는 듯하지만 이 또한 군정에 관여한다고 할 수 있으니, 군국(軍國)의 업무를 담당하는 비변사와 무엇이 다르겠습니까. 신이 비록 형편 없으나 저 직임을 사양하고 이 직임을 맡는 일은 의리상 감히 할 수 없으며, 밝으신 성상께서도 살펴야 하는 것입니다.

58 금위영……차자 : 이 글은 1682년(숙종8) 6월 8일에 올린 것이다. 《承政院日記 肅宗 8年 6月 8日》

또 생각건대, 신은 타고난 자질이 허약하고 기혈이 일찍 쇠하여 수년 전부터 근력과 정신이 날로 더욱 소모되었습니다. 선혜청과 진휼청의 직임도 오히려 감당하지 못하는데, 하물며 새로 창설된 군문은 아직 두서가 잡히지 않아 계획하고 경영할 일이 필시 한두 가지가 아닐 것입니다. 신처럼 혼미한 자가 무슨 계획이 있겠으며 또 어떻게 번거로운 업무를 총괄하여 적절히 수응할 수 있겠습니까. 삼가 스스로 헤아려보건대 끝내 감당하기 어려우니, 비단 정세가 위태롭기 때문에 그러한 것만은 아닙니다.

삼가 바라건대, 전하께서는 신의 지극히 간절한 마음을 헤아려 신이 이전에 겸대한 비변사와 새로 겸대한 금위영 등 제조에서 모두 체직을 허락하여 나라의 체모를 엄하게 하고 미천한 분의를 편안케 해 주신다면 공적으로나 사적으로나 몹시 다행이겠습니다.

겸대한 직임들을 거듭 사직하는 소
申辭兼帶疏

삼가 아룁니다. 신은 비변사의 직임을 일년이 넘도록 헛되이 맡고 있어 이미 지극히 황공하고 위축되는데, 금위영에 새로 제수하는 명이 또 뜻밖에 내렸습니다. 삼가 스스로 헤아리건대 실로 감히 염치 없이 받을 수 없어 간절한 사정을 외람되게 아뢰어 반한(反汗)하는 은혜를 입기를 바랐습니다. 그런데 삼가 비지를 받으니 온화하고 간곡히 하유하시고 속히 나와서 공무를 행하라고 권면하셨습니다. 신은 더욱 두려워 어쩔 줄 모르겠습니다.

신이 비록 지극히 어리석으나 비변사 당상은 전담하는 일이 전혀 없고, 금위영 제조는 군사를 거느리는 직임이 아니라는 사실을 어찌 모르겠습니까. 그러나 기밀을 담당하는 자리라고 일컬어지니, 비록 전담하여 관리하는 일이 없더라도 신이 차지할 수 있는 자리가 아니며, 군문에 관계된 일은 비록 군사를 거느리는 직임이 아니라도 신이 염치 없이 맡을 수 없습니다. 신이 어찌 이 자리에 태연히 있으면서 혐의로 여기지 않을 수 있겠습니까.

신이 지키는 것은 사사로운 분의이며 중시하는 것은 나라의 체모입니다. 그런데 전하께서는 '무슨 겸대하기 어려운 혐의가 있겠는가.'[59]라고 하교하셨습니다. 일찍 노쇠하고 병이 많으며 정력이 소모되었다고

59 무슨……있겠는가 : 1682년(숙종8) 6월 8일 민유중의 상소에 대한 비답에 보인다. 《承政院日記 肅宗 8年 6月 8日》

이전의 차자에서 아뢴 말은 바로 실상입니다. 그런데 전하께서는 헛된 말과 형식적인 겸양으로 여기시며 불쌍히 살피지 않으시니, 신은 삼가 안타깝습니다.

시험삼아 선혜청 한 관사로 말해보겠습니다. 날마다 수응하는 일은 으레 시행하는 문서에 불과하지만 그래도 그 번거로운 수고를 견디기 어려운데, 하물며 새로 설치된 군문의 번거로운 업무를 보태는 경우는 어떻겠습니까. 모든 일은 전담하지 않으면 이루어지지 않습니다. 선혜청과 금위영은 모두 중임인데 아울러 맡긴다면 전담한다고 할 수 없으며, 함께 업무를 보라고 요구한다면 성취를 기대하기 어렵습니다. 이와 같다면 나랏일에 무슨 보탬이 되겠습니까.

신은 병으로 바쁜 직임을 감당하기 어렵다는 것을 이미 알고 있으면서도 명령이 두려워 억지로 공경히 받들었다가 필경 낭패를 보고 쓰러지는 결과를 면치 못한다면, 이 또한 진심으로 임금을 섬기는 도가 아닙니다. 신은 정세가 궁박하여 어쩔 수 없이 다시 번거롭게 다시 호소합니다.

삼가 바라건대, 밝으신 성상께서는 특별히 굽어살펴 신이 겸대한 비변사와 금위영 등의 제조에서 체직하신다면 공적으로나 사적으로나 다행이겠습니다. 신은 지극히 두려워하며 간절히 바라는 마음을 견디지 못하겠습니다.

소명을 어긴 뒤 견책을 청하는 소

違召後請譴疏

삼가 아뢰옵니다. 신의 자취가 감히 다시 조정의 모임에 낄 수 없게 된 지 오래입니다. 그런데 얼마 전 성상께서 하늘의 재앙을 두려워하여 재앙을 없앨 방법을 듣고자 생각하여 재신들을 널리 불러 어전에 입대하게 하였는데, 엄한 소명이 미천한 신에게까지 미쳤습니다.

다만 신은 구구한 사적인 분의로 이미 지키는 바가 있고, 또 시마복(緦麻服)을 입어야 하는 내외종의 상을 당하여 아직 성복하지 못하였으니, 감히 혐의를 잊고 예의를 어기며 함부로 성상 가까이 갈 수 없다는 점은 실로 당연한 정세에서 나온 것입니다. 어찌 임금이 부르면 신발을 신거나 수레에 멍에 메기를 기다릴 것도 없이 가야 한다는 의리를 모르겠습니까. 뜻하지 않게 소명패가 재차 내려와 공경히 명을 받들라고 신을 재촉하였으니, 놀랍고 두려워 더욱 어쩔 줄 모르겠습니다. 분의를 헤아리고 위엄이 두려우니 사가에 편안히 있을 수 없기에 삼가 궐 아래로 나아가 미천한 신의 심정을 외람되게 아뢰었으니, 명을 어긴 죄는 끝내 피할 수 없습니다.

삼가 바라건대, 밝으신 성상께서는 속히 신의 죄를 다스려 조정의 신하들을 경계하소서. 신은 지극히 두려워 벌벌 떨리는 마음을 견디지 못하겠습니다.

박태유가 상소로 배척한 일로 인하여 인혐하는 소[60]

因朴泰維疏斥引嫌疏

삼가 아룁니다. 신이 삼가 정언 박태유의 상소를 보니, 그 중에 외척을 논한 한 가지 일은 신에게 있어서는 약석과 같은 비판이며 조정에 있어서는 절실한 경계입니다. 신은 부끄럽고 황공하여 어쩔 줄 모르겠습니다. 그밖에 드러내놓고 따지며 은밀히 지적한 것은 참으로 스스로 변명하고 싶지 않으나, 은혜를 믿고 방종을 부렸다는 말은 신하의 큰 죄로 국법으로 용서할 수 없는 것입니다. 신이 외람되게 외척의 자리에 있으면서 이처럼 용서받기 어려운 죄명을 얻었으니, 사가에 자리를 깔고 삼가 처벌을 기다립니다.

삼가 바라건대, 밝으신 성상께서는 신의 본직과 겸대한 직임들을 먼저 파면하고, 이어서 법리에게 맡겨 신이 저지른 죄를 감률하게 하여 조정의 기강을 엄숙히 하고 공론에 답하소서. 신은 지극히 놀랍고 두려운 마음을 견디지 못하겠습니다.

60 박태유가……소 : 1683년(숙종9) 6월 2일, 정언 박태유가 상소하여 민유중이 사사로이 형조의 아전을 다스리고 승정원의 신하를 추문(推問)할 것을 청하였다는 등의 이유로 탄핵하였다. 이 글은 저자가 이달 5일에 올린 것으로 보인다.《肅宗實錄 9年 6月 2日》《承政院日記 肅宗 9年 6月 5日》

박태유가 상소로 배척한 일로 인하여 인혐하는 소[61] 두 번째 소
因朴泰維疏斥引嫌疏 再疏

삼가 아뢰니다. 신은 저지른 죄가 커서 법으로 용서받기 어려워 외람되게 스스로 논열하여 주벌을 받기를 청하였습니다. 뜻밖에 자애로우신 성상께서 관대하게 덮어주시어 신의 죄를 곡진히 용서해주시며 도리어 신을 논죄한 사람들에게 온당치 않다는 하교를 내리셨습니다. 신은 황공하고 의아하여 더욱 어쩔 줄 모르겠습니다.

말은 크고 작고를 막론하고 나라에 도움이 된다면 전하께서는 본디 가납하고 장려하여 그 곧음을 드러내어야 합니다. 어찌 젊은이가 몹시 각박하다는 이유로 배척하여 경시하고 듣기 싫어하는 것처럼 하실 수 있겠습니까. 신 때문에 언관에게 질책이 돌아가고 성상의 덕에 누를 끼쳤으니, 신의 죄는 여기에 이르러 만 번 죽어도 용서하기 어렵습니다.

더구나 신이 삼가 이조 판서 이숙(李䎘)의 소본을 보니, 진휼에 관한 한 가지 일로 인혐하며 스스로 죄를 떠맡았으니, 신의 부끄러운 마음은 한층 더해집니다. 신과 이숙은 함께 황정(荒政)을 담당하였으나 신의 관질이 외람되게 그의 윗자리에 있으므로 수응하는 일은 모두 신을 통하였습니다. 다만 신이 혼미하고 어리석어 시위소찬하느라 성상께서 슬피 여기고 불쌍히 여기는 지극한 뜻을 받들어 선양하지 못하여

61 박태유가……소 : 이 글은 1683년(숙종9) 6월 8일에 올린 것으로 추정된다.

도성과 경기의 백성으로 하여금 내수사의 물품을 하사받는 은혜를 균등히 받지 못하게 하였으니, 죄는 실로 신에게 있습니다. 이숙이 무슨 상관이겠습니까. 이숙이 동료의 의리로 오로지 신에게 책임을 돌리지 않고자 상소를 올려 먼저 아뢰고 스스로 그 죄를 맡았는데, 신 또한 무슨 마음으로 죄를 벗어난 것을 다행으로 여기며 다른 사람으로 하여금 대신 그 책임을 맡게 하겠습니까. 신의 위태로운 정세는 여기에 이르러 더욱 심해져 어쩔 수 없이 성상의 위엄을 범하며 다시 번거롭게 호소합니다.

삼가 바라건대, 밝으신 성상께서는 신의 본직과 겸대한 여러 직임을 파직하고, 신이 저지른 죄들을 다스려 공론에 답하고 조정의 신하들을 경계하소서. 신은 지극히 두렵고 벌벌 떨리는 마음을 견디지 못하겠습니다.

박태유가 상소로 배척한 일로 인하여 인혐하는 소 세 번째 소
因朴泰維疏斥引嫌疏 三疏

삼가 아룁니다. 신이 외람되게 위태롭고 간절한 심정으로 재차 성상께 번거롭게 아뢰었으니, 비록 참람하지만 헤아려 주시기를 바랐기 때문입니다. 그런데 성상의 비답을 받으니 사직을 윤허하지 않으시고 도리어 온화한 하유를 내리시며 공무를 행하라고 권면하셨습니다. 신은 낭패가 더욱 심해지고 황공하고 부끄러워 어쩔 줄 몰라 차라리 달아나고 싶었지만 그렇게 하지 못하였습니다.

삼가 생각건대, 신이 맡고 있는 직임들은 공적인 법과 사적인 분의에 있어서 모두 함부로 맡아서는 안 됩니다. 신이 비록 지극히 어리석으나 어찌 이 의리를 모르겠습니까. 이는 예전에 누차 상소와 차자를 올리고 누차 어전에서 아뢰며 일 년이 넘도록 호소하였으나 끝내 청을 허락받지 못하였고, 또 감히 처음의 뜻을 고수하며 억지로 조정의 명령을 어길 수 없어 구차히 인순고식하다가 지금에 이른 것입니다. 사람들이 비록 말하지 않더라도 신의 마음은 불안한 지 이미 오래입니다. 더구나 그가 논한 말이 나라의 체모에 크게 관계되니, 신의 도리에 있어서는 오직 해직되어 혐의를 멀리하고 두문불출하며 허물을 생각하여 공론에 답해야 마땅할 뿐입니다. 그렇지 않고 수치를 품고서 비난을 참고서 길을 잃은 채 돌아갈 줄 모른다면, 은혜를 믿고 방자한 것이 바로 이것입니다. 신의 입이 석 자라도 어떻게 사람들에게 해명하겠습니까. 신은 정세가 위축되어 어쩔 수 없이 죽음을 무릅쓰고 간절한 심정을 아뢰며 성상을 번거롭게 해 드리는 죄를 거듭 저지릅니다.

삼가 바라건대, 자애로우신 성상께서는 속히 신이 겸대한 선혜청, 진휼청, 금위영 등의 제조 직임을 해직하라고 명하신다면 공적으로나 사적으로나 다행이겠습니다. 신은 지극히 두렵고 간절히 바라는 마음을 견디지 못하겠습니다.

박태유가 상소로 배척한 일로 인하여 인혐하는 소 네 번째 소

因朴泰維疏斥引嫌疏 四疏

삼가 아룁니다. 신은 죄를 지었으나 요행히 견책을 면하였고, 사정을 아뢰었으나 아직 헤아려주시지 않아서 맡고 있는 여러 직임을 아직까지 함부로 차지하고 있습니다. 한결같이 황공하고 부끄러워 자나깨나 편치 않아 감히 부모처럼 자애로운 성상을 믿고 다시 애타게 호소합니다. 참람하고 번거롭기가 여기에 이르렀으니 실로 만 번 죽어 마땅합니다.

신이 삼가 보니, 예로부터 조정에서 남에게 지척을 받으면 당한 일의 경중을 막론하고 곧장 반드시 의리를 끌어 스스로 처신하여 해직되고야 말았으니, 태연히 움직이지 않으면서 그 자리에 그대로 있는 자는 없었습니다. 이는 공론을 엄격히 여기고 염치를 중시하기 때문입니다. 지금 신은 이미 혐의를 멀리 피하여 사람들의 말을 없애지 못하였고, 또 직무에서 떠나 옛 허물을 속죄하지도 못하였으니, 이는 염치도 없고 공론을 멸시한 것입니다. 비단 신이 평생의 지조를 스스로 잃었을 뿐만 아니라 맑은 조정의 수치와 치욕이 장차 어떠하겠습니까.

신은 식견이 얕고 사려가 짧으며 정력이 노쇠하여 실로 바쁜 직무에 나아가 조정에서 부리는 뜻에 부응할 수 없습니다. 그러나 어렵고 위태로운 시세를 목도하고 간곡한 성상의 하유를 직접 받았기에 감히 한결같이 힘껏 사양하지 못하여 결국에는 스스로 낭패를 초래하였으니, 자신을 돌이켜 반성하면 이미 후회가 많습니다. 구구한 신의 지극히 간절한 소원은 오직 아랫사람을 제몸처럼 여기시는 어진 성상께서 속히 처분을 내려 신으로 하여금 법을 두려워하며 근신하여 큰 허물을 면하게 해 주시는 것 뿐입니다.

삼가 바라건대, 밝으신 성상께서는 신이 그간 아뢴 간절한 사정을 굽어살펴 속히 신이 맡고 있는 선혜청, 진휼청, 금위영 등의 직임을 체직하신다면 공적으로나 사적으로나 다행이겠습니다. 신은 지극히 위축되고 간절히 바라는 마음을 견디지 못하겠습니다.

박태유가 상소로 배척한 일로 인하여 인혐하는 소 다섯 번째 소
因朴泰維疏斥引嫌疏 五疏

삼가 아룁니다. 신이 얼마 전 차자에 대한 비답을 받아보니 말뜻이 간곡하였으며, 심지어 '연달아 글을 올려 사직을 바라기를 이처럼 빈번히 하는가.'라고 하교하셨습니다. 신은 감격하고 두려워 대답할 말을 모르겠습니다.

삼가 생각건대, 신이 있는 자리는 이미 자취의 혐의가 있고, 대관(臺官)의 논척이 또 평범한 규찰에 비할 바 아니니, 연달아 글을 올려 괴로이 호소하며 반드시 겸대한 긴요한 직무를 사면하기를 기약하는 것은 실로 지극히 간절한 진심에서 나온 것입니다. 어찌 안으로 빈말을 꾸미고 밖으로 남의 말을 막으며 구차하게 고식적으로 사양할 생각이겠습니까.

또 가령 신이 위엄이 두려워 감히 누차 아뢰지 못하고 수치를 품고서도 힘껏 사양하지 못한다면, 이는 공론을 엄격하게 여기는 것이 아닙니다. 전하께서 신의 위축된 정세를 헤아리지 않으시고 억지로 신으로 하여금 염치없이 그대로 있게 하신다면, 이는 염의로 아랫사람을 대하는 것이 아닙니다. 군주와 신하 사이에 어찌 이런 일이 있기를 바라겠습니까.

신이 빈번하게 사면을 바라며 번거롭게 해 드리는 죄를 거듭 저질렀으니, 분의에 있어서 어찌 다시 글을 올려 한결같이 번거롭게 떠들면서 그칠 줄 모를 수 있겠습니까. 그저 자취를 감추고 두문불출하며 비방하는 논의를 삼가 피하며 다시는 직무에 관여하지 않고 조정이 조만간 처분을 내리기를 삼가 기다릴 뿐입니다. 직무를 방기한 폐단과 명을 어긴 죄로 말하자면 돌아볼 겨를이 없습니다. 신은 이리보나 저리보나 위축되어 달아날 곳이 없습니다. 신의 생각으로는 이와 같이 하지 않으면 스스로 처신하는 의리를 펼 수 없으므로 실정을 드러내어 감히 어질게 덮어주시는 성상께 감추지 못하는 것입니다. 참람하고 외람되기가 여기에 이르렀으니 실로 만 번 죽어 마땅합니다.

삼가 바라건대, 밝으신 성상께서는 각별히 살피고 속히 허락하여 나라의 체모가 거듭 상하지 않고 신의 죄가 더욱 무거워지지 않도록 하신다면 공적으로나 사적으로나 몹시 다행이겠습니다. 신은 지극히 간절히 바라는 마음을 견디지 못하겠습니다.

선혜청 제조에서 해직을 청하는 소[62]

乞解宣惠提調疏

삼가 아룁니다. 신이 죄를 짓고 견책을 기다리는 중에 성상께서 지나칠 정도로 자애롭게 덮어주시며 신의 몹시 간절한 바람을 불쌍히 여겨 진휼청의 직임을 사면하도록 허락하셨습니다. 이어서 정승이 신의 정세를 자세히 아뢴 일로 인하여 금위영에서 체직하라는 계사를 특별히 윤허하셨습니다. 신은 위로는 성상의 돌보심을 받고 아래로는 사사로운 소원을 이루었기에 감격하고 기뻐서 마치 구덩이를 빠져나와 탄탄대로를 밟는 것처럼 시원하였습니다. 다만 선혜청 제조는 가장 긴요한 직무로 일컬어지니, 감히 함부로 차지할 수 없다는 점은 다른 직임에 비해 갑절이나 됩니다. 그런데 아직까지 분명한 명령이 내리지 않았으니 신은 삼가 황공하고 근심스럽습니다.

신은 다시는 직무에 관여할 수 없어 조정의 처분을 삼가 기다리겠다는 뜻을 이미 이전의 차자에서 외람되게 아뢰었으니, 직무를 방기하는 죄는 감히 돌아볼 것이 못 됩니다. 다만 장흥고(長興庫)에서 내달 공상(供上)하는 종이를 봉진하는 날이 내일인데, 신이 지금 선혜청의 직임을 사직하고 있으니 그 소속 관사의 일을 계속 살펴서는 안 됩니다. 게다가 얼마 전 서곽(暑癨)에 걸려 구토하고 신음하느라 숨이 끊어질 듯하여 일어나 움직일 방법이 없습니다. 호조에서 봉진하는 것이 비록

62 선혜청……소 : 이 글은 1683년(숙종9) 6월 29일에 올린 것이다. 《承政院日記 肅宗 9年 6月 29日》

전례가 있으나 그 직임을 맡고서 다른 사람에게 대신 행하게 하는 것도 편치 않으니, 신이 낭패스럽고 궁박하기가 이에 더욱 심해집니다. 어쩔 수 없이 다시 위태로운 심정을 남김없이 아뢰어 지엄하신 성상을 번거롭게 해 드리니, 더욱 죽을 죄를 지었습니다.

삼가 바라건대, 밝으신 성상께서는 깊이 살피시어 신이 맡고 있는 선혜청 제조의 직임을 속히 체직하신다면 공적으로나 사적으로나 다행이겠습니다. 신은 지극히 두렵고 떨리는 마음을 견디지 못하겠습니다.

선혜청 제조에서 해직을 청하는 소[63] 두 번째 소
乞解宣惠提調疏 再疏

삼가 아룁니다. 신이 진휼청과 금위영의 직임에서 해직되었으니, 참으로 성상께서 관대히 용서하고 곡진히 보전해주는 융숭한 은혜를 입었습니다. 그러나 유독 선혜청 제조에서 해직되는 것은 아직 윤허를 받지 못하였으니, 신은 황공하고 답답하여 어쩔 줄 몰랐습니다. 얼마 전 여섯 번 차자를 올려 간절한 속마음을 남김없이 드러내었으니 어질게 덮어주시는 성상께서 불쌍히 여겨주실 것이라고 기대하였는데, 여전히 해직되지 못하였으니 낭패스럽고 위축되기가 극에 달하였다고 하겠습니다. 그러나 신이 침묵하고 방황하며 감히 다시 번거롭게 호소하지 못한 것은 비단 번거롭게 해 드리는 것이 두려워서가 아니라 조정의 명령을 기다렸기 때문입니다. 그런데 지금 20여 일이 지나도록 처분이 내렸다는 소식을 듣지 못하여 신으로 하여금 예전처럼 염치없이 맡게 하였으니, 이것이 어찌 신이 처음부터 힘껏 사직한 본뜻이겠습니까. 이에 감히 피를 토하는 심정으로 사정을 아뢰어 다시 참람한 죄를 저지르는 것입니다.

삼가 생각건대, 신이 그간 사직하는 글을 올리면서 위로는 나라의 체모에 근거하고 아래로는 사사로운 분의를 나열하며 터럭만큼도 가식이 없었습니다. 사리로 따져보면 성상의 마음을 감동시켜 흔쾌히 윤허

63 선혜청……소 : 이 글은 1683년(숙종9) 윤6월 22일에 올린 것이다.《承政院日記 肅宗 9年 閏6月 22日》

를 내리셨을 것이니, 필시 여러 날 버티는 지경에 이르지 않았을 것입니다. 그런데 매번 비답을 받으면 번번이 간곡하게 권면하시며 신의 간절한 말을 상투처럼 여기셨습니다. 혹시 성상께서 '이 일은 자신의 염치에 관계된 것이니 나랏일과 무슨 상관이겠는가.'라고 생각하실지도 모르겠습니다. 그러나 이른바 염치라는 것은 한 사람의 사사로운 물건이 아닙니다. 군주가 무딘 세상을 가다듬는 도구가 실로 여기에 근본을 두니, 이것이 없으면 사람은 사람이 될 수 없고 나라는 나라가 될 수 없습니다. 가령 신이 염치를 잊는 것이 부끄러운 줄 모르고 그저 직책에 나아가 직무를 수행하는 것을 보답하는 바탕으로 삼는다면, 이는 단지 밝은 시절의 일개 비루한 사내일 뿐입니다. 도대체 나라에 무슨 보탬이 되겠습니까.

그러나 이것은 성조(聖朝)에서 아랫사람을 제몸처럼 여기는 도리와 미천한 신이 스스로 처신하는 의리를 대략 논한 것 뿐입니다. 본청이 긴급한 사무를 방기하는 폐단은 해와 달처럼 밝으신 성상께서도 전부 통촉하지 못한 점이 있는 듯합니다. 전하께서 신으로 하여금 억지로 공무를 행하게 하시지만 신이 감히 공경히 받들지 못하고 있는데, 같은 자리에 있는 신하들은 신이 여전히 그 직임을 맡고 있다고 여겨 서로 미루고 사양하며 대신 행하려 하지 않습니다.

선혜청은 5도(道)의 재정을 담당하여 날마다 하는 일이 있어 나라의 비용을 댑니다. 그런데 지금은 지급해야 하는 서울 관사의 공가(貢價) 및 답변해야 하는 군현의 문서를 모두 결정하지 못하고 있습니다. 서리는 문서를 안은 채 보고하고 자문할 데가 없어 끝내 서안(書案)에 던져두니, 이와 같은 지가 이미 두 달이 되었습니다. 나라의 체모에 있어서 어찌 신에게 헛된 직함을 빌려주어 중외에 피해를 끼치는 것이 이 지경에 이르도록 돌아보지 않을 수 있겠습니까.

삼가 바라건대, 밝으신 성상께서는 신의 말이 실로 지극히 간절한 심정에서 나왔다는 점을 살피고 직무를 오랫동안 방기하기 어렵다는 점을 유념하여 특별히 사직을 윤허하여 소원을 이루게 해 주신다면 공적으로나 사적으로나 천만다행이겠습니다.

소명을 어긴 뒤 죄를 자인하며 선혜청 제조를 거듭 사직하는 소
違召後引罪申辭惠廳疏

삼가 아룁니다. 신이 얼마 전 내려주신 비답을 삼가 받으니, 온화하고 자세하게 몹시 간곡히 권면하였으니, 황공하고 근심스러운 마음이 모두 간절하여 어쩔 줄 몰랐습니다. 그런데 뜻밖에 이번에 성상께서 특별히 하교를 내려 사무가 적체되었다는 이유로 패초하여 직임을 살피게 하도록 하셨습니다. 신은 더욱 지극히 놀랍고 두려워 떨리는 마음을 견디지 못하겠습니다.

신은 선혜청 제조의 직임을 감히 그대로 염치없이 맡을 수 없다는 뜻을 이미 그간의 상소와 차자에서 자세히 아뢰었습니다. 어리석은 신의 소견으로는 오직 힘껏 사양하여 반드시 사면하는 것 외에는 더 이상 다른 도리가 없다는 것을 알기에 임금의 명을 거듭 욕되게 하고 끝내 공경히 나아가지 못하였습니다. 신이 비록 어리석으나 임금이 부르면 수레에 멍에를 메거나 신을 신기를 기다릴 겨를 없이 나아가야 한다는 의리를 들었습니다. 그러나 정세에 쫓겨 명을 어기는 죄를 스스로 재촉하였으니, 신의 죄는 여기에 이르러 만 번 죽어도 용서받기 어렵습니다.

삼가 바라건대, 밝으신 성상께서는 속히 신이 맡고 있는 선혜청의 직임을 체직하고, 이어서 신이 명을 어긴 죄를 다스리신다면 천만다행이겠습니다. 신은 지극히 두렵고 떨리는 마음을 견디지 못하겠습니다.

소명을 어긴 뒤 죄를 자인하며 선혜청 제조를 거듭 사직하는 소 두 번째 소

違召後引罪申辭惠廳疏 再疏

삼가 아룁니다. 신이 예전에 정세가 근심스럽고 위축되어 엄한 소명을 재차 어겼으니 명을 어긴 죄는 법에 있어서 용서받기 어려웠습니다. 그런데 자애로우신 성상께서 관대하게 용서해주시며 죄를 묻지 않으셨으니, 신은 황공하고 두려워 정신이 안정되지 않았습니다. 이번에 또 특별히 윤음을 선포하여 직무가 적체된 것을 몹시 걱정하시고 패초하여 직임을 살피게 하라고 명을 내리기까지 하셨습니다. 신은 분의를 헤아리고 위엄이 두려워 감히 한결같이 물러나 엎드려 있을 수 없어 삼가 이미 대궐 아래에 나아왔습니다. 그러나 반복하여 반성하니 끝내 염치 없이 자리에 있을 수 없어 어쩔 수 없이 위태롭고 간절한 심정을 다시 아뢰고 삼가 처분을 기다립니다.

신이 삼가 생각건대 언관(言官)은 한 시대의 공론을 주관하니, 그 비판이 미치는 곳에 태연히 움직이지 않으면서 그대로 그 직임에 있는 사람은 없었습니다. 보통 관료도 오히려 그러한데 하물며 직질이 외람되게 높은 자는 어떻겠습니까. 지금 신이 받은 죄명은 작은 과실이나 사소한 허물이 아니니, 염치 없이 참으면서 시일을 지체할 수 없음이 의리상 몹시 분명합니다. 그런데 애처롭게 호소하는 글을 올렸으나 오랫동안 허락하지 않으시어 해직되어야 하는 직임을 아직까지 헛되이 맡고 있으니, 비록 염치를 잊고 공론을 멸시했다고 비난하더라도 할 말이 없습니다.

이번에 간곡히 권면하는 하교는 비록 융숭히 용서하는 뜻에서 나온 것이지만 은혜가 외람되고 설만하여 도리어 맑고 밝은 성상의 덕에 누를 끼칠까 두렵습니다. 적체된 공무로 말하자면 참으로 성상의 전지에 하신 말씀과 같으니, 신이 비록 형편없으나 이를 모르지 않습니다. 그러나 신이 체직되기를 구하여도 얻지 못하여 낭패하여 어쩔 줄 몰라 실로 직무에 감히 관여할 수가 없었던 것이지 어찌 남의 일 보듯 하여 그런 것이겠습니까. 만약 전하께서 더 이상 어려워하지 않으시고 신이 스스로 처신하는대로 들어주시어 위로 나라의 체모를 보존하고 아래로 신의 소원을 이루어 주신다면 공적으로나 사적으로나 모두 편리해져 직무를 방기하는 폐단은 저절로 없어질 것이니, 성상께서 유념하실 일이 어디 있겠습니까. 신은 죄를 짓고 참람함을 잊어 어질게 덮어주시는 성상께 다시 번거롭게 호소하였으니, 더욱 죽을 죄를 지었습니다.

삼가 바라건대, 밝으신 성상께서는 다시 불쌍히 살펴 신이 겸대한 선혜청의 직임을 속히 체직하신다면 천만다행이겠습니다. 신은 지극히 두렵고 떨리는 마음을 견디지 못하겠습니다.

소명을 어긴 뒤 죄를 자인하며 선혜청 제조를 거듭 사직하는 소 세 번째 소

違召後引罪申辭惠廳疏 三疏

삼가 아룁니다. 신이 누차 성상의 비답을 받고 누차 엄한 소명을 받았는데, 타이르고 간곡히 권면하신 말씀이 곡진하고 간절하여 보통을 훨씬 벗어났습니다. 다만 사사로운 분의를 유념하여 끝내 감히 명을 받들고 직무를 수행하지 못했으니, 직무를 저버린 죄와 명을 어긴 죄는 피할 수 없습니다. 신이 저지른 죄를 따지자면 견책을 받아 마땅한데 담당 관사에서 아뢰지 않아 지금까지 요행히 죄를 면하였으니 신은 삼가 황공하고 의아합니다. 만약 번거롭게 해 드리는 것이 두려워 침묵하고 말하지 않는다면, 은혜를 저버리고 법을 능멸한 죄가 더욱 클 것이니, 이에 감히 죽음을 무릅쓰고 명을 청합니다.

삼가 바라건대, 밝으신 성상께서는 먼저 신이 겸대한 선혜청의 직임을 삭직하고, 이어서 신이 그간 저지른 죄를 감률하게 하소서. 신은 지극히 두렵고 간절히 바라는 마음을 견디지 못하겠습니다.

휴가를 얻어 분황하기를 청하는 소[64]

乞暇焚黃疏

삼가 아룁니다. 신은 몇해 전 감히 사적인 간절한 심정으로 법을 넘어선 은혜를 바랐으니, 참람하고 외람되어 죄를 피할 수 없다는 것을 잘 알고 있었습니다. 그런데 자애로운 성상께서 인(仁)을 베풀어 특별히 허락해 주시어 추증하는 은전이 지하에까지 미쳤습니다. 신은 후사로 나간 자손으로서 요행히 생증조를 사후에 영화롭게 하였으니, 격례를 벗어난 총애하는 명령에 듣는 사람들이 모두 놀랐습니다. 삼가 교서를 받으니 모든 친족이 감읍하며 참으로 보답할 방법을 모르고 있습니다.

다만 제사를 받드는 종손이 멀리 충청도 부여(扶餘)에 있고, 또 공적인 일과 사적인 일에 얽매여 휴가를 청하여 은혜를 선포할 겨를이 없어 애태우며 한을 품은 지 오래입니다. 지금 신은 얽매인 직무가 없고, 또 가을 날씨가 시원해지는 때를 만났으니, 열흘이나 한달 정도의 휴가를 얻어 사당에 가서 살피고 분황하는 의식을 거행한다면 아래로는 조상을 추모하고 근본에 보답하는 지극한 마음을 펼 수 있을 것이며, 위로는 추은(推恩)하여 영예를 주신 성대한 덕을 칭송할 수 있을 것입니다. 이에 감히 염치 없이 재차 호소하며 시종일관 은혜를 입기를 바랍니다. 성상께서는 헤아려주소서. 신은 지극히 황공하고 두려운 마음을 견디지 못하겠습니다.

64 휴가를……소 : 이 글은 1683년(숙종9) 7월 22일에 올린 것이다. 《承政院日記 肅宗 9年 7月 22日》

휴가를 청하는 소[65]

乞暇疏

삼가 아룁니다. 신은 외람되게 사사로운 심정을 지엄하신 성상께 아뢰겠습니다. 신의 죽은 아내 증 은성부부인(恩城府夫人) 송씨(宋氏)의 장지(葬地)가 죽산(竹山) 칠장산(七長山) 아래에 있습니다. 그런데 땅에 뚫린 곳이 많고 또 술가(術家)의 구기(拘忌)를 어겼으므로 다시 묏자리를 잡아 이장하고자 생각한 지 오래입니다. 얼마 전 성은을 입어 지관(地官)과 함께 여강(驪江) 동쪽에 새 묘역을 골라잡았는데, 날짜가 이미 박두하여 역사를 시작하려고 하지만 이장 때문에 휴가를 청하는 것은 나라의 법전에 없는 일입니다. 신은 상주(喪主)로서 조정의 관직에 얽매여 있으니 비록 몸소 가서 경영하고자 해도 할 수 없습니다.

그러나 땅속의 영구가 다시 세상에 나오는 것은 본디 인사의 변고이니, 인정과 예의에 있어서 더욱 신중을 기해야 합니다. 신이 만약 법을 어기는 것이 두려워 끝내 가서 한번 통곡하며 그 영구가 다시 땅으로 들어가는 것을 보지 못한다면, 산 사람과 죽은 사람의 한스러운 마음이 어떻겠습니까. 이것이 신이 어질게 덮어주시는 성상을 믿고 법례를 벗어난 일로 호소하는 이유입니다.

삼가 바라건대, 자애로우신 성상께서는 신의 간절한 심정을 헤아려 신이 가서 보도록 허락하여 이장을 마치게 해 주신다면 천만다행이겠습니다. 신은 지극히 두렵고 간절히 바라는 마음을 견디지 못하겠습니다.

65 휴가를 청하는 소 : 이 글은 1684년(숙종10) 4월 17일에 올린 것으로 추정된다.

이징명이 상소로 배척한 일로 인하여 죄를 자인하는 소[66]

因李徵明疏斥引罪疏

삼가 아룁니다. 신이 얼마 전 삼가 교리 이징명이 전지에 응하여 올린 상소를 보니, 가장 먼저 지난 역사에서 지진의 변고가 외척의 권력 남용에서 나왔다고 말하였으며, 이어서 거처와 봉양이 습성을 바꾸고 대각의 탄핵이 격렬해진다는 따위의 말로 신을 지척하였습니다. 심지어 중전을 권면하고 경계하며 외척을 신칙하도록 청하기까지 하였습니다. 그가 일이 일어나기 앞서 경계를 아뢴 것이 엄정하고 절실하다고 하겠으니, 신은 놀라고 두려워 마음과 뼈가 모두 시립니다.

이어서 삼가 들으니, 대사간〔윤경교(尹敬教)〕이 상소를 올려 또 총애가 넘치면 교만한 마음이 생긴다고 말하였으니, 신의 죄상은 여기에 이르러 한층 더 심해집니다. 신은 참으로 어리석어 종전에 저지른 죄가 어떠한지 스스로 알지 못하겠으나, 늙고 병들어 죽어가는 때에 이처럼 좋지 않은 죄명을 얻었으니, 이는 필시 신의 몸가짐이 형편없어 공론에 거듭 죄를 지었기 때문일 것입니다.

삼가 생각건대, 신은 외람되게도 용렬하고 비루한 몸으로 세 조정을 차례로 섬겨 높은 반열에 올라 끝없는 은혜를 입었으나, 먼지나 이슬만큼이라도 보탬이 된 일이 하나도 없습니다. 지금 외척의 자리에 있으면

66 이징명이……소 : 이 글은 저자가 1686년(숙종12) 8월 6일에 올린 것이다. 이 해 7월 6일 부교리 이징명이 상소하여 재이(災異)가 외척의 집권에서 비롯되었다며 저자를 비판하였으므로 이 글을 올린 것이다.《肅宗實錄 12年 7月 6日, 8月 6日》

서 가득찬 것을 몹시 걱정하여 항상 자취를 거두고 분수를 지켜 비방을 삼가 피하고자 생각하였습니다. 그런데 사람들의 말이 또 여기에 이르렀으니, 반복하여 반성해도 그 이유를 모르겠습니다. 이리보나 저리보나 위축되어 그저 황공하고 부끄러울 뿐입니다. 이 때문에 예전에 상의원 관원이 심리에 나아갈 때 직무에 관계되어 의리상 침묵하기 어려웠으나 또한 견책을 청하는 동료의 상소에 감히 연명할 수도 없었습니다.[67] 이제 와서 생각해도 두려워 더욱 몸둘 바를 모르겠습니다. 신이 이처럼 무거운 죄를 저질러 위로 성상의 덕에 누를 끼쳤으니 형벌을 받아 여론에 답해야 마땅합니다. 사가에 엎드린 채 삼가 법관의 논의를 기다렸으나 여러 날이 지나도 들리는 이야기가 없기에 정세가 더욱 위축되어 어쩔 수 없이 염치를 무릅쓰고 스스로 논열하여 성상의 위엄을 지레 범하였으니, 신의 죄는 만 번 죽어 마땅합니다.

삼가 바라건대, 밝으신 성상께서는 위태롭고 간절한 심정을 굽어살펴 신의 본직과 겸대한 호위대장과 여러 관사의 제조에서 모두 파직하고, 이어서 담당 관사로 하여금 신의 죄를 감률하여 다스리게 하신다면 더없이 다행이겠습니다. 신은 황공하여 벌벌 떨리는 마음을 견디지 못하겠습니다.

67 예전에……없었습니다 : 이 무렵 숙종이 대왕대비가 타는 가마를 새로 만들라고 상의원에 명하였으나 망측한 말이 많아 서리에게 곤장을 치고 낭청을 의금부로 잡아다 죄를 결정하게 하였다. 상의원 제조 김만기(金萬基)는 책임을 지고 견책을 청하였다. 《承政院日記 12年7月 7日 · 8日》

이징명이 상소로 배척한 일로 인하여 죄를 자인하는 소[68] 두 번째 소

因李徵明疏斥引罪疏 再疏

삼가 아룁니다. 신이 얼마 전 한 통의 상소를 올려 견책을 받기를 청하였는데, 자애로우신 성상께서 관대하게 용서하며 특별히 온화한 비답을 내리셨으니, 신은 감동하고 황공하여 몸둘 바를 모르겠습니다. 다만 신의 정세와 처지가 위태로워 지금 감히 지엄하신 성상을 다시 번거롭게 해 드릴 수 없습니다.

다만 생각건대, 신은 노쇠하기가 근래 심해져 봄과 여름 이후로는 앓지 않는 날이 없었습니다. 근래에 또 오래 전부터 앓던 두풍과 담화 등의 증세가 몸이 허한 틈을 타고 다시 발작하였는데, 날씨가 추워지자 갑절로 심해져 식음을 전폐하고 잠을 이루지 못한 지 이미 여러 날이 되었습니다. 형체는 점차 수척해지고 정신은 점차 혼미해지니, 평범하게 수응하는 일조차 대부분 착오를 저지릅니다. 신이 겸대하고 있는 여러 관사는 모두 직무가 있으니 내버려 두어서는 안 되는데, 신의 병세 때문에 일체 방치하고 있으니 비단 사사로운 분의에 감히 편안치 못할 뿐만 아니라 나라의 체모에 있어서도 어찌 이런 이치가 있겠습니까.

삼가 바라건대, 밝으신 성상께서는 굽어살펴 신이 겸대한 상의원,

68 이징명이……소 : 이 글은 저자가 1686년(숙종12) 8월 5일에 올린 것으로 보인다. 《承政院日記 肅宗 12年 8月 5日》

장원서, 평시서, 빙고, 장흥고의 제조를 모두 체직하도록 허락하여 신으로 하여금 조리에 전념하게 하여 공무가 오래 방치되지 않도록 하신다면 더없이 다행이겠습니다.

지은이 **민유중(閔維重)**

본관은 여흥(驪興), 자는 지숙(持叔), 호는 둔촌(屯村)으로 숙종비 인현왕후(仁顯王后)의 부친이다. 1630년(인조8) 민광훈(閔光勳)과 이광정(李光庭)의 딸 사이에서 태어났다. 1648년 진사시에 합격하고 1650년(효종1) 문과에 급제하여 병조 판서를 역임하였다. 1681년(숙종7) 장녀가 숙종비로 간택되자 여흥부원군(驪興府院君)에 봉해졌다. 이때부터 실직(實職)에서 물러났으나 선혜청, 진휼청의 업무를 수행하였다. 1687년 6월 29일 병으로 세상을 떠났다. 이후 1689년 인현왕후가 폐위되어 관직을 추탈당하였다가 1694년 인현왕후가 복위하면서 관직이 회복되었다. 시호는 문정(文貞)이다.

옮긴이

장유승(張裕昇)

1976년 서울 출생. 성균관대학교 한문학과를 졸업하고, 한국학중앙연구원 한국학대학원을 거쳐 서울대학교 국어국문학과에서 〈조선후기 서북지역 문인 연구〉로 박사학위를 받았다. 한국고전번역원 고전번역교육원 전문과정을 마치고 한국고전번역원 번역위원을 거쳐 현재 단국대학교 동양학연구원 연구교수로 재직 중이다. 《정조어찰첩》(공역), 《영조 승정원일기》(공역), 《동국세시기》, 《현고기》, 《한국산문선》(공역) 등을 번역하였다.

권역별거점연구소협동번역사업 연구진

연구책임자 **김문식**(단국대학교 사학과)
공동연구원 **윤재환**(단국대학교 국어국문학과)
김우정(단국대학교 한문교육과)
책임연구원 **허호구**(단국대학교 동양학연구원)
장유승(단국대학교 동양학연구원)
최예심(단국대학교 동양학연구원)
선임연구원 **이라나**(단국대학교 동양학연구원)
이승용(단국대학교 동양학연구원)
연구보조원 **유명석**(단국대학교 동양학연구원)

문정공유고 1

민유중 지음 | 장유승 옮김
2021년 12월 31일 초판 1쇄 발행
편집 · 발행 학자원
등록 2011.4.6 제2011-14호
주소 (05355) 서울시 강동구 천호대로 1121
전화 02-6403-1000 | 팩스 02-6338-1001 | 이메일 hakjaone@daum.net

값 60,000원
ISBN 979-11-6247-245-3 94810
979-11-6247-244-6 (세트)